中山大学政治学丛书编辑委员会

学术顾问：夏书章　王乐夫

编辑委员会成员（以汉语拼音为序）：

陈　娟　郭巍青　郭小聪　郭正林
　　　　　　　　　　　　　　　（美国）

何宝钢　何高潮　李连江　刘　恒
（澳大利亚）　　　（香港）

刘　星　刘小枫　马　骏　任剑涛

王绍光　王　欢　肖　滨　徐俊忠
（香港）　（美国）

徐忠明　张海清　郑永年　钟明华
　　　　　　　　（新加坡）

中大政治学评论 第4辑

Politics Review of Sun Yat-sen University

肖滨 / 主编

中山大学政治学丛书

中央编译出版社
Central Compilation & Translation Press

中大政治学评论

（年度丛书）

主　　编：肖　滨
执行编辑：黄冬娅

学术委员会
（姓氏字母为序）

白　夏（法国全国科研中心）	陈　峰（香港浸会大学）
郭巍青（中山大学）	景跃进（清华大学）
李连江（香港中文大学）	林尚立（复旦大学）
吕晓波（美国哥伦比亚大学）	马　骏（中山大学）
任剑涛（中国人民大学）	史卫民（中国社会科学院）
王绍光（香港中文大学）	肖　滨（中山大学）
徐　勇（华中师范大学）	王浦劬（北京大学）
杨大利（美国芝加哥大学）	张　鸣（中国人民大学）
张凤阳（南京大学）	郑永年（新加坡国立大学）
朱光磊（南开大学）	周光辉（吉林大学）

编辑委员会
（姓氏字母为序）

樊　鹏（中国社会科学院）	郭忠华（中山大学）
何建宇（清华大学）	何俊志（复旦大学）
黄冬娅（中山大学）	李永刚（南京大学）
刘　鹏（中国人民大学）	谭安奎（中山大学）
叶娟丽（武汉大学）	尹　钛（中国政法大学）
张　健（北京大学）	张紧跟（中山大学）
朱亚鹏（中山大学）	

目 录

总　序 ………………………………………………………………… /1

专栏：反思社会民主主义

专栏导语 ……………………………………………… 郭忠华 / 3
民主的未来 …………………………………………… 吉登斯 / 5
社会民主主义的第三条道路 ………………… 沃尔夫冈·默克尔 / 17
吉登斯对于社会主义的新思考 ………………………… 郭忠华 / 37

民主政治研究

国家能力与民主质量：一项实证研究 ………………… 王绍光 / 49
民主的中心偏移 ……………………………… 皮埃尔·罗桑瓦隆 / 79
以 PAM 架构论公民治理之必要条件与充分条件 …… 汪明生　邱靖蓉 / 95

国家能力与地方治理

强制能力与国家发展——政治学视野中的警察研究综述 …… 樊　鹏 / 115
政府强势管制背后的政治文化传统 …………………… 李永刚 / 149

知识分子的政治文化、公共意识及其对地方治理的挑战
　　——基于2007年对K省高校教师问卷调查的分析 …………… 王金红 / 160
回归自治？回归社会？
　　——居委会改革与直选分析 …………… 郭圣莉　杨珊珊　沈天养 / 190

民族主义与当代中国

民族主义的三种导向——从吉登斯民族主义的论述出发 ………… 肖　滨 / 211
学生与中国共产党：民族主义和共产主义的融合
　　——以"一二·九"运动为转折点 ……………………………… 张　健 / 229
面对剧烈社会变迁的当代中国社会理论 ………………………… 苏国勋 / 255

书　评

政策争议的欲望战场——《为原罪和疾病卖广告：
　　烟酒营销的政治，1950—1990》读后 …………………………… 黎汉基 / 275

把脉中国政治发展30年：第四届中国政治发展南北对话会

中国政治改革30年的总体把握 ………… 李　凡　姜新立　丛日云　朱学勤 / 283
当代中国政治发展的问题诊断 ………… 萧功秦　郭巍青　张　鸣　岳经纶 / 295
地方治理与草根民主 …………………………… 黄卫平　何高潮　胡传胜 / 309
港澳台地方政治发展的分析 …………………… 蔡子强　邝锦钧　张赞贤 / 316
中国政治发展的展望 …………………… 马　骏　林尚立　肖　滨　薄智跃 / 324

稿　约 ……………………………………………………………………………… / 333

总 序

如果把编撰、出版这套中山大学政治学系列丛书视为我们的一种学术志业选择，那么，激励我们进行这一选择的理由有三：

其一，接续中山大学政治学、行政学的学科传统。

作为一门学科，政治学、行政学在中山大学具有悠久的历史传统。1924年孙中山先生手创广东大学（后改名中山大学）时，即将1905年广东开办的法政学堂纳入其中，并设立政治学系，这一学科建制直至1952年全国院系调整才告中断。从30年代到40年代，在中大担任教职的不仅有著名政治学家萨孟武、邓初民和著名政治哲学家、宪法学家张君劢先生等人，而且有不少默默耕耘的政治学、行政学教授。在一份由中山大学校史资料室提供的1932年至1935年国立中山大学教职员名录的资料上，我们就发现了一些政治学、行政学前辈的名字，让我们以崇敬的心情胪列其中几位：

——邓孝思，政治学系主任、教授，毕业于日本京都帝国大学政治经济科，主要研究领域为现代政治学说、政治学史。

——詹显哲，政治学系教授，毕业于德国法兰克福大学政治科兼政治经济科，主要从事国家学、国际政治、政治史的研究。

——刘永南，日本东京高等师范学院毕业，日本早稻田大学政治经济部毕业，主要从事各国政党论、地方自治的研究。

——邱昌渭，美国哥伦比亚大学硕士、政治学博士，主要从事比较宪法、地方自治的研究，著有《议会制度》、《地方自治》等。

——范扬，东京帝国大学法学部毕业，主要从事宪法、行政法的研究。

——梁贞，法国国立第戎（Dijon）大学法学博士，主要从事宪政学、行政学、民族运动史的研究。

——胡汉瑞，美国哥伦比亚大学政治学博士，主要从事地方自治、中国法制史的研究。

——梁朝威，国立清华大学毕业，美国约翰·霍布金斯大学政治学博士，主要从事社会心理学、现代政治思潮的研究。

——蒋竹林，美国密歇根大学市政管理学硕士、政治学博士，主要从事现代各国政治制度以及行政学的研究。

以上只是从一份简略的档案资料上获取的信息。不过，由此我们已有充分的理由相信，如果进行仔细的收集、发掘和整理，一定可以再现出一个中山大学政治学、行政学的学科传统，那将是一个浸透了前辈学子心血的历史传统。可惜，这一传统因1952年全国院系调整而随风飘散。直到20世纪80年代，在老一辈著名政治学与行政学家夏书章教授的直接指导下，在王乐夫教授的领导与努力之下，中山大学政治学、行政学学科才得以获得恢复、重建，并获得较大的发展。

在走向21世纪的今天，如何在先前学者努力的基础上，延续学科的历史传统，承接前辈学人的学术风范，是值得后生学子不断思考与实践的大问题。本系列丛书的编撰、出版可以视为我们对此问题交出的一份远远没有结束的答卷。

其二，推进政治学的知识积累和知识增长。

政治是人类社会生活中的一种重要现象，也是人类经验的一个重要方面。在人类对政治漫长的经验和长期的思索中，逐步形成了一门被称之为"政治学"的知识系统或者说一门科学："在'科学'一词的广义上，政治学是一门科学。它掌握和组织的信息和理论是知识。这种知识既是真实的又是有用的。这种知识也是积累而成的。"（见［美］格林斯坦、波尔斯比编：《政治学手册》（上卷），竺乾威等译，商务印书馆，1996年，第141页）

正视或者面对政治科学知识的累积性，我们确实需要反对以下三种观点：其一，古人对它无所不知，我们只能借助和吸取他们的智慧；其二，政治学要成为一门科学的惟一方法是摆脱过去的羁绊；其三，政治学只是一种地域性的知识，它纯粹是本土经验积累的产物。这三种观点之所以不能接受，原因在于：第一种观点封杀了政治科学知识增长和知识创新的必要性，意味着政治科学知识之树上再也不结新果；第二种观点破坏了政治科学知识的累积性和连续性，其结果是政治科学知识之树的根被彻底挖断；第三种观点否定了政治科学知识跨国界交流的合理性与正当性，使政治科学知识之果沦落为不能进行国际交流的"土特产"，从而最终失去知识的价值和品格。毫无疑问，对政治科学知识系统的发展而言，这三种局面都是灾难性的。

因此，如何借助全球化背景下的国际学术活动和知识交流，建立起政治学科的国际标准和全球视野，同时，通过对中国本土经验的实证研究和理论总结，推动政治科学知识的积累与增长，使政治科学这棵知识之树在中国的学术园林中根深叶茂、硕果累累，是从事政治学教学与研究的学者们义不容辞的责任。本系列丛书的编撰、出版即是希望为此贡献我们一点微薄的力量。

其三，为中国政治趋向法治民主的转型和社会主义政治文明的建设提供政治学的支持。

100多年前，目睹19世纪时代巨变的法国著名政治学家托克维尔在其不朽的经典之作《论美国的民主》上卷的绪论中断言："一场伟大的民主革命正在我们中间进行。"他确信，这将导致一个全新的社会、一个民主的社会。面对这一变革，他提出领导社会的人肩负的首要任务是对民主加以引导。然而，托克维尔忧虑的是："我们却很少这样想过。我们被投于一条大江的急流，冒出头来望着岸上依稀可见的残垣破壁，但惊涛又把我们卷进了运河，推回深渊。"在托克维尔看来，走出这种深渊，需要一种政治知识系统的支持和帮助。为此，他呼吁："一个全新的社会，要有一门新的政治科学。"（以上引文见［美］托克维尔：《论美国的民主》（上卷），董果良译，商务印书馆，1991年，第4、8、9页）

显然，如果把这一呼吁运用于当代中国，那是非常恰当的，因为始于20世纪80年代的改革正在把我们带入一个全新的社会，或者说引向一种新的政治文明。而全新的社会或者新的政治文明需要一种新的政治科学，这种政治科学不仅为我们奉献一种法治、宪政、民主、共和的政治理论，而且为中国政治实现向法治民主的转型、走向社会主义政治文明提供智慧资源和操作技术。确立这样一门政治科学无疑是从事政治学教学、研究的学者们一种历史性的使命，而完成这一使命可能需要许多代人持久而坚韧的努力。编撰、出版这一套政治学丛书正是我们作为这种努力的第一步，虽然是极小的一步。

基于上述理由，我们不把本丛书的编撰、出版视为一种短期行为，而是定位为一个长期努力的过程。因此，在整体布局上，本丛书将由三个部分构成：一是论著系列，具体包括学术论文集、政治学评论和学术专著；二是教材系列；三是译著系列。在操作方式上，我们将采取渐次推进、积少成多的策略，以期通过长期的努力实现规模效益。

我们渴望同行专家的批评。

我们期待读者朋友的指正。

我们企盼得到大家的呵护与支持。

中山大学政治学系列丛书编辑委员会

2006年5月

专栏：反思社会民主主义

专栏导语

主持人：郭忠华

社会民主主义无疑是欧洲最重要的政治力量之一。自1899年伯恩施坦发表《社会主义的前提和社会民主党的任务》至今，社会民主主义经历了100多年的演化历程。100年来，社会民主主义经历了思想独立、蓬勃发展、困顿挫折、理念转型、重新执政等一系列过程。社会民主主义的发展史本身就是西方现代政治史的写照。在21世纪的转折时期，社会民主主义在理念转变的基础上在许多西方国家重新登上执政的舞台。为了理解社会民主主义的最新发展态势，本书特组织"反思社会民主主义"专栏。

在反思传统社会民主主义和推动社会民主主义转型方面，当代著名思想家安东尼·吉登斯无疑是最重要的推动者之一。这一被誉为"新工党知识领袖"、"布莱尔精神导师"的思想家，不仅为社会民主主义的转型建立了基本的理论框架，而且还促进了社会民主主义新理念在实践中的发展。选入本书的《民主的未来》为2002年吉登斯在伦敦经济政治学院（LSE）发表的一次重要演讲。在该演讲中，吉登斯不仅分析了传统民主制度所面临的困难及其原因，而且还提出了促进民主制度转型的新设想：最小限度的民主、权力下放、民主的民主化、超越民族国家层面的民主等等。可以说，本演讲尽管显得短小精悍，但却包含着丰富的内容，为读者理解当代民主政治的困境和最新发展趋势提供了思路。

沃尔夫冈·默克尔为德国洪堡大学政治学教授、柏林社会科学研究中心研究员。选入本书的《社会民主主义的第三条道路》以吉登斯提出的"第三条道路"理念作为前提，透视第三条道路在主要西欧国家的现实情境，具有明显的现实色彩。具体地说，此文首先分析了第三条道路的基本理念以及在20世纪末西欧的社会背景下，落实这一理念所具有的资源和局限。在这一前提下，依次从财政政策、就业政策、社会政策等方面，分析英国的"市场主导模式"、荷兰的"浮地模式"、瑞典的福利制度模式和法国的"国家主义模式"在这些政策上的资源与局限，分析了这些模式的得失。

社会民主主义本身是社会主义思想的变体，社会民主主义的重建以对社会主义、保守主义等意识形态的反思作为前提。社会民主主义与社会主义之间存在着千丝万缕的关系。以这种认识作为出发点，本专栏选取了郭忠华的《吉登斯对于社会主义的新思考》一文以直面这一问题。该文以吉登斯的思想作为理论蓝本，一方面探讨了吉登斯对传统社会主义和社会民主主义的反思，另一方面，总结了吉登斯所提出的社会主义的新图景。在此基础上，此文还评价了这一理论图景的得失。

民主的未来

（2002 年 1 月 30 日）

吉登斯

郭韵 译　郭忠华 校

安东尼·吉登斯：谢谢各位来到今天的讲座。很高兴看到大家在这里完成了这一年的学业，如果大家听课所获得的乐趣可以达到我讲课所获得的乐趣的一半，我将感到心满意足。今天的讲座继续沿用上几场讲座的形式。首先欢迎今天的讨论嘉宾，威尔·赫顿（Will Hutton）先生，他正谦逊地坐在大家的前面。

听众中的大多数可能对赫顿已经非常熟悉了。他的专栏在《观察家》上长盛不衰，他就如何创造更具有责任感的资本主义等议题撰写了许多颇具深度的文章，这些问题逐步演化成了民主这一主题，这正是我们今天的讲座所要讨论的核心主题。几年前，赫顿曾撰写过一本畅销书《我们所处的国家》(*The State We're in*)，该著作主要针对的是英国，并由此推演至西方工业国家应该建立什么样的社会等话题。现在他又在写作另一本书，我想应该快大功告成了，该书认为美国式的资本主义并非完美无缺，欧洲资本主义更胜一等，这本书的名字是《我们所处的世界》(*The World We're in*)。

上一场讲座中我谈到了性、两性关系、家庭等，我提出了两种可能的政治模式，它们是思考家庭的支配模式，其中之一是"百花齐放"的自由主义模式，在这一模式看来，任何关系都应该被接受和容忍，另一种则持相反的观点，认为家庭已经岌岌可危，我们要回归传统家庭，因为家庭是社会的根基，等等。我认为这两种观点都有失偏颇。我们不能回归传统的家庭，因为传统家庭建立在两性关系的基础上，在这种关系中，孩子的权利得不到保障，这不符合国际法框架，也不符合我所描述的现代家庭生活的伦理。但是，我并不认为上次一开始所讲到的同性恋故事是"百花齐放"的一个例子。我所推崇的是这样一种新的家庭生活伦理，它在自由和责任之间保持着某种平衡。我们不能让什么"花"都随意绽放，因为我们还必须保护儿童的权利，需要创造一种能够真正带来两性平等的家庭生活。这种伦理应该得到法律的保护，这也代表了我在讲座最后所说的"情感民主"的框架。情感民主当然不是我们今天所说的正式政治民主，而是指有效地创造一种以承认平等、参与和交流等伦理为基础的良好的关系和强大的家庭。因此，强大的家庭与传统的家庭之间存在很大的差别，但我们可以围绕着这些伦理重建家庭生活的结构，我是这么认为的。

很明显，情感民主这一主题与我们今天所要谈论的更广泛意义上的"民主化"密切相关。因此，你们要开始认识到民主这个概念，民主是20世纪到21世纪初期的关键词之一。随着工业主义和市场经济的不断扩展，民主的理念也得到不断扩张，这是过去100多年来的一个显著特征。其中的关系相当复杂，但民主理念的扩张的确成为过去100多年历史的显著特征。重要的是还必须认识到，民主的扩张并非历来如此。在18世纪晚期的欧洲或者在世界的其他地区，民主的理念和现实实质上是互相抵触的。也就是说，从18世纪一直到20世纪，统治精英们既反对民主的理念，又反对现实的民主制度。民主在当下是一个流行的概念，世界上几乎任何国家的政府都不得不在名义上承认民主的理念。

世界上几乎没有哪一个国家不标榜"民主"。有一些国家的确没有标榜，但这种国家绝对为数不多。过去的情况可大不一样。民主的理念和现实要通过争取才能得到，在20世纪的早期，民主只存在于少数工业国家，这些国家在自己的国家里推行民主，却不相信民主可以用于他们所殖民的世界其他地方。正因为这些殖民地缺乏民主的原则，民主在全球社会只是一种局部的现象，甚至到了20世纪20—50年代，工业国家里的民主仍然只延伸到大约一半的人口身上。在大多数主要工业国家，女性直到二战结束以后，即1919—1950年间，才获得投票权。只有在把妇女完全包括进来的条件下，才算得上是一种完整的民主，即使在西方国家也是如此，正如我所说的那样，世界的其他地方很大程度上依然把妇女排斥在外,直到过去30年左右,局面才有所改变。

好了,民主是什么?在座的诸位政治科学家都知道民主是一个多重的概念,民主和政治理论对它存在着林林总总的解释,民主化也包含了诸多方面。为了简约起见,今天的演讲我将采用我所谓的"最小限度的民主定义"(minimal definition of democracy)来分析民主。"民主"是一种政治体系,具有以下三种特征:首先,该政治体系里有多个而非单一的政党,即政党的多元化;其二,具有开放而自由的选举,人口中具有投票资格的选民都能行使实际的投票权;第三,具有宪法和一套完整的法律来有效地保护完整的公民自由和公民权利。当然,民主的含义远不止于此,但我今天使用的是一种最小限度的民主定义,它使我们可以判定某个政治体系是否民主,但同时你必须认识到民主还具有很多很多的问题和复杂性。

如果我们现在用这一最小限度的民主定义分析过去30多年来的全球时代——我在这几场讲座中反复强调过这一时代,可以发现,世界已经发生了翻天覆地的变化。在过去30年里,根据最小限度的民主定义,世界的确比过去更加民主了。近期有不少研究都指明了这一现象。例如,于2000年初公布的一份主要研究表明,截至20世纪末,世界上192个国家中已经有117个符合我刚才列举的民主化标准,完成了民主化进程。在这一历史时期,被公认为民主化的国家的比重已经比过去上升了两倍。在2000年,民主国家的数目比1970年上升了三倍。当然,苏联解体和其他变化使世界上国家的数目不断上升,但即使我们不把这些因素考虑在内,民主国家的数目还是实现了这一增长幅度。在这一时期,根据刚才提出的最小限度的民主标准加以衡量,大概有90个国家从20世纪60年代晚期到70年代早期所公认的威权统治(主要是军事统治)转变成了民主政府。我认为这是一种真实而重要的变化,全球民主化进程是我们必须加以理解的现象,当然,首先必须从不同的量化形式加以理解。我们不清楚这些变化能够持续多久,在这些变化呈逆向发展之前,毕竟要经历民主的循环周期。从拉丁美洲的历史来看,拉美的几个重要国家就经历过民主的周期,这些民主后来被压垮,回归到不同形式的威权统治或者军事独裁。

再来看看今天的阿根廷吧,它正面临着严重的经济危机,我们担心它是否能维系民主转型的过程。当然,向民主的过渡并不是一个非黑即白、一蹴而就的过程。大多数国家都有一些根深蒂固的陋习，例如存在已久的腐败现象，这一现象长期困扰着阿根廷。我希望阿根廷不会再次陷入威权统治，但没有人能对此作出定论。世界上其他已经向民主转型的国家也会面临着同样的不确定性。然而，这里谈论的不仅是一个周期：我是指相当一部分已经明显地完成了向"大致民主"（close to democracy）或完全民主转型的国家将保持现状，因为在这一过程中已经完成的制度变迁是很难被逆转的。例如，拉美的民主主义者在考虑实现从军事或威权统治向民主统治转变的过程中，会参考西班牙、葡萄牙或者希腊的经验，这三个欧洲国家在20世纪60年代晚期就已经开始实现了民主化转型。我想，这三个国家都完成了向民主的清晰转化，并且建立起了民主制度框架，因此很难再回到原来的威权统治，除非它们受到外部世界突如其来的巨大波动的影响。但这还是一个充满了未知数的话题，我们不知道周期的跨度会有多长，也不能肯定真正的结构性转化会前进到何种地步。在我看来，今天的世界社会已出现了一种真正的结构性转变，其原因我将会简略地谈到。

第二，我们必须认识到许多国家在民主的边缘挣扎，它们打着民主的标签，却远远没有达到上面提到的民主的最低限度。俄罗斯、印度尼西亚、罗马尼亚、朝鲜都无一例外还处于民主化的进程当中。它们的民主——这里我并没有特指哪个国家——从我们西方世界的角度来看还不能被看做是自由民主，没有满足民主的最低要求。相反，一些政治科学家是用"非自由民主国家"来指称它们的。非自由民主是指这些国家正尝试迈向民主，但是困难重重，因为这些国家充满了过去威权统治残留下的种种余孽，如颠覆选举，阻碍公民自由等，这意味着这些国家拥有的更多是民主的空壳，而非真正的民主过程。

如果全球社会发生了结构性转化——因为我认为世界社会的确存在这种转化——那么，发生的原因又是什么呢？对此，我将向大家解释（因为35分钟的时间限制，我不能详细解释，而只能简要说明）民主扩展的原因。我在这几场讲座中分析了这些原因，它们与广泛意义上的全球化影响密切相关。我一再强调过，全球化不仅仅体现在全球市场的扩张上，全球市场扩张甚至不是全球化的主要表现，通信革命才是其中最主要的推动力。在今天这个以全球信息社会为主体的世界里，即使是偏远地区的贫苦民众也能进行全球交往。如果你有所怀疑，可以看看阿富汗，在那里的一些地区，70%的人口——甚至包括阿富汗最穷困的人口——都在收听BBC的节目。在信息社会全球化发展的今天，政府很难再把公民置于被动的地位，更不用说用威权的方式来统治他们了。如果政府不能提升灵活度和公民的参与度，这个国家就会在全球政治和经济竞争中处于劣势地位。苏联的威权统治体系曾经在工业社会的演进时期发挥了巨大的作用，但随着全球性知识经济的来临、信息社会的崛起，它马上变得不堪一击。

全球化的扩张与民主的扩张之间存在着密不可分的联系，当然，这绝不是一种简单而粗糙的联系。这种联系相当复杂，而且在世界各个地方，它还受到地方经验、地区冲突以及阴魂不散甚至卷土重来的种种威权统治形式的影响，这些影响与民主政府大唱反调。然而，当我们说全球化与民主存在着密切关联时，我们又面临了一种民主制度的悖论。那就是，当民主在世界各地扩张时，它的腹地似乎正受到破坏，已经建立起完备的民主制度的国家看起来正体验着民主的危机。在过去20年里，政治科学家和普通媒体先后对此进行过广泛的讨论。

为什么人们会认为民主出现了危机？原因主要有以下几个。首先，在过去30年里，政治参与水平在大多数——虽然不是全部——工业国家都趋于下降。例如，在主要OECD（经济合作与发展组织）国家的全国选举、地方选举或者区域选举中，这一时期的投票率已经下降了大约70%，表明这是一个结构性的议题。

我还必须指出，政治参与水平的下降在年青一代中显得尤为突出。你或许从昨天的报纸中已经发现，英国工党正在应对年轻人的政治参与率下降，尤其是党员参与率下降的问题。鼓励年轻人加入工党不是一件容易的事情。但我很高兴地指出，让年轻人加入保守党则简直是一件不可能的事情。我不会挑明保守党的成员所处的主要年龄段，但是他们绝对不是处于风华正茂的时期。

第二，一项有关对政府的信任度（尤其是对政治领导人的信任度）的民意调查结果似乎——我用"似乎"一词是因为许多政治科学家对这一结果存在争议——表明，在过去二三十年里，人们对于政治、民主制度、政治领导人的信任度正不断趋于下降。调查还显示，人们极端不信任政治领导人，人们对于政治领导人的信任度仅比对记者的信任度略高一点。被调查者中只有3%的人相信记者，只有7%的人相信政治领导人。

猜猜，如果你去了德国这个完全不同于英国的地方，哪种人的信任度排行最高？是教授！这在英国完全不一样。但在好几个国家，教授在可信度排行榜中仍然位居前列。因此，对政治领导者的信任似乎出现了整体大幅下滑，但在许多情况下，这些人仍然在我们的生活中发挥着巨大的作用。

第三，我们有理由去关心民主逆转的原因。这里，我又要提威尔·赫顿先生了。或者至少是因为媒体的崛起而造成了对民主的破坏——威尔，看起来我在针对你，但我在开玩笑，至少不是针对久负盛名的《观察家》——我指的是电子媒体，尤其是电视对政治所带来的影响。

我想现在的媒体，尤其是电子媒体，所扮演的角色远不只是在报道政治动态，这一点是不可否认的。电子媒体定位了政治应该包含什么内容，如果你是一位政治领导人，那么你每天的首要任务就是回应来自媒体的最新问题。同样，你很可能在议会回答问题之前，先对电视或电台节目所提出的问题进行解答。你不仅要把对媒体的回答放在政治议程的首位，还要日复一日地这样做，因为媒体对于政治领导者的质疑永远也不会停歇。在我看来，今天，媒体与民主实际上处于一种双重关系中。没有媒体或者没有媒体的繁荣，就不会有民主的扩张。媒体的繁荣，全球通信手段的发展，为民主的扩张创造了条件：没有电视，就没有捷克斯洛伐克的天鹅绒革命；没有电视，南非的消除种族隔离运动也不会和平圆满地结束。

因此，媒体为政治对话、为公民发挥更积极的作用和进行更积极的思考开放了广阔的空间。但是，媒体同时也压缩了它们曾经开拓的领域，因为媒体从不间断地把政治议题琐碎化、商业化和个人化，很难让它们长期深入地讨论某一政治议题。我想，如果说我们已经实现了媒体民主，这种说法是合理的，因为媒体已经成为民主机制的核心。但是，我们依然存在充足的理由去担心这样将带来什么样的影响。有人恰好看到了这一现象积极的一面，这是很有趣的一面，值得我们思考。有人说我们现在面临的是一种新式的直接民主，而非代议制民主。这就意味政治领导人要一直被公民诘问并对公民负责。正如"媒体"一词本来就含有"媒介"的意思，发挥着中介调解的作用，因此，它似乎比传统的代表制显得更为重要。为此，克林顿政府提出了著名的"电子直接民主"这一概念，它来源于克林顿的主要幕僚之一迪克·莫里斯（Dick Morris），他说美国天天都是选举日。如果美国每天都是选举日，这意味着政府每天都要与公民对话。因此，政治领导人可能不关注选举中投票的重要性，而是更关注如何应对各种持续的挑战。所以，政治领导人和公民似乎每天都在关注民意的走向，并在政治生活中形成一种反思性关系。我觉得这个问题非常有趣，如果大家愿意，我们可以在讲座的最后再对它进行讨论。

这是否意味着"民主危机"的出现？我想大家对此首先要有几分保留。民主国家存在着各种"结构性张力"（structural strains），这些张力的来源正是同样曾经促成了世界各地的民主，这就是为什么这一问题变得如此棘手和困难的原因。但是，我们必须谨慎，以免对民主的危机或者"政治冷漠"的危机过于泛泛而论。原因可归纳为以下两点：

首先，政治冷漠，尤其是对政治采取"积极的漠不关心"或者积极地忽视国家的能力，在某些情况下可以被看做是民主的主要特征。要理解这一点，我们可以看看一些非民主国家的情况，在那里，人们的生活由国家所支配。东欧国家曾经流传着这样一个笑话，对西欧国家的大多数人来说可能很难体会，因为故事描绘的场景与他们的实际经历大相径庭，但它可以帮助我们更好地理解民主的定义。在民主社会里，如果有人凌晨4点来敲你的门，你会认为是个送牛奶的；但如果在独裁国家，你首先想到的会是特工，而不是送牛奶的。因此，人们所具有的忽视国家的能力、漠视政治的能力是民主社会的关键特征。如果要知道政治参与度在哪些国家最高，非民主国家的数字总是遥遥领先。苏联大多数选举的投票率都高达99%，但我想从本质而言没有人会把苏联定义为一个具有民主政治体系的国家。这个问题很微妙：我们很难说民主的维系与多大比率的政治不参与兼容，但是无疑，民主国家里的人们是可以自由地忽视国家的。威尔比我更加赞同国家，我认为国家经常是公共领域的敌人，国家不总是公共领域的捍卫者，一个国家越是倾向于"不自由"就越表明了这一点。

第二，英国上一次大选的数字也很有趣。在2001年的大选中，投票率只有59%。许多人说：这正好表明了政治危机，说明人们越来越疏远于政治。但是，如果我们对事情作更深入的审视，将发现更加微妙和更加复杂的问题。我们对在上次选举中参加和没有参加投票的人进行了有趣的研究。对于工党的支持者来说——我们这里可能也有一些，可能就一两个吧——有趣的是，绝大部分没有参加投票的人都说，如果他们参加了投票，肯定会支持工党。他们没有参加投票是因为，在他们看来，投票的结果已经相当清楚地表现出博弈的态势,尤其是他们所在的选区,所以他们就采取了搭便车的行为,不再费神去投票了。

更有趣的是伦敦大学学院宪政研究所进行的一项研究。他们发现,80%没有参加投票的人都非常肯定投票的重要性。换言之,他们不投票并不表示他们不信任民主体系。有些没有投票的人认为自己不投票是一种"积极的不投票",但大多数人认为,自己不是非得参加那一次选举投票。

可以总结一下这种发现。在工业国家进行过各种各样的研究,它们发现,民众对政治领导人经常非常失望,但却不是对民主本身的失望。在工业化国家,95%的人认为他们会支持民主的原则,也支持发展我先前提到的民主的特征。即使人们对民主的现状有所不满,也不是对民主原则本身的不满。

我们是否有理由担心?是的,我不赞同那些说我们无须担心的言论。我们可以有所作为,可以尝试进行改革。这些改革是什么呢?好,我已经说好了要在20点之前结束我的演讲,我只能简要地概括一下。结束后威尔会对我提问,然后是观众提问的时间。在我看来,我接下来所提出的几种策略对包括英国在内的大多数工业国都非常重要。

首先,可以通过还政于民来提升人们对于政治领导者的信任度和民主的参与度。还政于民听起来是一种煽动群众、说说而已的举动,但我指的是权力下放。我在这几场讲座里反复强调,全球化具有双重影响,它既从国家中抽离了一部分权力并把这些权力分散到广泛的全球舞台当中,同时又施加了压力,促使地方自治权力的提高。而权力下放和民主机制的分散化则正确有效地回应了这些变化。为什么可以这样说呢?下面的研究提供了例证。刚才提到的那份有趣的调查对世界各地不同的城市和地方进行了对比研究,发现地方选举的投票率可以低至30%,也可以高达80%。它们都是常规性数据,不是偶然的例子。英国的地方选举投票率大约是30%,有时候更低。这一结果表明了什么差异呢?实际上,最主要的差异不在于民主这一抽象的机制在不同地区会如何不同,而是具体到每个地区的政府征税权力的不同。政府征税能力越高,民众的政治参与度就越高。原因很明显,投票者大多是理性的人,他们了解得越多,投票的热情就越大。当然,这也会有地方差异。以伦敦为例,我们都知道这里没有真正实现权力下放,无论你如何评价肯·列文斯通(Ken Lingston)这个人物,他作为市长所拥有的权力是非常有限的。就我个人观点而言,如果英国政府能够有效地给伦敦政府下放更多的权力（比如征税权），伦敦的一些问题，例如地铁问题和政治参与度不高的问题，就能得到更好的解决。因此，权力下放是其中第一个策略。

第二，是我所说的"民主的民主化进程"，可能大家会觉得这个词有点做作和别扭。我所指的是，即使在民主国家，从最小限度的民主定义出发，民主化的水平依然不够高。包括英国在内的大多数民主国家，长期以来充斥着腐败、男性对政治领域的支配等现象。女性虽然可以参加投票，但却没有按照她们应该享有的比率在议会或者其他各种委员会中获得足够的代表席位。在许多政治体系中，我们可以看到各种久盛不衰的现象，例如老年男性政治人际网络、幕后交易或者用非民主的方式来处理民主事宜等。我想没有任何一个民主国家可以例外。我也认为这些根深蒂固的现象与实际政治参与度密切相关。例如在丹麦，民主化的各项进程非常缓慢，民众的政治参与度并没有得到多大的改善。类似的现象在美国也变得日趋明显，金钱可以购买权力，大财团的集团势力强有力地左右了总统选举和州选举，与此同时，美国大部分地区的政治参与水平也大幅下滑。

第三，民主化必须超越民族国家的层面，因为现在许多对我们的影响都来自超民族国家的层面。这也是为什么现在关于欧盟民主化的讨论变得如此重要的原因，因为欧盟至少在尝试推行一种超国家层面的治理形式。现在，我们都知道欧盟是不民主的。到访的德国著名社会学家乌尔里希·贝克（Ulrich Beck）指出，欧盟不能与自我相抵触（would not get into itself），因为国家加入欧盟的前提为它必须是民主国家，但种种指标显示欧盟是不民主的。因此，民主化还任重而道远。但是，欧盟尝试进行的超国家层面的治理迈出了重要的一步。不仅如此，欧盟的崛起和其他区域性组织的发展对于成员国内部的民主发展具有积极的意义。以刚才提到过的三个国家为例，西班牙、葡萄牙和希腊，如果它们不加入欧盟，就难以取得经济和政治上的进步。我想，欧盟为这三个国家和其他国家作出了巨大的贡献。因此，衡量欧盟的民主化水平不应该从欧盟机构的民主化程度出发，而要看欧盟在促进其成员国民主进程中发挥了什么样的作用，其中很好的一块试金石当然是看未来三到四年内，即将加入欧盟的十个左右的国家的发展如何。我们必须推进国家层次之上的民主。

好，我所提到的所有这些方面都可以作进一步的阐述，回到我早前提过的，民主的美德之一是它的普通性。弗洛伊德曾说过，心理治疗的首要任务是把病人高度压抑或高度焦虑的心情转为普通人心情不好的状态。因为这种不好的普通心理是心理患者所能达到的最好的治疗效果。如果是这样，我们在大多数情况下所能达到的最好的进步就是取得普通的、沉闷的民主了。不要认为这种期望值太低，因为对于那些根本没有民主可言的国家来说，这种普通而沉闷的民主也是弥足珍贵的东西。

威尔·赫顿： 我想先提几点看法，然后再向安东尼提问。我认为政治参与水平下降的问题比安东尼所说的要更为严重，但还没有造成民主的危机，而是潜在的民主危机。我先就这个问题讲几分钟，然后再请安东尼作出回应。

因为在私人领域之外还存在着公共领域，我将结合亚里士多德和康德的观点，即从相关西方古典哲学传统出发来谈论这个问题。欧洲启蒙运动的一个伟大成就就是催生了民主这一理念，人们开始拥护和支持民主，并把它纳入政治过程当中，民主当时被视为一套重要的公共话语的分支之一。因此对于康德来说，民主是公共领域的一种宣扬形式，他认为在启蒙时代的欧洲，人们可以在公共领域自由地交流信息和思想，而无须受到教会或国家的审查。人们可以发表科学的言论，从事实出发而不是从宗教出发，人们可以作为自由的男人或女人进行思考而不受限制，可以充分与他人交流，这就是康德所描述的公共领域。

我认为现在一个重要的差别就是，公共领域的分支现在是国家，国家是实现公共领域的庇护者。如果国家的税收得不到保障，我们就没有免费的公共博物馆；如果没有国家，就没有象征着公共性的大学。因此，安东尼刚才说对了，我是赞成国家的，我想国家的公共机构是公共领域的最重要分支，而且是公共领域运转的基本前提。但是，如果国家必须有效，并形成我们所希望的结果，那么，国家的过程就必须是民主的，当然，这是过去150年来的一大教训。因此，我对安东尼提出的问题是：

政治参与度之所以下降，人们之所以对政治普遍漠不关心，民主的危机之所以越来越凸显，是因为西方民主国家的公共领域正面临着威胁，这些威胁来自于国家正逐步被私有化，集团势力日趋强大，被选举出来管理国家的人缺乏信念，他们只能成为别人的傀儡，因此政府运转效率低下，他们应该就此打住。同理，无论是经营铁路、地铁或者是经营一所大学，如果都由私营部门来操纵，公共领域就会被弱化。如果公共领域被削弱，我们作为个人的力量也将受到打击。因为我们的政治想象力和各种愿景都被收缩了。国家的力量也随之被削弱，我们选举出来并代表我们利益的政治领导者会受到打击。我认为民主改革的前提实际上是公共领域理念的复苏，并批判私有化，遏制集团和金融势力的扩张。这就是我想要托尼回答的问题，你是否也持有同样的看法？

安东尼·吉登斯：我不完全同意这种看法，我想这种看法过于简单，与我的观点有出入。我是指可以同意其中的部分观点，在当代社会增加公共领域的力量的确非常重要。威尔刚才提到两种民主模式，我在演讲中只提到一种。民主不仅仅意味着人民有投票权，而且能够公开讨论相关议题，不让集团势力或者其他组织的势力来支配这些议题。这的确是公共领域的主要特征。然而，公共领域必须得到保护，不受集团势力或者国家权力的打压，因为在历史上公共领域经常受到国家的破坏。20世纪以来，死于国家强权之下的人的数目远远多于丧生于任何集团势力的人的数目。

因此，英国这样的社会需要公有化而非私有化，不应该只是依赖于国家的传统机制，而且要重建具有公有化和私有化组合的公共领域。国家效率低下，官僚习气盛行，我们纳税，希望戈登·布朗（Gordon Brown）和英国财政部把钱花在合适的地方，但结果是钱经常被他们浪费掉了。就像企业集团一样，国家目前也问题重重。因此，在我个人看来，如果要重建公共领域，就要把握好公有化和私有化这两者的平衡，我和威尔都认为这是今天民主政治的一个必然目标和要求。

威尔·赫顿：公有化是一个不错的想法，是一个聪明的想法，你非常赞成公有制，我却对它敬而远之。我也要开始拥护这种想法了。以前没有碰到过这个概念，因此今天对我太重要了。我想你对于国家的批评——如果我可以这样说——是因为美国保守主义的病毒在你头脑里作祟，我想这个病毒在过去五年里严重污染了你这位公共知识分子的头脑，因为国家怎么看都没有你所描述的那样毫无用处。我们纳税是履行公民的义务，是完成我们作为共同体的一分子的责任。我想我们需要的是提升国家的效率，并充分重视组织的民主化进程。换言之，我们要向启蒙思想家看齐。我们可以建立更小的国家，但绝对不是站在反国家的立场上，因为一旦我们这样做，将无异于破坏民主的进程，如果国家不复存在，我们可以把票投给谁呢？因此，我支持采取一种"双管齐下"

的措施,即继续公有化进程,这是一个明智的想法,但实际上要保护国家,公有化的目的之一就是保护国家,提高民主国家的效率。

安东尼·吉登斯:很遗憾,今天讲座的时间到了。你知道,我绝对跟美国保守主义沾不上边,很难想象威尔为什么会那样认为。我想,如果你是欧洲社会民主主义者,你要学会以下经验:私有化在某些地区导致许多问题,在其他地方却又非常成功,但是国家,尤其是传统官僚主义国家,并没有很好地完成民主化进程,因此,既需要改革国家,也需要市场调控。我认为这是欧洲民主所需要做的。

社会民主主义的第三条道路

沃尔夫冈·默克尔 文[*]
何惠莹 译　郭忠华 校[**]

一、导　论

回顾20世纪的历史，我们可以清楚地看到社会民主主义的发展轨迹：从激烈地反对资本主义秩序，废除生产资料的私有制，到接受建立在福利国家原则上的以凯恩斯主义战略为主导的市场经济，乃至承认经济全球化下高度发展的市场经济所带来的社会不平等及其产生的合法的功能性社会分化。由此可见，社会民主主义在过去100年来的发展史可以被看做是一个持续的去除政治激进主义的过程。从阴谋论的视角看，这确实违背了"工人阶级运动的宗旨"，甚至是一种倒退。这一点无论在运动本身还是在学术界都可以获得证明。实际上，唯一在变化的是一些概念：21世纪初出现的"新自由主义"取代了20世纪初的"工人运动的叛逆"概念。

从更规范的视角看，有两大相互作用的因素可以解释这个去激进化的过程：一是不断变化的政治行动机会；二是这些政治行为所产生的结果，一方面它们可以影响政策，另一方面，政策反过来也影响了行动者内部结构性力量的

---

[*] 作者简介：沃尔夫冈·默克尔（Wolfgang Merkel, 1952—），德国洪堡大学政治学教授，柏林社会科学研究中心研究员。主要著作包括 *Social Democracy in Europe*（Routledge, 2008）等。

[**] 译者简介及校者简介：何惠莹，中山大学政务学院硕士研究生。郭忠华，中山大学政务学院副教授。

对比,以及政府内部社会民主党的战略选择。从这里我们有理由推断,在不同的背景下国家需要通过不同的"道路"以成功地实现社会民主主义政府的目标。这个当代流行的讨论热点并非像19世纪末那样开始于德国,而是源于英国布莱尔领导下的新工党政府以及安东尼·吉登斯(1998)提出的"第三条道路"的构想。20世纪末,关于第三条道路的讨论成为欧洲政党改革中最重要的话题。

在本文中我将通过三个部分反思这些修正主义者对社会民主主义的讨论:
1. "第三条道路"的理念。
2. 20世纪末社会民主主义政治的资源和局限。
3. 西欧社会民主主义的第三条道路:
    (1)市场主导的道路:新工党;
    (2)市场与共识主导的道路:荷兰的"浮地模式"(Polder model);
    (3)福利国家改革之路:瑞典;
    (4)国家主义的道路:法国社会党。

二、"第三条道路"的理念

安东尼·吉登斯明确地提出了"第三条道路"的理念。这一"道路"不再是位于资本主义和共产主义之间的宽阔道路,而是超越20世纪80年代激进的新自由主义与战后社会民主主义所奉行的古老的国家合作主义的另一条道路。吉登斯与新工党的智囊从一开始就表现出自己与欧洲当代的社会民主党极大的差别:他们不再把金融市场的全球化、商品市场的欧洲一体化及其带来的国内种族的纷争简单地看成是对社会民主主义政府政策不便的限制。

相反,他们更多地将此看做是十分有价值的东西,甚至是促进确立现代经济和社会结构的动力。同时,全球化在相当程度上缓解了政府改革合法性的负担,尤其当它们受到强大的利益驱动时,改革既必不可少,又显得遥不可及。然而,随着全球资本市场的扩张,第三条道路的理论家们认为,如今政府对国内货币和财政政策,以及宏观经济中就业问题的结构性干预要远少于社会民主主义的"黄金时期"(1945—1973年)。人们不得不接受全球化既对社会民主主义政策的实施构成限制,又为其带来资源的事实。现实的新社会民主主义者由于持有这种冷静的观点而经常被贴上"新自由主义"的标签。因此，这里存在的问题是，第三条道路在何种程度上有别于新自由主义？同时该如何分辨它与战后社会民主主义传统下的国家合作主义的区别？

即便是匆忙地回顾人们对新自由主义的有关批判也可以清楚地发现，激进的市场原教旨主义或者新自由主义版本下的"最小限度的国家"与第三条道路理念的不同。把第三条道路的理念等同于新自由主义是毫无意义的，这仅仅是人们在争吵不休的政治争论中的权宜之计。

尽管如此，第三条道路理念与新自由主义及欧洲大陆传统的社会民主主义是界限分明的。第三条道路的理论家们专门从三个方面指出了它们对福利国家的结构和功能的不同解读：

- 他们认为，社会经济不平等的状况会随着国家社会开支的增加而自动减少的想法是错误的。
- 传统的福利国家授予公民被动的接受福利的资格，这不能鼓励他们成为具有更多的社会意识和责任的公民，而是导致个人主义、福利依赖现象的盛行，使人们在变化的劳动力市场中面临各种挑战时，失去提升自我教育水平的动力。
- 依据古典的工业现代化逻辑建立的传统福利国家，在面对后工业时代的问题时显得反应不足和缺乏灵活性。这部分是由于它保护的是错误的社会对象，而且，传统福利国家的福利支出不仅不能满足人们的现实需求，也不能应对20世纪末异质性社会发展所带来的挑战。

新工党拒绝采用福利国家中普遍的社会民主主义模式。同时，第三条道路的理论家们试图防止英国社会的"美国化"。他们希望阻止这些现象的发生，包括犯罪率上升以及社会排斥、社会混乱和下层阶级的大规模涌现，以便使英国人能够再次整合为一个"民族"。雷蒙德·普兰特（Raymond Plant）生动地把福利国家称做"公民资格的供应方"。它指的是国家应建立各种制度使公民能够享有通过个体努力获得平等的机会。从这里可以清楚地看到，公民资格不再是一种确定的权利，而更多的是追求相关的义务（即个人必须不断地奋斗）。个体只有通过参加劳动才能实现这一目标。对一个积极的国家而言，它的责任是为人们能够进入劳动力市场提供必要的条件。同时，每个公民应该适当地利用这些机会。这被视为是经改进的社会民主主义"社会契约"。然而，签约的一方和契约所带来的已不再是仁慈的福利国家，取而代之的是一个具有强烈自由主义（追求机会平等）和社群主义（保护社群，反对个人主义的负面影响）色彩的国家。尽管吉登斯、普兰特等人明确地提倡国家的能动性，但是他们似乎已经做好了准备去接受市场和相关的政策将导致收入不平等状况恶化的事实。也许只有当情况发展到社会的各个阶层都出现自愿的和非自愿性的排斥时，他们才会改变立场。

三、20世纪末社会民主主义政治的资源和局限

理念和政治项目不可能自动地转化为政策。在实现政党的原则、目标和政策建议的过程中至少存在着两道过滤。它们不仅影响着实际的政治决策和政策结果，而且人们在设计各种策略和项目时还经常考虑到这些因素。第一道过滤包含了一个政党在实现其目标的过程中可以利用的资源及所受到的限制——这被称做"政治行为的结构性过滤"。

在很大程度上，这一过滤结构化了政治舞台上的力量对比格局，它界定了为政治行动者开放的政治空间。这既可看做是客观的情况（受各种条件所限制），又可视为是主观的东西（充满各种认知和解释）。政治行动者在分析和评价这一过滤所具有的资源和局限的基础上制定出各自的战略。因此，在此范围内存在着有限的选择。从这些可选方案中，行动者们通过第二道过滤作出各自的选择。第二道过滤的过程是由第一道过滤和政治利益与策略间的相互作用共同决定的，而规范性的考虑通常是次要的。除了结构性的限制和规范性的考虑外，各种政治选择主要受相关的政治行动者，尤其是政府、政党、组织、商业利益和媒体等之间的相互竞争与合作关系所影响。如果说第一道过滤代表的是"结构"，那么第二道过滤代表的则是"选择"。

哪些具体的因素可以作为过滤影响社会民主主义寻求"第三条道路"和"新的中心"？在此我简要地提出一些最重要的因素。

过滤1：资源与限制

资源

当代的西欧社会民主主义发展最重要的三大资源是：

- 欧洲社会民主党在选举中赢得的选票：从总体数目上看，社会民主党所获得的选票不比战后时期多。但是2000年在主要的国家中社会民主党获得了最高的得票率，这不禁令人想起社会民主主义在20世纪六七十年代的黄金时期。
- 政府的权力：如今政府的权力达到了历史上前所未有的水平。事实上，社会民主党在欧盟11国中独立执政或在政府中占主导地位，这并不是一种不可抗拒的发展趋势，而更多的是一种出乎意料的巧合。至于社会民主党能否把这"历史性的机遇"巩固为中期的发展趋势，这部分取决于社会民主党在未来的日子里在关键的政策领域能否取得成功和获得民众的信任。
- 保守主义与新自由主义党派的衰落：当然，这并非是不可逆转的发展趋势。相反，新自由主义政治在过去的20年来似乎已耗尽了政治界的资源，而当前正由社会民主党及其政府来开辟新的天地。

限制

与上述的资源相对的是，政治领域中仍存在大量限制社会民主主义政府统治的社会和经济因素。其中最重要的是：

- 全球化（尤其是金融市场的全球化）；
- 产品市场的欧洲一体化；
- 具有财政约束力的独立的欧洲中央银行；
- 国内高负债率使国家缺乏改革的空间，尤其在高成本的领域如社会政策方面；
- 人口的变化：社会人口结构的变化促使了成本高昂的老年人养老和医疗政策的改革；
- 社会结构的变化：社会民主主义政策的主要目标群体已不再是不断减少的从事工业的男性劳动者或雇员；
- （在价值、生活方式等方面的）个人主义推动着多元主义政治的发展，要求改变传统的等级型的政治制度；
- 与（1950—1973年）的"黄金时期"不同，社会民主党的主要选民——包括社会结构所形成的选民（主要是产业工人）和社会文化所形成的选民（在浓厚的社会民主主义氛围下产生的选民），他们的偏好不再具有强烈的一致性，相反，变得反复无常。这意味着与战后过渡期不同，社会民主党必须更多地考虑选民的偏好而改变其在选举中的战略联盟。因此，社会民主党政治策略的选择范围正变得越来越小，除了受一些规范性的主张影响外，社会民主主义政府的选择很大程度上受选举策略的左右。

资源还是限制？

上述的限制，尽管在不同的国家中会有一定的差别，但是它们共同影响着所有的社会民主主义政府。在结构性的过滤中，有些因素既不可看做是资源，也不可视为限制，它们独立地存在于国家的政治背景下并具有一定的重要性，这些因素包括：

- 政治体系中的制度结构：一个政治体系采用单一多数制民主还是联邦共识制民主是有很大区别的。采用单一多数制的政府拥有较强的能力控制各项政治议程，它们比采用共识民主的政府具有更直接的权力和更高的效率，因为后者要通过协商和妥协才能获得共识。
- 政党体系中的联盟：一党执政的政府（如希腊、英国），左翼联盟（如德国、法国、意大利、瑞典），中左联盟（如丹麦、荷兰），还有大联盟（如2000年1月前的比利时、芬兰、奥地利）。
- 工会的力量及合作的意愿。
- 商业利益的力量及合作或反对的意愿。
- 媒体：从短期看，媒体主要通过现代公共关系产生影响。然而从中期看来，它们似乎比其他势力具有更强的独立影响政治的能力。这点尤其体现在像德国这样的联邦国家中，因为选举迫使联邦政府不断地在媒体主导的公共领域中获得自身的合法性。
- 欧盟：欧盟一直以来在不断地削减民族国家政府的权力。在相互联系的多层级的欧盟体系中，政府要重新获得这些权力只能通过困难的磋商并作出妥协。然而，在各国政府愿意作出妥协和达成共识的情况下，在特殊的政策领域内出现了新的制定政策的机遇，这是民族国家在全球化和欧洲一体化的浪潮下曾经失去的机遇。

- 政治文化传统和价值：一个国家的政治文化反映了它的统治风格。在不同的国家中处于主导地位的社会价值和政治偏好（如德国注重货币稳定性，瑞典追求充分就业，丹麦倾向高福利水平以及荷兰重视工作自由和休闲时间）在短期内都是难以改变的。然而，它们可以作为独立影响政策形成的重要限制。

过滤2：选择与决定

第二道过滤不是由结构性的因素形成的，相反，这些结构性因素仅代表了政治领域的"边界"。在此范围内，政府面对一系列的选择（包括策略选择和政策选择）。实际上，如果情况不是这样的话，无论哪个政党执政区别也不大，这也是选民经常质疑的东西。在第二道过滤的过程中，政府和议会的多数成员从一系列的"可行性方案"中把具体的政策选择转化为一系列的决定。这些决定主要受下列因素影响：

- 联盟和组合；
- 对可选方案的认知和解释；
- 政府的政策和项目目标。

与第一道过滤一样，当前西欧所有的社会民主党都面临相似的外部限制，尽管它们内部具有的资源及所受到的限制有很大的差别。同样，在第二道过滤中的政治决定也是容易变化的。在"现实的政策"中，这些变量主要受各国不同的资源和限制，以及人们对行动者和他们的行动目标的不同理解所影响。然而，这些局限表明，20世纪末外部限制的影响力在增加，而为各种策略（如对"可行性方案"的选择）所提供的政治空间在不断减少。同时，如果我们仔细地研究社会民主主义政府所推行的政策和项目，便会发现社会民主主义政府治理模式的不同，或者打比方说，它们在走社会民主主义的第三条道路时也有不同的路线。

四、欧洲社会民主主义不同的发展道路

在西欧至少有四种不同的道路可以代表不同国家的发展项目、战略和政治模式：新工党市场主导的道路；荷兰"浮地模式"下市场和共识主导的道路；

瑞典（和丹麦）的社会民主党改革福利国家的道路；还有法国社会党实行的国家主义的道路。这样的分类并非为了对这些国家进行理想的类型化。相反，它旨在强调社会民主主义政府的特点及它们各自的独特性。这些独特性主要体现在我所选取的重要政策上（包括财政、就业和社会政策三大方面），它们能够代表不同的国家在第三条道路的大方向下不同的发展路径。在每部分讨论的最后，我会依据社会民主主义在经济效率和社会公平方面的原则，来评价这些采取不同发展道路的社会民主主义政府各自的优劣。

（一）新工党政府市场主导的道路

在欧洲所有的社会民主主义政府当中，布莱尔领导的工党政府在实施政策时拥有最多的资源而且受到最少的限制。这是因为英国采用的是简单多数制的选举体制，政党在选举中只要赢得43%的选票便足够获得议会178个议席中的大多数席位，这有利于政党轻松地控制议会中的大多数意见。因此，工党政府不需要考虑合作的联盟。与欧洲的保守主义政党相比，英国的保守党最近的衰落以及在选举中的失败是令人惊讶的。反对党最大的缺陷是给予了工党政府太多的行动空间，其远大于欧洲大多数执政的社会民主党的行动空间。这本质上源于英国多数制的制度结构，它比欧洲多数国家所采用的联邦共识制更能助长等级制和单一制的统治模式。

1. 财政政策

与当前所有的社会民主主义政府一样，新工党反对经典的凯恩斯主义经济政策。实际上，在选举期间，新工党承诺至少会在未来两年内延续前任政府保守的财政政策，并宣称遵从两大原则：

- 当前所有的开支都须依照当前的财政收入执行，只有在以投资而非消费为目的的项目上才允许产生新的债务；
- 新增的公共债务应独立于商业，并维持在一个"稳定适度"的水平，政府不应在短期内作出反周期性的干预。

然而，与欧洲大多数的社会民主主义政府相比，英国预算政策的作用是十分有限的。此外，在戈登·布朗领导下的英国财政部没有把附加的税收收入主要用于减少债务，而是用在资助特殊教育、就业和医疗项目上。

在财政收入方面，新工党着手改革税收制度，以使低收入者获得全部或重要的税收减免。当一个家庭中至少有一个全职工作者的收入高于1万英镑时，便要缴纳工作家庭的收入所得税。随后，在10%的基本税率的前提下，政府通过递减的收入税率补助家庭的收入。这明显反映了政府促进劳动力市场发展的战略：首先，在低工资的工作领域，将促进对劳动力的需求；其次，这些工作使人们在经济上足以养活自己，从而避免或至少减少像美国那样的工作贫困现象。

与此同时，在布莱尔政府的政策下，公司税大大减少至欧盟中的最低水平。所有的这些税收改革都可以视为是供给方面的措施，其主要目的是促进持续的就业，从而防止社会下层阶级出现"非自愿性排斥"的问题。

2. 就业政策

从1996年到1999年，英国的就业增长率（1.03%）要低于欧洲货币联盟（EMU）地区的平均水平（1.87%）。然而，这基本的就业增长水平为英国带来了比EMU地区更高的就业率。以1997年为例，英国的就业率达76%，而EMU地区仅为65.1%。同时，英国的失业率也比EMU地区国家的失业率下降得更快，从1996年的8.7%下降为1998年的6.3%，而EMU地区国家的同比失业率则从11.6%下降为10.9%。因此，事实证明，新工党较少管制的劳动力市场比欧洲大陆大部分受管制的劳动力市场更具有活力。同时，与欧洲大多数的社会民主主义政府相比，新工党更成功地实现了传统社会民主主义的目标——促进劳动力市场的繁荣，达到高参与度的充分就业。

英国的新政最明显地体现了当局推行的积极的劳动力市场政策，旨在减少年轻人的失业情况。新工党以双管齐下的方式实施激励性与强制性并存的政策，充分体现新工党的特色。一方面，政府通过财政补贴使年青人在私人领域中获得补助性的职位，或者在公共领域中获得新创造的职位。同时，政府还资助提供一些自愿参与的培训项目。另一方面，通过缩减在社会转移支付方面的重要开支，政府收紧了就业准入的资格标准。这些措施旨在消除人们搭便车的心理，以及失业者所认为的接受工作是得不偿失的心态，因为工作收入还不比福利收入高。在工党执政的三年内，政府成功地减少了年轻人的失业率，并使长期失业率减少一半。然而，即使在工党执政三年后，政府在积极的劳动力市场政策上的开支仍然明显地少于欧洲甚至是北欧的平均水平。当然，如果把英国政府在教育培训方面增加的投资也计算在内的话，那么开支的数目肯定会有所提高。这些投资的目的是提高年青人的工作能力,以及适应劳动力市场不断变化的要求。

3. 社会政策

新工党根据"工作福利"的原则有选择地对社会政策进行改革。福利国家根据这些政策在多大程度上促进人们进入劳动力市场来衡量其成效。福利转移将作为鼓励人们工作的一种激励(或压力)。因此,向来被动的福利国家正朝着积极的社会投资型国家转型,并同时注重在教育、医疗和儿童方面的投资。

当先前的投资和在国民卫生保健(the National Health Service)方面的改革取得一定成就时,却看不到政府有意在老年人的养老保障方面进行长期改革的迹象。相反,在社会政策中可以明显地看到,政府正逐渐远离社会民主主义追求平等的理想。在"社会效益的文化"下,政府收紧了评估受救助对象的标准。这的确有利于防止人们滥用社会福利,同时能更好地集中关注真正有需要的群体的社会保障。但是,这也招来了社会的指责以及使拥有评估权力的官僚机构得到扩张。然而到目前为止,新工党并没有针对这种有选择性和有目的性的福利国家将可能突然陷入崩溃的危险,提出具有说服力的政策或采取令人信服的政治行动。

4. 新工党政策的优劣之处

优点是:

- 在实践中,新工党比其他的社会民主党更注重废除一些保护性的措施,因为它们将阻碍经济的增长,以及导致经济和社会福利方面的损失。
- 新工党对劳动力市场解除管制的方针很大程度上是继承了玛格利特·撒切尔的路线,这有利于消除劳动力市场中不公平的社会歧视,即在劳动力市场中,有组织的工人总处于优势,而以年青人和妇女为主的"局外者"则经常受到歧视。此外,解除管制后的劳动力市场更有助于促进传统工业向知识型服务业的结构性转型。
- 新工党对源于工业时代的福利国家进行重新的调整,从原来不公平地偏袒中产阶级到当前只关注那些真正有需要的群体,这更能发挥福利国家再分配的功能。
- 政府对教育、培训和学习的强调反映了其意识到人力资本和(以信任、公平、合作和团队精神为标志的）社会资本对个人、经济和社会发展的重要价值，同时，国家要求公民承担起发展自身人力资本的责任，这无论从个人还是社会的发展角度看都是相当公平的。

缺点是：
- 政府在很大程度上放弃了反周期性的财政和货币政策，同时也放弃了对市场变化和不可预测的事情作出政治控制的权力。
- 政府不再把税收体系视为再分配的有力工具，这将加剧社会不平等的状况；高度的社会不平等对公民之间以及公民与国家间的社会团结和信任都是不利的。
- 劳动力市场的弹性化所带来的影响是：首先，它产生对年老工作者的歧视；其次，它促使大量找工作者的地区迁移；再有是削弱了工会博弈的能力，最后很可能导致工资水平的降低和贫富分化的加剧。
- 把福利国家的关注焦点集中在真正有需要的群体上，这尽管从社会公平的角度看是相当公平的，但是这又使福利国家在一片反对的声浪下变得不稳固。原因是，如果中产阶级不再从福利转移和社会服务中受惠，那么他们将失去在经济上支持福利国家的兴趣，并理性地要求缩减国家的福利开支，因为他们作为主要的纳税人在福利国家中基本没有受益。因此，福利国家将失去具有重要政治影响力的联盟。此外，英国正面临走向一个"三分之二社会"的危险，因为在英国，如今生活在贫困线下的人数已经是德国和大多数欧洲国家的两倍。

（二）市场与共识主导的道路：荷兰的"浮地模式"

从英国的威斯敏斯特模式，到撒切尔时代的解除市场管制，以及英国相对薄弱的利益集团，这些政治制度使新工党到目前为止能在一个高度等级型甚至是国家主义的背景下，顺利地推行以市场为主导的政治改革。然而，欧洲大陆的所有国家包括法国，都不存在一个可与英国媲美的中央集权制度及其政治背景。荷兰的工党（the Partij van de Arbeid，简称 PvdA）是一个一党执政并具有与新工党十分相似的市场化目标的例子，但与新工党最大的不同是它采取不同的战略和方法去达到此目标。布莱尔的工党政府采用的是传统的多数制策略，而荷兰的"浮地模式"则具有强烈的共识主义色彩：国家的改革是一个政治党派和社会各方通过民主的协商和妥协,相互达成共识的过程。从1982年开始,尤其是1989年后,随着社会民主党越来越多地参与政府的管理,荷兰(传统的和新合作主义)的社会经济评审会(Socio-economic Council)和瓦森纳工资协议为促进各项社会和经济的协商提供了有利的制度条件。

由于荷兰采取的是共识主义的原则,所以它所推行的以市场为主导的改革远不像英国那样激进。但从长期看,它的优势是能在改革中获得稳定的支持。因为与新工党的等级政治相比,荷兰改革中的利益相关者能更多地参与政治决策的过程。荷兰的例子反映了政治制度、传统和文化对政治战略的有力影响,它既能促使政治行动者参与协商和合作,又能推动新的就业和社会政策的改革。换而言之,英国的道路不可能在荷兰推行,同时荷兰的道路在英国也不能获得成功。不同国家具有不同的政治和决策风格,但它们在一些关键领域(如劳动力市场)上的政策目标和结果却越来越多地走向趋同。然而,与英国相比,20世纪90年代的"荷兰奇迹"绝不仅仅是社会民主党的功劳,相反,它是各大政党(包括基督教民主党、左翼自由主义和右翼自由主义)在不同时期参与的联合政府之成就。

1. 财政政策

在荷兰工党与基督教民主党共同执政的"大联盟"——随后又被称做"紫色联盟"——的时期内(1989—1994年),当局推行了限制性的预算政策。自1994年以来,紫色联盟的财政政策具有两大要点:一是减少预算赤字和国家的总负债率;二是降低税率以促进投资和鼓励劳动。为了实现第一个目标,预算中对中央行政机构和福利保障的开支设立了最高限制,这使政府在首个四年的执政期内每年减少4%的开支。经济增长带来的财政收入被严格地用于减少财政赤字上。从1994年到1998年,公共开支大大减少了,其降幅从相当于GDP的5%到相当于GDP的42.6%。国家实行了统一的预算,不仅减少了社会开支,尤其是还减少了无效的福利待遇,因为过分的慷慨等同于浪费。社会民主党不顾工会及其部分成员和大联盟的基础选民的反对而推行上述的紧缩政策。同时,社会民主党以此政策跻身于紫色联盟之中。新凯恩斯主义下的以社会开支刺激内需的情况已不复存在,如今仅有的是以稳定的收入来拉动需求的增长。因此,收入所得税大大减少了:在1989—1996年间,最高税率从70%下降至60%,而同期基本的税率则从14%降为6.35%。后者尤其促进了服务业中低层次工作的就业，但同时从分配政治的视角看，这有违社会民主主义的宗旨。因此，增加有效需求只是减税理由的一小部分，减税更多的是为了创造兼职和低技术含量的服务工作。

2. 就业政策

荷兰过去20年的就业情况是令人瞩目的。就业从1983年开始增长，一直持续至1992年。在短暂的经济停滞后，荷兰的就业率开始获得快速的增长，其速度高于大多数发达国家的平均水平。在劳动力市场所取得的成就上，荷兰几乎比除丹麦外的大多数欧盟国家都要成功。荷兰的"就业奇迹"带来了什么实质性的效果？荷兰又是凭什么能在所有的三项主要就业指数（包括就业率、女性就业率和失业率）上表现如此出色？再有的是，荷兰的社会民主主义在其中发挥了怎样的作用？

从根本上说，荷兰的成功源于三大因素：适度的工资增长、劳动密集型服务产业的发展，以及最重要的是工作的再分配。工资的限制有利于促进投资和增加国家的净出口。这是由于国家在国际竞争中具有相对的成本优势，同时也意味着更多的人能维持工作。

除了工资的限制和附加的社会政策措施外，荷兰的成功还归功于政府适度地解除对市场的管制。无论是从就业模式、工作年限，还是弹性服务业的发展趋势看，荷兰在各方面都越来越接近盎格鲁—撒克逊的劳动力市场模式。然而，有两方面是例外的：从消极的一面看，即使是荷兰也不能克服困扰欧洲大陆的长期失业的问题；从积极的一面看，就业市场的活跃没有产生像美国那样的收入分化及其伴随的工作贫困现象。因此，荷兰的例子表明，与传统的社会民主主义联盟的想法相反，适度地解除对劳动力市场的管制可以获得更多工作，更公平地分配工作。事实证明，这可以在和谐而合作一致的方式下进行，同时可以带来更多解放性的影响（包括促进女性就业和男性兼职），此外，还可以进一步减少那些有关市场管制是否会造成劳动力市场丧失活力的争论。

3. 社会政策

20世纪60—70年代的荷兰是欧洲被动的补偿性福利国家的典型代表。

改革的动力源自于20世纪90年代初基督教民主党或工党联盟执政的时期。这时荷兰仅有相当低的就业率，这也是福利国家和税收体系带来的最大的致命伤。1991年荷兰对伤残补助政策实行了改革，由此拉开了长远的旨在改变被动的补偿性福利国家的改革序幕。政府为雇主提供了奖金/养老的激励制度，对雇员则收紧了标准，要求劳动者有义务接受"合理的"而非"合适的"工作。这些政策的结果是，1994年有资格领取国家伤残补助的人数出现了多年来的首次下滑。1994年后，在社会民主党的领导下，"紫色联盟"继续对福利国家进行改革。随后改革的重点落在对疾病和失业的补助政策上。从本质上看，有四大改革伴随着国家从被动的福利国家到积极的福利国家转型：一是引进财政激励；二是在向私人保险业开放的过程中限制竞争；三是缓和国家在收紧对受助者的资格标准后带来的"道德风险的问题"；四是国家加强了对社会保障机构的控制。

4. "浮地模式"的优劣之处

新工党在宏观经济层面上的优势大多同样适用于荷兰的工党，此外，荷兰的优势还体现在以下方面：

- 促使人们进入劳动力市场，但与英国相比，由于荷兰的福利待遇依然优厚，所以人们的就业压力相对较轻，没有带来沉重的社会压力；
- 人们接受工作的压力得到减轻，这主要归功于灵活的激励机制——兼职工作的出现，兼职工人不会因为兼职而被剥夺社会福利资格；
- 从长期看来，共识政治能确保国家的改革获得民众稳定的支持，此外，它还体现了社会民主主义所声称的宗旨——强化公民及公民组织在政策制定过程中的参与；
- 与新工党的政策相比，荷兰的公民享有更多的选择以及自主工作的权利，包括如何控制自己的工作时间。

缺点是：

- 福利国家中的搭便车现象仍然没有得到充分的限制，因为荷兰仍拥有大量的福利接受者——尽管没有获得任何国际上的证明；
- 福利国家依然是朝着提供生活标准而非生存标准的宗旨发展，因此，它仍偏向中产阶级，而歧视真正有需要的群体。

（三）福利国家改革之路：瑞典

从20世纪六七十年代起，瑞典就被认为是社会民主主义的典型代表。瑞典模式最明显的特征是：它是一个福利普及的国家，具有充分的就业、最高的女性就业率、一个与经济政策相融合的和谐的收入政策、西方世界中最强大的工会，还有最重的税收负担和令人惊讶的赋税道德，以及国家在面对经济增长略少于发达国家平均水平时作出的最高的社会开支……自70年代后期以来，瑞典模式的主要支柱遭到了不同程度的破坏：以社会团结为宗旨的和谐的收入政策瓦解了，另外，国家的债务也快速地增长。然而，瑞典政府所面临的最大的新挑战是以前充分就业的国家如今遭受着9.5%的大规模失业。瑞典社会民主党在1994年再度掌权后开始了对福利国家的改革。

1. 财政政策

在20世纪五六十年代的"黄金时期"，与当时普遍的误解不同，瑞典的社会民主党已经开始实施供给导向型的政策，它比新凯恩斯主义的财政政策更有力。当瑞典的社会民主党在1994年再度执政时，作为少数党的社会民主主义政府面对的是10%的预算赤字。因此，凯恩斯主义政策中的赤字不可能仅仅是政治传统所造成的，同时不能忽略当中所受到的财政限制的影响。所以，瑞典政府采取的是近乎完美的反凯恩斯主义路线，即增加税收和减少开支相结合。与90年代的大多数社会民主党一样，瑞典社会民主主义政府声称其所有的项目和实际的行动都是符合财政宗旨的。如今政府的开支已不再作为延缓经济周期、刺激需求的一种手段。

从财政收入方面看，政府的政策中仍具有供给导向的色彩。尽管政府减轻了商界的税收负担，但是税收正从直接的收入所得税转化为间接的消费税。六七十年代曾在发达国家中享誉一时的瑞典税收体系在90年代逐渐丧失其再分配的功能。这至少一方面是由于税收体系逐渐减弱其再分配的功能；另一方面是瑞典在八九十年代不断扩大收入差距的结果。然而，瑞典的收入差距在国际上却是最小的。

2. 就业政策

瑞典的就业政策中最令人瞩目的地方是采用了积极的劳动力市场政策。1997年，瑞典在积极的劳动力市场政策上的花费占GDP的2.1%，时至今日，瑞典在此政策上的开支仍高于其他的发达国家。然而，这项政策在90年代的成效是有限的。因为在用于积极的劳动力市场政策的开支增长的同时，国家的失业情况也在增长。至少从实践上看，90年代的瑞典社会民主党已经远离了其所追求的最高就业率的目标。实际上，一度相当高的女性就业率也出现了下降。瑞典当时经历了欧洲国家中历史最长的裁员潮。尽管它进行了改革,瑞典的劳动力市场仍然受到政府的高度管制。

当时的瑞典政府没有出现像荷兰那样的新型的合作主义共识,也不具有像英国政府那样采取激进措施的能力。瑞典显然陷入了劳动力市场改革的泥潭,其劳动力市场的发展落后于英国和荷兰。

3. 社会政策

尽管作为少数党的社会民主主义政府在原则上支持普遍化的福利国家,但自1994年以来它采取了多项措施开始改变瑞典福利国家的面貌,其中最重要的措施是:

- 适度缩减在各种社会转移支付上的开支(主要是5%的幅度)。
- 引入用于患病休假的"等待期"制度,主要为了防止雇主对周一至周五工作日的滥用。
- 政府规定,员工在患病期间应获得不少于正常工资75%的收入,同时国家继续保障提供免费的医疗服务。
- 减少养老金:基本的和附加的养老金被整合为一种养老金,这与德国的养老制度十分相似;国家首次引入了雇员供款计划(员工缴纳的资金占收入的18.5%);同时政府开始发展一种次级的私人化的养老金制度。
- 瑞典公共领域中的就业率达31.9%,比德国、英国和芬兰的多一倍;政府计划缩减公共领域的职位,这将主要影响到女性劳动者的就业。

总的来说,政府主要是直接地在社会转移支付方面缩减开支,而并非大幅度地减少社会服务。所有的这些措施旨在增强劳动者的个体责任感以及减少福利国家中的搭便车现象。然而,由于瑞典原来具有十分高的福利水平,即使政府作出了缩减,它仍继续被认为是西方世界中最全面性的福利国家。

4. 瑞典道路的优劣之处

优点是:

- 瑞典在发达国家中保持着最开放的国家经济制度,即使在深受经济危机影响的20世纪90年代初,它仍没有转向实行保护主义措施。
- 政府通过税收和社会政策措施有效地刺激投资,增加供给。这使国外投资资本直接流入瑞典,同时也减少了国内投资资本的流失。

- 到目前为止，福利国家的改革仅仅是作了一些边缘性的修补。此外，许多措施在消除寄生于福利国家上的搭便车现象的同时，也促进了社会公平和增强了个体的责任感。
- 国家的政治重心仍然是对抗失业，相当多的资源被投放到进一步对抗失业上。
- 瑞典对富人和自雇者收入所得税的起征标准低于欧盟中的大多数国家。

缺点是：

- 就业率的下降，尤其是女性就业率的下降意味着社会民主主义政府正逐渐远离传统社会民主主义充分就业的宗旨。
- 就业率的下降将导致以重税收为基础的福利国家在财政收入上出现困难。
- 瑞典的经济增长率持续地低于其他发达国家的平均水平。
- 税率制度变得日益顽固而很难推行和谐的收入政策。

瑞典开始了对福利国家的改革并已经取得相当大的进步。到目前为止，它不像英国那样激进地向前推进，甚至还不如荷兰。福利国家在致力减少贫困和社会风险的同时，为了防止失业问题的恶化以及80年代末瑞典工人阶级中出现的社会分化现象，必须着手对劳动力市场实行进一步的改革。此外，从长期看，政府在处理就业问题上的失败将危及瑞典被动的补偿性福利国家的生存。

（四）国家主义的道路：法国社会党

20世纪末，在西欧所有的社会民主党和社会党中，法国社会党是最强烈地坚持传统的国家主义政策的政党。事实上，法国社会党主要在两大方面体现着国家主义的色彩：

- 法国中央集权的政治制度结构、弱小的利益集团、法国社会党与共产主义和绿党共同组成的左翼联盟，还有法国国家主义共和制的政治文化，所有的这一切都成为法国社会党在等级制的国家中有力地控制政策的重要条件。在法国，根本不存在"平行的治理结构"或制度性的反对者，即使存在，也是微不足道的。
- 法国社会党比其他的党派更有力地促进国家的发展。这主要体现在宏观经济政策以及工业、就业和社会政策方面。法国社会党尤其可以被看做是传统的社会民主主义政策宗旨的捍卫者,但是它在面对经济全球化和社会个人主义的盛行时却失去创新的动力。

1. 财政政策

在20世纪80年代中期,即使是法国社会党也声称自己遵循统一的财政预算。在90年代,严格的预算政策使法国的通货膨胀率低于欧盟的平均水平。从这一点来说,从1983年起法国社会党不再遵从古典的凯恩斯主义路线。然而,自从社会民主党执政后,若斯潘(Jospin)政府所实行的财政政策与其他社会民主主义政府的相比有很大的差别。社会党政府的财政政策,与社会民主党所领导的英国、荷兰、瑞典以及拉方丹(Lafontaine)辞职后的德国政府所强调的以统一的预算为中心的财政政策完全不同。法国的若斯潘政府强调节约和选择性地采取统一预算的措施,以保证国内价格的稳定并遵循经济周期的规律。实际上,在1999年,法国以3%的GDP增长率成为欧盟经济发展的动力。在经济景气的时期,法国的左翼政府不是通过大规模的拉动需求的项目来维持经济的增长,而是采取增加国内需求的措施:例如,法国政府在1997年提高了最低工资的标准,同时在入学的时候向家庭发放的国家转移支付增至平时的四倍。

90年代末以来,发达国家的税收政策明显地呈现出多样性。当除瑞典外的大多数国家纷纷减税时,法国的社会党政府谨慎地提高了部分税率,尤其是公司所得税和来自金融投资收入的所得税。与此相对的是,国家对较低收入者进行了减税。此外,法国的左翼政府引入了与税收制度相关的社会和经济改革,目的是在不减少社会福利的前提下增强商界的竞争力。因此,政府全面废除了与收入贡献挂钩的医疗保险计划,取而代之的是从几乎所有形式的收入中扣除社会保险的普遍化社会捐税计划(CSG)。这意味着,首先是非工资劳动成本的减少,这有利于增加商业的竞争力;其次,福利国家的财政收入构成将显得更为公平,它不仅包括工资,而且包括自雇者和资本的收入。

2. 就业政策

法国的就业政策最明显地体现了社会党传统的国家主义的本质。这尤其反映在社会党致力于减少年青人失业的计划上。政府的目标是创造70万个职位,由国家资助其中的80%,其中的35万个职位将位于公共领域。这项计划对新工党、荷兰社会民主党或德国的社民党(SPD)来说都是不可接受的。其余的

35 万个职位将通过国家补贴的方式在私人领域内创造，此外，更进一步的措施有：

- 政府通过资助长远的早期退休计划来减少劳动力的供给。
- 政府引进了一周 35 个工作小时的制度并通过了相关的法律，同时国家还以补贴的方式激励企业执行这项政策。
- 到目前为止，政府几乎没有采取任何措施来解除对劳动力市场的管制，唯一的例外是令劳动力市场中双方终止固定期限的合同变得更加容易，这也是最为温和的解除管制的方式。

前两项措施可以看做是传统的社会民主主义的就业政策，而后一项措施则可能是受高度管制的劳动力市场寻求灵活性发展的一个小出路。然而，这些被解除管制的领域被证明是十分具有活力的，尤其是对于服务业来说，这个行业具有固定期限，工资水平低，且很少有社会保障的特点。这种发展如果持续下去将导致产生一个二元的劳动力市场——一方面，市场受高度的管制但萧条不振；另一方面，市场被解除管制，充满活力，却带来社会不平等和社会分化，这种情况已经在西班牙出现。

3. 社会政策

到目前为止，法国仍没有对福利国家进行明显的具有创造性的改革。除了对医疗保险采取部分财政措施外，福利国家继续通过大部分由雇主承担的非工资劳动成本来获得主要的财政收入。然而，法国的社会党政府已经慎重地尝试使国家收入与社会捐赠脱钩，并根据税收作出国家的财政安排。社会民主党政府特别强调福利国家对家庭的支持，尽管家庭现在正透过不同的方式，包括以收入为主和国家补贴的方式获得帮助。此外，政府新的工作重点是对尤其位于大城市周边的社区进行重建和翻新。同时，在政府政策中，教育培训得到了格外的重视。但是与德国社会民主党的政策相比，法国的政策没有充分体现政府对教育的投资。

4. 国家主义道路的优劣之处

优点是：

- 与欧洲其他的社会民主主义政府相比，法国的社会党政府在市场化引起社会不平等的领域中，以基本政治信念（通过民主的合法化的方式）主导经济发展方向的特征更为明显。

- 在欧盟中，法国的若斯潘政府通过更好地协调国内的政策，比大多数的社会民主主义政府更容易重拾国家对经济发展的控制权。这点尤其适用于就业政策以及欧盟。这意味着欧盟"经济上的政府"应该对民主的合法性不足的欧洲中央银行之货币政策施加影响，而且应强化欧盟的"社会宪章"和"社会协定"的作用。
- 政府实行积极的劳动力市场政策，而非盲目地相信减少商业、资本和收入所得税便可促进创造长期就业的投资。

然而，这些优势逐渐变得模糊。这表明社会民主主义政策不能采用某种单一的和理想的政策工具，而必须在原有的价值偏好下慎重地权衡取舍。

缺点是：

- 这种福利国家现状是否能够维持是不确定的，这点可以从它长远的财政计划、它对非家庭生活方式的歧视，以及那种不能提供工作激励的被动补偿性结构中看出端倪。
- 积极的劳动力市场政策在很大程度上仍须依靠国家对创造职位项目的补贴，这尤其体现在公共领域。同时，这项政策没有为个人接受教育和培训提供任何的激励。无论从经济的还是个体解放的功能看，个人并没有足够地意识到（或被鼓励）有责任对自身的人力资本进行"投资"。
- 国内仍存在保护主义的发展趋势，尤其当面对欧盟外的其他国家时。

到目前为止，法国社会党对市场的变化表现出惊人的抵抗力。当前的若斯潘政府认为，这项政策在很大程度上通过大部分选民的支持而被合法化。在这一民主合法性的支持下，法国的左翼政府以传统的方式维持着社会和劳动力市场的现状。然而，面对后工业社会中新出现的面临危机的群体以及被边缘化的社会阶层，他们的统治秘诀不能提供具有创造性的解决方法。令人担心的是，如果政府在推行改革的问题上犹豫不决，那么不久的将来，我们就要为此付出代价，即经济的大幅衰退，以及社会弱势群体所构成的社会繁荣现象一去不复返。这显然将会成为一个出于善意的政府行为产生意料之外的不良后果的经典例子。

吉登斯对于社会主义的新思考

郭忠华*

【摘要】 对社会主义的反思和重建是吉登斯思想体系的重要组成部分。他把社会主义划分为革命社会主义和社会民主主义两种类型，并且指出，在当今时代，两种社会主义的理论主张都已变得保守和有问题。在反思传统社会主义的理论和实践的基础上，结合当今世界所面临的重大问题，吉登斯勾画了未来社会主义的理论轮廓，提出了复兴社会民主主义的政治纲领。吉登斯的理论思考对于探索社会主义理论的当代发展具有启发意义，但也蕴含着内在的矛盾和问题。

【关键词】 吉登斯　社会主义　社会民主主义　第三条道路

社会主义在马克思的理论体系中具有无可置疑的重要性，但如何理解社会主义却并非无可置疑。当马克思在世的时候，拉萨尔等人就曾经肆意歪曲过这一思想，并为此遭到马克思的愤怒谴责。马克思去世以后，伯恩施坦、考茨基等人更是明目张胆地"修正"过社会主义，为此曾遭到列宁的猛烈批判。实际上，致力于诠释或者修正这一思想的行为远不止发生在一百多年前意识形态和阶级斗争都极为尖锐的时期。在当代，面对全球化、现代性所带来的社会变化，不少思想家重拾社会主义这一理论话题，一方面反思马克思思想和社会主义运动的得失，另一方面，又为社会主义旗帜添加新的理论釉彩。在这些人当中，当代著名思想家安东尼·吉登斯就是其中突出的一位。他不仅出版了

---

* 郭忠华，中山大学政治与公共事务管理学院副教授。

《资本主义与现代社会理论》、《历史唯物主义的当代批判》等专事反思马克思思想的著作,而且出版了《超越左与右》、《第三条道路》等涉及重建社会主义理论的著作。

一、对传统社会主义的反思

要理解吉登斯对于社会主义的新思考,首先必须了解他对于社会主义内涵的理解。在他看来,社会主义一开始是作为一种与个人主义相对立的思想而出现的,是一种哲学和伦理学上的冲动,只有当马克思为社会主义进行了严密而精细的经济学论证之后,社会主义的重点才转向了对资本主义的批判。社会主义企图直面资本主义的局限性,以一种更加人性化、更有效率和更加公平的方式重新组织社会(安东尼·吉登斯,2000:4)。以马克思作为起点,社会主义在其历史演化的过程中分裂为两种不同的形态:一是以苏联、东欧社会主义国家作为表现形式的"革命社会主义"形态;二是以英国等作为表现形式的"社会民主主义"形态。前者主张以革命的方式推翻资产阶级政权,建立国家控制型的计划经济模式,实现物质富裕和分配公平。后者则是一种以议会制为基础的、更加温和的社会主义,追求社会合作、普遍福利以及社会公平,福利国家是这种形态的政治表现。在吉登斯看来,不论是哪一种形态的社会主义,起初显然都代表了某种激进的追求,但时至今日,这些曾经激进的追求现在却越来越沦为某种保守的势力,它们沉迷于过去,继续坚持那些已然失去了现实基础的方案。"长期习惯于把自己想象成先驱的社会主义突然变得落伍了,寄希望于它曾经鄙视的过去。"(安东尼·吉登斯,2000:53)

与对社会主义的类型划分相适应,在吉登斯看来,社会主义的保守性也可以从两个方面得到分析:一是革命社会主义的局限;二是传统福利国家的矛盾。革命社会主义的理论要点集中体现在对革命的强调、对计划经济模式的坚持和对国家的超越等方面。从革命的一面来看,革命社会主义坚持以暴力革命的方式打碎旧世界,建立新世界。但在吉登斯看来,这种观念最多只适用于阶级斗争极为尖锐的时代,当历史走出了这种时代而行进到当今的社会背景时,革命也变得不再是历史前进的"火车头"。在当今社会,不仅革命的观念已经死亡,而且这种死亡还进一步成为社会主义运动低落的原因之一。"革命观念的丧失，至少社会主义革命观念的丧失——因为它作为一种抱负确实已经死亡了——是今天到处可见的社会主义'低落'的主要因素之一。"（安东尼·吉登斯，2000：66）对于计划经济，按照吉登斯的观点，它至多只能在简单现代化的条件下发挥作用，在经济全球化和反思性现代化的时代，一个国家即使拥有最灵敏、最具有洞察力的计划机构，也不可能对瞬息万变的市场作出灵活的反应，而且从本质上说，任何以排除市场调节、用直接控制的方式来发展经济的做法，实际上都只会延误经济的发展。经典马克思主义者曾经预测，随着社会主义国家的建立和生产的极大发展，全部国家机器最终将放到它应该去的地方，同"纺车"和"青铜斧"陈列在一起（《马克思恩格斯选集》，1995：174）。但比照苏联等社会主义国家的实际状况，吉登斯却指出，"当代社会主义国家同样是民族国家，它们与其他民族国家一样，都垂涎于领土，并且在发现自己的利益被他国所窥伺时便随时准备运用军事暴力"（安东尼·吉登斯，2007：127），与这种类型的国家谈国家消亡，实在是一种过于天真的想法。

对于社会民主主义致力倡导的福利国家制度，在吉登斯看来，它同样变得不合时宜。福利国家制度本质上是一种风险管理制度，它旨在控制社会成员在未来可能遇到的各种不确定性，如贫困、失业、残疾、老龄化等（安东尼·吉登斯，2003：236）。但到目前为止，福利国家至少出现了如下三个方面的问题。首先，它所应对的风险种类已经发生了变化。风险可以划分为两类：一是由自然所带来的外部风险，如各种自然灾害等；二是由人类自身所造成的"人为风险"，如核战争、金融风险等（安东尼·吉登斯，2001：22）。福利国家所针对的主要是前一种风险，但在晚期现代性时代，人为风险越来越处于支配性地位，对于它们，传统福利国家无力加以应对。其次，与传统福利国家所应对的风险种类有关，它同时还是一种事后处理机制。"如同大部分社会保障规定一样，它们是在出了问题之后再来处理事情的，好似问题的产生原因是在任何的控制之外一般。"（安东尼·吉登斯，2003：236）这种问题处理方式无助于人们增加主动规避风险的意识，从而从源头上减少或者避免风险。最后，传统福利国家还破坏了正常的劳动市场机制，形成一种"依赖文化"或者"道德公害"。市场经济本来依赖于劳动关系的普遍商品化，但福利国家政策却使人们越来越脱离市场竞争关系，变得依赖于福利国家，甚至出现骗取福利的现象。福利国家存在着一种结构性矛盾："国家所提供的福利救济越多，发

生道德公害和欺诈的可能性就越大。"（安东尼·吉登斯，2000：4）

除革命社会主义和社会民主主义各自存在的缺陷外，在吉登斯看来，它们还存在着一些共同的缺陷，那就是都无力应对当今社会出现的各种生活政治问题。生活政治是相对于解放政治而言的一个范畴。解放政治力图将个体和群体从对其生活机遇有不良影响的束缚中解放出来，生活政治关涉的则是在后传统社会背景下自我实现过程中所必须解决的各种问题；前者是一种生活机会的政治，后者则是一种生活方式的政治（安东尼·吉登斯，1998：247—252）。生活政治问题存在于生存、自我、科技、家庭以及全球系统等领域，体现为高度现代性背景下的生态问题、自我认同问题、两性关系问题、人为风险问题和全球化问题等。在晚期现代性背景下，这些问题越来越显示出重要性，它们不仅为人类生存带来了各种后果严重的风险，而且还进入了个体自我认同的核心，使个体生活时刻浸淫在焦虑的磨难之中。生活政治就是要在这种社会生活情境已经发生了深刻变化的背景下重新做到自我实现。但是，面对这些问题，不论是革命社会主义还是社会民主主义，都仍然坚持以解放政治的理念作为行动准则，寻求把弱势群体从他们所遭受的不幸状况中解放出来，消除人与人之间的不平等状态，对生活政治问题则不仅表现得失语，甚至还从根本上妨碍了这些问题的解决。

二、复兴社会主义的设想

由此可见，在吉登斯那里，社会主义尽管一度被看做是一种激进而革命的传统，但时过境迁，它似乎变得越来越不合时宜了。在比较保守主义和新自由主义对社会主义的批判的基础上，他甚至认为，情况已经出现了一种有趣的转折，保守主义已成为"包含激进主义的保守主义"，社会主义则已蜕化为"退出激进主义的社会主义"（安东尼·吉登斯，2000：第一、二章）。但是，我们并不能因此就认为，吉登斯将抛弃社会主义旗帜转而拥抱保守主义，相反，他继续站在社会主义的立场上，企图重建社会主义的未来。为做到这一点，他不仅描绘了未来社会主义的理论轮廓，而且还站在晚期现代性的时代背景下，重点阐述了其复兴社会民主主义的立场和策略，后者集中体现在其第三条道路的政治主张上。

1981年,吉登斯出版其"社会理论三部曲"中的第一部《历史唯物主义的当代批判》,该著作在检视历史唯物主义的理论得失的基础上,提出了建构未来社会主义理论轮廓的数点主张(Anthony Giddens, 1995: 248-252)。在吉登斯看来,在参考当今社会现实的基础上,未来社会主义理论至少必须关注以下几个方面:第一,社会主义的理论重点不在于阐明未来社会的图景,而在于把它与各种形式的剥削联系起来分析。除马克思所分析的经济剥削之外,还存在着性别之间的剥削、种族之间的剥削、国家之间的剥削、人对自然的剥削等其他形式,未来社会主义理论必须充分考虑到它们的存在。第二,不能把未来社会主义社会想象成不存在任何矛盾的共同体,它至少存在着国家主导的计划经济的生产模式与人民大众如何参与政策制定之间的矛盾。第三,不能把未来社会主义想象成促进和平的堡垒,社会主义国家与其他国家一样,都是民族国家,也表现出领土扩张的要求和侵略性。第四,未来的社会主义理论必须充分考虑到行政监控和军事暴力在当今世界所起的作用。与马克思生活的时代相比,军事工业化和行政监控的发展已成为当今社会的突出特征,未来社会主义理论如果没有对这些现象加以理论化,它也就无法解释极权主义等现代政治现象。第五,未来社会主义理论还必须更加充分地考虑资本主义在形塑当今世界方面所取得的成功。资本主义并没有如马克思所想象的那样穷尽了自身的潜能,相反,它不仅成功地塑造(而且在继续塑造着)了整个世界,而且还创造了巨大的内部成功,例如,它使资本主义国家变得"内在富裕",建立了自由民主制度等。

实际上,吉登斯更加关注的是探讨在欧洲、尤其是在英国的社会背景下,面对传统社会民主主义的长期沉沦,如何复兴社会民主主义的问题。他为此投入了巨大的学术精力。1994年,他出版其"三部曲"中的最后一部《超越左与右:激进政治的未来》,提出了其重建高度现代性社会的理论主张。1998年,又出版了其思想发展史上的另一部重要著作《第三条道路:社会民主主义的复兴》,该书以一种提纲挈领的方式提出了其复兴社会民主主义的"第三条道路"主张。

在政治光谱的定位上,吉登斯把"中左"(left-center)政治立场作为其复兴社会民主主义的出发点。左与右的划分,一直是传统社会主义与古典自由主义或者古典保守主义之间的分界线。前者倾向于平等,后者则认为某种程度的不平等是必须的。但在吉登斯看来，传统左与右的划分已不再能够囊括当今社会的政治议题，对于大量的生活政治问题来说，我们已很难将它们定位到传统的政治光谱中去。高度现代性社会催生了大量属于中间立场的问题，社会民主主义若要在新的社会条件下重获生机，那就必须对这些问题予以充分的重视。出于这些考虑，他把自己定位在政治光谱的"中左"位置。这种立场意味着，新的社会民主主义一方面必须继承传统社会民主主义的政治理念，把社会平等和政治解放置于其政治纲领的核心；另一方面，又必须充分重视全球化、现代性所带来的各种问题，将传统的政治理念与新的政治问题有机地结合在一起。"'中左'这一术语并不仅仅是一个标签。革新后的社会民主党必须站在'中左'一边，因为社会正义和解放政治仍处在它的核心。但是，'中间'不应被视为缺乏自己的主旨，相反，我们所谈论的是这样的一些联合：社会民主主义者可以将它们从生活方式多元化的各条脉络中编织而成。"（安东尼·吉登斯，2000：48）

福利国家是传统社会民主主义最引人注目的政治结晶，同时也是吉登斯重建社会民主主义的最重要维度，在这一方面，他提出必须以"积极的福利制度"取代"传统的福利制度"的主张。在他看来，新自由主义对传统福利制度的批判很大程度上是合理的，传统自上而下的福利分配制度不仅不民主、无效率，而且还带来了诸多社会问题。因此，必须以积极的福利制度取代传统的福利制度。积极福利制度的要点之一在于改变传统福利制度的风险承担机制。传统福利制度所针对的主要是外在风险，具有明显的事后性。积极福利制度则充分重视人为风险在当今社会所具有的影响，它不仅着眼于缩小或者保护人们免受风险的影响，而且还鼓励和帮助人们利用人为风险中所具有的积极而富有活力的一面，主动承担风险。（安东尼·吉登斯，2000：121）同时，积极福利制度还着眼于改革传统福利制度中权利与责任的划分，认为"无责任即无权利"。也就是说，政府承认自己对于公民的责任，包括对弱者的保护，但同时也强调公民必须承担起相应的责任。例如，个人在领取失业救济金的时候，必须履行主动地寻找工作的义务。最后，积极福利制度不仅关注经济方面的利益，同时还重视心理利益的培育，在可能的情况下，尽可能在人力资本方面投资，而不是直接提供经济资助，吉登斯甚至为此还提出了"社会投资型国家"（social investment state）概念。

第三条道路本身是一个综合的政治行动纲领，除了积极的福利制度这一针对传统福利制度的改革纲领之外，还体现在新型的混合型经济、情感民主的家庭、积极的公民社会、世界性的民主等诸多方面。按照吉登斯的说法，无论如何，第三条道路都不是对传统社会民主主义的遗弃，而是在坚持传统社会民主主义的核心价值的前提下，扩大社会民主主义的关注范围，使之适应新的时代要求。因此，它实质上是传统社会民主主义在新的时代背景下的升级版。"第三条道路政治，在明确承认它所关注的问题范围比旧的左—右分野架构下更加广泛的同时，保留社会正义问题仍然是核心的关注点。"（安东尼·吉登斯，2000：68）

三、基本评价

对传统社会主义的反思、对未来社会主义理论轮廓的勾画和对社会民主主义的重建，三者结合在一起，构成了吉登斯对社会主义的过去和未来的完整思考。在这种思考当中，对革命社会主义的理论和实践的反思构成了其勾勒社会主义理论轮廓的基础，而对传统社会民主主义的检视和对高度现代性社会问题的考察，则构成了其复兴社会民主主义的平台。吉登斯的理论思考自提出之始，便在全球学术界产生了广泛的影响。作为致力于反思历史唯物主义的著作，《历史唯物主义的当代批判》被誉为"创立了把社会制度当做时空关系安排的一种新颖的类型学"（马丁·奥布赖恩，2000：13），作为复兴社会民主主义的理论纲领，其《第三条道路》则被誉为"成功地实现了社会民主理论的火中再生"。① 由此提给我们的问题是：吉登斯是否就真的取得了完全成功？我们应当如何评价他对社会主义所作的思考？

首先，从积极的一面来看，吉登斯是站在当代社会背景下反思传统社会主义的理论与实践的，新的时代背景赋予他一种有利的地位，使他可以一种检验者的姿态来检测以往的理论在多大程度上与现实相吻合。众所周知，马克思是在一百多年前论述其有关社会主义的设想的，即使是传统的社会民主主义理论，从诞生至今也有一百多年的历史了。一百多年来，人类社会发生了天翻地

---

① 参见《第三条道路》封底中威尔·赫顿对该书的评价。

覆的变化。许多在马克思生活的时代极为重要的问题在当今时代变得不再重要，许多在当今时代极为重要的问题在马克思生活的时代则根本想都没有办法想及。诚如波吉（Poggi）所言，"与20世纪中晚期的'先进社会'相比，他们（马克思、涂尔干、韦伯——引者注）简直就无法想象今天的状况，因为在他们写作的年代，这些现象根本就不存在。"（Gianfranco Poggi，1990：12）正因为如此，马克思的许多预言得到了兑现，但也有许多预言由于时代的变化而无从兑现。吉登斯生活在当代社会，这使他完全能够往前回溯，比照传统社会主义理论与此后历史发展之间的距离，并指出传统社会主义理论存在的明显不足。时代发展还使他能够在参考当今社会重大问题的基础上，提出重建社会主义理论的基本原则。例如，在他看来，建构未来的社会主义理论必须注重除经济剥削以外的其他剥削，必须注意当今社会的军事暴力和行政监控等。社会主义理论倘若要适应时代发展的要求，的确不能置社会发展变化于不顾，故步自封显然不利于提高社会主义理论的生命力。从这种立场出发，不论吉登斯所提到的那些原则在多大程度上正确，那种使理论不断跟上时代发展步伐的做法显然是可取的。

    当然，吉登斯对于社会主义图景的理论勾勒并不是就可以取代马克思所创立的科学社会主义理论。前者尽管尽可能建立在解决当今世界重大问题的基础上，但社会主义的规定性似乎也消失得无影无踪。经典马克思主义作家无一例外地把社会主义置于资本主义的对立面，认为未来社会主义社会将消灭私有制、剥削和阶级等迄今为止一直是造成社会异化的根源，实现社会正义和生活富足。改革开放以来，我国走上了建设有中国特色社会主义的道路，但也不是抛弃社会主义的上述规定性而自行其是。邓小平曾经指出："社会主义的本质，是解放生产力，发展生产力，消灭剥削，消除两极分化，最终达到共同富裕。"（邓小平，1993：273）但反观吉登斯所勾勒的社会主义理论图景，社会主义的上述规定性已无从见到。尽管他在复兴社会民主主义的计划中继续强调，第三条道路的政治仍将把社会正义作为核心关注点，但这种强调无非是在继续保持经济剥削、阶级、私有制等经济制度的前提下，不让贫富差距变得过于悬殊的一种权宜之计而已。因此，从总体上说，他至多保持了社会主义的某些精神而抛弃了社会主义的本质规定性。一种社会主义理论如果只是强调监控、剥削、军事暴力等社会问题而置其规定性于不顾的话，它也就变成了一般的社会理论，而不是社会主义性质的理论。

那么，我们又当如何看待他所提出的"第三条道路"理论呢？该理论甫一提出，不仅在全球学术界风靡一时，而且还深深影响了20世纪末的全球政治气候。它当时之所以能带来如此巨大的影响，关键还在于它在融合新自由主义理论主张和社会民主主义政治追求的基础上，创造了一种包容性的政治思维，这种思维给长期非此即彼的政治取向带来了新的思路。第三条道路在某种意义上为社会民主主义带来了新生，在它的指引下，英国新工党不仅登上了执政的舞台，而且还长期保持了执政的地位。但是，它同时也蕴含着挥之难去的矛盾和张力。这种一方面希望获得新自由主义者所提倡的市场效率，另一方面又希望保持传统社会民主主义所坚持的社会正义，同时还希望解决生态环境恶化、社会道德滑坡、社区犯罪率上升等社会问题的政治纲领，的确集太多的政治追求于一身。这也难怪保守主义者会指责它实际上是传统社会民主主义的翻版，而传统社会民主主义者则指责它实际上背叛了社会民主主义。克莱伊伯（Craib）指责吉登斯像"狐狸"一样，像"蜜蜂"一样，在理论之间飞来飞去，要理解它的理论就"像试图去抓住一根水银柱"（Ian Craib，1992：4）。梅斯卓韦克则指责吉登斯的理论"像是一台可以拆散的机器"，里面充满了矛盾和模糊的地方（Stjepan G. Meštrovi，1998：9）。将这些评价用在第三条道路理论上似乎同样适用。时至今日，第三条道路理论已如昨日黄花，曾经挥舞过这面旗帜的政治家或者研究者大部分已将它弃之如敝屣，这或许是因为这种汇集了大多张力的理论气球，终将随着张力的尖锐化而破碎。

从马克思提出社会主义的构想至今已逾一百五十年。一百多年来，社会主义体验过辉煌，经历过沉沦。它曾给全世界无产者带来过解放的曙光，曾经打破了资本主义独步天下的政治格局，当然，它也曾随着苏联、东欧社会主义国家的解体而跌入过低谷，以致有人给它贴上了"历史终结"的标签。社会主义究竟应该如何来认识？恩格斯曾经说过："社会主义自从成为科学以来，就要求人们把它当做科学看待，就是说，要求人们去研究它。"（《马克思恩格斯选集》第2卷，1995：636）从这种观点出发，不论吉登斯对社会主义的思考有何可取或不足，或许我们都可以把它看做是认识社会主义科学的一种努力。

参考文献

Anthony Giddens. 1995. *A Contemporary Critique of Historical Materialism*. London：Palgrave Macmillan.

Gianfranco Poggi. 1992. "Anthony Giddens and 'the Classics'". in Jon Clark, Celia Modgil and Sohan Modgil. 1990. *Anthony Giddens：Consensus and Controversy*. London：the Falmer Press.

Ian Craib. 1992. *Anthony Giddens*, London：Routledge Press.

Stjepan G. Meštrovi¿. 1998. *Anthony Giddens：the last modernist*. London：Routledge Press.

安东尼·吉登斯：《第三条道路》，郑戈译，北京：北京大学出版社2000年版。

安东尼·吉登斯：《超越左与右》，李惠斌、杨雪冬译，北京：社会科学文献出版社2000年版。

安东尼·吉登斯：《批判的社会学导论》，郭忠华译，上海：上海译文出版社2007年版。

安东尼·吉登斯：《为社会学辩护》，周红云等译，北京：社会科学文献出版社2003年版。

安东尼·吉登斯：《失控的世界》，周红云译，南昌：江西人民出版社2001年版。

安东尼·吉登斯：《现代性与自我认同》，赵旭东、方文译，北京：三联书店1998年版。

《邓小平文选》，北京：人民出版社1993年版。

《马克思恩格斯选集》第2卷，北京：人民出版社1995年版。

《马克思恩格斯选集》第4卷，北京：人民出版社1995年版。

马丁·奥布赖恩：《安东尼·吉登斯的社会学》，载安东尼·吉登斯、克里斯托弗：《现代性：吉登斯访谈录》，尹宏毅译，北京：新华出版社2000年版。

民主政治研究

民主政治次

国家能力与民主质量：一项实证研究

王绍光 文[*]

张　冰 译[**]

【摘要】 本文集中探讨国家效能各个层面与民主质量之间的关系，分别用《经济学人》杂志信息部编辑的民主指数的四类指数和六个国家能力指标衡量民主质量和国家效能，最后发现，一个拥有较强濡化能力、规管能力及统领能力的国家，其国家的民主质量往往较高。至于民主的其他层面，如国家大小（无论地理疆域抑或人口数量）、种族异同或发达与否等等，似乎都不重要。一旦国家效能的其他层面在控制范围内，其汲取力和再分配能力与民主质量并无多少联系，但对于民主参与层面却是不可或缺的。最后，国家强制能力指标的回归与预期构成鲜明对照，值得进一步探究。

【关键词】 民主质量　国家效能　多头政治　贝特斯曼转型指数

20世纪80年代末和90年代初，当第三次民主化浪潮达到顶峰时，许多人对民主革命席卷全球的前景满怀乐观，似乎所有国家的民主化已经指日可待。如今，十余年过去了，这种盲目乐观的情绪也已经消退。尽管作为一种政权形式，"民主"[①]已成为近百个国家的"主导游戏"，但是，在这些国家中，有十几个国家遭遇到民主的"崩溃"或"倒退"，多数转型国家则陷入卡罗瑟斯所

---

[*] 作者简介：王绍光，香港中文大学政治与行政学系讲座教授；清华大学公共管理学院"长江学者"。

[**] 译者简介：张冰，中山大学政务学院政治学系博士候选人。

[①] 这里所说的"民主"实际上都是"选主"而已，希望读者能清楚两者的差别。

谓的"灰区"之中。在这种氛围里,"民主"一词常常与一些消极性形容词或前缀联系在一起,如"表面的"、"虚假的"、"有缺陷的"、"偏颇的"、"不完整的"、"不自由的"、"无耻的"、"仿造的"、"低强度的"、"半……"及"伪……"等等(Carothers, 2002)。这种出人意料的发展形势使得人们不得不将注意力从解释民主转型和民主巩固转到评估民主质量上来。

为什么在不同的国家,民主质量高低有别?或更普遍地讲,实现高质量的民主需要具备什么条件?对这个问题的答案通常涉及影响民主化的三个关键变量:相当高的经济发展水平(与之相联系的是诸如高生活水准、高文化程度和庞大而稳定的中产阶级等)(Lipset, 1959; Fukuyama, 1992; Barro, 1999; Przeworski et al., 2000)、充满活力的市民社会(Putnam, 1993; Linz and Stepan, 1996),以及深厚浓郁的公民文化(Almond and Verba, 1963; Inglehart, 1997; Diamond, 1999)。毫无疑问,西方老牌"民主"国家的确具备这些属性,但一般而言,大多数过渡国家缺乏这些属性。当然,对大多数"第三次浪潮"国家而言,它们缺少的绝不仅仅是上述这些因素,它们还迫切需要另一样东西,即一个紧凑而有效的国家。

我们认为,国家能力的强弱是决定民主质量高低的重要先决条件之一,因为民主不仅是一种政权形式,也是一种国家治理方式。民主与其他制度不同之处在于其独特的治理模式,但如白芝浩(Baghot, 1949: 3 - 4)所言,任何政治体系都必须先拥有权威,而后才能行使权威,因为"必须先存在权威,才可能限制权威"(Huntington, 1968: 8)。如果国家不能履行基本的国家职能,无论其形式多么民主,国民都无法从中获益。从这个意义上讲,国家问题在逻辑上优先于政权问题(Przeworski, 1995: 13)。没有一个有效的国家,任何民主都无从谈起(Linz and Stepan, 1996: 17)。

2006年贝特斯曼转型指数(Bertelsmann Transformation Index 或 BTI)证实了民主质量与国家效能之间的密切关系。① BTI是针对119个国家的转型过程所做的一次全球排名。其中,所有定量数据被分为两个平行的指数:第一个是民主现状指数(the Status Index),即对国家民主质量的综合评估;第二个是管理能力指数(the Management Index),即对国家治理质量的综合分析。如图1

---

① 参见 http: //bti2006.bertelsmann-transformation-index.de/16.0.html? &L = 1。

所示，这两个变量间的正相关联系是显而易见的（$R^2 = 0.8107$）。

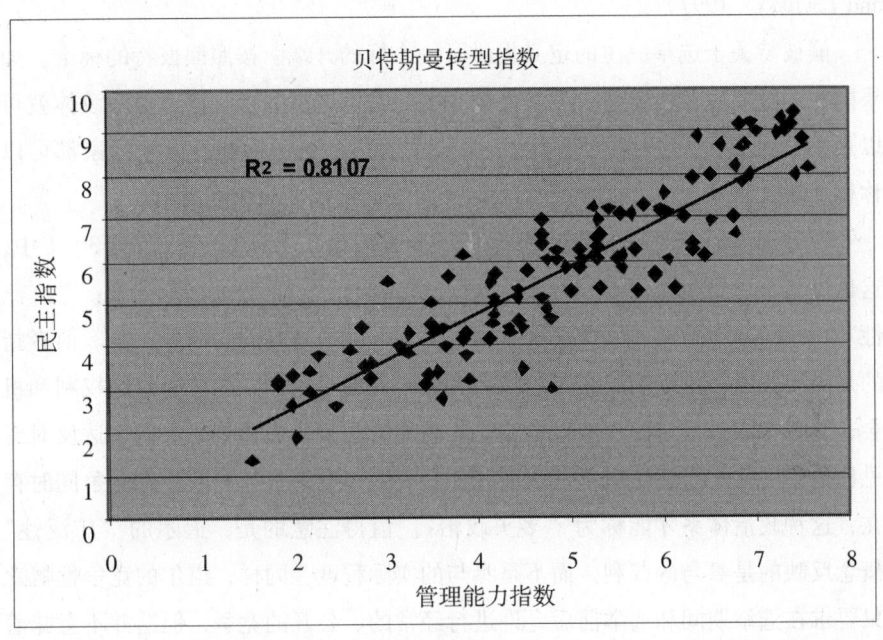

图1　贝特斯曼转型指数，2006

图1虽然揭示了这一联系，但仍没有揭示国家效能与民主质量究竟是如何关联的。至今，还没有文献对国家效能影响民主质量的渠道给予足够关注。此研究是探索性的，旨在填补这一学术空白。首先，我将对"民主质量"和"国家效能"两个概念进行重新定位——对它们作拆分，而不是作单维度的处理；然后利用BTI的数据库，详细考察国家效能的组成部分是如何影响民主质量不同层面的。

一、民主的质量

评估民主质量，首先要明确何为民主。从概念上讲，"民主"一词是指由人民统治的国家形式。然而，"人民统治"是一种"宽泛的概念"（umbrella concept）（Jackman, 1985），其中涵括了多个层面，存在着多种理解。鉴于这一概念的复杂性，我将从一个基本定义开始。这个定义既涵盖当代所有类型民主共同的核心特征,也为民主政体与其他政体划定一个有意义的边界(Collier and Levitsky, 1997)。

熊彼特关于选举民主的定义提供了一个好的开端。按照熊彼特的标准,如果国家的重要职位由自由、竞争而公平的经常性选举取得,那么这一政体就可以贴上"民主"的标签。然而,依据民主的这一最低标准,很多国家都可以称得上是"民主"的。但这个最低标准无法分辨民主化程度高低。

一种稍高标准的民主是道尔所谓"多头政治"(polyarchy)。近30年中,这也许是最通用的民主定义。道尔的"多头政治"概念有两个维度:"广泛性"(inclusion)和"竞争性"(public contestation)(Dahl, 1971: 4)。前者指的是参与程度,更确切地说,是指所有成年人参与投票或竞选职位的权利和机会;后者指的是反对的权利,指的是为受国家政策负面影响的人们表达反对意见创造制度化的渠道。对于道尔而言,只有当包容的参与和政治的竞争同时存在,这种政治体系才能称为"多头政治"。值得注意的是,道尔的"广泛性"概念反映的是参与的权利,而不是参与的实际程度。同样,道尔的竞争性概念只要求在选举期间和选举前后允许进行经常的、公开的竞争,但这并不意味着这种有效的竞争确实发生了。显然,道尔的"多头政治"理论仍然是一个最低限度的、程序主义的民主定义。符合他那两项标准的民主也不一定是什么高质量的民主。

道尔的多头政治理念预设了第三个层面的内容,即保障基本权利和政治自由的一系列法律条件。参与和竞争要想真正有意义,围绕公民政治信仰和利益的言论及组织权利必须得到保障。从严格意义上讲,这属于自由的范畴,而不是民主的范畴。然而,这一层面对于区分自由民主和非自由民主是不可或缺的(Zakaria, 2003)。

在道尔看来,多头政治是一个相对的但不完整的民主体制。对于高质量民主而言,多头政治至多是一个必要条件,而不是充分条件。他把"民主"一词留给这样一种政体,其中人人在政治上平等,而"国家持续回应公民的偏好"(Dahl, 1971: 1)。尽管在现实世界这种理想体系并不存在,但它可以作为"评价不同体系在多大程度上逼近这一理想的尺度"(Dahl, 1971: 2)。如果统治者在政治上对公民负责,那么民主的质量就较高。这构成了民主的另一层面,它关注现实民主政体在多大程度上实现了理想的民主理念。这个层面的民主超越机构设置和正规程序,将目光转向这些机构、程序运作的实际效果。该定义的深意在于指出,机构和程序只是民主的手段,而不是民主的目的。选举竞争、公民政治自由的存在并不能保证民主的高质。无数例子证明:政治家一旦当选,至多最小程度地回应民意。

概言之,道尔提出了一个测评民主质量的有效框架。它包括四个层面。

法律条件

法律条件衡量在多大程度上公民、社团及社区平等地享有公民和政治自由。没有这些条件,反抗统治精英和大众参与都是不可能的。但即使所有这些条件都具备,政治体系也许在体制上是宪政自由的,但它未必是民主的(Zakaria, 2003: 19 - 20)。

竞争

竞争衡量在多大程度上容忍异议、公开论辩或政治竞争(Dahl, 1971: 4)。由于政体可能容忍极少数人发表反对意见,也可能允许绝大多数发表反对意见,因此仅看是否容忍是不够的,还需要其他附加层面作为民主的补充组成部分。

参与

参与衡量在多大程度上大众参与政治的法律权利转化为公民参与政治的实际行为。大众参与十分重要,因为它可对政府施压,使之不得不回应民众的需求和要求,使之不得不为自己的行为负责。但政治平等权利本身只是为公民提供参与的可能。在许多国家,尽管据说享有参与权,但相当多的公民却对政治参与漠然置之。在这些国家,参与只是一种可能性,而不是现实。只要大多数民众由于种种原因被排斥在政治参与之外,这种政治体系就谈不上是高质量的民主。

回应性

回应性衡量在多大程度上国家回应公民的需求与偏好。公民对治理质量的满意度可以间接反映体制的回应性。前三个层面只着眼于政治体系的"输入"环节,而忽视了它的实际运行状况和效果,即"输出"环节。制度的实际表现对于民主能否持续至关重要。因此，在评价政治体系时，我们必须把这个层面考虑在内。

评估民主质量最关键的是将好民主与坏民主区分开来。如果用单一维度对民主制度进行排序，差异极大的民主体制可能因为分值相近而被胡乱归为一类。① 基于道尔的民主（多头政治）概念，我将民主质量分解为四个层面。通过将民主分解为不同的组成部分，这一分析框架有助于形成更清晰的民主概念，也有助于对形形色色的民主体制进行更精确的评估。

当然，这四个层面可能相互作用、相互加强。如果是这样，也许有必要用清晰的方式将不同组成部分组合成一个民主质量的复合指数。然而，四个层面也可能朝着不同方向发展，一个单一的民主质量复合指数便没有多大用处，因为总分值相近的民主，其组成部分的等分可能截然不同。只要四个变量并不总是重合，最好还是将民主质量描述成一个多维现象，并对其各层面的发展水平分别进行评估。这样一来，一个高质量的民主体系未必在每一个层面上的等分都很高。反之，不同类型的低质量民主，其缺陷也可能存在于不同的层面。

从这一角度看，尽管方式和程度各有不同，所有民主体系都可能遭遇不均衡发展。因此，真正完美的民主是不存在的，所有现存民主制度与理想的民主都有或大或小的差距。既然界限如此复杂、模糊，民主/非民主的二分法便没有多大意义。基于这个理由，评估一个政治体制民主质量的最佳策略是细致考察它在多大程度上呈现了民主的各个特征，而不是死盯着某个特征（如竞争性选举）。通过揭示民主政体不同侧面的发展未必同向、同步，这一分解式分类框架为更准确地比较不同政治体系提供了基础。

二、国家效能

定义国家效能，首先要定义"国家"。按照韦伯的经典性定义，国家是在特定区域内垄断暴力合法使用权及法律制定权的一套组织机构。垄断强制力是

---

① 例如，2006年，"自由之家"把最高的民主评分1.0给予了巴巴多斯、塞浦路斯、多米尼加、芬兰、瑞士、乌拉圭这些国家，而这些国家之间的差异实际上非常大。见http://www.freedomhouse.org/template.cfm? page=267andyear=2006。

国家存在的真正基础,它赋予国家制定具有权威性、约束性决策的权力,以及履行其他国家职能的权力。没有权力,国家便无效能可言。

然而,权力有许多表现形式。迈可·曼区分了两种类型的国家权力:决断性权力和基础性权力。前者指的是国家精英"无须与公民社会群体正常协商"就可以实施的权力(Mann,1993:59)。国家的决断性权力以其强制性和广泛性来衡量。这种权力可以非常宽泛。它在非民主环境下有时难以节制,而在民主制度下,则往往不同程度地受到更多制约。而基础性权力以其有效性来衡量。根据迈可·曼的定义,"基础性权力指的是政府实际上能够深入于市民社会并在整个管辖领域内有效地贯彻其政治决定的能力"(Mann,1986:114)。就基础性权力而言,当今西方民主国家非常强大,其深入日常生活的能力超过了历史上任何国家和当代第三世界任何国家。其他时代和其他地区的国家或许更冒进和更无情一些,但它们在深入人民的社会经济生活方面,往往遭遇巨大的困难。而在西方民主国家中,国家的基础性权力几乎无处不在,以至于那里的公民甚至难以找到"一块现代政府的基础性权力未曾触及的隐匿之地"(Mann,1986:114)。

就分析而言,决断性权力与基础性权力分属于两个独立的政府权力范畴。前者涉及国家的性质(政权形式),而后者涉及国家的能力与有效性,亦即国家对大多数民众执行其核心职能的能力。由于国家作为的范围很大且越来越大,国家效能必然是一个复杂、多面的现象,任何单一指数都无法展示其方方面面。但我认为,任何有效的国家都应拥有实施以下六个关键职能的能力。

强制能力:维护国家安全与公共秩序的能力

无论是在马克思主义的国家理论、韦伯的国家理论,还是在黑格尔的国家理论里,都认为对特定领土内的强制力实行垄断是国家存在的最基本标志。显而易见,假如一个国家的领土被外国势力所瓜分(例如巴勒斯坦),我们会说它是"国将不国"。假如几股敌对势力在一个国家中同时存在,各自拥有一定规模的暴力组织,并且任何一股势力都不可能对四分五裂的领土实行永久的、全面的控制,那么我们会将出现这种情况的地方称之为"无政府状态"(例如阿富汗以及安哥拉等许多非洲国家)。只有当一国之内只存在一个垄断着合法使用暴力的政治实体时,这个实体才能被称做"国家"。

对国家而言,垄断强制力只是一种手段,而不是目的。垄断强制力的目的主要有两个:一是抵御外部对国家主权和领土完整的威胁,二是维护国内的公共秩序。除此之外,垄断暴力也是国家得以履行其他职能的最终保障。如果不是因为国家垄断着强制力的使用权,多少人会向国家纳税?多少企业会服从国家的监管?正是有强制力作为后盾,国家才有可能做许多别类社会组织不可能做的事。

汲取能力:动员与调度社会资源的能力

国家对强制力的垄断有一个前提:为了实现这种垄断,国家需要"每年从社会经济活动的产品中提取一定的份额"(Poggi,1990:66)。这就是政府的财政收入。的确,正如一个人没有血液不能存活一样,没有充裕、稳定的财政收入,一个政府就什么事也做不了,包括支撑一支常备军和警察队伍。任何国家都必须从社会汲取资源来维持自身生存。

国家汲取能力是指政府从社会获取财政资源的渗透能力。它是国家基本制度建设的首要任务之一。正如阿尔蒙德和小鲍威尔所说,"汲取能力和现代国家在很大程度上是一对密不可分的双胞胎"(Almond and Powell,1966:244)。早在16世纪,当现代欧洲国家还处在襁褓阶段时,法国政治学家博丹(Jean Bodin)就已经认识到这一点,他一针见血地指出"财政便是国家的神经"(Braun,1975:243-327)。不久之后,英国政论家伯克得出了同样的结论:"政府的税收就等于政府本身。实际上政府的一切都依赖于它……"(Levi,1988:122)。从13世纪到19世纪,各国政府的税收持续增长(Bonney,1999)。到了20世纪,如果国家没有充分的汲取能力就做不了任何事情。这就是为什么熊彼特把现代国家称之为"税收国家(tax state)"(Schumpeter,1954:5-38)。实际上,税收,即汲取能力的指标,是所有其他国家能力的基础。一个政府要达到其政治目标,就必须有能力动员充足的资源,否则就不可能实现任何目标。从这种意义上说,一个有效的政府必须具有良好的财政汲取机制。只有提高动员和汲取社会资源的财政能力,国家才能有效地为全社会提供基本公共物品和公共服务、履行其他基本职能。反过来说,一个汲取能力很弱、其财政收入难以维持自身正常开支的政府不可能是个有效的政府。

濡化能力：塑造与巩固国家认同和社会核心价值的能力

在汲取能力的支持下，强制能力是国家权力最基本的内容。但是，如果仅仅通过强制手段来维持国内的和平，其代价将是极其高昂的。因此，任何政治体制如果要想有效运作，都必须想方设法使其居民内化（internalize）某些官方认可的观念，从而减少在行为上制造麻烦的可能性。这些观念分为两大类，一类是对民族国家的认同，或简称为对国族的认同；另一类是社会的核心价值。我们将国家培育与巩固国族认同和社会核心价值的能力称为濡化能力。下面首先讨论培育国族认同的必要性。

在西方国家发展的早期阶段以及在当今某些第三世界国家中，民族国家仅仅是人们对之表示忠诚的众多权力中心之一；而人们对家庭、村落、地区、种族、宗教的忠诚往往远胜于对民族国家的忠诚。在这种情形下，国家在取得一定强制能力和汲取能力之后，往往会做两件事：一是将政治权威集中化，即以一种单一的、世俗的国家权威取代传统的家庭、地域、宗教和种族权威（Huntington, 1966：378－414）；二是争取"内在同一化"（Tilly, 1975：661），即将人民对分散的小部落、小村落或地方小"诸侯"的忠诚转化为对民族国家（或国族）的忠诚（Almond and Powell, 1966：36）。

形成国族认同是极为重要的。苏联、南斯拉夫和捷克斯洛伐克的解体，印度尼西亚、斯里兰卡以及许多非洲国家的种族冲突都生动地说明，国族认同的缺失可以产生强大的离心作用。一旦人口中有一股庞大的势力发觉自己在种族、文化、语言或宗教方面与生活在同一片领土上的其他人群截然不同时，他们就可能被发动起来，建立自己独立的政府或效忠别国的政府。

除了塑造国族认同以外，政府还要努力塑造公民的价值与信仰。涂尔干曾一再强调在一个社会中形成一套共同价值和信仰的重要性。他认为，只有当社会中的大多数成员共同享有这样一套核心价值时，才能实现道义统一。而没有这种道义统一，任何制度都迟早会堕落下去（Durkeimm, 1951）。什么是社会的核心价值呢？核心价值就是一套为绝大多数公民所接受、内化的价值观念体系，它构成社会的最大公约数，是将社会凝聚起来的精神胶合剂。换句话说，社会的核心价值就是把社会上那些分散又相互竞争的个体凝聚在一起的共同信仰和共同理念。通常，国家意识形态体现了这个制度赖以存在的核心价值。

需要指出的是，无论是国族认同还是核心价值观从来都不是自发形成的，而是由国家有意识地构建和推广的。因为，一经形成，它们便可以极大地减少国家治理成本，有效提高实施公共政策的效力。为了推动国族认同和核心价值体系的形成，国家往往视情况采取两种对策。在人民的取向与政府的导向一致的领域，国家往往设法维护和加强这种价值的同一性；在人民的取向与政府的导向背离的领域，政府往往运用各种手段来改变社会的取向，使之与自己的导向产生共鸣（Nordlinger，1781：74 – 117）。不仅如此，各国政府都努力从娃娃抓起，利用强制义务教育，向儿童灌输国族认同和社会核心价值，以便把他们培养成忠心不二、奉公守法的未来公民（Creveld，1999：210 – 217）。

规管能力：维护经济与社会生活秩序的能力

规管能力是指政府使个体与群体改变自己的行为，服从政府制定的规范的能力。濡化能力主要涉及人的内在信仰，而规管能力则侧重解决人的外在行为问题。

在现代社会，规管是必不可少的，因为工业化、商业化、城市化以及权力与信息分布的不对称使得现代社会中充满了风险。为了保护人民和大自然，政府不仅需要控制诸如谋杀和伤害这类明显的反社会行为，还必须规范经济和社会生活的诸多方面，其中主要包括度量衡、契约、研发、道路建设、公共设施、食品与药品安全、垃圾处理、邮政、劳资关系、工作条件、安全标准、贫困救济、消费者保护、生态与环境保护、健康、教育、体育、婚姻、艺术发展，甚至还包括父母的责任。

对于政府来说，规管社会和经济生活并非易事。例如，为了实现有效的规管，政府必须收集和储存每一位自然人与法人方方面面的信息。在英语及所有其他的欧洲语言中，"统计学"一词大约出现于1800年稍前一点，意为"关于政府的数据"（Mann，1993：361）。这里的统计不仅仅包括基本经济和社会数据的信息收集，还包括收集其他方方面面活动的信息，如出生/死亡、入学/毕业、开张/结业、结婚/离婚、就业/失业、购买/销售、收入/支出、开销/报销、荣誉/劣迹、守信/失信、入境/出境等。

在发达国家，这类监测机制相对比较健全，几乎人们经济、社会生活的一举一动均处于政府的监测之下，任何蛛丝马迹都难以逃过政府的法眼。虽然那里的政府不得随意干预私人生活，但法律允许它们干预的范围非常广泛；而且，由于监测机制健全，它们干预的力度是发展中国家不能比拟的。在发展中国家里，往往连像人口数量与分布这样基本的统计也是不精确的，更不用说对诸如计税基数和食品处理之类复杂事物的监测了。对于那些连其人口的行踪和行为都无法监测的国家，期望它们的政府具备多强的规管能力是根本不现实的。没有健全的监测制度，就等于为排污、走私、豆腐渣工程、注水猪肉、乱开增值税发票、乱建没有安全设施的小煤矿、用易燃材料装修公共场所等行为开了方便之门。

在20世纪的最后20年里，新古典经济学在世界范围甚嚣尘上，成为主导各国经济和社会政策的理论。市场这只"看不见的手"倍受赞美；而政府对市场的干预则被贬为"看得见的脚"而倍受谴责。好像只有不管事的政府才是好政府。然而，谁也无法否认如下简单的事实，即在今日世界上，凡是秩序良好的社会，无论是民主的（如挪威）还是不民主的（如新加坡），其政府的规管能力都比较强；而凡是缺乏规管能力的政府，无论是民主的（如印度）还是不民主的（如埃及），那里的人民则不得不时常面对一系列问题——工业事故和环境灾难频繁、饮用水处理不当、排放系统失修、交通秩序混乱、工作条件骇人听闻、劳资关系极度紧张、假冒伪劣产品充斥市场、医疗服务极差等。两类国家的对比充分说明了现代政府调控能力的极端重要性。

统领能力：确保国家机构内部协调的能力

要履行上述四项基本职能，政府必须有一个统一、高效的文官体系作为后盾。归根结底，国家的职能要靠成千上万位各级政府官员来行使。现代国家的成长过程就是专业化文官体制发展壮大的过程。事实上，西方老牌发达国家都是在民族国家建立之后、大规模民主化以前建立起文官体制的，如17世纪中叶的普鲁士、拿破仑一世后的法国、19世纪中叶的英国和19世纪末期的美国。

作为政府权威性决定的执行工具，政府机构必须由受过专业化训练的精英群体组成，其工作人员应具有一定的专业才能，并经过必要的培训，能够完成所赋予的任务。但是，从政府的角度来看，更重要的是如何维持官僚机构的内部凝聚力。现代国家机器是由成千上万个级别不同、功能不同的机构组成的。

这些机构之间的横向和纵向分工是完全必要的；否则，这个庞然大物便难以运作。然而，如果只分工、不合作，各机构各行其是，这架机器也一定失灵。所有国家都希望其各组成部分听从决策中枢的指挥，服从决策中枢的约束，做到全国一盘棋。

但往往会出现这样的情况：行政首脑的决策受到官僚机构的阻挠，但这并不仅仅是因为它要故意与政治领袖作对，而更多的是因为倘若无人干预，庞大的官僚机构往往会循规蹈矩、流于惰性。不仅如此，官僚和官僚机构往往觉得自己对拟议政策的领域比行政首脑们有着更深入的了解（Peters, 1987）。

在官僚机构中还有一个更尖锐的问题，就是各部门"都在千方百计地扩大自己所支配的国家资源，将部门利益置于整体利益之上"（Poggi, 1990：30 - 31）。这种倾向会导致各官僚部门通过阻碍信息流通、选择性使用信息、谎报信息、虚报信息等方式误导决策中枢和其他机构，并因此而陷入毫无意义的互相争斗之中。其结果必然是，部门主义和地方主义泛滥，国家的决策中枢没有办法有效地贯彻自己的政策意图，政府的整体凝聚力便沦为"官僚机构各自为政"的牺牲品（Tollock, 1965）。

在官僚机构中，尤其是在第三世界国家的政府中，最致命的问题还是以权谋私、腐化堕落。那些热衷于特殊化的政府官员们并不是像韦伯认为的那样，在行使权力的过程中去掉人际关系的考虑，严格按照法规办事（Weber, 1946：215 - 216）。恰恰相反，腐败官员往往会让自己的个人情感（如爱憎、亲疏等）影响其以政府名义作出的决定，如利用自己的职位为其亲朋好友谋取不当利益。不仅如此，为了扩大自己个人的财富、权力和地位，腐败官员还可能从非亲非故的人手中接受贿赂或向他们索取贿赂，并因此向行贿者输送不当利益（Ackerman, 1999）。腐败不仅会破坏社会风气、败坏政府名誉，而且会损坏国家机器运作的整体性。例如，腐败的官员会在该认证的情况下放弃认证，该监测的睁只眼闭只眼，该管制的网开一面，该执行的心慈手软，该汲取的慷国家之慨。因此，在一个腐败盛行的政治制度里，其国家基本能力是不可能强的。严重的腐败会破坏治理的公正性，降低公共权威的信誉，引发政治异化，甚至在极端情况下导致制度的解体（Klitgaard, 1998）。

一个运转良好的国家机器应像一架各种零件丝丝相扣、紧密配合的机器，一架"由一个单一的、具有多重协调职能的中心进行指挥的"机器（Poggi,

1978：98）。在很大程度上，政府实现其目标的能力取决于其政治机构的内聚力。如果政府机构之间不能密切配合，各自为政，腐化堕落盛行，政府各部门之间的冲突以及政府与社会之间的冲突势必愈演愈烈，从而大大降低整个体制实现其他政策目标的能力。

再分配能力：保障经济安全、维护社会分配正义的能力

再分配能力指的是政府在各个不同社会群体之间对稀有资源实行权威性再分配的能力，目的是为了给社会中最不幸的成员提供经济保障，同时也是为了缩小收入与财富分配方面存在的鸿沟，在一定程度上维护分配正义。

相对于其他现代国家基本职能而言，维护分配正义的职能出现较晚，直到20世纪才在多数发达国家成形。如今，西方福利国家的示范效应给其他国家的政府带来极大的压力。甚至在许多发展中国家，那里的人民也希望他们的政府能够通过某些形式的重新分配来缓和社会风险，缩小富人与穷人之间的差距。有人认为，再分配是只有第一世界国家才能用得起的"奢侈品"，因而一个政府的有效性不应通过其再分配能力来衡量（Gros, 1996）。这种看法是片面和危险的。第三世界国家也许没有能力建立"从摇篮到墓地"型福利国家，但有必要、也有能力对风险、机会、收入和财富进行再分配。近年来，多项实证研究表明，不平等往往会增大政治不稳定的可能性（Alesina et al., 1996；Alesina and Perotti, 1996）。从这个角度看，再分配不仅仅是个社会正义问题，而且是个政治稳定问题、政权的正当性问题。因此，国家再分配能力的重要性怎么强调都不过分。

简而言之，一个有效政府应该具备能力履行几项基本职能，即维护国家安全与公共秩序，动员与调度社会资源，培育与巩固国家认同和社会核心价值，维护经济与社会生活秩序，确保国家机构内部的控制、监督与协调，以及维护社会分配正义的能力。显然，政府的上述能力是互相依赖、相辅相成的。对任何政府来说，要想有效地运作，政府就必须对这些能力进行有效的开发和整合。[①]

[①] 为何在全世界许多领土上并未出现这样的政府，其中的原因是多种多样的。对于这个问题，我们显然无法在这篇短文中予以讨论。如前文所述，本文的重点旨在探讨政府的有效性与民主之间的关系。

三、国家效能与民主质量的关系

既然国家效能和民主质量都属于多维概念,高效国家是高质量民主的前提就显得有点泛泛而谈。真正问题在于哪种国家能力对哪个层面的民主质量至关重要。基于119个国家的统计数据,本节打算深入探讨这一问题。我的数据来自不同的地方(见附录),该数据库涵盖了全世界193个独立国家的绝大多数,但排除了两组国家,即欧美那些已全面工业化的民主国家,以及人口不足3万的微型国家。

因变量:民主质量的测量

跨国研究民主质量的最大难题是如何对民主的上述四个层面进行恰当的测量。因为时间和资金有限,本项研究不可能到所有相关国家大规模地收集原始数据而另造一个新的有关民主质量的数据库。许多其他有关民主质量的实证研究都成功使用了现有数据库。

对民主表现的定量测评始于道尔那本著名的《多头政治》。他以两个最低限度指标——政治竞争和选举参与权利,对114个国家的绩效作了测评。此后,又发展出各种各样的测评民主的方法,其中被广泛使用的包括如万哈宁指数(the Vanhanen Index)、政体指数(the Polity Index),以及自由之家指数(the Freedom House Index)等。① 这些指数涵盖150多个国家,且都使用两个维度。不管这些指数在概念和运作上有何差异,它们至少有一个关键的共同特征,即没有超出道尔的多头政治概念(并非他更严格意义上的民主),而将着眼点几乎全集中在民主的机制及程序方面。

最近,德国贝特斯曼基金会及其学术伙伴——慕尼黑大学应用政策研究中心——设计出一种转型指数(BTI)。② BTI将民主进程先分解为五个独立维

---

① 对于这三种指数的介绍与评价,参见 The National Centres of Competence in Research, "Quality of Democracy - Democracy Barometer for Established Democracies," 2005, http://www.nccr-democracy.unizh.ch/nccr/knowledge_ transfer/ip14/Project%2014.pdf。

② 所有国家的相关资料与2006年的排序结果可以在以下网址下载: http://bti2006.bertelsmann-transformation-index.de/11.0.html?&L=1。

度：国家性（stateness）、政治参与、法治、体制稳定，以及政治与社会整合，继而将它们综合成一个复合指数，即所谓"民主状态指数"。BTI 为 119 个国家在五个层面的表现提供了详细的资料，有利于读者自己建构这些国家的排序。然而，它的分类框架与本文提出的框架并不完全一样。

《经济学人》杂志信息部编辑的民主指数[①]与本文对民主构成的理解更为相近。该指数由五部分组成：公民自由、选举过程和多元化、政治参与、国家运作及政治文化。前四项类似于本文前面所讲的民主的四个基本要素，即法律条件、竞争、参与和回应性。

除政治文化一类外，《经济学人》的指数是依据 52 个指标计算而来的，每一类包括的指标数量不同，"政治参与"有 9 个指标，"选举过程与多元化"有 12 个指标，"国家运作"有 14 个指标，"公民自由"有 17 个指标。

《经济学人》指数的重要之处在于结合了定性与定量两种方法的优点。大部分指标的分值是基于专家将描述性研究报告转化为编码，同时，只要可能，它也广泛利用了"世界价值调查"、"欧洲民意调查"、"拉美民意调查"、"盖洛普民意调查"及各国的调查数据。

"政治参与"项便是一个很好的例子。对参与的衡量不仅考量参与选举的法律权利，而且考量选民投票率、成人识字率、成年公民对政治事务的兴趣、政党成员数量、非国家组织和社会运动状况、公民投入政治的程度、议会中女性代表的比例，以及国家推进政治参与的努力等。这些方面实实在在的参与和政治平等密切相关，因为即使所有人都在法律上享有参与权，经济、社会资源分布的不平等也会严重阻碍社会底层民众在现实中行使这一权利。

同样，"国家运作"一项也包括国家对民众偏好回应程度的三组指标。第一组衡量的是民选代表在制定和执行国家政策时抵御外来不当干预的程度；这些干预可能来自国外，也可能来自国内地方势力、军队或安全部门、官僚和特殊利益集团或压力团体。第二组指标衡量的是横向问责，或更具体地讲，即是否存在一个由不同国家机构参与的、有效制衡公共权威运作的体制。最后一组指标衡量的是纵向问责，即国家对民众期望、利益、需求、要求的回应。除三

[①] Economist Intelligence Unit, "The Economist Intelligence Unit's Index of Democracy," 2007, http://www.economist.com/media/pdf/DEMOCRACY_ INDEX_ 2007_ v3. pdf.

组指标以外,"国家运作"一项还运用民意调查数据来分析多少人对政府抱有"非常大"的信心,有多少人对政府抱有"相当大"的信心。可以推测,高质量民主往往以公民对民主规则的高信任度为特征,而低质量民主往往以公民的低信任度为特征。

在每一项中,《经济学人》指数的每个指标都被给予 1—2 分或 1—3 分。把每项下属的所有指标得分加总后,便可得出该项的综合指数,从 0 到 10 不等。分值越高,表示该层面的民主质量越高。

我用《经济学人》的四项综合指数去衡量民主质量的四个层面:法律条件、竞争、参与及回应。加在一起,它们有助于我们了解不同国家在各个层面达到了何种程度。一个国家在一个层面上分值高,在另一层面上分值可能会低,反之亦然。这意味着,我们不应武断地将一个政治体系贴上"民主"或"不民主"的标签,而应允许不同体系在不同层面具有不同的民主质量。

解释变量:国家效能的测量

前面谈及国家效能的六个层面都无法直接测度,因此我用如下六项指标代以测量。

"强制能力"根据 2002 年因人际间暴力引起的年龄标准化死亡率(暴力致死率)测算(以 10 万为单位)。人际间暴力致死率是凶杀率的替代。目前全球有关凶杀率的数据主要有三个来源:国际刑警组织(Interpol)、联合国和世界卫生组织(Marshall and Block, 2004)。我用的是世界卫生组织的数据(2004)。尽管暴力致死包括了由凶杀、性侵犯、过失、遗弃及其他虐待方式所导致的死亡,但这一数据与联合国有关凶杀的数据(UNODC, 2001)存在相当高的关联性($R^2 = 0.6482$)。在 2000 年,据估计全球约有 52 万人死于人际间暴力;其中,95% 的凶杀案发生在低收入或中等收入国家(WHO, 2002)。显然,一个国家的强制能力越低,凶杀率就越高。

"汲取能力"根据 2003 年国家各级财政收入占 GDP 总量的比重测算。

"濡化能力"根据 BTI 关于国家性的指数测算,它旨在衡量在多大程度上民众认可他们所居住的国家的主权地位,以及他们在多大程度上就什么人可以成为公民达成了基本共识(Bertelsmann Foundation, 2006)。这一指数由 10 个等级构成,1 代表最低,10 代表最高。

"规管能力"根据2002年公路交通事故死亡率（以10万为单位）测算（WHO，2004）。在2000年，全球约有126万人死于公路交通事故；约近90%的公路交通死亡发生于低收入或中等收入国家。尽管交通死亡也涉及其他因素（如天气条件、地理环境及车辆数目等），但国家在诸如公路条件、时速限制、执照发放、酒后驾驶、安全带使用，以及车辆质量检测等方面的规管能力，无疑也是导致不同国家死亡率高低不同的一项最重要因素。这一领域的规管质量大概可以反映整个国家机器的规管能力。

"统领能力"根据世界银行研究所2006年的腐败控制指数测算。这一指数将国家分值列于-2.5到2.5之间，得分越高标志着对腐败的控制能力越强（World Bank，2006）。腐败猖獗是统领能力软弱的典型标志。相反，一个统领能力强大的国家应能发现、惩治政治、行政和司法领域的腐败，将腐败的影响最小化。目前存在各式各样对腐败的测量指标，它们相互之间的差异并不大。如2006年世界银行与透明国际组织对腐败测评的近似值就高达0.89（Transparency International，2006）。我这里选择世界银行研究所的数据，因为它比透明国际的数据涵括更多国家，而且更广泛地使用"腐败感受"调查结果。

最后，再分配能力根据联合国开发计划署2003年的人类发展指数测算。人类发展指数从关系人类福祉的三个基本层面衡量国家的平均成绩：健康长寿、文化程度、体面的生活水准（UNDP，2006）。基于这些标准，国家被给予从0到1的不同分值。最接近于1的国家，生活质量最高。很显然，只有通过再分配使弱势群体能更多地享有资源，整个社会的人类发展水平才能提高。换言之，没有再分配，人类发展必然滞后。

为尽量减小分析中因忽略相关变量引起的偏差，我也加入了四个控制变量。

领土面积：该国的陆地面积（平方公里）。

人口规模：该国2003年的人口数量（亿）。

异质化指数：异质化指数衡量从一个国家随机抽取的两人有多大的可能性分属不同的种族—语言群体。指数越高，社会的异质化程度也越高。

人均国民收入：用购买力平价法计算的2004年人均国民收入，它被用来衡量社会经济的发展水平。

每个控制变量都直接或间接地影响着民主质量，这一点在理论上毋庸置疑。例如，国家规模对国家效能的影响就很大。地理面积越大、人口越多，对国家进行纵向整合和横向协调的难度就越大。而且，如果一个国家包含许多宗教、种族语言、文化群体，民众便很难将自己视为同一共同体的成员，政府也很难去治理。最后，有大量文献试图证明，社会经济发展水平与民主也密切相关（Lipset，1959）。

四、发 现

对因变量和自变量实行操作化之后，便可以讨论国家效能与民主质量的关系了。我用上述自变量对因变量进行了多元回归分析。表1展示了四种回归模型，它们分别以法律条件、竞争、参与和回应作为因变量。表中的系数都为标准化β系数，它们可以被解释为，在假设其他因素不变的情况下，左列每个自变量对因变量的静影响（net effect）。

由于有些左列的自变量在性质上是相互关联的（如暴力致死率与事故死亡率，人类发展指数与人均国民收入），我在分析时也检验了模型中的所有自变量的方差膨胀因子（VIF），以评估潜在的多重共线性问题。VIF在数值范围内取值。数值越高，多重共线性就越严重。尽管有些人认为数值超过5已预示着多重共线性问题高得不可接受（Judge et al.，1988），但行内普遍接受的经验法则是避免VIF大于10（Hamilton，1992；Neter et al.，1996；Hair et al.，1998；Miles and Shevlin，2001）。表1显示最大的VIF值为4.74，远未达到10这一普遍认可的警戒线。因此，多重共线性问题在下述任何模型中并不算严重。

在解释变量中，与民主质量各个层面都一直有着密切相关性的是"国家性"，即国家濡化能力的代称。这一变量的系数毫无例外都是较大的正值，且在统计意义上相当显著（$p<0.01$）。

表 1　四个回归模型结果

	法律条件 (a)	竞争 (b)	参与 (c)	回应性 (d)
控制变量				
领土面积	-.052	-.007	-.044	-.067
人口规模	-.011	-.028	.081	.198**
异质化指数	-.005	-.028	.032	-.009
人均国民收入	-.113	-.172	.003	-.132
解释变量				
暴力致死率	.276***	.234**	.187**	.155*
财政收入	-.061	-.040	.150*	.008
国家性	.331***	.347***	.323***	.306***
事故死亡率	-.339***	-.292***	-.194*	-.255***
腐败控制	.374***	.294*	.075	.512***
人类发展指数	.144	.180	.305**	.104
Model F	8.517***	6.120***	6.759***	11.108***
Adjusted R²	.404	.316	.342	.477
VIF (Maximum)	4.74	4.74	4.74	4.74
观察量	112	112	112	112

注：t-ratios *p<0.1；**p<0.05；***p<0.01（all two-sided）。

此结果支持了道尔的如下理论：谈到民主，我们已经预设了一个边界清晰的领土—社会单位及其人口，已假定了存在情系这片土地及其人口的国族认同，因为民主手段本身并"无法解决民主单位的疆域及范围问题"（Dahl, 1989：207）。例如，只有确定了政治共同体的边界及其成员资格，才谈得上实行多数原则。如果一个领土—社会单位中相当多的人拒绝接受本单位作为合法决策的适当实体，且希望建立自己的独立国家或并入其他国家，那么民主程序便无从运作，也无从解决国族认同问题。在此，关键是国家要培养一种对于领土—社会单位的强烈认同。无论用何种方法解决国家性问题,只有大多数人民"对归属于哪个政治共同体没有疑义或不持强烈保留态度"(Rustow, 1970: 351),他们才可能制定出民主规范、构建民主机制,并以民主的方式规划自己的生活。

"事故死亡率"的系数在所有回归中都是负号。由于"事故死亡率"是根据公路交通致死率计算的,故分值越高表示国家规管能力越弱,而不是强。因此,这些负号意味着规管能力与民主质量的四个层面皆呈正相关关系,尽管在"参与"这个层面的显著性水平($p<0.1$)较之其他三个层面($p<0.01$)要低得多。

这个结果也不令人吃惊。民主是一种规矩很多的体制。如果在公民权、选举、权力分布、不同国家部门之间的关系等方面没有一整套细致的规则的话,很难想象民主将如何运作。这些规则引导政治行为者协调他们的所作所为,从而有助于降低人际交往的不确定性,使之更为有序。没有一套详细、明确和严格的规则,民主便无法运作。然而,规则不会自行实施。为了确保规则得到遵守,国家惩治力的威慑是必要的。以保障公民的法定权利为例,俄罗斯和其他转型国家以及发展中国家的状况表明:政治自由既可能受到国家机器的压制,也同样可能遭遇无能国家的威胁。基于这一观察,斯蒂芬·霍尔姆斯感叹道:"从根本上讲,享受自由权利取决于某种合法公共权力的有效运作"。我们需要国家权力来保护产权、防止伤害、压制武力、遏制诈骗;我们也需要国家权力才能加大对弱势群体的保护。从这一角度看,自由的国家不仅不是对个体自由的威胁,而是"最大和最可靠的人权组织"。"一个无作为的国家不可能是自由的国家"(Holmes, 1997)。

"腐败控制"是国家统领能力的指标。一个统领能力很强的国家应该能够察知政府官员和国家工作人员的腐败行为,并施以果断而严厉的惩罚。关于民主体制对腐败是否有抑制作用,学者们已争论了很久。一些人认为民主对腐败没有明显的影响(Ades and Di Tella, 1999),另一些人则认为民主可以遏制腐败(Sandholtz and Koetzle, 2000; Montinola and Jackman, 2002; Shen and Williamson, 2005)。然而,其他研究发现两者之间的关系并不那么简单,而是在很大程度上取决于各种各样的不同条件(Treisman, 2000)。这项研究清楚表明:国家统领能力越强,民主质量往往也越高。在"法律条件"、"竞争"及

"回应性"三个层面来看都是如此;只有在"参与"领域,国家统领能力对民主质量的影响才不那么明显。

"财政收入"是国家汲取能力的指标。有趣的是,汲取能力似乎与民主的两个层面("法律条件"和"竞争")呈负相关关系,虽然这两个关系在统计意义上并不显著。财政收入与民主质量的"回应性"层面是正相关关系,但也不具有统计显著性。只有"参与"层面是唯一的例外,国家的汲取能力看上去有助于些微提升这个层面的民主质量。

国家汲取能力为何没有我们预期的那么重要呢?第一,汲取资源的目的是"润滑"国家机器,以使之顺畅运行。所有国家都必须汲取物质资源,但总量应有所限制而不能毫无节制。因此,没有任何人会愚蠢到相信汲取越多越好。实际上存在一个隐形的"门槛",越过这个"门槛"汲取得越多,只能使事情变得更糟而不是更好。第二,有许多方面的政府运作不需要什么开销或花费很小,特别是在那些涉及民主运行的领域。第三,国家可能有意将自己的许多职责推卸给私营或半私营机构。第四,在利用资源上,一些国家可能较之其他国家更有效率。因此,两个从其国民中汲取相同比例资源的国家,在实际能力方面可能大相径庭。最后,或许最重要的是,我们的模型已对国家的其他重要功能进行了统计控制;也就是说,在其他国家功能正常运作的前提下,汲取能力本身对民主质量的某些层面可能没有独立影响。

国家再分配能力由"人类发展指数"衡量。正如所期待的那样,这四个变量的系数都呈正值。这表明国家再分配能力越强,民主质量往往越高。不过,在"法律条件"、"竞争"及"回应性"三个层面,这种相关关系都缺乏统计显著性。只有在"参与"一项中,国家再分配能力的影响才毋庸置疑。这一点,很容易理解。在这个研究中,"参与"指的是普通公民参与政治的实际程度,而不仅仅是享有参与的合法权利。众所周知,人们所处的经济、社会地位对公民是否以及如何参与民主政治会产生巨大的影响。例如,大量实证研究表明,社会中那些收入比中位数低的人选举投票率比较低,而收入超过中位数的人则投票率比较高。因此,社会经济严重不平等的国家,其民众的政治参与度往往很低(Franzese, 1998; La Ferrara, 2002; Solt, 2004)。再分配可以缩小阶级之间社会经济的差距,有利于缓解社会底层最弱势群体的资源问题。因此,在那些将工作与福利脱钩的国家,其政治参与度往往很高(Anderson and Beramendi，2005）。这也就是为什么当再分配将处于频谱两端的民众拉向中间时，政治参与度会提高。这一点与民主质量的其他层面并不一样。

分析结果中最令人吃惊的是，民主质量的四个层面与"暴力致死率"皆呈正相关关系。"暴力致死率"高应是国家强制力软弱的标志。因此，我们原以为，低暴力致死率应该与高质量民主相关联。然而，实际上两者却呈正相关关系，而且它们在统计上都是显著的。这似乎表明，强制力太强反倒不利于提高民主的分值。我们很难确定其中的意味，但能找出两种可能性。

第一，强制能力或许是一把双刃剑。一个在遏制暴力犯罪方面强有力的国家也有能力压制民众的民主需求。反之，当国家的强制能力很弱或趋弱时，民主体系也许更容易生存，当然，暴力犯罪也可能会增多。至少有一些间接证据能支持这一假说。例如，越来越多的实证研究表明，在世界许多地区，暴力犯罪的猛增似乎与民主化的进程同步。这些例子包括东欧和苏联（Hraba et al.，1998；Barak，2000；Backman，1998；Savelsberg，1995）、拉美（Fajnzylber，Lederman and Loayza，1998；Mendez，O'Donnell and Pinheiro，1999），以及撒哈拉以南的非洲地区（Reza，Mercy and Krug，2000；Daniel，Southall and Lutchman，2005）。这两个并行的趋势在促成独裁政体崩溃的同时，也可能严重损害了国家的强制能力。

第二，凶杀率可能不是一个揭示国家强制能力的适当指标。国家强制能力也许是影响凶杀率的一个因素，但未必是决定性因素。除政府、刑事司法系统、警察以外，人口、经济、社会及文化等因素也同样会影响凶杀率，甚至更为重要（Kelling，1998；Neild，1999）。也有间接例证来证实这一假说。一项研究指出："到20世纪60年代，在许多西方老牌民主国家中，暴力犯罪率长期走低的态势已经停止。事实上，近几十年来，一些西方民主国家的街头犯罪率一直呈急剧、显著的上升趋势"（Karstedt and Lafree，2006：8）。另一项研究甚至发现，"一个国家的民主制度持续越久，凶杀率就越高"（Karstedt and Lafree，2006：8）。如果这两种说法都正确，我们必须对凶杀率能否作为国家强制能力的指标表示怀疑，因为那些发达国家在垄断合法暴力上毫无问题，并且其总体强制能力在过去45年间并无减弱。

不幸的是，并没有数据能使我们自信地断定哪种假说是正确的。

至于控制变量方面，我们发现国家的领土面积与民主质量的所有层面都是负相关关系,但这种相关性在常规置信度上并非统计上显著。至于人口规模,其影响并不一致。对于规范和程序层面的前两项("法律条件"和"竞争")而言,这一变量的预期参数呈负数且不显著;对于更实际的层面("参与"和"回应性")则呈正数。在"参与"这一项上,这一参数甚至是统计显著的。似乎没有太多证据支持某些学者津津乐道的一个假设:在其他条件同等的情况下,国家越大,民主质量就越低。

无论其系数带正号还是带负号,"异质化指数"这一变量在四项回归模式中并不显著。这意味着,一旦在统计上控制了衡量国家效能(特别是"国家性")的变量,人口的异质化程度对民主质量并无独立影响。

类似观察也适用于"人均国民收入",即社会经济发展水平的指标。它与民主质量的所有层面都没有明显的关联。这表明,统计上控制衡量国家效能的变量后,经济繁荣本身并不会以某种方式独立影响民主的质量。这一发现与现代化理论的标准假说存在抵触之处。

五、结 论

本研究的起点是一个正在被越来越多学者接受的共识:有效国家的存在是高质量民主的先决条件(Rose and Shin, 2001)。如果存在一个所谓"第三次民主浪潮"的话,它显示民主化可以发生在任何地方,包括诸如阿尔巴尼亚、毛里塔尼亚这样"最不可能和最出人意料的地方"。但是,巩固而高质量的民主国家却很难找到,因为很多被"第三次浪潮"裹挟的国家连起码的有效政府都付诸阙如(Carthers, 2002)。通过分析国家效能的各个层面如何影响民主的不同层面,本项研究希望能对有关民主质量的文献有所贡献。

归纳本文的研究结果,我们发现一个拥有较强濡化能力(国家性)、规管能力(交通死亡率)及统领能力(腐败控制)的国家,其民主质量往往也比较高。而国家规模的大或小(领土面积与人口规模),人口是同质还是异质,经济发达与否等,对民主的质量似乎都没有什么独立的影响。一旦在统计上控制国家效能的其他层面,一般而言,国家的汲取能力(财政收入)与再分配能力(人类发展指数)对于民主的参与层面是不可或缺的,但控制其他国家能力的影响后,它们与民主的其他层面没有多少关联。最后,作为国家强制能力的指标,暴力致死率对民主质量的影响有些出乎我们的预料,有必要进一步探究其原因。

总之,本文的分析结果证实,国家效能对民主体制的表现具有正面影响,但国家效能不同层面的影响会随着民主的不同属性而有所差异。因此,无论对于民主还是对于国家效能,采取单向度视角都好比雾里看花,是我们必须敬而远之的。①

如果本文的主要结论成立,那么在民主化进程中,民主改革者们有意或无意摧毁或削弱国家机器,那将是愚蠢的,只会适得其反。这对于那些效能十分低下或几乎完全不存的国家而言,更是如此。当然,在民主转型过程中,国家行使权力的方式必须改变,但国家权力本身不应受到损害。民主改革者们应当下大气力加强国家能力,而不是一味地限制国家权力。

参考文献

Ackerman, Susan Rose. 1999. *Corruption and Government*. Cambridge: Cambridge University Press.

Ades, A., and R. Di Tella. 1999. "Rents, Competition, and Corruption." *American Economic Review*, 89 (September): 982 – 93.

Alesina, Alberto, Sule Ozler, Nouriel Roubini, and Philip Swagel. 1996. "Political Instability and Economic Growth." *Journal of Economic Growth*, Vol. 1 (June).

Alesina, Alberto and Roberto Perotti. 1996. "Income Distribution, Political Instability, and Investment." *European Economic Review*, 40: 1203 – 28.

Almond, Gabriel and G. Bingham Powell, Jr. 1966. *Comparative Politics: A Developmental Approach*. Boston: Little, Brown and Company.

Almond, Gabriel and Sidney Verba. 1963. *The Civic Culture: Political Attitudes and Democracy in Five Nations*. Princeton: Princeton University Press.

Anderson, Christopher J. and Pablo Beramendi. 2005. "Economic Inequality, Redistribution, and Political Inequality." Paper presented at the conference on "Income Inequality,

---

① 既然本文只是一个基于有限数据的探索性研究,不管它得出什么结论,这些结论都只是初步的,而不是终结性的。我只是希望,在研究国家效能与民主质量关系这个领域,本文的发现有助于开辟新的途径。

Representation, and Democracy: Europe in Comparative Perspective." Maxwell School, Syracuse University, 5: 6 – 7.

Backman, Johan. 1998. *The Inflation of Crime in Russia: The Social Danger of the Emerging Markets*. Helsinki, Finland: National Research Institute of Legal Policy.

Bagehot, Walter. 1949. *The English Constitution*. London: Oxford-World's Classics.

Barak, Gregg, ed. 2000. *Crime and Crime Control: A Global View*. Westport, CT: Greenwood.

Barro, Robert. 1999. "Determinants of Democracy." *The Journal of Political Economy*, Vol. 107, No. 6: 158 – 183.

Bertelsmann Foundation. 2006. "The Bertelsmann Transformation Index (BTI)." http://www.bertelsmann-transformation-index.de/11.0.html?&L=1.

Binder, Leonard, JamesS. Coleman, Joseph LaPalombara, Lucian W. Pye, Sidney Verba, and Myron Weiner. 1971. *Crisis and Sequences in Political Development*. Princeton: Princeton University Press.

Carothers, Thomas. 2002. "The End of the Transition Paradigm." *Journal of Democracy* 13.1: 5 – 21.

Collier, David and Steven Levitsky. 1997. "Democracy with Adjectives: Conceptual Innovation in Comparative Research." *World Politics*, Vol. 49, No. 3: 430 – 451.

Dahl, obert A. 1971. *Polyarchy: Participation and Opposition*. New Haven, CT: Yale University Press.

——. 1989. *Democracy and Its Critics*. New Haven, CT.: Yale University Press.

Daniel, John, Roger Southall, and Jessica Lutchman, eds. 2005. *State of the Nation: South Africa: 2004 – 2005*. Capetown, South Africa: Human Sciences Research Council.

Diamond, Larry. 1999. *Developing Democracy toward Consolidation*. Baltimore: Johns Hopkins University Press.

Economist Intelligence Unit. 2007. "The Economist Intelligence Unit's index of Democracy," http://www.economist.com/media/pdf/DEMOCRACY_ INDEX_ 2007_ v3.pdf.

Fajnzylber, Pablo, Daniel Lederman, and Norman Loayza. 1998. *Determinants of Crime Rates in Latin America and the World: An Empirical Assessment*. Viewpoint Series. Washington, DC: World Bank.

Franzese, Robert. 1998. Political Participation, "Income Distribution, and Public Transfers in Developed Democracies". Paper presented at the Annual Meeting of the American Political Science Association.

Fukuyama, Francis. 1993. "Capitalism and Democracy: The Missing Link." *Dialogue*, 2: 2 – 7.

Grew, Raymond, ed. 1978. *Crises of Political Development in Europe and the United States*. Princeton: Princeton University Press.

Gros, Jean-Germain. 1996. "Towards a taxonomy of failed states in the New World Order: Decaying Somalia, Liberia, Rwanda and Haiti." *Third World Quarterly*, 17 (3): 455 – 471.

Hair, J. F., Anderson, R. E., Tatham, R. L., and Black, W. C. 1998. *Multivariate Data Analysis*. Upper Saddle River: Prentice-Hall.

Hamilton, Lawrence C. 1992. *Regression with Graphics*. Belmont, CA: Brooks/Cole.

Holmes, Stephen. 1997. "What Russia Teaches Us Now: How Weak States Threaten Freedom." *American Prospect*, Vol. 8, No. 33.

Hraba, Joseph, Wan-ning Bao, Frederick O. Lorentz, and Zdenka Pechacova. 1998. "Perceived risk of Crime in the Czech Republic." *Journal of Research in Crime and Delinquency*, 35: 225 – 43.

Huntington, Samuel P. 1968. *Political Order in Changing Societies*. New Haven: Yale University Press.

Inglehart, Ronald. 1997. *Modernization and Postmodernization: Culture, Economic, and Political Change in 43 Societies*. Princeton: Princeton University Press.

Jackman, Robert. 1985. "Cross-National Statistical Research and the Study of Comparative Politics." *American Journal of Political Science*, 29 (February): 161 – 82.

Judge, George, R. Carter Hill, William Griffiths, Helmut Lütkepohl, and Tsong-Chao Lee. 1988. *Introduction to the Theory and Practice of Econometrics*, 2nd ed., New York: John Wiley & Sons.

Karstedt, Susanne and Gary Lafree. 2006. "Democracy, Crime, and Justice." ANNALS, AAPSS 605 (5): 6 – 23.

Kelling, George L. 1997. *Crime Control, the Police and Culture Wars: Broken Windows and Cultural Pluralism*. Washington, D. C. : National Institute of Justice.

Klitgaard, Robert. 1988. *Controlling Corruption*. Berkeley: University of California Press.

Kugler, Jacek and William Domke. 1986. "Comparing the Strength of Nations." *Comparative Political Studies, 19 (1).

La Ferrara, Eliana. 2002. "Inequality and Group Participation: Theory and Evidence from Rural Tanzania." *Journal of Public Economics*, 85 (2): 235 – 273.

Lafree, Gary and Andromachi Tseloni. 2006. "Democracy and Crime: A Multilevel Analysis of Homicide Trends in Forty-Four Countries, 1950 – 2000." ANNALS, AAPSS 605 (5): 26 – 49.

Linz, Juan J and Alfred C Stepan. 1996. *Problems of Democratic Transition and Consolidation in Southern Europe, South America, and Post-Communist Europe*. Baltimore, MD: Johns Hopkins University Press.

Lipset, Seymour Martin. 1959. "Some Social Requisites of Democracy: Economic Development and Political Legitimacy." *American Political Science Review*, 53: 69 – 105.

Mann, Michael. 1986. "The Autonomous Power of the State: Its Origins, Mechanisms and Results." In John A. Hall, ed., *States in History*. pp. 109 – 136. London: Basic Blackwell.

——1993. *The Sources of Social Power: The Rise of Classes and Nation-States*, 1760 – 1914. Cambridge: Cambridge University Press.

Marshall, Ineke Haen & Carolyn Rebecca Block. 2004. "Maximizing the Availability of Cross-National Data on Homicide." *Homicide Studies*, Vol. 8, No. 3: 267 – 310.

Mendez, Juan E., Guillermo O'Donnell, and Paulo Sergio Pinheiro. 1999. *The (Un) rule of Law and the Underprivileged in Latin America*. South Bend, IN: University of Notre Dame Press.

Miles, J., & Shevlin, M. 2001. *Applying Regression and Correlation: A Guide for Students and Researchers*. London: Sage.

Montinola, Gabriella R., and Robert W. Jackman. 2002. "Sources of Corruption: A Cross-Country Study." *British Journal of Political Science*, 32 (January): 147 – 70.

The National Centres of Competence in Research. 2005. "Quality of Democracy -Democracy Barometer for Established Democracies." http://www.nccr-democracy.unizh.ch/nccr/knowledge_ transfer/ip14/Project%2014.pdf.

Neild, Rachel. 1999. Technical Note 9: *The Role of the Police in Crime Prevention*. Washington, D. C.: Inter-American Development Bank.

Neter, John, Michael Kutner, Christopher Nachtsheim, and William Wasserman.

1996. *Applied Linear Regression Models*. Chicago: McGraw-Hill.

Peters, B. Guy. 1987. "Politicians and Bureaucrats in the Politics of Policy-Making." In Jan-Erik Lane, ed., *Bureaucracy and Public Choice*. London: Sage Publications.

Poggi, Gianfranco. 1978. *The Development of the Modern State: A Sociological Introduction*. Stanford: Stanford University Press.

——. 1990. *The State: Its Nature, Development and Prospects*. Cambridge: Polity Press.

Przeworski, Adam and Group on East-South Systems Transformations. 1995. *Sustainable Democracy*. Cambridge: Cambridge University Press.

Przeworski, Adam, Michael Alvarez, Jose Cheibub, and Fernando Limongi. 2000. *Democracy and Development: Political Institutions and Well-Being in the World, 1950 – 1990*. Cambridge, Eng.: Cambridge University Press.

Putnam, Robert D. 1993. *Making Democracy Work: Civic Traditions in Modern Italy*. Princeton: Princeton University Press.

Pye, Lucian W. 1966. *Aspects of Political Development*. Boston: Little, Brown and Company.

Reza, A., J. Q. Mercy, and E. Krug. 2000. *A Global Concern: The Impact of Violence-related Deaths throughout the World*. Manuscript, Division of Violence Prevention, National Center for Injury Prevention and Control, Atlanta, GA.

Rustow, Dankwart. 1970. "Transitions to Democracy: Towards a Dynamic Model." *Comparative Politics*, Vol. 2, No. 3 (April).

Rose, Richard and Doh Chull Shin. 2001. "Democratization Backward: The Problem of Third Wave Democracies." *British Journal of Political Science*, Vol. 31: 331 – 354.

Sandholtz, Wayne, and William Koetzle. 2000. "Accounting for Corruption: Economic Structure, Democracy, and Trade." *International Studies Quarterly*, 44: 31 – 50.

Savelsberg, Joachim J. 1995. "Crime, Inequality, and Justice in Eastern Europe: Anomie, Domination, and Revolutionary Change." In *Crime and Inequality*, ed. J. Hagan and R. Peterson. Stanford, CA: Stanford University Press.

Schmitter, Philippe C. 2005. "Democratization and State capacity." X Congreso Internacional del CLAD sobre la Reforma del Estado y de la Administración Pública, Santiago, Chile, October: 18 – 21.

Schumpeter, Joseph A. 1942. *Capitalism, Socialism and Democracy*. New York: Harper

& Row.

Shen, Ce and John B. Williamson. 2005. "Corruption, Democracy, Economic Freedom, and State Strength: A Cross-national Analysis." *International Journal of Comparative Sociology*, 46 (4): 327 – 345.

Shi, Tianjian. 2001. "State-building and Democratization: Some Basic Theoretical Issues." Duke University, unpublished manuscript.

Solt, Frederick. 2004. "Economic Inequality and Democratic Political Engagement." Luxembourg Income Study, Working Paper No. 385, Maxwell School, Syracuse University.

Tilly, Charles. 1975. "Reflections on the History of European State-Making." In Charles Tilly and Gabriel Ardant, eds., *The Formation of national States in Western Europe*. Princeton, N. J: Princeton University Press.

Transparency International. 2006. "Corruption Perceptions Index 2006." http://www.transparency.org/policy_ research/surveys_ indices/cpi/2006.

Treisman, Daniel. 2000. "The Causes of Corruption: A Cross-National Study." *Journal of Public Economics*, 76: 399 – 457.

Tullock, Gordon. 1965. *The Politics of Public Bureaucracy*. Cambridge, MA: Harvard University Press.

UNODC. 2001. The Seventh United Nations Survey on Crime Trends and the Operations of Criminal Justice Systems (1998 – 2000).

http://www.unodc.org/unodc/en/crime_ cicp_ survey_ seventh.html.

UNDP. 2006. *Human Development Report*, 2006. http://hdr.undp.org/hdr2006/statistics/

Weber, Max. 1946. *From Max Weber: Essays in Sociology*, ed. and trans. H. H. Gerth and C. Wright Mills. New York: Oxford University Press.

——1978. *Economy and Society*, 2 vols. Berkeley: University of California Press.

WHO. 2002. *The Injury Chart Book: A Graphical overview of the Global Burden of Injuries*. Geneva: WHO.

——2004. "Causes of Death: Estimates." http://www.who.int/entity/healthinfo/statistics/bodgbddeathdalyestimates.xls.

World Bank. 2006a. "Governance Matters V: Governance Indicators for 1996 – 2005." http://info.worldbank.org/governance/kkz2005/pdf/2005kkdata.xls.

World Bank. 2006b. World Development Indicators 2006. http://devdata.worldbank.org/wdi2006/contents/TOC.htm

Zakaria, Fareed. 2003. *The Future of Freedom: Illiberal Democracy at Home and Abroad.* New York: W. W. Norton.

附录：数据来源

	来　源
因变量	
法律条件	http://www.economist.com/media/pdf/DEMOCRACY_INDEX_2007_v3.pdf
竞争	http://www.economist.com/media/pdf/DEMOCRACY_INDEX_2007_v3.pdf
参与	http://www.economist.com/media/pdf/DEMOCRACY_INDEX_2007_v3.pdf
回应性	http://www.economist.com/media/pdf/DEMOCRACY_INDEX_2007_v3.pdf
解释变量	
暴力致死率	http://www.who.int/entity/healthinfo/statistics/bodgbddeathdalyestimates.xls
财政收入	http://devdata.worldbank.org/wdi2006/contents/TOC.htm
国家性	http://www.bertelsmann-transformation-index.de/11.0.html?&L=1
交通死亡率	http://www.who.int/entity/healthinfo/statistics/bodgbddeathdalyestimates.xls
腐败控制	http://info.worldbank.org/governance/kkz2005/pdf/2005kkdata.xls
人类发展指数	http://hdr.undp.org/hdr2006/statistics/
控制变量	
领土面积	http://devdata.worldbank.org/wdi2006/contents/TOC.htm
人口规模	http://devdata.worldbank.org/wdi2006/contents/TOC.htm
异质化指数	http://www.stanford.edu/~wacziarg/downloads/fractionalization.xls
人均国民收入	http://devdata.worldbank.org/wdi2006/contents/TOC.htm

民主的中心偏移

皮埃尔·罗桑瓦隆 文*
魏南枝　安明丽·弗伦凯尔 译**

【摘要】本文译自法兰西学院罗桑瓦隆教授最新著作《民主的正当性：公正性、自反性与邻近性》（*La légitimité démocratique：Impartialité, reflexivité, proximité*）的"引言"部分。人民是所有民主权力的来源。但是，根据西方民主的历史和传统，选举并不能确保政府总是服务于人民的普遍利益，所以投票并不是获得正当性的唯一标准，而普遍意志的重要性日益凸显。遵从多数意志的权力不能被视为具有充分的民主性，而必须进一步符合公正性正当性、自反性正当性和邻近性正当性的要求。并且，独立权力机构和宪法法院的发展，行政机构的依法行政，以及政府管理的理性化和非个人利益化加强了对个人与个别情况的关注。基于人们对加强权力的邻近性和公平性的要求，民主的正当性处于进一步的偏移过程之中。

【关键词】正当性　公正性　自反性　邻近性　普遍利益

---

* 作者简介：皮埃尔·罗桑瓦隆（Pierre Rosanvallon, 1948—），以研究近现代政治史，尤其是近现代政治思想史著称，主要研究领域为法国大革命史、法国政治思想史和社会问题等。他于2001年入选法兰西学院，执掌近现代政治史的教席。先后执教于巴黎第九大学、社会科学高等研究院，现为社会科学高等研究院研究主任，政治学博士点负责人。其主要著作包括《公民的加冕礼：法国普选史》（1992）、《无法寻找的人民——法国民主代表制史》（1998）、《未完成的民主——法国人民主权史》（2000）等。

** 译者简介：魏南枝，清华大学法学院硕士毕业，现为巴黎社会科学高等研究院博士生，联系方式为 wnzfr@hotmail.com。安明丽·弗伦凯尔（Emilie Frenkiel），巴黎高等师范学校毕业生，现为巴黎社会科学高等研究院博士生，联系方式为 anmingli@gmail.com。

人民之所以拥护执政者,是因为他们觉得执政者的统治具有民主制度的基本特征。长期以来,一种主流思想认为,人民是权力赢得其正当性的唯一来源。既没有人曾对这一思想提出异议,也没有人去反思它。19世纪,一位伟大的法国共和主义者曾概括道,"主权是不可分割的。应当在选举制和世袭制之间进行选择。权力的正当性来源,要么是所有人自由表达其意志的结果,要么是基于权力神授的假定。人民还是罗马教皇?你选择吧!"(Blanc,1839:308)过去,无须任何理由,就可以直接给出这个问题的答案。迄今为止,我们的认识一直停留于此。然而,这种表述隐含了一个重要的概念性模糊:实际上,这是把多数人的意志表达(expression majoritaire)混同于普遍意志(volonté générale)了。可是,对这种模糊的讨论却少而又少。已经得到广泛认同的是,民主的本质就是一种程序,而这种程序具体体现为通过多数人的选举来确定权力的正当性地位。首先,这种正当性自然是与前民主时代或少数人统治的决裂。当时,"大多数人"(la grande majorité)原则或者"绝大多数人"(l'immense majorité)原则的提出,确立了多数人权利,以对抗在专制统治或者贵族统治之下公然的个人性意志。而这种决裂的根本性标志就在于,权力的来源与政治责任的基础发生了变化。经过发展,多数原则(principe de majorité)具有了更严格的程序性。阿得马尔·埃斯曼(Adhémar Esmein)对此有一句经典评述:"多数原则是人们所能迅速接受的简单理念之一;它的特征在于,它不任人唯亲,而是将所有投票人置于同一位置。"(Esmein,1927:330)

一、拟制的假定

"人民"或者"国民"这个概念总是以单数形式出现,它发展到多数原则是不容易的,因为它们处于完全不同的层面。一方面,它从总体上和哲学意义上肯定了政治的主体;另一方面,确定通过程序实现选择。这样,在民主选举中,就将证成原则(principe de justification)与决策方法(technique de décision)二者混淆起来:常常将它们等同化,以至于掩盖了它们之间潜在的矛盾。而实际上,二者在本质上是不同的。作为程序问题,多数原则这个概念能够不言自明;但是,如果从社会学的角度进行理解就不同了。从后者出发,必然会得出一个新的算术问题:多数原则只是代表了人民的一部分,哪怕是主要的部分。然而，通过选举使其权力获得正当性，总是隐含地与普遍意志有关，因此也与代表整个社会的"人民"有关。基于对平等的道德性要求与法律上对权利的绝对尊重，这一社会学的视角在不断被强化：要求尊重集体中每一个成员的价值。换句话说，自民主理念产生以来，这也是一个一致的（unanimité）着眼点：民主最根本的意义是什么？如果代表了社会的普遍性（généralité sociale），那就是民主。那时候，人们只不过将最大部分等于全部，采用合适的方式以满足不断提高的民主理想所提出的要求。第一个等同化同时夹杂着第二个等同化，也就是说，将制度的性质等同于制度建立的条件。将部分等同于全部，将投票那一刻等同与授权行政的期间：在这样的两个假定之上，就奠定了民主制度的正当性基础。

问题在于，这一双重假定越来越像是在表达一种难以接受的谎言。因此，早在19世纪末，当普选制（限于男性）在欧洲刚刚开始推行的时候，对于民主过早的幻想破灭（désenchantement）的情况越来越严重。仅仅关注选举而形成的狭隘性导致了民主的制度性缺陷。对这一事实的指出，迅速取代了自由主义者所怀有的对群众统治所形成的威胁的恐惧。纷攘的党徒与支持者们所形成的迷宫将民主陷入其中。在这一迷宫中，"人民"与"国民"两个词已经不再被用于勾勒民主的蓝图，其作用被贬低了。超出所有最早的民主理论家对于其运作与作用的预设，政党制度从这个阶段开始，已经成为政治生活的实际核心，使得个人之间的竞争与小帮派占据了主流。至于议会，虽然从产生之初它被认为是代表了代议制治理方式和精神实质的机构，但是，议会已经失去了其集中性，眼睁睁地看着自己的职能从本质上发生了改变。民主制度产生之初的一个理念就是，构建一个可以公开讨论共同利益含义的公共理性空间；后来，这一理念退化为一种受特殊利益操纵的讨价还价的制度。在授权行政期间，它要持续地调动各方面的力量，还要将真正的各方利益的得失体现出来——它已经不再是普选制刚出现时所描绘的全体公民的庆典。在1890—1920年这个阶段，有关检讨"民主的危机"（crise de la démocratie）的各种著述堆积如山。因此，多数选举制度的运作导致"社会利益"这个概念也完全失去了其信誉。经过选举产生的议员们，显然不是在普遍利益要求的控制之下，而是受其个人逻辑的摆布。诚然，执政者由选举产生的原则，总是被一个规范严格并不可逾越的程序框架所限定，但是，人们不再相信通过选举产生的执政者必然是好的。

二、双重正当性：一个制度的形成与衰落

1890—1920年间，面对第一次世界大战带来的极大震撼，人们力求找到使民主理想重现其原貌的方法。只要是人们所知道的，哪怕是最极端的途径，也要去探索它，有人甚至一度将极权政体作为合乎公共福祉的象征。但是，在这种激情燃烧的深处，还萌生了另一个现象，即真正意义上的行政管理能力的形成。正是这一现象深刻改变了民主政体，在当时却很不受重视。实际上，正是在这一阶段，才创立了更为强大的、进而能够更好地进行治理的制度形式——国家（Etat）。尤为重要的是，它的发展与重新建立国家的原则是不可分的。人们希望"官僚机器"能够形成一种实现普遍利益（intérêt général）的内在能力。当时，法国的公共服务模式和美国的理性主义管理模式代表了实现这一目标的两大方式。一方面，从结构上，按照普遍合作主义（corporatisme de l'universel）的理念，要求公务员的人格融入到他们的工作任务之中，成为"没有利害关系的当事人"（intéressés au désintéressement）；另一方面，通过科学管理，寻找实现普遍性的路径（accès à la généralité）。所以，古老的理性政府与积极政治的理想被重新适用于民主世界之中。而为了实现公共利益与政党偏见的相分离，从启蒙时代到奥古斯特·孔德时期，这些积极政治的理想不断地得到修改。

当时，为了改变"统一表达意志"这个自身就存在缺陷的设想，采用了一种更现实和更客观的实现社会普遍性的方式。此后，这一目标至少已经部分地逐渐得以实现。虽然从未将这些事实概念化，民主制度已经逐渐具有双重依赖：普遍选举与公共行政。公共行政不再仅仅是政治权利的传送机制，而是基于其能力获得了自身的独立空间。所以，通过选举获得的意志表达的平等性，与进入公务员体系的机会平等原则，这二者相对应起来了。选举与考试这两种相类似的考核形式，都致力于选定那些能够成为社会普遍性的代理人或者代言人的人。选举作为主观性选择，受到利益机制与个人意志的引导；而考试则是选择最有能力的人的客观性机制。在法国，对于普遍选举与公共服务这两个最神圣的方面，显然已经把它们在共和理念中所具有的不同价值重合起来了。高级政府部门中的"优秀的雅各宾党人"（jacobins d'excellence）所代表的，与由

人民选举出来的人是一样的。在通过选举获得的正当性之外，对民主的正当性的第二种理解出现了：对社会普遍性的等同化（identification à la généralité sociale）。事实上，对于弥补已被削弱的选举正当性，它发挥了决定性的作用。这就是两种理解正当性的重要方法的结合：来自于对权力的社会认同的正当性，与符合某种标准或者价值观的正当性。自20世纪中叶以来，这两种在程序上和实体上相交错的正当性，给民主制度奠定了坚实的基础。在80年代，它又掀开了新的一页。

首先，选举获得的正当性已经变弱了，因为选举本身的作用在相对化和庸俗化。在代议制度的"古典"时代，选举毋庸置疑就是为了实现选举之后的"自由的"治理。事实上，当时人们预先假定，在选举所进行的选择内容中包括了对未来政策的选择。而之所以存在这种假定，只不过是因为通过选举进行的选择是在一个可预见的世界进行的。这个可预见的世界是由具有良好纪律的选举组织、确定的选举方案以及清晰可见的意见分歧所组成的。但是，这些都已经发生变化了。今后，选举的作用更有限了：它只不过是证明选定政府的方法的有效性。而对于通过选举上台以后政府所制定的政策所具有的合理性，选举不再包含对其的先验性证明。从另一个角度来说，多数概念的意义也发生了变化。从法律、政治和议会的角度来看，它仍然是完美的定义；但是，从社会学角度看，就远远不够了。过去，最大多数人的利益与多数人的利益很容易被等同化，现在却并非如此。"人民"（le peuple）不再被理解为某种同质性的集合，而是被视为许多个别故事的延续，或者各种个人特定经历的相加。这就是为什么现代社会越来越从少数概念理解其自身的原因所在。少数人不再是"少数方"（petite part）［以前顺从于"多数方"（grande part）］，而是对这个社会整体所进行的多种表达中的一种。从此以后，社会所展现出来的是各种各样的对少数群体状况的细化；同样，"人民"的概念也成为"少数"（minorité）的复数。

而对行政权力而言，它已经严重地失去了其正当性。新自由主义的主张已经获得了成功，它们削弱了国家的地位，从而将市场树立为人们共同福利的缔造者。具体而言，公共服务机构的新公共管理（New Public Management）引入了一些做法，贬损了传统上所公认的公务员形象，即他们代表着普遍利益。高级政府部门在这一变革中受到的损害最大：在一个更开放而又更难以预见的世界，它不再具有代表未来的能力；而且，由于公私部门的收入差距不断扩大，精英人才大规模脱离行政机构而转向私营部门，这就对政府部门造成了巨大冲击。一度，民众对技术专家治国所具有的合理性与无私性具有高度认同；在一个受教育程度更高因而更富理性的社会，民众对此的认同也不再那么明显。古老的善意的公共行政将社会视为未成年人，这种风格也变得既在经济学上无效，又在社会学上不可接受。因此，行政权力被剥夺了它曾经的道德性与专业性因素，而这些因素都是使其之前具有强制性的原因。这样，在代议制选举制度的正当性被削弱之后，行政权力的正当性也被削弱了。

三、正当性的新时代

自20世纪80年代以来的各种变化引起了先前双重正当性体制的衰落，而伴之而来的，并不仅止于产生一个真空地带。在那个时候，虽然有失落感和被瓦解的感觉，但是，一种重构也静悄悄地开始了。首先，新的公民期望出现了。他们渴望建立一个服务于共同利益的制度，并以全新的语言和对比价值表达出来。例如，有关公正性、多元性、同情心、邻近性（贴近人民生活，proximite）等价值都已经显现出来了；与此相应的是对民主的普遍性的重新理解，从而形成对正当性的原始形成机制与表现形式的重新认识。一些类似独立权力机关或者宪法法院的机构的数量和作用都在显著增长。随着公共形象和公共关系的重要性在不断提高，另一种治理方式也似乎终于开始出现。所有这些变化所描绘出来的，是一幅应当去体会其可靠性和预期性且对比强烈的风景画，因此，对这些变化进行描绘也是可行的。但仅仅对它进行描绘是不够的。事实上，重要的是先梳理清楚概念，对这些概念的梳理有助于理解新出现的领域；进而言之，认清民主将发展为哪些新的积极形式。要注意分析各种民主学说与实践，分析它们所未完成的、模棱两可的以及危险的方面，因而也是在构建一个有利于把握未来的理想模式。事实上，一切还没有成为定局。究竟是新的可能的开端，还是病理威胁的开始，二者尚未被区分清楚。

80年代后期的主要特点在于，一些词语已经被潜在地进行了改写。而通过这些词语，我们可以理解对民主表达社会普遍性的迫切需要。为了更好地把握这个变化的程度，应当回溯到过去有关普遍性的主要观点，再对此进行理解。普遍选举建立于对普遍性的集合定义的基础之上：所有的公民选民作为一个整体进行意思表示而形成的普遍意志。公共服务则与一个客观普遍性的观点有关：公共理性或者共同利益与共和国家的结构被视为同一类型。在这两种情况下，可以适当而肯定地表达普遍性。鉴于这两种衡量普遍性的方法处于衰退中，人们发现另外三种更间接的方法，可以不断接近其目标，即建立一个具有社会普遍性的权力形式。

首先，通过不关心特殊情况，对一个问题内部隐含的不同当事人进行客观的理性思考与组织，以实现普遍性。它确定了一种不受个人意志操纵的权力真空。在这种情况之下，一个机构的普遍性在于，没有人能够将这个机构占为己有。这是一种消极的普遍性（généralité négative）。它既是一个结构性变量以支撑其独立性，同时又是一个行为性变量以保持距离或者平衡。正是这种方法确定了权力监督机构或者管制机构的地位，而首要的是将其与当选权力区分开来。

其次，通过社会主权表达的多样化来实现普遍性。为了实现其目标，旨在将民主的主体与形式复杂化。尤其是为了修正那些未完成的事项，而这些未完成事项是由于将选举多数的意志等同于作为一个整体的社会的意志所导致的结果。这是一种倍减的普遍性（généralité de démultiplication）。我们可以理解为，宪法法院所具有的性质是通过对宪法规定的筛选表达多数党的决定，表现出所谓的"以人民为原则"。

最后，通过关注现实情况的多样性与认识所有的社会个别情况来实现普遍性。它源自于一种对个别世界的完全融入，其标志就是对各个具体的人的关心。这种形式的普遍性与行为的性质有关。这种普遍性是权力行为对每个人进行关注的结果，而这种权力行为对所有人的问题都感兴趣，是一种与法治观念截然相反的政府管理手段。它不同于通过法律平等原则构建社会的角度，后者与所有的特殊情况都保持一定距离。这种情况下的普遍性通过扩大其关注范围去考虑现实中的所有情况，可以称之为"深入到普遍性"的实践[①]。这是一种关注特殊性的普遍性（généralité d'attention à la particularité）。

[①] 与社会学常用的"montée en généralité"概念相反，它意味着与特殊情况保持距离以达到概念化。

这些对实现社会普遍性的不同看法都共同依赖于将社会作为一个整体的研究视角，它既不通过算术上集合的方式（深层次的一致性理想）进行理解，也不在一元论的视角之内（参考一种构想中的社会利益，作为一个集体或者一种结构的稳定资产）。它们表明一种更有活力的普遍化运作方式愈加重要了。与此相应的是，为了完整地探索一个领域，应当采用三种可能的战略：用望远镜去察看它，用显微镜去观察它的各个方面，通过各种不同的路径去实践它。过去，根据普遍意志和共同概念，普遍性具有实质性的意义，而按照这一视角，普遍性只不过是进行管制的基础，已经丧失了其实质意义。

因此，三个新的正当性的元素开始出现，并且每一个都与采用何种方式来分析我们所要描述的社会普遍性有关：公正性正当性（légitimité d'impartialité，与实施消极普遍性有关）、自反性正当性（légitimité de réflexivité，与乘法普遍性有关）和邻近性正当性（légitimité de proximité，与关注特殊情况的普遍性有关）。这个有关正当性的巨大变革是全球性的民主中心偏移运动的一部分。实际上，延伸开来说，在公民活动秩序中，通过选举进行的表达已经失去了其主导地位。在我最近写的《民主的另一面》（La Contre-démocratie）一书中，我已经描述了新的政治参与形式是如何产生的。人民监督、人民否决和人民裁判等新的民主形式，已经表现出它们的新活力，从而弥补了实际上越发低迷的人民选举的功能。所以，在民主国家的实践中，选举代议制所涵盖的内容在不断扩大。在通过投票确认正当性的形式之外，还有与其互为竞争或者补充的其他形式，而且已经被公认具有其民主正当性。

与建立和等同化两种正当性相反，后三种形式通过其性质本身形成其正当性。建立的正当性是与选举紧密相连的，而等同化的正当性是与考试密切相连的。因而，这两种正当性与某种权力形成的内在属性（qualités）不可分离（通过选举或者考试给那些获得考核成功的人一种地位）。因此，后三种形式下的正当性从来都不是确定一致的。它一直都不稳定，不断地随着针对这些机构的行为和态度的社会舆论的变化而变化。这是一个重要的问题点：它表明新的民主形式突破了类型学框架这一事实。类型学通常将正当性区分为两种：作为社会认同的结果的正当性，与符合某种标准的正当性。实际上，公正性正当性、自反性正当性与邻近性正当性将这两个方面重叠起来，它们具有一种混合体的性质。它们由机构的特点和机构所具有的代表价值和原则的能力二者衍化而来，但是它们同时依赖于社会舆论对其自身的认可。这样，我们就能够理解，对它们的发扬可以使得民主政体进入一个新的时代。实际上，新出现的正当性制度，导致了对传统的互为相反的规则的超越：一方面是"共和政体普遍性"的维护者，特别关注的是事实的本质；另一方面是"强大的民主"的捍卫者，首先关注的是社会动员的强度。

这样，它们就扩大了传统类型学的范畴。而传统的类型学是建立在对输入正当性（input legitimacy）与输出正当性（output legitimacy）的单一对比之上的①。诚然，这种区分有它的用处：它强调考虑公民的评判来对统治者的行为进行评价（并且建议，只要对产生公认的具有社会有用性的事务作出贡献，非选举产生的决策机构也能够赢得对其正当性的认可②）。但是，我们的目标不仅如此，还要考虑机构本身的正当性问题，这就使得仅仅从程序角度，例如哈贝马斯所持有的角度，进行分析是远远不够的。哈贝马斯也曾试图超越对民主的实体论分析的角度，而通过对话语的分散性来分析普遍意志（Habermas, 1989）。尽管如此，他还是在一元论的框架内看待人民主权。只不过是将这种主权的中心，从一个具有自己内在实质的社会团体，转移到一个分散沟通的空间罢了。按照我们的角度，对正当性的重新定义源自于对社会普遍性概念的解构和重新安排，从而导致将正当性形式进行复数化的根本性改变。这就是说，当实施或者讨论"以社会的名义"以及代表社会的行为时，存在数种方式。为了确定更严格的民主理想的方式，三个新的正当性形式相辅相成地结合在了一起。

由于正当性问题在当今世界的重要性日益突出，这种转变同样具有更强的决定性意义。而这是意识形态与乌托邦的撤退，过去按照它们的内涵，能够给予政治秩序一种外部的可靠性；而今后，实际上政治秩序自身应当找到更多为自己进行辩护的资源。就像个人之间的互相信赖一样，正当性是一种"无形的输出机构"。它使得被统治者与统治者之间建立起稳固的关系。虽然正当性的一般意义只不过为了避免使用强制权，正当性的民主化改造的目的是要实现

---

① Fritz Scharpf 率先使用它以分别不同的正当性研究角度。Robert E. Goodin 提出了这个 output 和 input democracy 的对比。

② 有意思的是，这些区别被明确是为了解决欧盟机构的"民主缺陷"问题。

更高的功能，即建立权力与社会之间的积极联系。它有助于民主本质自身的实现：权力归于社会。民主的正当性得到了公民的拥护，而这种拥护与公民对自我价值的实现感是密不可分的。民主的正当性取决于公共行为的效率，而同时，也决定了公民对他们所处国家的民主政体优劣程度的感受。从这个意义上说，正当性就是一个"无形输出的机构"，还是一个"敏感的指示器"，它反映社会的政治期望，以及权力对这些期望所作的回应。基于这个原因，对正当性进行更广泛与更严格的定义，将从结构上深化民主的性质。

四、尚未确定的革命

目前，我们所描绘的正当性的第一个形式主要通过两种机构发挥作用：第一种，是进行监督和规管的独立权力机构；另一种，是宪法法院。由于其形成方式和组成机制的特点，独立权力机构能够享有表明其公正性的正当性。它们或者由立法权力机构所建立，以限制或者管理行政权力，避免后者具有过强的党派色彩；或者，它们由行政权力机构自身所建立，为了恢复其处于衰落的受信赖度，行政权力机构放弃一些职权，或摆脱其必要的管理能力范围之外的任务。从宪法法院的角度，其职能在于，通过对立法的产生进行管理，使其受到普遍性的限制，而这种限制比多数人意志表达更强有力。它们的正当性在于它们的干预所形成的自反的特性。这两类机构力量的扩张，导致了规范形成机制与行政权力实施条件的巨大转变，而这些转变与美国和法国大革命时期的伟大人物的原有构想是存在巨大差异的。经典民主理论也曾经附带地对它们进行过讨论。此后，到处扩大其控制力的独立权力机构和宪法法院，开始了一场对系统阐述民主问题的经典命题的革命。这是一个需要着重指出的变化。实际上，毋庸置疑的是，对民主机构的概念化曾经在长达两个世纪内保持着惊人的稳定。①

从18世纪到1980年间，相关的疑问与争论都是在一个几乎没有变化的概

---

① 除了政治党派的发展以及它们与民主政体的关系所依赖的条件，它已经成为20世纪中叶对改革计划进行的激烈讨论的对象（例如美国的预选问题）。我们也更确切地回顾导致当代各种变化发生的因素，从而对各国的历史发展路径作一追溯。

念性的范围内进行的。研究当代大革命的历史学者都能够看到这一点。在整个这个时期内,对有关代议制政府、直接民主、三权分立、舆论的作用以及对人权的保护等问题的提出方式几乎没有改变。政治词汇本身甚少发生变革。20世纪60年代出现的集体管理(autogestion,例如在南斯拉夫)这个词是屈指可数的几个真正重要的新鲜名词之一。然而,这个词消失得如此之快,表明了它虽然标志着一个重大转折,但是,它自身却在这一转折之后第一个消失了。有关独立权力机构和宪法法院等民主体制的新词语标志着与过去世界的断裂。但是,由于缺乏智力转化[没有西耶斯(Sieyès)或者麦迪逊(Madison)这样的学者对它进行理论系统的分析],导致没有合适的尺度对其广度进行理解。

一个重要的事实是,因为它们从未被认为是创新的民主形式,这些独立机构尚未在民主秩序中充分寻找到其位置。同样,它们发展的条件并不服从于整体的逻辑。它们可能导致对民主的新的深化,也可能是对谨小慎微的自由主义进行充实。例如,从这一传统角度来看,宪法法院的确可以通过增强法律的能力以限制和控制人民主权的表达。个人意志型政府(government by will)与宪政政府(government by constitution)二者之间隐含的对立只不过是一个旧的自由主义论调的再现罢了①。在这种情况下,对多数人权力限制进行修改的问题,隐含地继续了19世纪的一个古老观点:那些害怕被普选吞噬的人,谴责"多数人的暴政"(tyrannie de la majorité)带来的风险。但这些宪法法院的发展也可以被视为缩小统治者周旋余地的工具,也因此可以理解为是依靠代理人增强社会控制的一种形式。根据这一精神,19世纪的一个著名公法学家这样说明其对宪法的理解:"人民所掌握的一种对抗管理国家事务的人的保证,为了避免统治者滥用他们所被委托的权力。"(Laboulaye, 1872: 373)同样,独立于监督和管制之外的权力机构,从限制人民权力和限制统治者权力这两个相反的角度都是可以被理解的。

显然,在这些领域内,一切并没有稳固下来。因此,有必要细致地阐述那些关键性的词语。只有先细致地阐述那些关键性的词语,才能发挥这些机构的民主潜能,使它们参与到加强公共活动的普遍性要求的过程之中。于是,它们所能够间接产生的效果,与人民通常期待直接民主程序所形成的好处是相等

---

① 似乎是博林布鲁克首先提出这个区别的(Bolingbroke, 1733: 90)。

的。在这一基础之上,间接民主能够创立一个新大陆,以修改和弥补代议制选举民主的缺陷。

至于上文提及过的第三种正当性形式,邻近性正当性,它不与任何特殊的机构类型相联系。更确切地说,它反映的是作为一个整体的对于执政者行为的社会期待。这样,另一个民主领域的全新方面出现了:政府的民主技巧(art démocratique de gouvernement)的形成。历史上,民主思想限于对人民主权政体(régime)相关的规定和组织机构(三权分立、对代议行为的规定、公民的干预方式等)进行分析。于是,政治的范围就被认为限于两个范畴:政体与决策(对政策进行记载)。社会的期望和要求已经将这一理解扩大到了政府的施政技巧这个范畴。各种研究已经表明,公民对于治理者所实施的具体行为的敏感程度,相等于甚至超过公民对治理者所进行的决策的确切性质的敏感度。为了描述权力与社会之间的关联,对于一些全新的词汇的使用就已经表明这一变化。而与理解代议制相关的经典表述也增加了一些新的参考对象:关注(attention)、听取(écoute)、公正(équité)、同情(compassion)、认可(reconnaissance)、尊重(respect)与支持(présence)。由于其与传统政治词汇相关,具有更强自发性色彩的词语例如"参与"(participation)和"邻近性"(proximité),已经被广泛地使用开来。但这些词语也都带有模棱两可的印记。在同样的这些词的背后,既隐藏着公民日益增长的要求,希望开辟实践民主理想的新领域,又反映了治理者简洁的修辞技巧和他们对舆论的精心操纵。

这本书的目标就是要构思一个概念性的框架,去判断那些尚处于萌芽状态而又往往具有双重性的机构和民主实践的民主潜能。只有建构一个与普遍性和正当性的新形式相适应的理想模式,才能使本书圆满实现目标。实际上,通过这样的方式,才能掌握可能造成它们消极化和堕落化的条件,从而更好地保障它们对民主生活作出积极贡献。

五、新的民主的二元性

对于他所看到的民主世界的到来,托克维尔(Tocqueville)是这么描述的:"治理这个问题变得简单了:数量本身就可以决定法律和法规。所有的政治都可以归结为一个算数问题。"(Tocqueville,2004:492)现在,实际情况与他的描述恰巧相反。事实上，更重要的是民主已经变得复杂化了。这一复杂化过程表现为一种双重的二元性的形成：一方面，存在于代议制选举机构与直接民主机构之间［隐藏在作为政体（régime）的民主背后的二元性］；另一方面，存在于程序或者行为与决策之间［将民主作为政府（gouvernement）所形成的二元性］。在选举民主和公共行政领域形成的民主之间的冲突中，这两个二元性相重叠了。这三者的结合就共同形成了当代民主的新秩序。

首先，代议制选举民主机构与直接民主机构形成一个体系。它们的衔接可以调和一种紧张关系，这种紧张关系由尊重"多数行为"和"一致理想"两种不同的要求而形成。那么，这两对相矛盾的要求得以结合，就细化了民主思想最初的冲突。

一是对冲突的正当性的认可与向往共识之间的矛盾。民主是一种多元性的制度，它意味着接受利益与主张的分歧，并以此为基础组织竞争性选举。它将冲突及其解决机制进行制度化。所以，不实行明确的选择以解决冲突，民主就不存在。在一个民主国家从事政治活动，与选择其政治阵营和作出某个政治选择有关。在以社会分层和不确定的未来为标志的社会里，这是一个必要的方面。但与此同时，如果民主不能形成一个共同的阶层，不对共同价值进行认可（这种认可能够避免冲突极端化为内战）①，就不再有民主。因此，为了尊重各个方面，必须将冲突的机构与共识的机构区分开来。一极是党派的、主观的代议制选举领域，另一极是直接民主机构的目标。对后者特殊性的认可就能够充分尊重民主冲突中的两极。同时，这就克服了历史上长期存在的一种错误的思想：不承认冲突的正当性，而是将一致性的概念错误地当成了绝对的原则（这种欲望始终在维持假象和堕落，损害了民主政体的发展史）。

二是实现决策（décision）原则（多数人的）与更严格的证成（justification）原则（一致性的）之间的矛盾。如果没有进行决定与迅速行动的机会，如果不承认进行裁判和选择的必要性，那么民主就是不存在的。但是，如果没

---

① Nicole Loraux 多次强调，"kratos"这个词在雅典引起了很大的混乱。实际上，它反映了一种"占上风"的思想，即一个群体战胜另外一个群体的概念。所以，从其本源来看，适宜于民主的多数决定技巧与通过力量较量解决冲突的形式有关。因此，同时发生的是对民众团结的赞美和对市民集会的诅咒（Loraux, 1990, 1997）。从这个角度来说，希腊民主的失败可以被理解为其不能衔接和平衡这两个方面所导致的结果。

有机构持续维护共同利益,并且至少部分地促进共同利益的自主实现,那么也就不会有民主。所以,民主就是要在两种机构之间组织一种程序,并将它们进行区分。这两种机构分别为:属于多数决定领域的机构,与必要的一致性证成相关的机构。

这种二元性的组织就等于充分认可了民主依赖于一种被认为是必要的假想,即多数性与一致性二者的等同化。但是,它阐明了这种假想,并以其两个组成要素的共存代替了这一假想。实际的问题在于,这种假想从未被认为是一种假想。这与通常在法律上的假想情况不一样。在法律的范畴内,这种假想的本质与实际运用并不欺骗人。法律上的类推技术并不是为了隐瞒什么。这些技术只不过为了更好地掌握事实,减少复杂性和矛盾,使其更有利于进行判断。应当着重强调的是,民主所依赖的这些假想产生了一种方法,这种方法正如托马斯(Yan Thomas)所言:"控制实际的权力与它公然地决裂了"①。民主创设的理想从未被这样理解过。同样,也从未被明确解释为:它未经认可就已经被掩盖了。这是一个纳入实体论的民主思想的必要条件,也就是说,在理智上和政治上,将多数性等同于一个一致性的秩序,而当时在这个一致性秩序的框架之外,别无其他。对于双重性的认可能够打破这一僵局。这种二元性明确地将民主思想的两个极端所存在的分歧组成一个整体,不断地澄清各种隐含的假想,而这些假想会扰乱民主自身的含义或者使得其组织堕落化。由此,多数人的治理应当被解释为一个简单的实证性的公约(convention empirique),这种公约的本质在于,它总是应当服从于更高的要求,以证明自己依赖于一种不完备的正当性(légitimité imparfaite),因此应当通过其他的民主正当性形式去加强其正当性。

与这些机构的二元性相应的是,另一种二元性出现了:将民主作为治理手段所形成的二元性。作为行政权力,政府治理的问题长期被政治理论所边缘化。政府治理的思想被认为是空洞无物的:实际上,它遗忘了在决策的背后表现的是其行为。这种对政府治理的忽略长期存在,就是因为立法权在民主思想中处于主要地位。例如,早在法国大革命时期,人们将普遍性权力等同于法律,并将这种普遍性权力与被他们怀疑为管理特殊情况的行政权力进行对比,

---

① 托马斯认为假想"像是反对现实的决定"(Thomas, 1995:20)。

以说明前者的正当性。对特殊情况的管理，构成了行政权力的实质。政府行为具有其相对独立性，而由于知识界长期以来的强烈反对，对其相对独立性的认可发展缓慢（Barthélemy, 1907；Verpeaux, 1991）。但是，正是因为这种阻挠只看到了决策和行为的内容，才如此对待行政权力。广泛的涵盖面表明了一种研究方法的持久性。现在，另一种关于行政权力的角度出现了，即治理者的行为。在公民意识中，它已经成为极度敏感的问题，但是还没有被相应地理论化。这样，在决策的民主（démocratie des décisions，与普遍选举所具有的适当的政治活力相一致）与行为的民主（démocratie des conduites，与其关心所有公民的迫切需求有关）二者之间的张力便形成了。

这两个民主世界出现的新大陆有机地结合在了一起。实际上，人民期待它们通过不同的方式去促进形成一个更民主的社会，并实现民主的蓝图：建立一个人人平等的社会与形成集体主权的政体同等重要。这样，它们就与当代世界的双重性要求相一致了。这种双重性要求具体体现为：一个是不断增长的个人主义化的要求（与更多的关心个人的特殊性相关），另一个是发展中的共同利益思想的要求（通过减少机构运转过程中特殊利益的作用而实现）。

参考文献

Barthélemy, Joseph. 1907. Le RÔle du pouvoir exécutif dans les républiques modernes. Paris.

Blanc, Louis. 15 octobre 1839. Réforme électorale. *Revue du Progrès*, t. II.

Bolingbroke, Henry St. John. 1997. *Dissertation upon Parties*（1733）. In Armitage, D. ed. *Political Writings*. Cambridge：Cambridge University Press.

Esmein, Adhémar. 1927. *Eléments de droit constitutionnel franÇais et comparé*（8é éd.）t. I. Paris.

Goodin, Robert E. 2003. *Reflective Democracy*. Oxford：Oxford University Press.

Habermas, Jürgen. Septembre 1989. La souveraineté populaire comme procédure：Un concept normatif d'espace public. *Lignes n*7.

Laboulaye, Édouard. 1872. *Questions constitutionnelles*. Paris.

Loraux, N. 1997. La Citée divisée, Paris：Payot. and 1990. La Majorité, le tout et la moitié. Sur l'arithmétique athénienne du vote. *Le Genre humain*, n°22.

Scharpf, Fritz. 1999. *Governing in Europe: Effective and Democratic?* Oxford: Oxford University Press.

Thomas, Yan. 1995. Fictio legis. L'empire de la fiction romaine et ses limites médiévales. *Droits*, n°21.

Tocqueville, Alexis. 2004. Considérations sur la Révolution (matériaux pour L'Ancien régime et la Révolution). *Œuvres*, t. III. Paris: Bibliothèque de la Pléiade.

Verpeaux, Michel. 1991. La Naissance du pouvoir réglementaire, 1789 – 1799. Paris: PUF.

以 PAM 架构论公民治理之必要条件与充分条件

汪明生　邱靖蓉*

【摘要】 笔者参考判断与决策理论、欧美公共事务相关课题领域之区域分析、项目分析、政策分析，以及 1991 至 1998 年台湾高雄推动都市营销之经验等，从多元社会的观点切入对于个体认知及群体行为的观察，并涵盖载体存量的影响而发展出公共事务管理（public affairs management, PAM）整合参考架构，简称 PAM 架构，它涵括群体行为面、个体认知面，并承载着个体与群体的载体条件面。以 PAM 架构视之，公民治理的三个要件为水平、理性及私公（效率公平），追求经济效率的同时，亦须兼顾社会公平，开创和谐社会的可持续发展，而公共论坛的精义在于须有相互监督才有可信承诺，有监督与承诺，其体制才能真正有效运作。然而，台湾历经四五十年的发展，已呈现南部与北部在产业结构、人口结构、政治立场、及政策认同上的明显差距。以 1998 年至 2008 年为例，十年间高雄市人口增加不到 6 万人，且大学以上毕业人口长期持续外流，南北人口结构差距明显。本文依此脉络及实务经验等，认为公民治理的必要条件是自发的公民行为，公民治理的充分条件是白领中产人口的比例，且国内外的学理与实证结果证明，大多需要以如白领中产般理性成熟的社会条件为基础。

【关键词】 PAM 架构　公民治理　互动管理

---

* 汪明生，台湾国立中山大学公共事务管理研究所教授、中华公共事务管理学会秘书长；研究方向：经济发展、环境保护、地方政府与公民文化等公共事务课题之判断与决策分析。邱靖蓉，台湾国立中山大学公共事务管理研究所博士生；研究方向：公共事务与管理、公民文化、非政府组织等政治科学与公共事务课题之判断与决策分析。

一、前言

台湾历经四五十年的发展，南部与北部在产业结构、人口结构、政治立场、及政策认同上已呈现明显差距。2008年国民党重新执政，两岸政策成为其施政主轴，南部高雄的地方发展、其对于如两岸开放所作的调整准备等的全盘施政，以及整体发展已成为台湾能否向上提升的关键。然而，在经济发展长期迟滞，社会人口结构出现中产白领外流的情况下，如产业失业、县市合并等政策议题，并未在高雄形成公开讨论或参与的公共议题，基层民众对于两岸开放政策更是持漠然甚至敌视的态度。如此，高雄社会民众与政府施政在选举以外期间的上（下）情下（上）达失灵，应是长期存在并亟待正视的，这也是台湾在推行两岸政策时，须试图解决的窘境。

经由产业转型与经济发展，人口与社会结构产生质与量的改变，如所得分配、产业分工、多元意识等。政府与市场虽是公共事务最重要的运作机制，最后均具体呈现在"社会面"，构成多样复杂、多元的社会生活面貌（毛寿龙，2001）。民众在基本生活条件大幅提升后，随着教育普及使得中产阶级得以兴起，既有的传统社会规范因而式微，经济成为决定社会阶层的基本要素。英格尔哈特（Inglehart, 1997）认为经济发展会带来社会流动，进而促进公众的政治参与。故民众的政治参与取决于自发的公民行为，这是公民治理的必要条件；公民治理的充分条件是白领中产人口的比例。国内外的学理与实证结果证明，大多需要以如白领中产般理性成熟的社会条件为基础。

然而，高雄大学以上毕业人口长期持续外流（参见表1、图1），以1998年至2008年为例，在十年间高雄市人口增加不到6万人，而台北县增加35万人的情形下（参见表2、表3），南北人口结构的差距明显。

表1 大学以上教育程度的迁徙人口——以台湾台北县与高雄市为例

单位：人

县市	大学	硕士及以上	合计
台北县	53246	10495	63741
高雄市	18091	3637	21728

注：本表未含通过行政院劳工委员会引进的外籍劳工。

数据来源：行政院主计处2000年普查统计，http：//www.dgbas.gov.tw/。

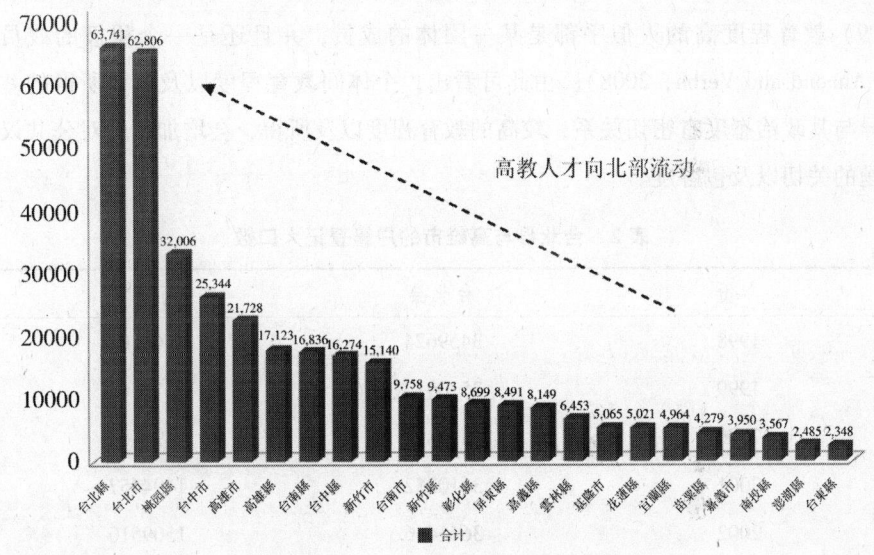

图1 大学以上教育程度的迁徙人口图（台湾）

数据来源：行政院主计处2000年普查统计，http：//www.dgbas.gov.tw/。

蒂恩（Tien，1996）指出，都市化、教育、媒体信息取得，以及较现代化的职业，都会造成个体表现出较低程度的阶级观念、更高的包容性，以及自主权的增加。年轻、受较高教育以及有较高职位的个体，其政治态度较为开放。

在人口统计变项中，如性别、居住地区、职业、收入、年龄等，教育水平变项对政治参与的意愿与政治态度的形成有着重要作用。阿尔蒙德（Almond）和维伯（Verba）在《公民文化——五个国家的政治态度和民主制》中提出政治取向深受高等教育的影响，美国、英国、西德、意大利、墨西哥等五个国家均相同，并归纳出多国一致性的九点具体表现：（1）教育程度较高者比教育程度较低者更能意识到政府对个人的作用。（2）教育程度较高者似乎比教育程度较低者更多地关注政治和选举运动。（3）教育程度越高的人，拥有的政治信息越多。（4）教育程度较高者，对更为广泛的政治问题有自己的看法，对政治关注的重点更为广泛。（5）教育程度较高的人，大都参加政治讨论。（6）教育程度高的人，能同广泛范围的人随意讨论政治。相较之下，教育程度较低的人却多表明有许多人他们是要避免与之进行政治讨论的。（7）教育程度高的人似乎对自己能够影响政府的能力很有自信。（8）教育程度高的人，似乎都表达为他对所处的社会环境充满信心，坚信他人是值得信赖和有用的。（9）教育程度高的人似乎都是某一团体的成员，并且还是一个积极的成员（Almond and Verba, 2008）。由此可看出，个体间教育程度以及职业所得的差异与其政治态度有密切关系，较高的教育程度以及所得，会增加个体对公共议题的关切以及包容度。

表2　台北县与高雄市的户籍登记人口数

年份	台北县	高雄市
1998	3459624	1462302
1999	3510917	1475505
2000	3567896	1490560
2001	3610252	1494457
2002	3641446	1509510
2003	3676533	1509350
2004	3708099	1512677
2005	3736677	1510649
2006	3767095	1514706
2007	3798015	1520555

注：户籍登记人口数（人）指在某地区设有户籍，于统计标准日不论其是否住在户内，均为该地区的人口数。

数据来源："行政院"主计处，http://www.dgbas.gov.tw/。

表3　台北县与高雄市的社会增加率

年份	台北县	高雄市
1998	4.04	12.11
1999	7.11	2.77
2000	7.66	2.93
2001	5.10	-2.30
2002	2.67	5.98
2003	4.62	-3.43
2004	3.99	-0.45
2005	3.73	-3.57
2006	3.89	0.68
2007	4.25	1.78

注：社会增加率是指社会增加数对年中人口数的比率，即迁入率减迁出率之差（含住址变更数）。公式：〔（迁入人口数－迁出人口数）÷年中人口数〕×1000。

数据来源："行政院"主计处，http://www.dgbas.gov.tw/。

二、PAM 架构

笔者参考判断与决策理论、欧美公共事务相关课题领域的区域分析、项目分析、政策分析，以及 1991 至 1998 年高雄推动都市营销的经验等，从多元社会观点切入对于个体认知及群体行为的观察，并涵盖载体存量的影响而发展出公共事务管理（public affairs management，PAM）整合参考架构，简称 PAM 架构。

此架构涵括群体行为面、个体认知面，并承载着个体与群体的载体条件面。其中，载体条件为架构的基盘，支持与限制整体系统的运作，并显著地影响与决定个体的本质认知（下方粗箭头所示）与群体的现象行为（上方粗箭头所示）。其为存量（意即社会系统的基盘与社会条件），积蓄与呈现个体与群体等流量间互动的当时结果，因此，可以说也对应与反映整体系统的发展阶段。其次，个体认知对应与反映对公共事务管理最基本单位的分析与了解，群体行为也由此得知与决定,此即"国者人之积也,人者心之器也"。此外,群体行为的连动运作结果也将直接增损载体条件,长期积累则形成系统存量(右侧箭头),而后者也会直接(不经个体认知)影响前者(左侧箭头)。当群体行为持续运作且流量显著累积即为量变,此足以改变原本不同方向或性质(负或正)的系统存量时,则为质变(参见图2)。

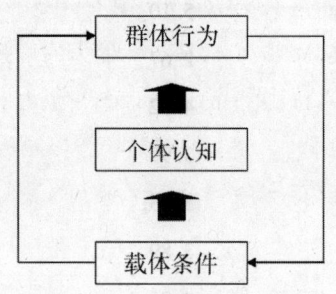

图2　PAM 架构之三构面

(一) 群体行为

英格尔哈特(Inglehart, 1990)提出,经济发展有助于产生现代化或以群众为基础的民主,政治文化是一组重要的变量群,它是经济发展与民主体制之间的中介变量与联系桥梁,和稳定化民主的持续性有关。经济发展未必一定会造就民主政治的生成,唯有在经济发展诱发社会结构和政治文化两项事务作了适度改变时,才会强化民主体制的生根发展(参见图3)。

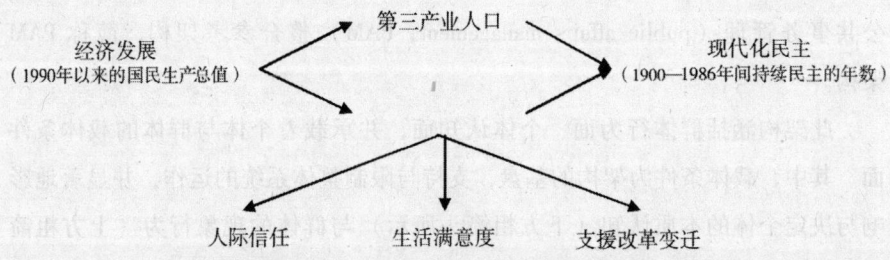

图3　经济发展、社会结构、政治文化与现代化民主

数据来源:Inglehart, R. (1990). *Culture Shift in Advanced Industrial Society*. New Jersey: Princeton University Press。

（二）个体认知

在经济生活中，任何团体采取的集体行动并非无意识的，而是受其意识形态影响和支配，因为它是团体成员共同拥有的认知体系，有助于成员们彼此达成认识上的一致与行动上的统一。概括而言，意识形态与经济发展有着相当密切的关系，意识形态不仅具有社会功能，亦具有其经济功能（王文贵，2007）。

随着生产力水平的提高，人们改造自然能力的增强意味着社会生活效率与平等的共同发展。人们一直以公平的价值理念纠正由效率而产生的不平等，社会公平与经济效率是相互依存、相辅相成的关系，没有效率就没有真正的公平，因为若缺乏公平得以存在的社会物质基础，便不可能存在真正的公平（陈燕，2007）。

体制既能维护效率，亦能保障公平，它对于调解与解决公平效率问题有着决定性的意义，只有合乎正义的体制安排（institutional arrangement）才能逐渐实现公平与效率的完善均衡（陈燕，2007）。而在体制中，监督扮演着相当重要的角色。从政治的角度观之，民主政治具有横向课责与纵向课责两项机制，前者是指政府组织的相互监督，后者则是指人民对政府的监督，以保障人民权益、监督政府施政（张传贤、张佑宗，2006）。一个成熟的公民社会，其选举应是理性的抉择，因此赋权者在选前应着重秉持多元民主的理念与公民参与的精神，借选举的体制安排选择并监督其受权者。

（三）载体条件：社会资本与信任

社会资本是处于一个共同体之内的个人、组织透过和内部对象与外部对象长期合作互利而形成的一系列认同关系，以及在这些关系背后的历史传统、价值理念、信仰与行为模式等。社会资本是无形的，但有许多载体，例如家庭、关系网络、社会信仰、信任和互惠的方式、惯例等（王文贵，2007）。

科尔曼（Coleman）提出社会组织长期的特性，例如信任、规范与网络等皆构成社会资本，其能促进自发性合作（spontaneous cooperation），并且是协调共同之善（common good）的基础，而信任是其中的必要条件。帕特南（Putnam）认为社会资本与有效的民主治理相关，公共服务是为建立公共信任，可确保将个人贪腐降至最低。从政治的角度观之，福山（Fukuyama）指出没有社会资本就没有公民社会，没有公民社会就没有成功的民主政治。因此，市场经济、民主政治，乃至于层级节制的官僚组织若要有效地运作，尚有赖于社会资本的累积（引自吴琼恩等，2004）。

信任是一种伦理资源，人们之间充分信任、彼此合作的话，可以使效用达到最大化，例如囚犯困境，当囚犯之间彼此相互信任时，则可得到一个双方皆满意的结果（陈燕，2007）。概括而言，人际互信是社会资本的必要条件。人们唯存有相互的信任，才能在一个公共公开的对话平台上真正地开诚布公、畅所欲言（知无不言，言无不尽）。

三、公民治理的必要条件与充分条件

新政治经济学认为所有的经济与政治活动者（参与者）的行为，在于寻求其本身"好处的最大"（洪镰德，1999），公共选择理论是在研究政治决策者（选民、政客与官僚）的行为，假设他们都是追求私人利益极大化而行动的政治人（homo politicus），以此研究他们在民主体制下的互动，例如投票矛盾、滚木立法与竞租等。理性选择理论亦假定一个寻求自利的个体，进而演绎其可能采取的行动。在此现象中，更显得直接民主的审议民主在当代民主政治中的必要性与重要性。

审议民主主张公民应直接地参与立法与决策过程，而非通过他们的代表，这能教育和社会化参与其中的公民，而群众的参与也能够对掌权的菁英进行监督。林国明、陈东升（2004）亦指出，审议民主是所有受到决策影响的当事人或利害关系人（stakeholder）都应该参与集体决策，通过一群抱持理性与无私态度的参与者，以论理的方式进行。哈贝马斯（Habermas）在《公共领域的结构转型》中指出，公共领域的存在需要有条件的规范，其中最重要的是保障公共领域有集会、结社、出版及言论的自由，如此才能使公众在公共领域的空间中，有权力并敢于批评公共政策的疏失（哈贝马斯，2002），这样的概念刚好能与审议民主的直接民主相呼应。

但当追求个人利益极大化的个体（利害关系人）聚集，进行水平关系式的互动与集体决策时，审议民主能有效地运作并发挥其功效才有赖社会条件（social condition），其包括产业、人口、组织、心理健康、开创精神（entrepreneurship)、社会资本等。帕特南认为拥有较多社会资本的地区，在经济或政治领域的表现都明显地较其他地区来得优秀（引自王中天，2003）。英格尔哈特（Inglehart，1990）于 1970 年至 1988 年对欧洲国家所作的实证研究结果亦指出，政治文化在经济发展与民主体制间乃一重要的中介变量，与民主稳定的可持续化发展有关。

帕特南与英格尔哈特分别提出的社会资本与政治文化（公民文化），可对应于 PAM 架构载体条件面中的社会条件。总的来说，社会条件将直接影响各个当事人的个体认知（事实判断与价值判断），再经当事人间的人际判断（实质规则，rule-in-use）与形式规则（rule-in-form），决定群体行为。再经由经济、社会、政治与政府等群体行为流量（正流量与负流量）长期累积沉淀而形成存量（参见图 4）。

左方实线说明：
启动初期，地方各界未能充分理解，1998 年政党轮替后，则被操作界定为争取内部顾客（选民）的选举工具，扭曲原应以外部顾客（投资厂商与产业人才）为对象的初衷本质，当然无法达到促进发展与改善社会条件的目的。

右方实线说明：
1991 年开始的营销高雄，其目的主要在于吸引白领中产人口进驻高雄，以改善 50 年来因人才出多于进、失血竭脑，加以近数十年来选举政治、票票等值下所造成的公共领域蚀落，选举技术超越政见等畸形现象。

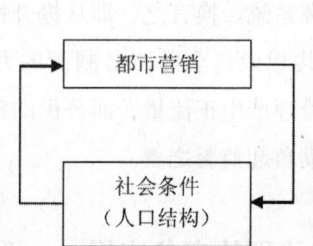

图 4　社会条件（人口结构）与都市营销——以台湾高雄为例

因此，公民治理的三个要件为水平、理性及私公（效率公平），其中水平讲求不论贫富贵贱、一视同仁；理性讲求独立思考、理性论辩；私公讲求追求经济效率的同时，亦须兼顾社会公平，开创和谐社会的可持续发展。而公民对论的条件在于有人愿意说、有人愿意听、有人愿意建构平台，其中则亟需仰赖政府主动支持学术团体、非营利组织（NPOs）、非政府组织（NGOs）等举办政策说明会、公听会或公共论坛等活动以听取民众的意见。而公共论坛的规则要点包括：（1）体制：提供一个能尊重与兼顾个体公民与群体社群的公共论坛；（2）承诺：公民对各自本身的言论观点必须深思熟虑，对后果充分负责；（3）监督：促使并确保公民个体由私而公、化暗为明、表里如一。其精义在于须有相互监督才有可信承诺，有监督与承诺，其体制才能真正有效运作。

以台湾的中华公共事务管理学会①为例，为给公民与社群提供一个公共公开、充分自由表达且相互尊重各自相异观点与言论的场域，于 2006 年迄今持续推动公共论坛等活动，期借对公共论坛的参与，能导引民众自发关心参与各项公共事务，有效督促政府的决策管理机制，使经济发展与政治民主、效率与公平得以在较坚实的公民社会基础上兼顾并重。于 2006 年 2 月至 7 月举行的推动公共论坛的校园巡回系列，旨在培养建立高雄市民的公民文化理念与素养、参与公共议题的关注与实际投入、民众参与的机制等。

概括而言，多元社会中推动公民治理、公共事务及审议民主等发展，亟需由下而上（bottom-up）与由上而下（top-down）的相互连动。由 PAM 架构的载体条件（开创精神、社会资本等）影响中间的个体认知（事实判断、价值判断及人际判断等），再由个体认知进而影响群体行为（经济、社会、政治、政府、公共政策与公共管理），最终再由群体行为的流量长期累积而形成载体条件的存量，这是一个循环系统。换言之，即从提升社会资本、人际互信与公民教育的养成着手，借公共意识与全面监督制衡的力量的形成，对经济、社会、政治、政府、政策与管理产生正流量，而公民的独立思考与理性论辩得以让理性公开表达批判并主动负起监督之责。

四、公民治理的实务应用——互动管理

复杂性是管理公共事务问题的共同点，复杂性不只来自于问题系统，更来自人类的心智。在各种处理复杂系统的方法中，互动管理奠基于结构基础学派（Structure-Based School），符合复杂科学的假设，是一种针对复杂事务所开创的管理系统，以求真正解决超越一般型态的问题（张宁、汪明生、陈耀明，2008）。

互动管理（Interactive Management, IM）是一系列可使多数参与者交流互动的方法，以及能呈现复杂关系图形结果的总称。其理念是由约翰·沃菲尔德

---

① 中华公共事务管理学会（http://www.pam.org.tw/）于 1998 年 7 月 18 日正式成立，联合百余位产、官、学、民、媒各界菁英人士的号召下，于台湾南部高雄成立，将公民社会与公共事务理念落地生根并向外推展。宗旨在于研究与推动有关亚太华人地区之各项公共事务管理之学术与实务，以凝聚各界共识，增进相互合作，促进繁荣进步，提升大众福祉，参选并获颁第三、四、五、七届行政院大陆委员会"两岸专业交流绩优团体：学术教育类"。

（John N. Warfield）于 1980 年在美国维吉尼亚大学循统合方案规划（Unified Program Planning, UPP）和诠释结构模式（Interpretive Structural Modeling, ISM）等前身的基础发展而来的（汪明生，2006）。

互动管理是一种连续经由一个或多个回合来达成的三阶段式活动，此三阶段包括（Warfield and Cárdenas, 1994）：（1）计划阶段（planning phase）：为互动阶段与追踪阶段的基础，并预作准备。此阶段中的重要概念即情境（situation），会将所谓的议题包含在内。而当议题不易寻求解决途径时，则可考虑应用互动管理。（2）互动阶段（workshop phase）：所有的参与者在此阶段须开始形成团队，参与者的工作将由技术纯熟的互动管理促进者（facilitator）根据互动计划监督。其中包含三个主要概念，即背景、内容与过程。其中背景由规划阶段中确认的范畴界定，内容由事先参考过白皮书的参与者提供，过程则由互动管理主持人完成。互动管理主持人须对所有参与者解释互动参与者、互动管理促进者以及互动管理引介人各自负责的角色与责任。（3）追踪阶段（follow-up phase）：可能包括反复讨论、实施或两者同时进行（引自汪明生，2006）。

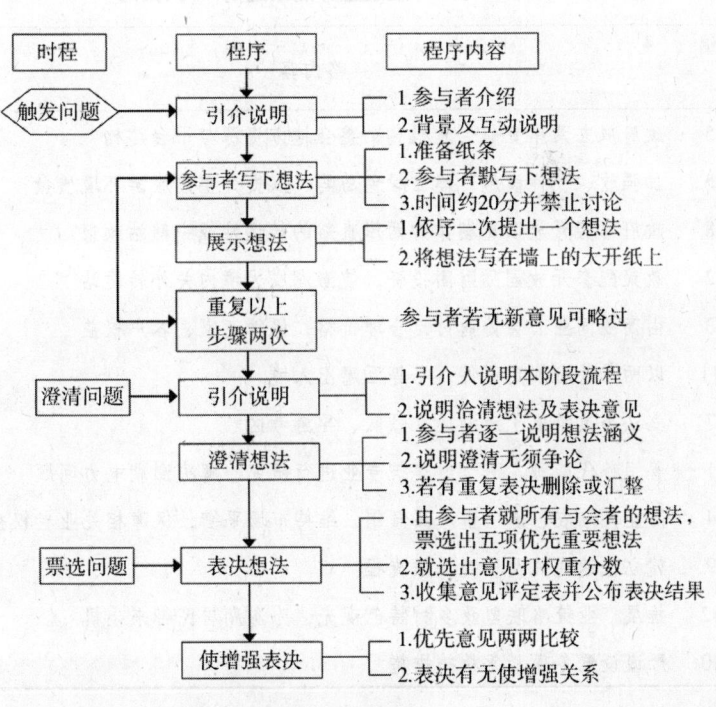

图 5　互动管理流程图

互动管理采用七种方法（Warfield and Cárdenas, 1994），其中包括名义群体技术（Nominal Group Technique，NGT）（参见图 5）及诠释结构模式法（ISM）。本研究以李淑聪（2008）应用互动管理，探讨在两岸开放直航的政策下，澎湖政府的因应策略研究为例，并对其逐步讨论并票选出的前 12 大策略进行诠释结构模式的两两比较，最后确认增强结构图的政策产出作为说明。其诠释结构模式图的优点在于可以将 12 大策略立体化、层级化、优先级化，让决策者能更明确地了解实施顺序，更有效率地实行策略，避免先后倒置轻则造成资源无谓的浪费，重则无法达到预期的目标（潘政仪，2008）。

（一）票选前 12 大策略

由参与者票选最重要的前五大策略，依照权重分数：非常重要（5 分）、重要（4 分）、稍微重要（3 分）、中等（2 分）、不太重要（1 分）的方法加以计算并票选出前 12 大策略（参见表 4）。

表 4 澄题整并后票选前 12 大策略

编号	策略内容	权重分数	排名
5	政府成立两岸直航专责机构，整合地方资源与平台建构	35	1
6	加强软、硬件设施，建立绿色岛屿，以提升整体旅游环境质量	31	2
8	政府落实开放以澎湖作为两岸直航的转运站或中继站政策	26	3
2	政策配套开放国际财团投资，使澎湖成为境内关外转运站	24	4
3	由商业同业公会协商订定合理价格，保障商家、客户权益	18	5
11	以两岸政府规定证件，平等互惠出入境	17	6
7	立法委员争取于澎湖设立领队、导游考区	16	7
1	善用替代能源，透过绿建筑专业进行研究，解决澎湖电力问题	15	8
4	防止大陆农、渔、畜产品倾销，维持市场平衡，保障相关业者权益	11	9
9	建立快速通关及检疫工作流程	7	10
12	推展产业策略联盟及乡村特色观光，为澎湖居民带来生机	4	11
10	严谨设置各项紧急救护措施	3	12

数据来源：李淑聪，2008。

（二）进行诠释结构模式的两两比较

在此，简要说明一下何谓诠释结构模式以及 12 大策略如何两两比较。举例来说，参与者将举手表示赞同策略 1 对策略 2 有着正面增强效果，反之亦然，其余策略的两两比较则类推，最终形成一个两两比较结果（参见表 5）。

表 5 两两比较结果表

1 对 2：10 票	3 对 1：4 票	5 对 1：0 票	7 对 1：2 票	9 对 1：1 票	11 对 1：4 票
1 对 3：9 票	3 对 2：8 票	5 对 2：1 票	7 对 2：3 票	9 对 2：0 票	11 对 2：6 票
1 对 4：7 票	3 对 4：10 票	5 对 3：0 票	7 对 3：1 票	9 对 3：3 票	11 对 3：4 票
1 对 5：8 票	3 对 5：3 票	5 对 4：3 票	7 对 4：1 票	9 对 4：0 票	11 对 4：4 票
1 对 6：7 票	3 对 6：0 票	5 对 6：1 票	7 对 5：1 票	9 对 5：2 票	11 对 5：5 票
1 对 7：6 票	3 对 7：0 票	5 对 7：0 票	7 对 6：1 票	9 对 6：1 票	11 对 6：2 票
1 对 8：7 票	3 对 8：1 票	5 对 8：2 票	7 对 8：0 票	9 对 7：1 票	11 对 7：3 票
1 对 9：10 票	3 对 9：6 票	5 对 9：1 票	7 对 9：0 票	9 对 8：0 票	11 对 8：4 票
1 对 10：9 票	3 对 10：5 票	5 对 10：0 票	7 对 10：1 票	9 对 10：3 票	11 对 9：5 票
1 对 11：7 票	3 对 11：7 票	5 对 11：2 票	7 对 11：0 票	9 对 11：8 票	11 对 10：1 票
1 对 12：6 票	3 对 12：4 票	5 对 12：1 票	7 对 12：0 票	9 对 12：0 票	11 对 12：2 票
2 对 1：1 票	4 对 1：2 票	6 对 1：1 票	8 对 1：0 票	10 对 1：1 票	12 对 1：1 票
2 对 3：6 票	4 对 2：2 票	6 对 2：1 票	8 对 2：5 票	10 对 2：1 票	12 对 2：4 票
2 对 4：9 票	4 对 3：6 票	6 对 3：3 票	8 对 3：0 票	10 对 3：6 票	12 对 3：6 票
2 对 5：7 票	4 对 5：4 票	6 对 4：1 票	8 对 4：2 票	10 对 4：6 票	12 对 4：8 票
2 对 6：1 票	4 对 6：1 票	6 对 5：1 票	8 对 5：2 票	10 对 5：2 票	12 对 5：1 票
2 对 7：2 票	4 对 7：6 票	6 对 7：0 票	8 对 6：0 票	10 对 6：8 票	12 对 6：0 票
2 对 8：9 票	4 对 8：2 票	6 对 8：0 票	8 对 7：0 票	10 对 7：1 票	12 对 7：1 票
2 对 9：2 票	4 对 9：0 票	6 对 9：1 票	8 对 9：0 票	10 对 8：1 票	12 对 8：1 票
2 对 10：4 票	4 对 10：2 票	6 对 10：1 票	8 对 10：0 票	10 对 9：6 票	12 对 9：0 票
2 对 11：10 票	4 对 11：7 票	6 对 11：8 票	8 对 11：8 票	10 对 11：8 票	12 对 10：1 票
2 对 12：5 票	4 对 12：0 票	6 对 12：0 票	8 对 12：1 票	10 对 12：1 票	12 对 11：7 票

数据来源：李淑聪，2008。

（三）确认增强结构图

从确认增强结构图中（参见图 6），可得参与者们认为第一阶层须优先处理的策略为"政府成立两岸直航专责机构，整合地方资源与平台建构"。第二阶层次要处理的策略为"加强软、硬件设施，建立绿色岛屿，以提升整体旅游环境质量"。第三阶层则分别为"建立快速通关及检疫工作流程","严谨设置各项紧急救护措施","由商业同业公会协商订定合理价格,保障商家、客户权益"及"善用替代能源,透过绿建筑专业进行研究,解决澎湖电力问题"。第四阶层分别为"以两岸政府规定证件,平等互惠出入境","立法委员争取于澎湖设立领队、导游考区"及"防止大陆农、渔、畜产品倾销,维持市场平衡,保障相关业者权益"。第五阶层为"推展产业策略联盟及乡村特色观光,为澎湖居民带来生机"。第六阶层为"政府落实开放以澎湖作为两岸直航的转运站或中继站政策"。第七阶层为"政策配套开放国际财团投资,使澎湖成为境内关外转运站"。

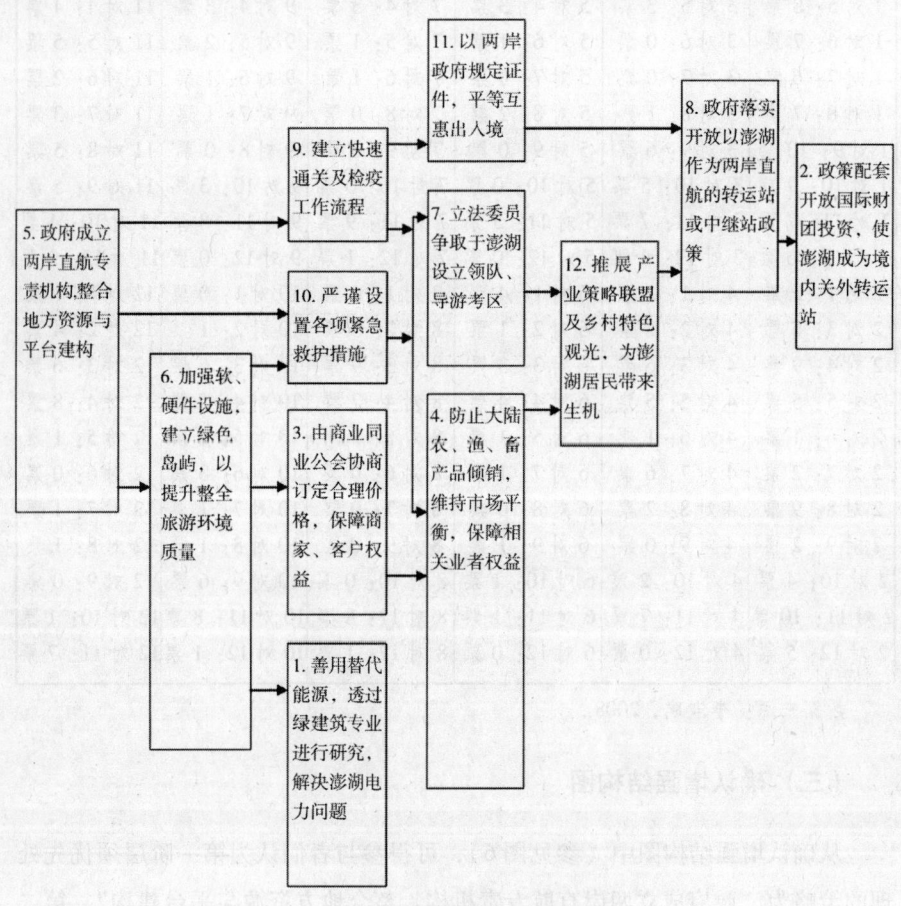

图6 确认增强结构图

互动管理自20世纪80年代发展以来,在美、日等先进国家虽已累积相当多的案例,但在台湾却起步较晚,90年代由笔者引进台湾并积极推广,目前已被广泛应用于各个领域的课题上,例如海峡两岸区域合作与因应策略、观光博弈产业、非营利组织、集体决策、都市营销等(参见表6)。

表6　互动管理应用之领域课题

领域课题	参考书目
海峡两岸区域合作策略	吴振宇(2009),鲁惠良(2009),许文章(2009)
健保网络承保申报	龚慧芳(2009)
小区警政治理	周顺和(2009)
观光博弈产业	李有珠(2009),何敏华(2005)
两岸直航与因应策略	张宁、汪明生、陈耀明(2008),李淑聪(2008),刘陈昭玲(2008),洪敏聪(2008),胡峻玮(2008)
人才发展策略	潘政仪(2008),苏品丽(2008),林丽芳(2008),沈桂美(2008)
非营利组织	刘丽娟(2008)
集体决策	张宁、汪明生、郭瑞坤(2007),张宁(2004)
都市营销	马群杰、汪明生、陈建宁(2006),马群杰、陈建宁、汪明生(2007)
高雄港发展策略	蔡丁义(2003)
高雄多功能经贸园区	杨正元(2003)
观光旅游	李石舜(2003)
高雄自由贸易港区	陈锡霖(2003)
犯罪问题防制	颜明忠(2003)
海关关务	吕添资(2003)
柴山开发保育	林国泉(2001),陈耀明(2001),王水杉(2001)

数据来源:作者自行整理。

五、结论与建议

1987年蒋经国宣布解严,1996年台湾产生第一届民选的正副"总统",台湾便从威权时期移转至民主政治,一党专政亦移转至现今的137个政党,主要政党是"中国国民党"与"民主进步党",形成两党相互制衡的力量。通过选举的体制安排及宪法的实质规则,赋予赋权者行使选举权,通过选票的形式规则选择其受权者。以人际判断论之,在体制供给、承诺与监督上,其精义在于须有监督才有承诺,有监督与承诺,体制才能真正有效地运作。而其所依赖的社会条件,其中的社会资本包括信任、规范与网络,直接影响各个当事人的事实判断与价值判断,再经由当事人间的人际判断,进而决定群体行为。故当社会条件与个体认知不够成熟时,赋权者将不能理性地选择其受权者,而缺乏监督力量的结果,将使受权者不重承诺、不顾赋权者的需求,最终导致民主政治的衰败。

过去台湾统治发展采取"从政府到治理"的方向,治理结构与政府样态有所改变,只是应纳入民间及企业体的力量来做,且须深入到人的脑海,才具有治理的意义。所谓弹性化治理结构的思维,是指对于不同的公共事务,其治理模式有多元化的作法,应抛弃传统层级结构的治理模式,通过政策协调将治理绩效表现出来,并加强民主问责与决策(林水波,2007)。善治(good governance)倾向于经济、社会、政治事务的治理过程,通过利害关系人的共同涉入,以及以人民利益为基础,强调公平、效率、透明与问责的原则。在此概念下,政策运作是高度参与、动态的,通过公民、非政府组织与政府间的对话与沟通,共同寻求问题的解决方式,以达到健全治理的境界(陈敦源、王干文、萧乃沂、黄东益,2007)。

多元社会随着社会功能分工和专业化的脉动,出现了多元化的社会阶层、族群意识和财富分配,社会上形成了不同的价值观念,不同的利益团体。现代西方社会的民众在面对公共事务议题时,比较强调兼顾保障与制约的公开表达的体制、深思熟虑及持续稳定的承诺,与事后结果成效的权责检验的监督,而在传统东方社会的民众则比较强调个体道德的自我认同与群体伦理(陈建宁、陈文俊、林锦郎、汪明生,2007)。

若要让民主体制与公民治理能有效地运作，在兼顾经济效率与社会公平的既有基础下，则须在较坚实的公民社会基础下实现，期借构想推动公共事务管理的相关活动等，建构理性对话平台与体制供给，以及持续检视并调整社会条件等，充实加强半数以上选民的公共意识与公民参与，使效率与公平皆能并重；而"知行合一"的目标则需靠教育的手段。"公"推新纪元，"共"享美化天，"事"贵重知行，"务"境乐无边，蕴藏着深厚的公共事务意涵与期许。

参考文献

Inglehart, R. 1997. *Modernization and Post Modernization: Culture, Economic, and Political Change in 43 Societies*. New Jersey: Princeton University Press.

Inglehart, R. 1990. *Culture Shift in Advanced Industrial Society*. New Jersey: Princeton University Press.

Tien, H. M. 1996. Elections and Taiwan's Democratic Development. In H. M. Tien (Ed.), *Taiwan's Electoral Politics and Democratic Transition: riding the third wave*. New York: M. E. Sharpe.

Warfield, J. N., & Cárdenas, A. R. 1994. *A Handbook of Interactive Management (Second Edition)*: Iowa State University Press.

毛寿龙：《政治社会学》，北京：中国社会科学出版社2001年版。

王中天：《社会资本：概念、源起、及现况》，载《问题与研究》，2003年第5期，第139—163页。

王文贵：《互动与耦合：非正式制度与经济发展》，北京：中国社会科学出版社2007年版。

吴琼恩、周光辉、魏娜、卢伟斯：《公共行政学》，台北：智胜文化事业有限公司2004年版。

李淑聪：《PAM之跨域分析——两岸直航对澎湖政府面的影响》，中山大学公共事务管理研究所硕士论文，未出版，高雄，2008年。

汪明生：《公共事务管理研究方法》，台北：五南图书出版公司2006年版。

林水波：《地方制度改造与跨域治理座谈会（北区）纪录》，"全球化下的都会治理——台北县市合并问题探讨"与谈内容，2009年3月29日，引自：www.moi.gov.tw/upload/m_39311_4700115741.doc。

林国明、陈东升：《公民投票与审议民主》，"公投民主在台湾"学术研讨会，台北，2004年。

洪镰德：《当代政治经济学》，台北：扬智文化公司1999年版。

加布里埃尔：《公民文化——五个国家的政治态度和民主制》，徐湘林等译，北京：东方出版社2008年版。

张传贤、张佑宗：《选举课责：拉丁美洲国家政府经济施政表现与选举得票相关性之研究》，载《台湾政治学刊》，2006年第2期，第101—147页。

张宁、汪明生、陈耀明：《以诠释结构模式法探讨直航对高雄总体发展影响之策略》，载《管理学报》，2008年第6期，第635—649页。

哈贝马斯：《公共领域的结构转型》，曹卫东、王晓珏、刘北城、宋伟杰译，台北：联经出版事业公司2002年版。

陈建宁、陈文俊、林锦郎、汪明生：《多元社会下民众的公平与关怀道德认知之研究：以高雄市为例》，载《公共行政学报》，2007年第22期，第111—147页。

陈敦源、王干文、萧乃沂、黄东益：《金鱼缸中的服务：全民督工的个案讨论》，载《研考双月刊》，2007年第4期，第88—101页。

陈燕：《公平与效率》，北京：中国社会科学出版社2007年版。

潘政仪：《海峡港市合作促进高雄人才发展策略——高雄市政府支持因应》，中山大学公共事务管理研究所硕士论文，未出版，高雄，2008年。

国家能力与地方治理

国家権力と地方処置

■ 强制能力与国家发展

——政治学视野中的警察研究综述

樊 鹏*

【摘要】警察往往与暴力或强制联系在一起,因此,它常被视为单纯的国家暴力机器,或者干脆被贴上各类意识形态的标签,成为政治统治的象征。然而,如果我们将警察视为一项基本的国家能力,或一种基本的国家制度,那么,警察对于国家职能的发挥以及国家基本制度的建设具有重大的意义。本文旨在对西方政治科学中有关警察问题的政治学经验研究作一个系统的文献评述,围绕以警察为代表的国家强制能力研究,提供多元的分析视角与理论框架。文章还指出,中国在过往30年经历了剧烈的社会变动,以公安警察为代表的国家强制能力与统治职能已经发生了很大的变化,政治学者在这个问题上不应继续拘囿于西方"威权主义"的视角,而应采取更加客观的经验观察与分析。

【关键词】警察 警察研究 强制能力 公安

现代国家构建(state building)的一项重要内容是国家强制能力(coercive capacity)的建设。国家强制能力是指一个国家运用暴力或威胁维持其统治地位的能力,它包括对外与对内两个方面的内容:对外表现为国家利用军队维持其主权完整与国家安全的能力,对内则表现为国家利用警察维持一般社会秩序与保障法律实施的能力。与军队相比,警察的重要性在于国家可以借它的组织结构与日常运作将权力延伸到社会的基层,在和平年代,警察是唯一随时面临

---

* 樊鹏,中国社会科学院政治学所助理研究员。

死亡的职业。当代许多国家由于不具备充足的警察力量，无法有效打击社会犯罪、维持社会治安，而被列入"弱国家"（weak state）或"失败国家"（failed state）的行列（Fukuyama，2004）。美国《外交政策》（Foreign Policy）更设计了一个包含12项指标在内的标准来衡量世界上的"失败国家"，其中最重要的一项指标是观察该国是否有能力打击犯罪、保障法律实施，以此维护社会安全。截至2008年，《外交政策》已经连续四年列出了世界上"失败国家"的名单。其中，许多国家由于不同程度地缺乏强制管治的能力，而导致国内社会失序，进而影响到经济发展与民生保障。[①]

正是由于强制能力对于国家的重要性，警察问题逐渐引起当代政治学研究的关注。然而，许多研究者在看待警察时往往戴着意识形态的有色眼镜，尤其是在分析前社会主义国家的警察时，时常陷入简单的威权主义窠臼。事实上，警察除了作为国家的暴力机器之外，它还是一项基本的国家制度，也是一项基本的国家能力。警察不仅可以反映国家行政与制度建设的得失，而且可以反映国家统治治理的性质。针对警察的研究，也并不仅拘囿于价值层面的论说，更可以透过经验的观察分析进而升华为政治学的理论。本文旨在对西方政治科学中有关警察问题的经验研究作一个系统的文献综述，试图为以警察为代表的国家强制能力研究提供多元的分析视角与理论框架。

警察进入政治学研究的视野始于20世纪70年代，一些西方学者试图通过对现代国家转型与发展过程中警察问题的经验研究，拓展有关制度变迁与国家建设方面的理论视野。根据马瑞宁（Otwin Marenin，1985：102）的总结，与警察问题相关的研究主要围绕四个核心问题展开：第一，警察发挥什么样的功能，警察体系为谁的政治利益服务？第二，警察的实践如何影响国家的管制能力，以及警察作为一项重要的国家基础权力在实践中向社会施加了怎样的影响？第三，警察如何开展他们的工作，什么人以什么方式以及怎样进行有效的管制，警察是自主的还是受控制的，以及什么因素决定警察自主与被控制之间的平衡？第四，通过对特定社会中警察的经验研究，以此来说明国家统治的一般特征，以及政治系统的变化与稳定，进而引申出特定的理论含意。本文则将

---

① 有关失败国家指标设计与名单，参见 < http：//www.foreignpolicy.com/story/cms.php?story_id=4350&page=0 >。

警察问题的研究文献分为两个大类：第一类文献倾向于从宏观层次的国家视角出发，讨论警察与国家构建或国家统治的关系；第二类文献则从中观层次国家能力的视角出发，将警察作为国家强制能力的代表，通过经验分析，建立一定的理论解释模式。文章第三部分对中国公安警察的研究进行了梳理评析，并提出一些建议。

一、警察与国家的关系

（一）警察发展与国家构建

戴维·贝利（David Bayley, 1975）通过对英、法、意、德四国警察发展历史的比较研究，发现警察制度发展与国家的政治发展经验高度相关，警察制度的形成反映了该国行政体制成长的一般特征。比如，法国与意大利中央集权的警察体制，是这两个国家在近代国家构建过程中以中央集权为特征的行政结构发展的产物，而德国与英国的警察体制，则是这两个国家在近代国家构建过程中行政分权化发展的产物。菲利普·约翰·斯特德（Philip John Stead, 1983：162）则通过对法国警察的历史研究提出，在近代法国历史上，警察在每一次国家政权的创制过程中都发挥了关键作用："法国警察的变迁是法国国家变迁不可分割的一部分"，法国警察"伴随着国家整体的政治变迁而发展成长，是国家积累、集中权力这一复杂过程的一部分，到目前为止这一过程经历了君主制、帝国、革命、共和国以及战争。"

如果说斯特德的研究是从中央政府决策与命令的角度探究近代警察与国家的关系，那么卡罗琳·斯蒂德曼（Carolyn Steedman, 1984）对英国维多利亚时代中后期各郡警察的历史研究，则从地方中产阶级社会生活与基层警察工作这个较低层次来分析警察与国家的关系。斯蒂德曼的研究分为两部分：

第一部分，作者从历史制度主义的角度出发，说明了维多利亚时代中期1956年的《警察法案》是英国警察制度的重要历史起点，指出这部法案并不像许多历史学家所认为的那样，是照搬英国大城市地区的警察模式。相反，它深深植根于当时英国独特的乡村生活结构以及当时英国社会各界对于警察的常识。当时，英国各界认为地方警察应当由地方组织，以此保卫地方市民的生命财产，英国国会也认为社会犯罪与安全事务应当由地方负责。作者指出，从这部法案开始，英国的警察制度被制度化为地方分权的模式，这是避免此后英国警察制度向过度中央集权化方向发展的重要制度因素。

第二部分，作者对维多利亚时代中后期英国地方警官的社会和职业生活进行了重新发掘，通过对警察日常生活中招募、薪金与晋升等问题的研究，发现：起初英国各郡地方警察人员的从业动机是为了逃避农村社会的贫困、失业等生活困扰，而后来一部分职业警察从业人员则是为了得到更好的薪金和待遇才开始寻求组织的认同与规范。与此同时，国家开始对警察的日常生活与工作实施规范化的管理，最终使英国警察脱离了他们原本所属的阶级团体与文化，变成国家机器的一部分，从而摧毁了英国的地方自主性。斯蒂德曼显然对这一时期英国各郡警察怀有同情的态度，她认为，从历史发生的角度看，英国警察本质上是内生于各郡地方自治的社会生活，并非由国家制造（making）出来，只是在后来的发展过程中，警察没有成功担当"行动者"（actor）的角色，而是作为国家的"代理人"（agents）被动地完成了英国警察现代化的进程。

有关警察的历史研究多以欧洲经验为基础，戴维·贝利与沃尔特·埃姆斯则通过对日本历史的研究，试图说明在亚洲新兴现代国家的警察发展与国家建设的关系。战后日本经济经历了蓬勃的发展，但日本的犯罪率与同时期的其他国家相比非常低，因此，日本的战后犯罪控制引起了许多西方国家的关注。戴维·贝利（David Bayley，1976）通过对日美两国基层巡逻警察的广泛访谈，发现日本基层警察的交番（KOBAN）制度使警察进入居民的社区，为警察与公民之间建立了一种良好的合作关系，这是隐藏在日本战后成功的犯罪控制背后重要的因素。作者有意通过对日美警察的比较分析来揭示美国警察的短处，但是贝利并不是要强调日本的制度应当引进到美国警察体制中，而是强调每一种社会警察制度背后的历史文化背景的重要性，这也构成了这一研究的理论贡献。

继贝利之后，沃尔特·埃姆斯（Walter L. Ames，1981）又完成了另外一项与日本警察有关的研究。不同于贝利关注日本大城市警察的视角，埃姆斯将研究的重心放在了日本的道府州县一级下辖的三个小城镇工业地区。他从历史的角度展示了日本自明治时期以来警察制度形态的变迁。通过1974—1975年两年间的访谈与参与式观察，作者发现，日本警察以社区警民亲和为特征的良好传统正在逐步被战后日趋加剧的城市化进程所改变:一方面,警察工作场所与居民在空间上开始分开;另一方面,居民本身的居住和生活结构发生了深刻的改变。这一切使原有的警务模式不再具有可操作性。警察制度的发展代表了日本以现代国家为主的治理结构正在逐步取代传统治理的模式与结构。

(二) 警察行政与国家统治

警察本质上是一种暴力,还是一种服务?警察是维持中立的国家"公器",还是一部分人统治另一部分的"武器"?关于警察行政的本质,存在不同的意见。多元主义与共和主义认为,警察属于国家公共法权的一部分,警察力量的分配和使用都应以服务社会公共利益、维护社会公共安全为主旨。但是左倾的理论否认这一说法,而是从马克思主义政治经济学的角度出发,将警察视为阶级统治的工具。正如西尔弗(Silver, 1966)所说,无论从"应然"还是"实然"的角度,警察仅仅是经济和政治精英控制下的一个官僚系统,统治阶级和社会精英借此免于大众暴力的危险,警察力量反映的不过是社会精英的意愿而已,其功能并不仅仅在于防范与打击社会犯罪,而在于控制日常生活中"危险阶级"对统治秩序的威胁。

有研究注意到,现代警察在19世纪末20世纪初经历了一个从"阶级控制"(class control)到"犯罪控制"(crime control)的角色转变。埃里克·门克宁(Eric Monkkonen, 1981a, 1981b)是这一论述的重要支持者,他通过对20多个美国现代城市警察发展的历史数据分析,揭示出在1860—1890年这一时期,美国城市警察具有明显的"阶级控制"色彩,警察将打击的目标主要放在扰乱"社会秩序"的底层弱势阶级。自1891年到1920年期间,美国城市警察工作出现了新的"犯罪控制"模式。这一阶段美国警察所涉及的与犯罪无关的工作大量减少,因醉酒与社会秩序而逮捕的人数也大为下降,而因犯罪逮捕的人数大幅度上升,同时,美国城市警察从事社会救助的工作量也开始加大。门克宁的研究将警察的政治本质作了动态的历史分析,这很有意思。但也存在一些问题,首先,在他关于两个模式的经验论证中,第一阶段警察对酗酒者与其他公共秩序扰乱者的主动逮捕是对无产者的阶级控制,而第二阶段对酗酒者和无家可归人群的逮捕下降就意味着警察权力性质的改变,这样的标准似乎不太令人信服。其次,作者成功地描述了这一过程的演变,但是对于影响这一过程发生的变量缺少深入分析和提炼。最后,作者关于"模式转变"的说法,对于现代警察的历史发展是否具有普遍的意义,作者并未言明。

悉尼·哈宁(Sidney L. Harring, 1983)对美国警察的研究则更直接地探讨了"警察为谁服务"即警察政治本质的问题。哈宁受马克思主义社会观的影响,将警察放在二元阶级社会中论证了警察作为国家暴力工具的阶级属性。通过对1873年至20世纪初美国警察的研究,他分析了作为国家暴力工具的警察如何控制工人阶级、挫败其革命化的组织同时又不使其沦为城市流浪者这一过程。该研究将北美五大湖周边工业化城市警察作为研究对象,展示了警察如何使用新型的技术工具来完成其政治任务。这一时期,警察的主要任务不是犯罪控制,而是防止工人罢工、监督工人的生活。哈伦和哈格(Boritch Helen and John Haga, 1987)有关加拿大多伦多市城市犯罪与控制的研究,同样提供了一个理解现代警察统治性质历史演变的经验佐证。通过对多伦多警察1859—1955年间所从事活动的研究,发现警察并没有如人们想象的那样经历了一个明显的角色转换。相反,警察作为阶级控制的工具——致力于打击弱势人群的行为——无论在19世纪还是在20世纪都是主导性的,尽管有关扰乱公共秩序的罪名以及实施暴力措施的政策随着时代发展有所改变,但是,警察主动从事阶级控制的做法依然在延续。

警察作为特定利益集团、特定阶级主导下国家统治工具的说法,在理查德·埃里克森的研究中似乎并没有得到证实。埃里克森(Ericson, 1982)选择了加拿大东部的一个城市作为研究个案,这个地区的治安由地方巡警力量(patrol force)负责。该研究的一部分数据来源于对这一地区1300余次警察与公民接触事件的系统纪录与观察,另一部分数据则是作者对巡警队伍中各类警官的访谈笔记。埃里克森发现在他所观察到的1300次警察与公民的交涉事件中,有一半是由警察主动发起的。事实上,这些先发制人的(Proactive)警务工作很少与犯罪有关系,巡警行动的目标群体主要是那些仇视警察或者与警察不合作的人,与这些群体在社区权力结构中的地位并没有关系。另外一半的交往大部分是由公民自发的,他们因遭到不公平待遇、与人发生纠纷或因财产问题而找到警察,希望借助警察的权威处理这些事情。埃里克森发现,警察在处理这些事件时,只有其中四分之一被写成报告记录在案,剩下的大部分都是警察个人运用他象征性的权威、个人的技巧以及潜在的暴力使用权,寻找妥善的解决途径并化解冲突，而没有诉诸国家的法律。埃里克森的这一研究将重心从警察统治的对象转移到了警察自身的行动，同时利用档案资料与经验观察，发展了有关警察与社会、国家之间关系的理论，丰富了人们对警察本质问题的理解。

二、解释警察力量的发展

第一部分的文献主要围绕现代警察制度的发展以及警察与国家的关系，在第二部分，重点将放在有关警察发展的相关外部影响因素的分析。换句话说，何种因素导致了警察力量（police strength）的发展？警察力量是一个颇具争议的问题，通常破案率被视为警察力量的象征，但是有学者已经指出，犯罪控制并不是警察工作的唯一任务，也不是警察力量的唯一体现，警察工作除了打击犯罪以外，还从事大量诸如纠纷调解、社区服务等工作。因此，仅仅将犯罪控制作为警察力量的衡量指标是不全面的，至少它忽略了公民对警察的态度作为衡量警察工作优劣的可能性（Jobson and Schneck, 1982）。将犯罪控制的数据作为警察力量的象征，也可能忽略警察在犯罪防御方面的作用，一个辖区内破案率高但同时发案率也高的警察机构，与一个辖区内发案率、破案率双低的警察机构相比，可能后者的能力更强。总之，从警察管控或服务对象的角度测度警察力量很容易使这一指标变得模糊。

政治学研究将警察作为国家基础权力的一个重要方面。戴维·贝利（David Bayley, 1985：75）提出，可以使用国家警察机构的人员数量，或国家在警察方面的财政投入，作为警察力量的代理指标。根据博尔迪阿和哈洛克（D. J. Bordua and E. W. Haurek, 1971）早期的研究发现，将近90%的警察支出属于人头费支出，这意味着警察财政投入与警察人员的数量高度关联，因此，警察人数与警察开支两个变量可以互换，任何一个都可以代表警察力量。

迄今为止，围绕警察力量发展的文献已经建立起多种解释框架或理论模型，占据主导地位的主要有以下四种：威胁理论（threat theory）、公共选择理论（public choice theory）、社会冲突理论（conflict theory）以及组织制约理论（organizational constraints theory），具体展开如下。

（一）威胁理论：人口因素、少数族裔与警察力量发展

警察是一项国家事业，它最重要的两项功能在于调节人与人之间的关系以及保证法律的实施。早期的城市化理论认为，随着现代化进程的加快，人口越多就需要越多维持社会秩序的警察力量，人口与警察发展有密切的关系。人口因素不仅包括人口的绝对数量，而且包括人口的密度、分布以及人口中间族群的构成特征等更为具体的因素，这些因素到底与警察力量之间存在何种关系，无疑需要具体经验的检验。

为了研究人口数量、人口密度与警察力量的关系，戴维·贝利（David H. Bayley, 1985: 77-78）使用1965年136个国家的数据作了一项跨地区统计分析。他将每平方公里警察的数量作为因变量，结果发现，一个国家人口在20万以上的城市人口密度越大，警察密度就越高。

除了人口数量与警察力量之间简单的关系以外，人口中间少数族裔比例的构成与警察力量之间的关系也成为焦点问题。关于这一点，胡伯·布拉洛克（Hubert Blalock, 1967: 113-119）最早从社会学理论的角度提出，美国社会少数族裔人口的比例可能是解释警察力量变化的重要因素。后来的研究者进一步探究，是否少数族裔人口对社会造成的威胁效果导致了警察力量的上升。这种思路被称为人口因素的"威胁理论"（threat theory）。布朗纳（Blauner, 1972: 67）认为，国家的暴力功能很大一部分需要应对因不同种族与文化差异而造成的族群冲突，警察从其功能上来看只不过是实施"内部殖民主义"（domestic colonialism）的城市武装。

美国是一个移民国家，其社群多样性决定了其社会安全控制的复杂性。有学者开始通过经验分析研究人口中间的族群构成对警察力量变化的影响。利斯卡和本森（Allen E. Liska and Joseph Benson, 1981: 414）的研究说明，当一个地区少数族裔的人口比例较低时，他们不会对地区秩序造成威胁，但是当这一比例高于20%—30%的时候，他们常常被视为地区潜在的安全威胁，人口比例与警察力量之间开始呈现一种显著关系。其他研究进一步说明，人口结构中的族群构成会对犯罪率以及犯罪构成的特征造成直接影响，而后者会间接影响公民犯罪恐惧（fear of crime）的特征与分布。此外，人口内部逐渐上升的少数族裔比例会增加白人对犯罪问题的恐慌和担忧，他们会敦促政府增加警察力

量以强化社会控制（Liska, Lawrence and Sanchirico, 1982; Liska and Chamlin, 1984）。

威胁理论同时假设，少数族裔人口的犯罪会间接造成警察力量的增长。迈克尔·格林伍德（Michael J. Greenwood, 1973）与麦克斐特（L. R. McPheters, 1974）的两项研究均说明，黑人人口所从事的犯罪对美国城市警察力量的变迁存在显著的正面影响。帕梅拉·杰克逊（Pamela I. Jackson, 1989）则通过对美国少数族裔人口比例与地方警察财政开支之间关系的研究——他使用了美国多个城市的人口、少数族裔构成、收入、犯罪率等数据，同时对 14 个城市在 1970—1980 年间的情况作了个案比较研究——说明了少数族裔人口比例以及少数族裔的犯罪是解释美国警察经费支出的重要因素。

有意思的是，有学者认为"威胁"并非是联系少数族裔人口变化与警察力量变化之间唯一的机制，少数族裔人口结构变化导致的社会权力结构变化也可能是重要的一环。帕梅拉·杰克逊和利奥·卡罗尔（Pamela I. Jackson and Leo Carroll, 1981）使用了 1970 年美国 90 个非南部城市的数据，研究发现：美国城市地区非洲黑人的比例与警察的经费开支存在一个非线性的关系。只有当非洲黑人的比例超过 50% 时，黑人比例对警察经费开支的正影响开始变为负影响。他们的解释是，当黑人比例逐渐上升时，社区内的白人只要还占有大部分的投票权，就会向当局要求更多暴力资源分配给警察，用以保护白人的安全。但是当黑人人口的比例超过白人的时候，随着白人投票影响力的下降，或者城市税收因白人数量下降而发生萎缩，警察的经费开支也随之急剧下降。

迄今为止，学术界至少有几十项研究涉及少数族裔人口比例与警察力量之间的关系。从研究方法来看，包括纵贯历时（time series）分析，跨地区（cross sectional）分析以及综合二者的面板数据（panel data）分析。对单个城市的历时分析包括钱普林（M. B. Chamlin）对芝加哥地区的研究以及纳拉（M. K. Nalla）对美国凤凰城的研究等。前者对芝加哥地区 1905—1958 年间警察经费开支影响因素的时序分析显示，黑人人口比例对警察经费开支有正面的影响，芝加哥地区黑人人口的比例每增加 1%，政府在警察方面的财政开支将增加 16000 美元（Chamlin, 1990）。后者对美国凤凰城 1950—1988 年间的警察发展作了分析。凤凰城是一个在短短几十年间发展起来的城市，1950 年这一地区城市占地仅为 16.4 平方里，人口约为 10 万，到 1988 年凤凰城已经成为占地400多平方里、人口达95万多的大城市。凤凰城高速城市化的历史，为警察研究提供了很好的条件。此外，凤凰城有大量拉丁美裔人口，而且还有墨西哥裔美国人和非洲裔美国人。这一研究显示，当控制了社会犯罪与社会冲突因素的影响，分别以每1000人平均警察人数和警察经费开支作为因变量分析时，少数族裔人口对二者均有显著的积极影响（Nalla, 1997）。根据纳拉（Nalla, 1992）先前针对美国1948—1984年间警察力量发展的历时分析，显示种族人口因素可以解释美国全国警察力量的增长。史蒂文·布兰多（Steven Brandl, 1995）等人对美国密尔沃基市1934—1987年间的警察力量发展作了一项历时研究，他不仅分析了这一地区整体警察人员的变化，同时将警察力量分解为巡警、探组等不同的工作部门，分析各部门警察力量发展与外部因素之间的关系。结果表明，在控制犯罪率、人口自然增长等因素的情况下，少数族裔人口比例对密尔沃市总体警察力量的发展以及警察中间巡警队伍的发展有显著的正面影响，但是这种影响的效果是逐渐降低的。相比之下，除巡警以外的各警察部门的力量发展则不受人口因素的影响，这说明黑人比例的变化所带来的威胁效果可能导致警察机构的决策者采取加强巡警力量的措施。

戴维·格林伯格（David F. Greenberg, 1985）使用跨地区的研究方法，展开了一项全美范围内的研究，旨在分析种族人口对美国警察力量的影响。结果发现，种族人口只能部分地解释警察力量的发展，在南部地区，非白人人口比例对1950—1960年与1960—1970年20年里的警察力量发展有显著的线性影响，但是1970年以后则没有影响。非白人比例对南部以外地区在1950—1960年间有很小的线性关系，在1960—1970年间有中等的线性关系，1970年以后没有关系。

后来，布里恩·塞弗（Brion Sever, 2001）选取了美国1980年人口高于25000人的1083个城市，以及1980年人口高于10万人的114个城市，以这两年的跨地区截面数据作为样本进行分析，结果发现，在控制犯罪率、税收等因素的前提下，总体上，少数族裔人口比例对警察力量存在显著的正面影响，但这种影响是非线性的。此外，黑人人口的比例对警察力量有一个最连贯的影响，但是这种关系在以富裕黑人为主的地区比以贫穷黑人为主的地区表现得更明显，说明黑人人口比例与警察之间的关系可能不是基于犯罪或者贫困的间接作用，而是基于种族本身。而后，他又分析了美国人口中亚洲族裔与美洲土著人两个少数族裔人口比例与警察力量之间的关系，结果发现这两类少数族裔人口对于警察力量没有任何影响。因此，塞弗最后认为可能只有黑人人口的比例对于警察力量产生非线性影响，其他少数族裔的人口比例则并没有这种作用。

许多研究都是将大城市地区作为自己的研究单元，这是因为城市地区更能够反映现代化的一般进程，城市地区的人口变化特征也较为明显。不同的是，布里恩·塞弗（Brion Sever，2004）选择了美国122个相对较小的郡县（county）作为分析单元，控制了犯罪率、地方税收、人口密度和其他一些反映城市特征的变量，结果显示黑人人口的比例对警察力量的发展有一个显著的负影响，即黑人比例越高，警察力量越少。塞弗对此的解释是，黑人比例应当和警察力量是一个非线性的关系，黑人人口超过一定的比例以后就可以影响地方公共资源的分配，可能造成更多资源用于改善黑人社区的生活，而不是用更多的警察去控制他们。结果还显示，美国这122个单位的警察力量并不受郡县整体特征的影响，这说明地方可能只针对他们本辖区内的一些具体问题增加警察力量。相比之下，城市地区的警察力量发展则更加反映城市的人口密度、犯罪率等一般特征。

（二）公共选择理论：犯罪增长、公民需求与警察力量发展

有关警察力量发展的第二种解释从一些经济学理论模型发展而来，经济学研究最早为解释警察力量发展提供了一个可能的框架。按照艾萨克·埃利希（Isaac Ehrlich，1973）运用计量经济学对犯罪率与警察经费之间关系所作的分析，社会犯罪与法律实施之间存在互动关系，潜在的犯罪分子是否选择非法活动，完全受到与暴力机制相关的机会结构（opportunity structure）的影响。对于从事非法活动的人来说，国家的法律实施与暴力机制无疑提供了惩治与奖励的机会结构，他们会在成本与收益之间进行衡量，从而决定了犯罪力量与防范力量之间的互动。

经济学家戴维·派尔（David J. Pyle，1983）根据经济学理性人假设，为犯罪与犯罪控制之间的关系提供了一个更清晰的理论模型。根据这一模型，犯罪与犯罪控制是相互决定的。当犯罪控制的水平下降时，对于潜在的犯罪分子而言，犯罪的成本在降低，那么作为理性人的犯罪分子为了自身利益的最大化从事犯罪的可能性随之增大，结果造成犯罪率的上升。随着社会犯罪率的上

升，社会上潜在的受害者为了追求自身利益的最大化，也会通过理性行动起来，通过影响政府的议程与政策，增加公共资源以强化犯罪控制，结果更多的经费和人力被分配到警察机构。在这个意义上，如果控制了其他变量的影响，具有长期高犯罪率的国家比低犯罪率的国家倾向于产生更多的警察。

以经济学理性人的假设解释警察力量的发展，社会犯罪决定公众安全需求，公众的需求又通过投票决定政府的反应，政府的反应又决定社会犯罪的机会，通过建立这样一个简单的循环关系，为理解社会犯罪与国家强制之间的关系提供了一个较为系统的解释框架。这在政治学中成为"公共选择"理论。然而，这一理论的出现，起初带有很强的规范性色彩，其目的在于指导实践。比如派伊（Pye）对犯罪与法律实施之间关系的研究主要是探讨法律实施的资源——如警察经费的开支——应当如何分配才能达到最佳效用的问题。另外，经济学家加里·贝克尔（Gary S. Becker, 1968）在《犯罪与惩治：经济学路径》一文中也为犯罪与警察的惩罚之间建立了一个标准的计量经济学模型，但是贝克尔明确提出他的目的在于从规范层次上回答：多少资源以及多大程度的惩罚应当被用于特定类别的法律实施，多大规模的警察力量应当被建立，并从安全的角度考虑多大规模的罪犯应当被惩治的问题。

然而，这种规范性的分析为了寻求统一性，忽略了不同国家或地区在社会结构、政治制度以及公共资源分配机制等方面的差异。政治学研究应当摆脱经济学路径单纯通过数理方式构造模型的方法的影响，转而将公共选择理论的解释作为一种未经检验的假设，将研究的重心建立在更加丰富的地区经验之上。实际上，许多政治学者已经从经验出发，通过实证分析检验公共选择理论模型的解释力。

科林·洛夫廷和戴维·麦克道尔（Colin Loftin and David McDowall, 1982）基于美国底特律市（Detroit）的历史数据，探讨了犯罪与警察力量之间的关系。他们选取了底特律市1926—1977年间每10万居民的警察数量以及每10万居民的犯罪率分别作为因变量与自变量，在改进统计分析方法的基础上，结果显示整体上犯罪与警察力量的增长没有任何关系。但是，当作为自变量的犯罪数据被划分为财产方面的犯罪与暴力犯罪两类后重新进行分析，结果发现财产犯罪对警察力量的增长没有影响，暴力犯罪对警察力量的影响也非常微弱，这与人们通常所认为的犯罪会影响警察力量增长的看法并不一致。这一研究认为公共选择的解释框架过于简单，犯罪率的上升未必会促使更多的公共资源投向法律实施。他们用底特律的情况说明，即使公民的安全需求可以影响政府暴力资源的分配，但由于人口的不均衡分布造成受害人的不均衡分布，人口中的少部分人可能遭受高频率的犯罪侵害，同时大多数人的安全分布与犯罪水平的分布并不对等。因此，人口中间的大部分人可能出于自利，宁愿容忍高犯罪率也不支持在法律实施方面增加更多资源。

洛夫廷和麦克道尔（Loftin and McDowall，1986）后来重新对底特律警察进行了研究，这次他们将底特律警察在1928—1976年间的经费开支而非警察人数作为警察力量的代理变量，结果仍然显示犯罪率对底特律市的警察财政开支没有显著的影响。同这一结果一样，米切尔·钱普林（Mitchell B. Chamlin，1990）关于芝加哥地区1904—1958年间市政警察经费开支的研究也显示，市政警察经费开支与这一地区犯罪率的上升或下降没有任何关系，地方财政收入的多少是影响警察经费开支的最重要因素。阿伦·利佐特（Allan Lizotte，1982）等人同样选择了芝加哥地区作为样本，只是将统计年份放在1947—1970年这段时间，结果同样发现犯罪率对于芝加哥地区警察经费的开支没有影响。

除了对单个城市进行的分析外，有些文献也将分析单位扩展为多个地区。尤金·斯温莫（Eugene Swimmer，1974）使用了1960年全美人口在10万以上的城市的数据，结果却显示犯罪率对警察力量有正面的影响。詹姆斯·威尔逊和巴巴拉·博兰（James Q. Wilson and Barbara Boland，1976）则使用美国35个城市的数据——其中犯罪数据来自美国各城市警察机构的犯罪报告，结果发现美国各城市犯罪率对警察力量的增长有正面的影响。这两项研究均使用警察人数代表警察力量，特伦斯·琼斯（Terrence Jones，1974）则将警察的财政开支作为警察力量的指标，利用美国人口在10万（以1968年的人口为准）以上的155个城市1950—1968年的数据，分析了地区犯罪率变化对警察财政开支的影响。结果显示，在犯罪状况与警察经费开支之间没有任何系统的关联，使用犯罪变化解释警察经费开支，虽然在一些城市的解释力比另外一些城市高一些，但是在宏观的预算层次，这155个美国城市警察经费预算并不反映地区犯罪状况。

目前，关于犯罪与警察力量之间关系的研究缺乏跨国比较，其中主要的原因是各国犯罪数据的有效性问题,由于各国的犯罪数据大部分是从官方警察机构获得的,这些犯罪记录只包括了受害人向警察机构报案的数字,不能反映社会犯罪的实际情况。另外有一项较为可靠的指标,即通过对受害人调查(victim survey)获得的有关社会犯罪状况的数据,但是目前这项数据只包括少数国家,无法作大规模的研究。

(三)冲突理论:社会分化、阶级冲突与警察力量发展

公共选择理论假设,社会犯罪使公众产生安全需求,政治系统与决策者会通过强化法律实施来作出回应。然而,另外一种理论思路对此提出了质疑。政治系统或决策者真的会像一部机器一样,只要存在公民安全需求,就会自动进行回应吗?新的理论视角认为,公民通过民主机制可能会影响政府对暴力资源的分配,但是政府的决策往往会受到特殊利益集团或精英阶级的影响,前者往往反映统治集团的要求(demanding),而非普通公民的实际需求(needs)。而这种情况的出现,显然受到经济分化与社会分配的影响。

有许多研究曾简单地分析过经济发展与警察力量之间的关系。戴维·贝利(David Bayley,1985)曾使用1965年世界136个国家的数据进行了一项统计分析,结果显示经济发展对警察力量的变化有影响。在那些贫困、识字率低下的后发展中国家,这种影响的显著性更高。阿伦·利佐特(Allan J. Lizotte,1970)等人对芝加哥地区1947—1970年间情况的研究,也发现经济发展对于警察人数与警察经费开支都有重要影响。有意思的是,当地区企业破产率上升时,芝加哥警察的人员与经费就会有相应增加。但是艾伦·李兹特还是从犯罪的角度来解释了这一结果:企业破产率上升正是经济不景气的时期,而经济不景气有可能导致社会犯罪压力的增大,进而影响警察经费开支。同样是分析经济发展与警察力量之间的关系,雷蒙德·苏雷特(Raymond Surette,1984)对芝加哥地区的研究却发现二者没有关系。他使用了芝加哥从1873—1969年近100年的数据,将政府雇用警察人数作为因变量,而代表经济发展的三个解释变量则选择了工资劳动者数目、制造业工厂的数目以及工业增加值,结果发现经济条件的发展对于警察力量没有任何影响。

然而,一些学者还是注意到,在经济因素与警察力量之间,可能前者衍生出来的阶级分化以及社会冲突才是真正决定问题发生的机制。根据这一假设,

经济发展产生的社会不平等因素会带来一定程度的阶级冲突，当这种冲突威胁到既得利益格局的时候，社会经济精英会利用他们对国家暴力机构的影响力，通过增加警察机构的公共资源来维持既有的政治与经济利益格局。伊恩·泰勒（Ian Taylor, 1973）在他关于社会冲突的研究中早就阐述了，经济发展带来的资源不平等分布使经济精英有能力操控国家的暴力机构，他们常利用庞大的警察力量来维持既有的政治经济秩序。威廉·钱布利斯（William Chambliss, 1976）亦在理论层次提出，经济权力是法律控制的基础，社会中产阶级很难对抗掌握经济资源的阶级，后者可以利用经济资源控制国家的法律实施。

前文言及，在威胁理论中，对少数族裔与警察力量关系的分析占有重要地位。事实上，这类研究中有部分是和冲突理论相互关联的。布里恩·塞弗（Brion Sever, 2001）在他的研究中就提出，正是由于少数族裔所产生的社会威胁效果，才迫使社会精英通过增加警察力量来作出反应。然而，少数族裔人口的冲突毕竟只是冲突理论所涵盖的一个侧面，冲突理论本身更关心经济发展与分配不平等带来的阶级冲突因素对警察力量的直接影响。同时，经济发展还可能衍生出职业分化、教育分化等因素与警察力量之间的关系，这些因素都有可能通过引发不同程度的社会冲突，影响到警察力量的发展。

早在1969年，托马斯·戴伊（Thomas Dye, 1969）研究了社会经济不平等与政治系统、公共政策之间的关系，以美国55个州为单位，分析了代表社会贫富差距状况的基尼系数与人均警察力量之间的关系，结果发现社会贫富差距状况与警察力量没有任何关系。1977年约翰·福利（John Foley）以美国东北部地区300个郡（county）的数据作为样本，研究了基尼系数与警察经费开支之间的关系，同样发现二者没有相关性。但是当福利（Foley, 1977）将样本集中在美国东北部都市化程度最高的55个郡时，基尼系数与警察经费开支的相关性开始显著。巴尔德芙·辛格（Baldave Singh, 1977）将经济不平等衍生出来的其他不平等作为解释变量进行计量分析，结果显示，各国警察力量变化与社会各阶层之间教育、职业和收入的分化程度相关，社会分化程度越高的社会，这里的警察力量也越高。辛格的解释是，社会不平等衍生许多社会问题，这需要更多警察力量的介入。

戴维·雅各布斯（David Jacobs, 1979）的一项跨地区研究旨在揭示，是否在大城市地区经济不平等与警察力量之间存在一种正面的关系，是否经济不平等确实为经济精英阶层提供了控制暴力机构的可能,并使之成功控制秩序。雅各布斯之所以将样本选择在大城市地区,是由于发达地区与欠发达地区经济发展水平的异质性可能会影响统计效果,而大城市地区则是同质性很高的分析单位。雅各布斯使用了1960年与1970年人口在25万以上美国SMSAs(标准大都市统计区)的数据,因变量为美国各市基层政府与市政府每10万人的平均警察人数,解释变量使用了各城市家庭收入的标准差(standard deviation)以代表经济不平等。之所以使用标准差作为衡量指标,主要基于两个方面的考虑:第一是考虑到家庭收入的绝对值是不对称的,为了达到回归分析的最佳要求,标准差是一个较为均衡对称的分布结构;第二是考虑到经济不平等是一种关系,标准差可以反映不同家庭收入的离散程度,尤其是距离平均值较大的富人的收入对标准差有更重要的影响,因此,使用标准差比单纯的家庭收入更能反映经济精英方面的影响力。对1960年数据的分析显示,经济不平等对警察力量的增强有中等程度的影响,这符合冲突理论关于经济精英通过影响国家的法律实施维持统治地位的论述。而对1970年数据的分析则显示,经济不平等对警察力量有非常显著的影响,这更加支持了冲突理论的基本假设。因此,作者在理论层次提出他们的研究论证了早期社会学家马克斯·韦伯(Max Weber)在《经济与社会》一书中的一个观点,即在市场交换中,占有统治地位的一方将通过重新分配暴力资源来获得更多的保护。

除跨地区研究以外,也有不少文献使用了历时的分析研究经济不平等与警察力量之间的关系。戴维·雅各布斯和罗纳德·赫尔姆斯(David Jacobs and Ronald Helms, 1997)在20世纪90年代作了一项以全美国的年度数据为单位的历时研究,使用了1953年至1991年美国联邦、州与地方历年中每10万人口的警察人数的数据为因变量。在解释变量的选择上,雅各布斯在他1979年研究的基础上,仍然使用实际居民家庭收入的标准差作为一个重要的解释变量,用以增强对经济精英行为的解释力。解释变量同时还包括犯罪率、人均国民生产总值、失业人口比例、非白人收入平均值与白人收入平均值比例等。统计分析使用了二次差分的方法(second-differenced model),将代表经济不平等的变量与犯罪率变量取二次平方后作为新的变量进行二次检验,用以测试收入不平等与犯罪率对警察力量是否存在效用递减的效果。结果显示,经济因素对警察力量的变化有非常显著的解释力,而未就业人口比例方面的因素对警察力量的影响不显著。这一研究在理论方面的一项有意思发现是，未进行数据转化之前的居民家庭收入与警察力量之间存在显著的正相关，而经过数据转换取平方后的家庭收入与警察力量之间存在显著的负相关。这说明，经济不平等的上升明显导致警察力量的上升，但这种效果随时间而递减。如果将经济不平等变量按照1954—1977年以及1978—1990年为划分阶段产生两个新的虚拟变量进行统计分析，结果显示1954—1977年间经济不平等对警察力量变化有显著的正影响，而后半段1978—1990年的经济不平等因素对警察力量没有影响，这与前面的分析结果一致。这一研究的结论支持社会冲突理论有关经济分化与警察力量之间关系的假设，只是雅各布斯与赫尔姆斯的研究进一步说明了这种关系可能是历史发生的，同时是非线性的。

关于经济不平等与警察力量之间关系的研究越来越朝向纵深化方向发展，以往跨地区的研究与历时的纵贯研究已经积累了不少地区经验的观察，但是比较缺乏国家间的比较研究。斯蒂芬妮·肯特和戴维·雅各布斯（Stephanie Kent and David Jacobs, 2004）在世纪初的研究中使用了固定效果面板模型分析（fixed-effects panel design），这种方法受益于数据本身的丰富——他采集到了11个发达资本主义国家1975—1994年的数据作为样本，因此既有跨地区比较又有历时的纵贯比较。因变量为各国每10万人口中的警察人数，解释变量包括基尼系数、少数族裔的比例及失业率等。结果发现，经济不平等因素对于每10万人口中的警察人数具有显著的正影响，而失业率并不能解释警察力量。我们知道，二战以后的许多政治学家认为阶级政治对国家的影响已经没有那么重要了，而这一研究说明，经济分化造成的阶级政治至少对国家的法律实施与强制控制仍然具有重要意义。在方法论层次上，这一研究作为跨国的历时比较分析，大大扩展了对社会分化、经济不平等与警察力量之间关系的检验范围与深度。

冲突理论预设社会分化造成的犯罪、骚乱与罢工可能使既有利益结构受到挑战，从而导致社会失序，经济精英会通过增加国家暴力机构的警察力量来控制社会冲突的效果。但是问题在于，增强国家的强制能力并不是应对社会冲突危害的唯一手段，伊萨克和凯利（L. Isaac and W. R. Kelly, 1981）在他们的研究中，通过建立城市暴动骚乱与城市福利供给之间的关系，试图说明在社会冲突与国家机器之间，可能存在另外一个逻辑。根据他们对美国战后1947—

1976年时序数据的分析发现,在城市骚乱与福利供给(包括福利供给的开支与福利项目数量)之间存在正面的关系,全美范围内的城市骚乱对于美国福利救济项目的短期扩张发挥了重要的作用。这一研究的理论含义在于,资本主义的国家可能选择通过福利供给而非增加国家暴力强制来降低社会冲突的潜在危险。看来,冲突理论关于社会冲突与警察力量之间关系的研究值得重新审视。至少,这一理论需要在更加微观的层次上考察受到社会冲突危害效果影响的人群,他们是否有能力影响国家暴力资源的分布,以及通过何种方式影响这一过程。同时,应重新审视国家机构内部决策者与决策过程的因素,因为在社会冲突的压力面前,决策者可能凭借理性能力,自主地选择应对的方式与路径,这意味着更加广泛而深入的经验研究成为必要。

(四) 组织制约理论:决策者、预算过程、组织制约与警察力量发展

根据前三类理论模型的解释,我们承认,国家强制与警察力量的发展可能受到不同外部条件的影响。然而,无论是何种外部条件的作用,都必须经过决策者来转化为具体的国家行为。若果真如此,那么警察力量的发展就不可能忽略决策者因素作为独立影响变量的可能。任何决策者都处在特定的环境中,他可能是自主理性的行动者,通过调整政策客观反映外部条件的变化,但是决策者也有可能受到特定环境中特殊政治结构、组织模式甚至历史背景的深刻影响,无法根据外部变化对国家行为作出适应性调整,或者作出符合特定政治或组织环境需要的决定。这种解释我把它称为"组织制约"理论。

前文提到了特伦斯·琼斯(Terrence Jones,1974)的研究,表明犯罪率对于警察经费开支的影响并非如人们想象的那么明显。琼斯认为,从宏观预算的层次来看,城市警察经费开支的预算并不反映过去的犯罪形势。警察经费预算的决策者与组织因素可能是解释这一结果的重要角度。首先,可能是决策者认为犯罪数据并不可靠,他们转而使用其他指标作为经费预算的标准,也可能他们将自己关于地区犯罪形势的感受带入了决策过程中。其次,决策者可能认为在警察经费开支与犯罪形势之间并没有任何因果关联,因此不需要依靠过去的犯罪率去作决策。再次,决策者可能在制定警察预算时受到某些政治因素的影响,比如选举压力等因素。另外,决策者可能受到地方财政收入的制约,而缺乏应对犯罪形势的能力,当然,背后也有可能因为决策者担心选举失败而不愿

意增加地方税收。最后,惯性的力量,受到非正式预算规则的影响,决策者只能限制在上一年预算的基础上,稍微增加一点下一年经费预算的额度。

事实上,很早就有人注意到,政府部门的预算过程会受到组织特征和历史背景的制约,预算被理解为在上一年基础上的缓慢增长。换句话说,上一年的预算规模本身可能比其他任何外部因素都更能解释次年的部门预算水平(Davis, Dempster, Wildavsky, 1966; Danzinger, 1978)。但是很少有人将这方面的解释应用在有关警察力量的研究上。特伦斯·琼斯的贡献在于他提出了内部决策者、组织制约以及历史惯性方面的因素可能对警察力量发展产生作用。洛夫廷和麦克道尔(Loftin and McDowall, 1982)则进一步提出,在寻找警察力量的影响因素时,应当考察影响警察力量的决策者、决策过程以及特定社会权力结构的影响。他们的研究还批评了公共选择理论与冲突理论关于国家暴力资源使用与分配问题的看法,提出这两种理论预设的国家就如同一部膏了油的机器,只要有需求,这部机器就会立刻作出反应,公共选择理论想当然地认为公共部门的决策会受到选举市场的影响,纳税人的选择会被纳入到决策中间,而冲突理论也认为只要社会经济精英的既得利益受到社会冲突带来的威胁,他们就可以影响国家的法律实施,增加警察力量的强度。这显然忽略了决策者以及组织方面的因素。如此看来,对这一假设展开经验检验已成为必要。

洛夫廷和麦克道尔(Loftin and McDowall, 1986)此后对 1928—1976 年底特律警察经费开支的研究进一步揭示,公共选择理论与冲突理论所提供的多个变量都不能合理解释警察经费开支的变化,诸如犯罪率、少数族裔人口比例以及罢工频率对警察力量只有微弱的影响,这些外部因素潜在的受害者或者公民并不像公共选择理论与冲突理论所假设的那样,可以直接影响政府对暴力资源的分配。通过对底特律警察经费开支与地方犯罪率、财政收入、人口变迁等外部因素之间关系的分析,发现其警察财政开支存在一种自身惯性(Inertia)力量的影响。一般来说,外部因素造成警察力量变化所需的时间越长,警察力量自身变化的稳定性越强,相应的,警察力量对于外部因素变化需求的回应性就越差。底特律警察财政发展的稳定性受到外部条件的影响非常小,但受到前期预算基础的影响却非常大。纳拉(M. Nalla, 1992)此后对美国全国警察经费发展的研究同样发现,全美警察力量的发展受到历史惯性的影响非常显著。

无论如何,决定警察经费开支的参与力量是多元的、过程是复杂的,对内部决策者与组织因素的研究是必要的。洛夫廷和麦克道尔（Loftin and Mc-Dowall, 1986）在他们的研究中将政府内部的警察经费预算决策过程形容为一个"黑匣子"（black box），但这个"黑匣子"只能笼统地代表组织的某个过程，它可能是警察力量发展的机会，也可能是警察力量发展的制约。他们承认自己的研究仅仅是从一个侧面说明了这些内部因素可能产生的效果，但是并没有解释出这个"黑匣子"到底是如何运作的。

米切尔·钱普林的研究似乎否定了洛夫廷的结论。根据钱普林（Chamlin, 1990）对芝加哥地区1904—1958年警察财政的研究，他发现惯性的力量在警察财政方面表现并不明显，即在统计意义上，头一年的经费开支对次年的经费开支影响不大。但是芝加哥地方财政收入的规模对警察经费开支的影响非常显著。在文章的结论部分，钱普林依然响应了洛夫廷的说法，即进一步的研究应当对影响警察力量发展背后的决策过程以及组织内部的权力结构进行深入分析，以便更客观地观察警察力量变化过程中内部因素的影响。

史蒂文·布兰多（Steven Brandl, 1995）等人的研究对此作了更加综合的分析。他们同意，历史惯性可能对警察力量的发展存在影响。但是他们并不同意据此来断定决策者对外部因素缺乏回应性。他们认为，许多研究之所以得出外部因素对警察力量缺乏影响的结论，其主要原因可能是在分析过程中受到某种整合误差（aggregation bias）的影响。根据他们对美国密尔沃基市1934—1987年警察发展的研究，社会、经济、政治结构因素的变化对于警察力量整体的发展确实未产生明显影响，但是如果将警察力量作结构性的分割，比如将警察分为巡警、侦探以及文职人员几类——以此避免整合误差，进而考察不同阶段决策者对有限资源所作的结构性分配，就会发现另外一个逻辑：决策者在人力或经费资源固定的条件下，可能选择在某个特定的阶段针对特定外部变化或者公民需要，将更多的资源放在消除外部压力最有效的警察工作上。比如，某些阶段警察力量内部巡警数量与经费的增加就是一个鲜明的例子。这说明，即使警察机构没有从整体上花费更多的公共资源，但是决策者也可能在有限条件下通过局部调整对外部环境作出积极回应。

布兰多的研究可以作为对洛夫廷与麦克道尔的研究的一个补充和回应，虽然两者从整体或局部的不同角度定义警察力量，但是他们均主张要从决策者与组织制约的角度来观察以警察为代表的国家机器的回应性。警察研究领域中对决策者与组织因素的重视，体现了这一阶段政治学研究国家中心主义（state-centered approach）的回归，研究者逐渐意识到，如警察这类国家问题，如果仅仅依赖于计量经济学，仅仅通过外部变量的考察——如威胁理论、公共选择理论以及社会冲突理论那样——就试图说明国家权力的性质或逻辑是不够的，只有对国家本身的行政结构与历史发展多样性进行深入研究，才可能得出客观的结论。

三、中国公安警察研究

中国改革开放30年，社会结构急剧变动。伴随着这一过程，中国公安警察的统治职能、治理方式及强制能力均已发生很大的变化，这激发了许多研究者的兴趣。本文对有关文献进行了梳理，发现大部分的研究都采取了以下三个方面的视角。

（一）国家威权主义视野下的中国警察

中国公安警察在改革初期就进入西方学者的视野。他们将改革开放时期的中国视为经济上开放但政治上依然延续威权统治的国家，而警察作为国家暴力机器受到关注，正是由于警察被视为转型期中国的民主法制、国家与社会关系乃至国家统治能力发展变化的试金石。

"严打"斗争是改革开放时期中国警察工作最具争议性的一面，它指国家司法机构利用警察队伍，采取集中的、严厉的、运动式的以及广泛发动群众参与的方式，高压打击刑事犯罪。改革开放时期最重要的三次"严打"发生在1983—1987年、1990年、1996年，"严打"政策在上个世纪80年代初出台，是贯彻党和国家意志的一项重要治安政策。"严打"在组织方面的重要特征体现为：在地方党委政府的领导下，促成公安与司法机关的合作，通过放权地方公安警察，严厉打击刑事犯罪，在社会范围内形成普遍的威慑的舆论影响。中国警察参与"严打"，除了它的严厉性之外，其核心特征是广泛运用毛泽东时期群众运动的技术去调动全社会的参与，使之卷入打击犯罪的过程。"严打"对于中国国家权力的威慑力以及中国司法系统都产生了重要的影响，但是客观评价它的效果却并不是一件容易的事。

哈罗德·坦纳（Harold Tanner, 1999：1-4）认为，改革开放初期中国社会实行"严打"政策，虽然反映了改革开放初期犯罪率上升对国家政权产生的压力，但是这一运动的发起则更多的是毛泽东时期意识形态在政法工作领域的延伸。中国希冀通过改革建立一个物质进步的社会，但同时务必以维持一个道德与意识形态方面纯洁的文明社会为前提。正是在这一思想与政治背景下，中国警察成为贯彻执行党的特殊治安政策的载体。坦纳从西方狭隘的国家观出发，批评"严打"对中国司法的影响。在"严打"过程中，公安机关不过是党用来推行自身政策的工具而已，缺乏起码的公共性，因此，他断言中国根本无法实现韦伯意义上的法律现代化。显然，这一看法忽略了改革开放时期中国所处的历史环境，由于执拗于意识形态的窠臼，而丧失了观察中国在国家建设方面取得的各项成就的客观立场。

与哈罗德·坦纳不同，迈克尔·达顿（Michael Dutton, 1993）注意到，尽管20世纪80年代中国警察在打击犯罪的过程中使用了群众运动的方式，但是与毛泽东时期相比，它已经发生了根本性变化。他认为，改革开放初期中国警察发动群众打击犯罪的基础是针对"特定目标的专项打击"（specialized policing with selective targeting），这与毛泽东时期全能主义国家所实施的"全面警察控制"（all round policing）已经有本质性的变化。达顿还提出，中国警察参与"严打"斗争，以武断的法律外方式打击犯罪的警务模式，并不是如坦纳所认为的那样是1978年前意识形态的一个延伸或继续，也不是如有些怀着冷战思维的学者所认为的那样是威权政体的反映。相反，达顿认为这种警务模式的出现，是经济改革的必然后果。改革一方面使犯罪率急剧上升，另一方面也改变了原有的社会经济结构，弱化了中国公安旧有管制模式的基础。在转型压力下，中国公安不得不采取特殊的方式打击犯罪，原有的综合警务（comprehensive policing）既然无法奏效，那么必须让位于短期奏效的、运动式的、高强度的打击方式。从社会需求的角度讲，公众强烈要求实施短期见效的打击，为改革开放创造安定的环境。达顿承认公安部在实施"严打"的过程中曾经开展过跟踪式民意调查，其中多份报告显示，中国公安实施"严打"具有很强的民意基础，"严打"结束后民众的安全感确实得到较大提升。

默里·斯科特·坦纳（Murray Scot Tanner）换了一个角度，他试图分析"严打"作为一种治安策略对中国公安警察产生的广泛的消极影响。首先，他认为"严打"阻碍了中国警察的职业化发展。由于通过运动的方式打击犯罪,运动产生的效果也被人为夸大,因此,在改革开放时期通过非常规方式治理犯罪的策略替代了基础层次的警务建设,追求短期打击的目标替代了警察职业化长远发展的目标(Tanner, 2005: 177 - 179)。其次,"严打"过度的震慑威力恶化了警民之间的关系,这实质上是对毛泽东时期警察工作"群众路线"的一种破坏。事实证明,20 世纪 80 年代以后中国的警民关系与改革开放之前已不可同日而语了,这当然有经济与社会结构方面的原因,但是"严打"使警察机构忙于斗争而忽略群众工作也是其中重要的因素(Tanner, 2005: 180)。再次,"严打"加强了警察机构的腐败与滥用职权。尽管改革开放时期中国共产党的高层希望改善政法工作,使之朝向法制化与制度化的方向发展——至少是鼓励司法机关对公安警察实施一定的监督与制约——但是当感觉到社会不稳定因素上升时,"严打"就会开展起来,警察与司法机关的合作又重新开启(Tanner, 2000a)。这种合作关系,在政治和法律层次意味着中国的司法机构无法实施对警察机构的权力监督。上世纪 80 年代至 90 年代,中国警察腐败的趋势日趋加重。自 90 年代后期开始,中国警察开始强化内部监督机制,包括在公安机构内部建立党的纪检委、政府的监察部门以及设立专门的督察。但是,这些措施都不能从根本上解决基层警察的问题,原因在于现有的警察体制根本无法克服内部权力腐败的真正症结(Tanner, 2000b)。最后,"严打"削弱了国家对地方警察的监管(oversight)能力以及中央对地方的"委托代理"关系。在"严打"中,警察机构积极参与的调动力量来自同级党委。在中国的地方政治中,各级"严打"表现被作为一项政绩加以考核,在这一激励结构下,地方党委干部为了拼政绩就会编造正面的"严打"报告,有些地方甚至给公安机构下达逮捕指标,完不成就会受到惩罚。地方警察由于在编制、财政方面完全隶属于同级地方党委政府,不得不对其负责。地方党委书记更希望看到他管辖的区域内拥有良好的治安,作为他政绩的一个重要表现。为了达到这一要求,警察机构也采取了理性的行动,他们往往避重就轻,将警力用在逮捕那些易于逮捕的人群,甚至对许多嫌犯进行多次逮捕、审讯以增加整体的逮捕率,但却放过了严重暴力犯罪与流窜犯罪人员。作为后果,它弱化了上级业务指导部门即公安系统对地方警察的监督与管理。如果从中国警察参与"严打"的成本—收益这一角度分析,显然"严打"在犯罪控制与治安维持方面的成本很高，但是其长期效果却非常低，而且以牺牲国家强制机构的职业化、法制化建设为代价（Tanner, 2000b）。坦纳的研究只是在竭力说明，中国警察缺乏基本的公共性与自主性，在地方党委控制下只能服从短视的、狭隘的政治目标，而对于中国警察长期的法制建设与正规划建设，则因缺乏保障实施的制度条件而被长期废弛。

西方学者正确地指出了"严打"对于中国警察产生的消极影响，但是，他们大多戴着西方政治价值判断的有色眼镜，根据西方司法制度的逻辑，从人权价值观等角度评论中国的事情。当他们在谈论"严打"政策如何腐蚀了中国的司法建设时，却大都忽略了事物的另一面。"严打"过程中的群众运动与毛泽东时期相比已经有了重要区别，后者是在政治、社会与经济所有领域的全社会范围内的广泛政治运动，它的意图在于利用群众的力量弱化甚至打碎国家官僚体制的统治，最终弱化了国家治理的效能。而改革开放以后的群众路线仅限制在政法工作的范围之内，其目的并不在于削弱国家。相反，它的意图在于通过各种方式垄断国家强制力，重新增强国家治理的效能。改革开放30年的历史说明，在中国这样的转型国家，切实的国家治理效能往往比抽象的道德标准更能够巩固改革带来的善果，让人民获得真正的安定与实惠。

（二）历史结构主义视野下的中国警察

从威权主义的视角看，改革开放以来的"严打"运动，是毛泽东时期威权政体及意识形态的反映。但除此之外，默里·斯科特·坦纳（Murry Scot Tanner, 2000b）还意识到，改革开放时期的"严打"，被国家作为一种手段，用以与犯罪分子争夺暴力垄断权。这种手段之所以被采用，反映了这一时期国家强制能力薄弱的现实——比如以警察人数来看正规控制结构的不足，中国警察不得不使用非常规的方法应对形势。如果说毛泽东时期的运动治理是一种在意识形态引导下积极性的策略选择，那么改革开放时期的治理模式则带有非常强烈的被动性。有学者意识到，采取这种方式从事治理是改革开放初期国家基础权力虚弱的表现，其重要的原因在于毛泽东时期公安警察队伍的历史基础、控制结构与固有手段的制约。

哈罗德·坦纳（Harold M. Tanner, 1994：171）在他关于20世纪80年代中国犯罪与惩治的研究中提出，改革开放初期社会犯罪率的上升除了社会条件的作用之外，还有一个重要的原因，即中国在司法与治安体系方面还是一个弱国家（weak state）。公安警察机构缺少训练有素的职业人员，缺乏坚实的基础设施以及充足的财政资金。坦纳认为改革开放时期的中国警察虽然具有社会威慑力，但是却没有能力通过正规稳定的方式实现基层防范。然而，坦纳（Tanner，1999：4）在后来的研究中仍然认为，尽管中国的改革开放持续进行，但中国仍然没有能力建立常规化的、制度化的现代国家强制体系，并将这种滞后性归因于历史遗留的结构性障碍，包括意识形态因素、地区主义影响、中央监管的无力、基层权力结构的松弛等。

迈克尔·达顿从历史与结构主义的视角研究了改革开放时期的中国公安警察。达顿（Dutton，2000）提出，毛泽东时期中国公安的历史基础与治理模式是影响改革开放时期公安发展的最大因素。在这一影响下，改革开放时期的中国缺乏足够的强制资源应对日益上升的社会犯罪与不稳定状态。在毛泽东时期，中国曾广泛建立了以"群众路线"为特征的群众治安组织（包括治保会、治保小组与单位内部治保力量等），在社会治安方面发挥了重要作用。然而改革开放以后，随着市场带来的经济与社会变迁，旧有的控制结构逐渐式微。而与此同时，尽管毛泽东时期社会治安工作取得了与世瞩目的成就，但是这一时期中国正规警察的平均数量在全世界几乎是最低的，这意味着建立在毛泽东时期基础上的正规公安警察力量非常薄弱。在这种情况下，改革开放时期的中国公安除了依赖在开放前几十年的毛泽东时代建立起来的那一套逐渐式微的管控体系以外，别无选择。

达顿（Dutton，1993）还注意到，在改革开放初期，以群众为主体的各类治安结构在边远的农村还维持着主导地位，但在逐渐发达起来的城市地区，商品经济的发展弱化了原有的社区纽带，它们因此面临严重挑战甚至趋于瓦解。在正规警力薄弱而又缺乏新型管控手段的情况下，党和政府不得不重拾旧有的手段。早在1983—1984年的城市改革时期，地方政府的党政领导为了保证城市地区的稳定，开始着手努力加强城市的公安工作，除了在城市地区增加部分警力与资源以外，最重要的一个手段是恢复毛泽东时期的治保会工作，但是毛泽东时期的社会动员方式在新时期显得有些无济于事，城市治保会的恢复只能采取经济激励的方式，通过与群众签订经济承包责任制，以此激励群众参与社会安全防范工作。这一努力的后果是造成20世纪80年代城市治保组织数量的迅速上升，而与此同时，农村地区治保组织的数量迅速萎缩，这是由于农村地区集体公社的解体、党组织弱化以及缺乏必要的经济激励资源带来的必然后果。此外，中国还建立了如单位保卫处、保安公司、乡镇联防队等新形式的治安结构。

可见，改革开放时期中国公安警察对"群众路线"的继承，并非简单的意识形态延伸或威权政体的反映。相反，达顿的理论贡献在于，他指出了这一阶段的公安工作既反映了经济改革的要求，也反映了前期历史结构的制约。然而，改革开放之前，有一套较稳定的社会价值体系，国家可以通过政治宣传和政治动员等方式为该体系持续灌输社会主义情操，保证基层群众的广泛参与。但是改革开放以后，邓小平有关经济发展的"契约"思想取代了原有的社会价值标准，基于经济激励的各类契约原则为人们所接受，各种形式的责任制、津贴制以及合同制因此非常流行。例如在治安领域，为了重新激发公民参与的热情，毛泽东时期依靠意识形态激励的方法已让位于以承包契约和金钱关系为主的激励方法。或许是因为这些现象的出现，达顿（Dutton，2005a：197）指出："以经济激励获得群众的参与，这并非毛泽东时代群众路线左倾治理模式的复兴，恰恰代表了其结束。"

（三）中央—地方关系视野下的中国警察

中国公安的体制可以概括为"条块结合，以块为主"，它形成于延安时期，是中国共产党对苏联警察体制（以集权为特征）引发政治悲剧进行反思的结果。中国建立了政治上服从地方党政领导、业务上服从上级公安机关领导的双重领导体制。不少学者注意到，历史形成的中国公安行政体制对于改革开放时期的国家强制发展产生了重要影响。

迈克尔·达顿的研究从地方公安机构与警察人员执法的角度说明了体制安排对于中国公安的影响。迈克尔·达顿（Michael Dutton，1993：77；2005：203-204）认为，历史形成的"条块结合，以块为主"的行政体制，对于改革开放时期警察的职业化发展造成了一些消极影响。改革开放时期，中国致力于推进公安警察的职业化。理论上讲，为了实现这一目标，中国公安应当加强其纵向的业务领导而弱化其横向的政治领导。党的最高领导在改革开放初期就曾表示，希望将公安机构转化为一个依法治理的、职业化的执法机构，而非仅仅作为党治的工具。但是由于公安的人事与财政均由同级地方负担，这强化了"块块"的领导，而弱化了"条条"的业务领导。在中国大部分地区，尤其是在财政能力不足的基层县域，县级或乡镇党政需要利用警察机构执行各项基层政策并从社会汲取资源，警察机构通过参与这类活动从政府获得必要的经济开支。整个90年代，基层公安警察机构参与乡镇政府征收公粮、提留以及执行计划生育政策的现象非常普遍。个别机构为了自身利益的最大化，在缺乏有效监督机制的情况下，产生了一些腐败与滥权的现象。这一机制强化了公安机构与地方政府的联盟，减缓了中国警察职业化的进程。

香港大学研究犯罪问题的学者波吉·巴肯（Børge Bakken, 2004; 2005）则试图从地方犯罪信息统计造假的角度，说明"以块为主"的体制是如何弱化中国国家强制能力的。与真实的犯罪数据相比，地方党委政府更喜欢漂亮的数字，即能够反映地方治安良好的数字。虚假的统计数据弱化了国家收集宏观犯罪信息的能力，腐蚀了国家对于治安形势的判断能力，从而有可能导致中国控制基层社会秩序的策略与能力失当。因此，巴肯提出中国犯罪控制的关键并不在于增加警察的数量，而是在于从根本上改变中国公安的行政结构，切断统计造假与效率低下的激励机制。

《中国季刊》（China Quarterly）2007年刊登了一篇默里·斯科特·坦纳和埃里克·格林有关中国公安警察的研究（Murry Scot Tanner and Eric Green, 2007）。坦纳长期以来从事社会犯罪与国家惩治方面的研究，前文已经介绍了他早期从"严打"角度分析中国司法建设与法治化进程的研究，这一新的研究则通过实证分析，从公安行政结构的角度说明公安问题对于当前中国依法治国的影响。文章通过对当前中央与地方对于公安的权力资源（power resources）占有与监督机制（monitoring mechanisms）实施的考察，试图说明，虽然当前中央正在全国范围内开展自上而下的公安建设，强化推行公安基层建设的全国标准，但是在"条块结合、以块为主"的基本体制下，地方党委领导对于公安权力的影响仍然是绝对的，国家对公安机构的监管依然处于制度性弱势。具体来说，由于地方公安对地方党政具有严重的政治与经济依附，地方公安警察对地方党政的服从显然高于他们对上级业务主管机关以及中央领导的服从，由此使中央与上级业务部门对基层公安机构与人员的监管能力受到障碍，导致法律实施与暴力惩治系统与功能的极端分权化。这种极端分权化的行政结构，使基层警察的行为脱离国家职业化与法治化的规范轨道,从而影响到中国依法治国的实现。

坦纳的研究不仅为理解中国公安警察的问题,甚至为理解中国国家建设的逻辑,提供了一个很好的视角。中央—地方关系显然是观察中国国家"统合能力"的最好视角。然而,虽然坦纳从历史制度主义出发注意到历史形成的制度安排可能影响到后来的发展,但是他显然忽视了历史制度作用的另一面,即制度变迁的可能。如果坦纳注意到一些经验事实,他的结论可能会有所改变。近年来,中国基层公安机构如乡镇派出所,正在从过去对乡镇政权严重依附的状态中逐渐统一到县级政权的统辖下,以便于县级公安机关业务统筹的领导。在许多城市地区,各区级公安局及下辖派出所也开始逐步统辖到市政的领导。这种趋势,既增强了中央监管调动的能力,又符合将公安工作日渐强化的外部性所带来的消极效果内部化的要求。据此,虽然新的改革一时还很难打破旧有权力关系的影响,但是这一趋势是明显的,一定程度上解决了过度分权产生的问题。这说明,坦纳的研究似乎缺乏基层微观的经验基础。但无论如何,《中国季刊》过去很少刊登有关中国公安警察方面的研究,现在也开始关注。坦纳本人也开始从早期对中国宏观司法改革与社会犯罪等问题的研究,转向对当下中国公安建设这类更具体问题的关注,这也预示着中国警察作为一个重要的政治学问题,在当下中国研究的领域逐渐引起人们的重视。

四、余 论

改革开放以来,中国社会经济结构持续变化,不仅为检验警察发展的既有理论创造了条件,同时也为研究转型期中国国家建设的历史逻辑提供了可能。然而,大部分关于警察的研究还仅仅停留在意识形态层面,缺乏真正的经验研究,更勿论从中发展出有力的理论了。改革的实践证明,虽然中国的社会犯罪率在过去 30 年持续上升,但是客观来说,中国在控制犯罪与维持治安方面依然取得了不错的成就,中国并没有如后苏联时期的俄罗斯那样受到基层社会稳定问题的困扰(Bakken,2005)。但就这一点来说,就很少有人能够说清楚,为什么中国可以如此成功地控制转型期的社会秩序。中国也如西方那样,在社会变动面前是依靠大规模发展警察力量来获得稳定的吗?还是具有其他我们没有发现的经验？中国警察力量的变化，也受到逐步增大的经济分化或社会不平等因素的影响吗？遗憾的是，这方面的研究太少。

中国应当展开对警察问题的经验研究，一来可以观察国家在过去30年甚至过去60年所发生的变化，二来可以总结中国在国家治理方面的得失经验。为此，本文有三点意见：

首先，警察是国家问题的一个点。通过对中国警察研究的文献的梳理发现，西方学者对当代中国国家统治的研究其实还带有很强的意识形态色彩，并没有真正摒弃"威权主义"的狭隘视角。未来的研究应当突破这一窠臼，采取更加多元的视角——包括"中央—地方"关系、"国家—社会"关系或国家基础能力的视角——深入研究，探寻合理的解释，得出有益的经验。

其次，西方对中国警察的研究并没有真正开展良好的经验分析，他们所依据的不过是一些报纸的报道和零散的访谈，并没有作客观深入的研究。中国过往30年的变化，为警察研究提供了很好的条件。笔者依据公开数据，已经开展了两项有关中国警察的经验研究：一篇研究试图解释过去30年中国警察力量的变化——无论是历时发展研究还是跨地区比较，都可以发现中国警察的经费开支已经出现大规模变化（樊鹏，2009a）。另一篇研究试图解释过去30年中国警察制度的变迁——它已经从彻底的分权转到集权化的方向发展（樊鹏，2009b）。

最后，西方对警察的研究，同西方国家理论的两个预设是一致的：其一，国家与社会是高度分立的，国家统治的目的在于通过暴力防止社会分裂或阶级对抗；其二，国家通过自上而下的过程完成垄断暴力的任务。但是这两点预设是否真正符合中国国家治理的传统，还是符合当前中国国家统治的特征？这很难讲。以警察为例，世界上不只存在一种治理模式。政治学研究在这个问题上不应继续拘囿于西方"威权主义"的狭隘视角，而应进行更广泛深入的客观经验分析，借此探讨中国国家统治与社会治理的独特性。

参考文献

Ames, W. L. 1981. *Police and Community in Japan*. Berkeley: University of California Press.

Bakken, B. 2004. Chinese crime at the turn of the century. Paper presented at the USC

40th Anniversary Conference on the State of Contemporary China, Universities Service Centre for China Studies, Hong Kong, January 6 – 7.

Bakken, B. 2005. Comparative perspectives on crime in China. In Bakken, B. ed. *Crime, Punishment, and Policing in China.* Lanham: Rowman & Littlefield.

Bayley, D. H. 1975. The police and political development in Europe. In Tilly, C. ed. *The Formation of National States in Western Europe.* Princeton: Princeton University Press.

Bayley, D. H. 1976. *Forces of Order: Police Behavior in Japan and the United States.* Berkeley: University California Press.

Bayley, D. H. 1985. *Patterns of Policing: A Comparative International Analysis.* New Brunswick, N. J. : Rutgers University Press.

Becker, G. S. 1968. Crime and punishment: An economic approach. *The Journal of Political Economy*, 76 (2): 169 – 217.

Blalock, H. 1967. *Towards a Theory of Minority Group Relations*, New York: John Wiley and Sons.

Blauner, R. 1972. *Racial Oppression in America.* New York: Harper & Row.

Bordua, D. J. & Haurek, E. W. The police budget's lot: Components of the increase in local police expenditure 1902 – 1960. Hahn, H. & Hills, B. eds. *Police in Urban Society.* Calif. : Sage Publications.

Boritch H. & Hagan, J. 1987. Crime and the Changing Forms of Class Control: Policing Public Order in "Toronto the Good" 1859 – 1955. *Social Forces*, 66 (2): 307 – 35.

Brandl, S. G. , Chamlin, M. & Frank, J. 1995. Aggregation bias and the capacity for formal crime Control: The determinants of total and desegregated police force size in Milwaukee 1934 – 1987. *Justice Quarterly*, 12: 556.

Chambliss, W. J. 1976. The state and criminal law. In Chambliss, W. & Mankoff, M. eds. *Whose Law What Order.* New York: Wiley.

Chamlin, M. 1990. Determinants of Police Expenditures in Chicago 1904 – 1958. *Sociological Quarterly*, 31: 485 – 94.

Davis, O. A. , Dempster, M. & Wildavsky, A. 1966. A theory of budgetary process. *The American Political Science Review*, 60 (3): 529 – 47.

Danzinger, J. N. 1978. *Making Budget: Public Resource Allocation.* Beverly Hills: Sage.

Dye, T. R. 1969. Inequality and civil rights policy in the states. *Journal of Politics*, 18:

1080 - 97.

Dutton, M. 1993. Missing the target? Policing strategies in the period of economic reform. *Crime & Delinquency*, 39 (3): 316 - 36.

Dutton, M. 2000. The end of the (Mass) Line? Chinese policing in the era of the contract. *Social Justice*, 27 (2): 61 - 102.

Dutton, M. 2005a. Toward A Government of Contract: Policing in the Era of Reform. In Bakken, B. ed. *Crime, Punishment, and Policing in China*. Lanham: Rowman & Littlefield.

Dutton, M. 2005b. *Policing Chinese Politics: A History*. Durham N. C: Duke University Press.

Ehrlich, I. 1973. Participation in illegitimate activities: A theoretical and empirical investigation. *Journal of Political Economy*, 81: 521 - 64.

Ericson, R. V. 1982. *Reproducing Order: A Study of Police Patrol Work*. Toronto: University of Toronto Press.

Foley, J. W. 1977. Trends, determinants and policy implications of income inequality in U. S Counties. *Sociology and Social Research*, 61: 441 - 61.

Fukuyama, F. 2004. *State-building: Governance and World Order in the 21st Century*. Ithaca, N. Y. : Cornell University Press.

Greenberg, D. F. , Kessler, R. C. & Loftin, C. 1985. Social inequality and crime control. *Journal of Criminal Law and Criminology*, 76: 684 - 703.

Greenwood, M. J. & Wadycki, W. J. 1973. Crime rates and public expenditure for police protection: Their interaction. *Review of Social Economy*, 31: 138 - 52.

Harring, S. L. 1983. *Policing a Class Society: The Experience of American Cities 1965 - 1915*. New Brunswick: Rutgers University Press.

Isaac, L. & Kelly, W. R. 1981. Racial insurgency, the state, and welfare expansion: Local and national level evidence from the postwar United States. *American Journal of Sociology*, 86: 1348 - 86.

Jackson, P. I. & Carroll L. 1981. Race and the war on crime: The sociopolitical determinants of municipal police expenditures. *American Sociological Review* 46: 290 - 305.

Jackson, P. I. 1989. *Minority Group Threat, Crime, and Policing: Social Context and Social Control*. New York: Praeger.

Jacobs, D. 1979. Inequality and police strength: Conflict theory and coercive control in metropolitan areas. *American Sociological Review*, 44 (6): 913 – 925.

Jacobs, D. & Helms, R. E. 1997. Testing coercive explanations for order: The determinants of law enforcement Strength over time. *Social Forces*, 75 (4): 1361 – 92.

Jobson, J. D. & Schneck, R. 1982. Constituent views of organizational effectiveness: Evidence from police organizations. *Academy of Management Journal*, 25 (1): 25 – 46.

Jones, T. E. 1974. The impact of crime rate change on police expenditure in American cities. *Criminology*, 11: 516 – 24.

Kent, S. L. & Jacobs, D. 2004. Social divisions and coercive control in advanced societies: Law enforcement strength in eleven nations from 1975 to 1994. *Social Problems*, 51 (3): 343 – 61.

Liska, A. E., Lawrence J. & Benson, M. 1981. Perspective on the legal order: The capacity for social control. *American Journal of Sociology*, 87: 413 – 26.

Liska, A. E., Lawrence J. J. & Sanchirico, A. 1982. Fear of crime as a social fact. *Social Forces*, 60: 760 – 70.

Liska, A. E. & Chamlin, M. B. 1984. Social structure and crime control among macro-social units. *American Journal of Sociology*, 90: 383 – 95.

Lizotte, A. J.., Mercy J. & Monkkonen, E. 1982. Crime and police strength in an urban setting: Chicago 1947 – 1970. In Hagan J. ed. *Quantitative Criminology: Innovations and Applications*. Beverly Hills: Sage.

Loftin, C & McDowall, D. 1982. The police, crime, and economic theory: An assessment. *American Sociological Review*, 47 (3): 393 – 401.

Loftin, C & McDowall, D. 1986. Fiscal politics and the police: Detroit 1928 – 76. *Social Forces*, 65 (1): 162 – 76.

Marenin, O. 1985. Police performance and state rule: Control and autonomy in the exercise of Coercion. *Comparative Politics*, 18 (1): 101 – 122.

McPheters, L. R. and Stronge, W. B. 1974. Law Enforcement Expenditures and Urban Crime. *National Tax Journal*, 27: 633 – 44.

Monkkonen, E. H. 1981a. *Police in Urban America 1860 – 1920*. Cambridge: Cambridge University Press.

Monkkonen, E. H. 1981b. A disorderly people? Urban order in the ninteenth and twentieth centuries. *Journal of American History*, 68: 539 – 59.

Nalla, M. K. 1992. Perspective on the growth of police bureaucracies 1948 – 1984: An examination of three explanations. *Policing and Society*, 3: 51 – 61.

Nalla, M. K. & Lynch, M. J. 1997. Determinants of police growth in Phoenix 1950 – 1988. *Justice Quarterly*, 14 (1): 115 – 43.

Pyle, D. J. 1983. *The Economics of Crime and Law Enforcement*. London: Macmillan Press.

Sever, B. 2001. The relationship between minority population and police force strength: Expanding our knowledge. *Police Quarterly*, 4 (1): 29 – 30.

Sever, B. 2004. The impact of racial composition and other county characteristics on the size of sheriff's departments: A new analysis of police force growth. *Criminal Justice Policy Review*, 15 (4): 466 – 512.

Silver, A. 1966. The demand for order in civil society: A review of some themes in the history of urban crime, police and riot. In Bordua D. ed. *The Police: Six Sociological Essays*. New York: Wiley.

Singh, B. 1977. Socio-Economic Inequalities between Ethnic and Racial Groups: An Exploratory Comparative Study. Ph. D. dissertation. University of Denver.

Stead, P. J. 1983. *The Police of France*. New York: Macmillan.

Steedman, C. 1984. *Policing the Victorian Community: The Formation of English Provincial Police Forces 1856 – 80*. London: Routledge and Kegan Paul.

Surette, R. 1984. A note on the historical relationship between the economy and police organizational activities. *Criminal Justice Review*, 9: 47 – 52.

Swimmer, E. 1974. The Relationship of police and crime: Some methodological and empirical results. *Criminology*, 12: 293 – 314.

Tanner, H. M. 1999. *Strike Hard! Anti-Crime Campaigns and Chinese Criminal Justice 1979 – 1985*. Ithaca, N. Y. : Cornell East Asian Series.

Tanner, H. M. 1994. *Crime and Punishment in China 1979 – 1989*. Ann Arbor, Mich: UMI.

Tanner, M. S. 2000a. State coercion and the balance of awe: The 1983 – 1986 "Stern Blows" Anti-crime campaign. *China Journal*, 4: 93 – 125.

Tanner, M. S. 2000b. Shackling the coercive state: China's ambivalent struggle against torture. *Problems of Post-Communism*, 47 (5): 13 – 30.

Tanner, M. S. 2005. Campaign-style policing in China and its critics. In Bakken, B. ed. *Crime, Punishment, and Policing in China*. Lanham: Rowman & Littlefield.

Tanner, M. S. & Green, E. 2007. Principals and secret agents: Central versus local control over policing and obstacles to "Rule of Law" in China. *The China Quarterly*, 191: 644 – 70.

Taylor, I. & Walton, P. 1973. *The New Criminology: For a Social Theory of Deviance*. London: Routledge and Kegan Paul.

Wilson. J. Q. & Boland, B. 1976. Crime. In Gorham W. & Glazer, N. eds. *The Urban Predicament*. Washington, D. C.: Urban Institute.

樊鹏、易君健:《地方分权、社会犯罪与国家强制能力增长:基于改革时期中国公安财政经费发展的实证分析》,《世界经济文汇》(待刊)。

樊鹏、王绍光:《改革时期的公安分权与集权》,《中国社会科学》(待刊)。

政府强势管制背后的政治文化传统

李永刚*

【摘要】 转型时期的中国政府依然习惯使用管制手段来处理新旧社会问题。要理解这一强势国家单独治理的逻辑,应进行更深入的政治文化传统研究。作为社会记忆的一部分,有三个因素交互作用,促成了政府的强管制偏好。即:居高临下的父爱主义执政风格,道德紧张的革命传统与假想敌观念,公众的犬儒化生存策略。治乱循环的困局背后,折射出官民之间信心和耐心的两难。

【关键词】 强势管制治理　政治文化　父爱主义

晚近以来,用"全能主义"(邹谠,1994:139)来形容当代中国的国家—社会关系,获得了越来越多的学术认同。或者再退一步,认为当下中国已经步入国家控制相对软化的"后全能主义"(萧功秦,2002:1—8)时期,但政府治理的强势逻辑依然没有根本改变。基于这种逻辑的治理行动,有两个可以经验观察的习惯动作:一是对权力效用的高度迷恋;二是对民间自治的普遍怀疑。它展示了权力硬币奇特的两面,前者是权力的自信(一定能管好),后者却是权力的自卑(不管一定乱)。既然能管好,当然要管;既然不管要乱,还是只能管。

如果说,一种较为理想的治理模型应该是国家—社会共同治理,一种合乎变革潮流的治理方式是服务导向的品质管理,那么,我们或许应当承认,转型时期的中国,基本上还处在强势国家单独治理的历史阶段,其治理技术仍旧是

---

* 李永刚,南京大学公共管理学院副教授。本文系教育部重大课题攻关项目"加强和改进社会管理研究"(07JZD0026)之子课题"治理机制"的部分研究成果,特此致谢。

偏好控制导向的传统管理。

要理解政府在治理行动中的习惯性强势,当然可以在实证层面深入探究。但是,任何一种具有代表性和典型意义的政治行动,都不好简单归结为某种偶然的一时冲动,它实质上是特定的价值取向和认知方式通过政治社会化而在人们内心深处长期积淀的结果。或者说,各种集体行动都或多或少表现为以特定政治文化为依托的社会记忆习惯。

对此现象的经典解释无疑是诺思[(1983)1991:21;(1991)1994:132]的"路径依赖"(path dependence)理论。皮尔逊(Pierson,2000:251-267)在应用该理论时有一些新的发现。他认为:有四个因素导致了政治过程表现出明显的路径依赖:集体行动的主导作用、制度的密集、运用权力强化权力非对称性的可能,以及政治的内在复杂性与不透明性。它们共同作用形成一种"自我强化机制"(self-reinforce)。

以此观察,笔者尝试提出三个关键因素,并认为它们之间的交互影响,可以作为解释政府的管制偏好为何如此强烈的内在原因。

一、治国的伦理姿态:父爱主义执政风格

韦伯(Weber)老早就洞察了中国古代帝国的父权制本质,并一针见血地指出,这种治理模式乃是家父长制(patriarchalism)支配结构的一种特殊变形[Weber,(1951)1964:42-50]。在韦伯看来,自秦统一中国建立"中央帝国"以来,这个王国就被置为统治者的家产,同时这种家产制又和官僚制度结合起来,成为"家产官僚制"(patrimonial bureaucracy),它是这个大国稳定而持续发展的核心(2004:99)。但韦伯似乎没有透彻地指出,这种家父长制源于中国的以德治国传统,其核心是治国者时常标榜或者自我期许的某种伦理姿态,或者说,全能国家的惯性当是出自父爱主义的执政风格。

父爱主义(paternalism)又称"家长主义",起初主要是一个法学概念[1],

---

[1] 匈牙利经济学家科尔奈[(1980)1986:7—12]扩大了该概念的应用范围。在他的理论框架内,正是由于国家的"父爱主义",通过软预算约束(soft budget),培植了厂商的"投资饥渴"和"囤积倾向"。而即使企业出现了长期亏损,国家也不会让它们破产。

是指管理人出于增加当事人利益或使其免于伤害的善意目的，不顾当事人的主观意志而限制其自由的行为。由于这种行为就像具有责任心和爱心的家长对待孩子一样，故有此名。这种"政府对公民强制的爱"（孙笑侠、郭春镇，2006：47—58）有四个关键要素：善意的目的、限制的意图、限制的行为、对当事人意志的不管不顾。

概念虽是舶来的，但其核心观念和行为模式却在中国本土由来已久。在中国两千年漫长的帝国时代，中央集权的政权形式虽然历经朝代更迭，却从未伤及根本。在这种体制结构下，皇帝以君临天下的傲然姿态，成为万千子民俯身跪拜顺目仰望的圣上，连治理地方的官僚阶层也被尊称为"父母官"，政治文化中笼罩着强烈的父权观念。更重要的是，在儒家伦理成为主流意识形态后，治国者不仅占有了权力的高位，而且事实上处在了道德的高端。顺着这样的思路，政治与道德之间就建立起一种不可分割的紧密关系，"政治是要靠所谓贤人政治，即以身作则的儒家型的政治家。他们对自己的权力不仅有自我约束的能力，而且对人民的福祉有一定的承诺"（杜维明，1997：428）。

康晓光（2004：108—121）更是直截了当地把中国传统儒家政治的理想国称为以"仁政"为目标的"父爱主义国家"。他说，尽管儒家不承认主权在民原则，但它坚持民本主义原则，承认大众的社会经济权利，即施行于社会中的"仁政"。

确实，在儒家的治国理念中，只有少数的社会精英，也就是孔子所说的"君子"，才能担当起治理国家的重任，这些人就有责任施行"德政"、"仁政"，以"亲民"、"爱民"的态度做老百姓的"父母官"。这种仁爱的重要体现，就是英明的统治者总是比一般的市井小民站得更高，看得更远，他们就像父母为子女的未来筹划一样，能够为平民百姓的福利作长远的规划。因此，政策的选择，并不以其在民众中的受欢迎程度为优先考虑，而是以促进国家政权稳定和经济繁荣为宗旨。只要政府认为有必要，就可以毫不犹豫地干预民众的自发选择。政府还认为，向往和接受政府的照顾和安置，也是民众的心理习惯。即使政策一开始不被理解，但假以时日并耐心说服，其良苦用心是能够被体会的。

而在衡量绩效的民意天平上，中国百姓也一直存在深厚的"圣君情结"与"清官梦"。盛世体恤民情、施舍雨露的明君，黑暗年代耿直不阿的青天，都被视为感人的父爱典范。

外王仁政的理想与家长官僚的事实相结合，就形成了中国式的"父爱主义执政风格"。在这套治国理念中，"父"是执政者自我的身份定位，它高高在上，拥有不能挑衅的权威；"爱"是执政者的自我道德期许或者行动逻辑定位，不是"虎毒不食子"的低端动物本能，而是"可怜天下父母心"的高尚情操，不是机会主义的功利计算，而是诚心诚意的替子谋福，其最精炼的民间表达方式是"管你，是为你好"。"父"的权威与"爱"的温暖，必然引申出的实际作为是强势干预，可能因孩子弱小不懂事理而包办代替，也可能因为溺爱而无原则包容自己人，反对别人的干预。

事实上，这种"父爱主义执政风格"并未因为传统的衰落而烟消云散，即便"孔家店"被砸烂，即便文言变成了白话，作为深厚的历史记忆，它依旧在各种诱因中被反复激活重现。从民间立场看，对伟大领袖的个人崇拜以及对执政集团的热情赞誉，都在集体无意识的层面表达了对父爱的景仰。即便偶尔在语言上转化为对母爱的歌咏，其核心内涵依旧未发生大的变化。

在"父爱主义执政风格"的强大惯性支配下，"为民做主，替民指路"的强势管制逻辑时刻喷涌而出。尤其是只要局势恶化，国家权力对坏局面必须扭转的判断，与缺乏自治能力的社会渴望管制的呼唤，便会再次合谋。经年累月，强势治理早已内化为决策层简单又强大的思维惯性。

二、朝野的道德紧张：革命传统与"假想敌"

在社会运行状况呈现某种波折时，政府基于父爱的强势治理行动，容易被某种先人为主的假设所强化，即：一定是"别有用心"的"敌对势力"在搞破坏。此时，消除隐患的自卫本能和剿灭敌人的冲动就一起张扬，使得治理的正当性被加倍放大。而在民间，面对转型时期的道德分歧，也很容易就从"道不同不相为谋"的温和状态，快速递进到"杀敌而后快"的激情飞扬。这种朝野之间时刻紧绷的"道德紧张感"，可能来自百年来斗争不息的革命传统。

进入20世纪以来，父爱威权一度在民族国家的风雨飘摇中溃散，取而代之的是以颠覆旧秩序、创建新社会为己任的革命风潮涌动。金观涛（2005：

1—51)指出,在中国传统话语中,"革命"的本意是天道周期性变化,或指大动乱,是负面价值。但清王朝衰败、现代化运动引起社会整合危机,新文化运动爆发、俄国十月革命等重大历史事件的影响波及中国,"革命"的内涵发生巨大变化,它代表进步、彻底变革、用暴力推翻旧制度等现代含义而被接受,从此,革命成为至高无上的道义和人生的追求。

革命人生观与旧传统的道德政治耦合,产生了基于善恶对立的激烈斗争新传统。在救亡压倒启蒙的时期,革命者几乎全都不假思索地认定,政治冲突只有一种解决方式,那就是"一方战胜另一方,一方吃掉另一方"。

而在日常生活的微观层面,就像新道德是对旧道德的颠覆一样,无产阶级立场也只能通过对资产阶级之否定来定义。例如,资产阶级好逸恶劳,无产阶级就是勤劳的;资产阶级穿花衣裳,无产阶级就不穿花衣裳;资产阶级怕死,无产阶级就不怕死等。道德立场的迥异强化了"崇高的紧张"(只要不是我要求的这样,你就是恶),它不具备宽容的基础。无论是公权力,还是民间力量,在遭遇价值冲突的时刻,只要高举纯化道德的旗帜,就可以直接侵入私人领域。在内心世界成为国家和公众治理对象的情况下,"反求诸己"的自省常常落成了"反戈一击"的揭发。

表面上看,中国共产党1978年以后否定"文革"、推行改革开放,不仅是其自身从革命党向执政党转型的尝试,还似乎是世界性"告别革命"的一部分,然而问题并不那么简单。因为中国式现代革命观念的核心是斗争哲学和绝不妥协的革命人生观,经过无数次战争回忆、仪式体验和群众动员,它早已渗透成为国民气质的一部分。

1949年以后,伴随着新政权的建立,社会结构发生了颠覆性的改变,一个形象的说法叫"翻身":原本处在社会底层的工人和贫下中农翻转成为国家的主人,而原本居于强势的阶层大多界定为"地富反坏右"被打倒。然而,市场化取向的改革,再次改变了阶层的力量格局。部分工人、农民被边缘化,新兴阶层凭借财富资本有重新抬头的势头。

看上去,革命时代的身份识别技术以及"假想敌"意识并未彻底消失。只要有需要,它随时都能从心里滋长起来。在互联网上经常上演大众时代的迷狂,我们看见"大批受过现代化教育的城市哄客,他们以'无名氏'的方式,躲藏在黑暗的数码丛林里,高举话语暴力的武器,狙击那些被设定为'有罪'

的道德猎物。"(朱大可，2006) 政府一面管制来自外部的不良迹象，预防其可能的渗透冲锋；一面对内部群众随时可能生发的"错误"激情忧心忡忡。管制的号角随时会因为革命内在的逻辑而在内外两个战场同时吹响。

需要指出的是，在具体的操作策略中，还有进一步细分政府的治理动机。有时是为了替广大民众清剿不健康的外来病菌，以纯化其肌体和思想，展示父爱的关怀；有时则是整治"子民"中的不守规矩者甚至捣乱分子，显露父威的能量。在这样的"规训与惩罚"中，实现对整个社会进行的"巧妙强制的设计"[福柯，(1975) 1999：235]。

三、世俗的生存策略：公众心灵的集体化

父爱主义的持久盛行绝非威权的单一强力所能维系，而革命传统下疾风骤雨的普遍动员，也绝非行政官僚制的典则律例所能企及。如果父亲的威权被民众的权利意识挑战，父爱的标榜被具体的事实反证，如果新一代对革命敬而远之，如果群众对敌人已经麻痹，那么，强势治理的效果依旧会大打折扣。可事实上，大部分治理举措都没有遭遇民间的普遍反感。对政府而言，治理动作的不断升级，既和转型时期剧增的复杂局面有关，也和治理的阻力很小、操作容易有关。后者的民意基础，可以视为公众"心灵的集体化"①（郭于华，2003：79—92）。

"真正的政治人格是一种复杂的成品"[拉斯韦尔，(1936) 1992：11]。对于东方专制主义起源的多角度研究指出，农业社会对水利工程的迫切需求，呼唤强权；东低西高的地理环境，气候恶劣，天灾频繁，灾后重建呼唤恩人和强人政治；农业经济对商业的排斥，导致权力决定一切，利出一孔的官本位制度安排；无技术增长下的效率提高对"等级—秩序"的深度锁定，等等，映照到公众身上，就形成了基于利益计算的驯顺人格，在大多数时候，表现出以

---

① "心灵的集体化"是郭于华提出的一个概念。他在一篇关于陕北乡村女性口述历史的研究论文里指出，农业合作化运动在乡村的展开，不仅是一个生产劳动和生活的集体化过程，也是女性心灵集体化的过程，它在重构乡村社会结构的同时也重构了农民的心灵。笔者借用这个概念，虽然多少也有"权力如何改变心灵"的意旨，但更主要的还是该概念营造了一个可想象的群体意见整合后的意境。

依附为特征的权力拜物教。例如，在学校要做老师的好学生，在家庭要做父母的好孩子，在单位要做领导的好下属，在国家要做事业的好接班人。至于"好"的标准，几乎是以驯顺的程度而定的。这种依附品格的政治文化在不断的社会化和再社会化过程中，大批量生产着具有"权威人格"① ［弗洛姆，(1941) 1988：88］的个体。阿多诺（Adorno, 1951：103）对该人格特征有一个堪称经典的妙喻：它就像骑车人的本性，"对在上者鞠躬，对在下者踩踏。"(Above they bow, below they kick.)

改革前30年，在父爱的感召和革命的催化下，民众经历了"六亿神州尽舜尧"的道德上升时期。而在当下中国，由于乌托邦的愿景消退，加上多元价值的纷扰和个人意识的增强，普遍意义的道德水准大幅回落。"权威人格"的奴性色彩在世俗的算计下有所削弱，但又滋长出另外两种威权下的生存策略，其一是"偏好伪装"，其二是"犬儒主义"。

所谓"偏好伪装"是指在特定的社会压力下，一个人隐瞒自己真实欲望的行为（库兰，2005：3）。它并非是一般意义的撒谎，而是偏好伪装者对现实或社会假想压力的反应。由于置身于强势的媒体、文化机构、社会教化体制所制造的强大的话语泡沫中，个体出于恐惧和认同心理，会轻易地把外界的思考看成自己的思考，并融入一个文化体系中以获得免受攻击的身份。由此，我们也就容易理解为何人们害怕孤独，非常乐意自己被群体性的狂欢淹没，因为背后都是"他人的目光"，人们要经由社会的评价来确定自己的"存在价值"；个人对社会的依靠和伴随而来的对抛弃的恐惧，使他们总是选择与社会保持一致。

但是由于某些偏好总是不能公开地表达，一个社会的偏好便由公开声称他们偏好的那些人所左右，其后果则是不受欢迎的社会现状的维持和广泛无知的产生［库兰，(1995) 2005：4—25］。在中国，在表达真实意愿有一定风险的情况下，部分公众选择成为沉默的多数，或者积极伪装偏好。

所谓"犬儒主义"是指人们对于这个世界，采取一种消极、疏离、无力、

---

① 弗洛姆应用精神分析的方法发现，极权状态下普遍存在"权威人格"(The Authoritarian Personality)，它强调权威的价值，重视命令和服从的关系，缺乏友爱的人类温情，造成人们逃避自由。

无语的软弱无能的对应态度。但犬儒主义并不是被意识形态面具所蒙骗,从而天真地误认现实、相信谎言的错误意识。他们对于意识形态面具与社会现实之间的距离心知肚明,依然坚守着面具。"他们对自己的所作所为一清二楚,但他们依然坦然为之",知道幻象但不再穿越幻象,拒不与之断绝关系[齐泽克,(1989)2002:40]。他们嬉笑怒骂地加入他并不喜欢的游戏,有时还玩得格外认真。他们谴责社会之恶,却又用谴责来名正言顺地加入这种社会之恶。

在权威人格、偏好伪装和犬儒主义的共同作用下,公众心灵的集体化达到了罕见的高度。

四、政治文化困局:信心与耐心的两难

在父爱主义的逻辑下,父辈对孩子缺乏耐心;在心灵集体化的田地里,伪装与犬儒使得偏好传递机制失灵。这些因素共同作用,就造成了所谓"一放就活、一活就乱、一乱就收、一收就死"的中国式困局。困局的加深又反过来催化了政府治理行动的强势。其间的症结在于,越是迷恋权力的效用,就越是扼杀民间自治的空间;越是扼杀民间自治的空间,民间就越是不能自治、不会自治,因而就越可能在管制失常的时候生乱;而越是生乱,权力就越是坚信管制的必要。

对此现象的一种解释是,中央统治集团在主观的控制意向(intention)和客观的控制能量(capacity)之间存在落差。由于这种国家能力的限制,中央政府在推动政策,以及控制地方政府和地方社会的行为时,常常必须诉诸政治动员的方式,因而呈现一种间歇性(sporadic)控制的特质,时放时收,忽松忽紧(Ya-Ling Liu,1992:293-316)。另一种补充性的解释认为,中央政府在信息取得、监督成本和可支配资源上面的限制,使得控制不仅呈现间歇性,还具有问题领域和地域的选择性。更重要的是,由于调整周期的不确定感,官员和民众的"短期行为"便显得非常突出(吴介民,1999)。

其实,这种现象不仅出现在中央与地方的政策博弈过程中,治乱反复交替还逐渐积淀形成某种类似"集体无意识"的社会心理基础。这种心理基础用官方语言可表述为两句政策口号:发展才是硬道理;稳定压倒一切。在"发

展才是硬道理"的旗帜下，有利于发展的政策变通都是可取的，它既为管制松动提供了理由，也为漠视规则找到了证据，容易放也就容易乱；在"稳定压倒一切"的解释下，对既定秩序有干扰的事项都是可干预的，它既为强势管制提供了原则，也为打压升级重划了边界。问题是，这两个核心价值总是拥堵在一起，从整体上看有点"分裂人格"；从细部观察，在能够谋求合力的同时，也经常造成彼此的相互削弱。

社会精英阶层的内心矛盾与痛苦也不逊于政府。基于对个人自由价值的认同，他们可能主张淡化管制；但由于对"草根"、"暴民"的不信任，又有强烈支持强势管制的冲动。

将管制和自由往两极去推，将"秩序"的好和"失序"的坏往两极去想，其根源与两个变量密切相关：信心和耐心。

可以假设，倘若民众长期在被管制的状态下生活，凡事皆有政府料理规定，无须思考，不用操心，只需循规蹈矩即可；倘若精英总是呵斥和嘲讽民众弱智无能，那么一旦"放权式自由"状态仓促来临，少有历练的民众难免会因兴奋或逆反而偶然失控。此时，政府要相信多数民众绝无捣乱之意，不要把碎片化的偶然事件夸张为全局的、长期的蓄意；精英要相信只要假以时日，民众一定能学会理性合作，成为对国家持久发展有巨大支持的社会力量。

如果政府和精英阶层对公众的理性行动缺乏信心，对公众的学习型成长缺乏耐心，坚持以家长式的姿态继续充当"遮风挡雨"、"除妖祛魔"的保护人；如果精英阶层一面表达对自由的强烈偏好，一面否定民众追求自由的能力；如果民众对政府和精英的善意缺乏信心，对管制的尺度和力度缺乏忍受的耐心，可能的博弈格局便是：只能采取间歇性和选择性管制模式的政府，总会让民众捕捉到"放纵"的机会。管制越严厉，"放纵"滋生的自由快感就越强烈，政府对局面不安的判断就越容易作出。而在"放纵"的途中，反精英的民粹宣泄也将成为重要的草根话题。但是，要让体会过自由状态的民众回到从前，政府的阻力会增大；而阻力越大，政府又更容易相信情况不妙，会更坚定回到从前的意志；在强力下勉强回到从前的民众，带着"口服心不服"的怨气以及训练不足的"稚气"，期待下一次更加猛烈的"放纵"可能。

五、余 论

政府治理的路径依赖也许并不像技术或经济发展显示的那么强烈,但是因为现代总是"嵌入"在传统中起步,过去的习惯、思维模式和人格特征还是不可避免地会对当下产生影响。政治文化作为社会记忆的内容之一,不断地被唤起,又不断地被重构。

家长制作风的弥漫,可以获得无数的个案证明,但和过往时代它所透露的专断相比,当下家长的权威确实有所削弱,父的威权必须更多依赖爱的标榜,才得以谋求并不强烈的认同;或者,看起来表达强烈的认同,也未必不是偏好的集体伪装。

革命式思维或许有一种深刻的两难。一方面,政府对掌控局面的某种不自信,导致对"敌人"的近乎夸张的警惕与敏感;另一方面,由于锄奸去恶的暴力行动在革命中被赋予了"人皆可以为英雄"的荣誉玄想,以及革命曾经带来的改天换日的巨大成功,为民间暴力的频繁使用提供了正向激励。

公众心灵的集体化,透过大众时代常见的群体狂欢与迷乱表达,它反复提醒,被某种共通情感整合的"乌合之众"在偶然事件中是有爆发能力的;而在平静的日常生活中,多数人的沉默也许正是犬儒主义的普遍感染症状。

在当今中国信任匮乏的情况下,必须基于这样一种民主信心,即相信普通的人有能力、有可能重新建立一个信任的群体,这是"常识民主"的开始。无论具体的举措如何,重建各方的信心与耐心,实现政府与社会的交互理解,都是走向美好未来的基点之一。

参考文献

Adorno, Theodor. W. 1951. Freudian *Theory and the Pattern of Fascist Propaganda. Psychoanalysis and the Social Sciences.* New York: International University Press.

Pierson, Paul. 2000. Increasing Returns, Path Dependence, and the Study of Politics. *The American Political Science Review*, Vol. 94: 251 – 267.

Weber, Max. 1964. *The Religion of China: Confucianism and Taoism.* New York: Macmillan.

Yia-Ling Liu. 1992. Reform from Below: The Private Economy and Local Politics in the Rural Industrialization of Wenzhou. *The China Quarterly*, No. 130: 293–316.

道格拉斯·C. 诺斯:《经济史中的结构与变迁》, 上海: 上海三联书店1991年版。

道格拉斯·C. 诺斯:《制度、制度变迁与经济绩效》, 上海: 上海三联书店1994年版。

第默尔·库兰:《偏好伪装的社会后果》, 长春: 长春出版社2005年版。

杜维明:《现代精神与儒家传统》, 北京: 生活·读书·新知三联书店1997年版。

弗洛姆:《逃避自由》, 北京: 工人出版社1988年版。

福柯:《规训与惩罚》, 北京: 生活·读书·新知三联书店1999年版。

郭于华:《心灵的集体化: 陕北骥村农业合作化的女性记忆》, 载《中国社会科学》, 2003年第4期。

哈罗德·D. 拉斯韦尔:《政治学: 谁得到什么？什么时候和如何得到？》, 北京: 商务印书馆1992年版。

金观涛:《革命观念在中国的起源和演变》, 载《政治与社会哲学评论》, 2005年第13期。

康晓光:《仁政: 权威主义国家的合法性理论》, 载《战略与管理》, 2004年第2期。

斯拉沃热·齐泽克:《意识形态的崇高客体》, 北京: 中央编译出版社2002年版。

孙笑侠、郭春镇:《法律父爱主义在中国的适用》, 载《中国社会科学》, 2006年第1期。

韦伯:《韦伯作品集III: 支配社会学》, 南宁: 广西师范大学出版社2004年版。

魏沂:《中国新德治论析——改革前中国道德化政治的历史反思》, 载《战略与管理》, 2001年第2期。

吴介民:《治乱循环？中国的国家—社会关系变化的线索》, 国统会和政大国关中心合办"中共建政五十周年"研讨会, 台北国家图书馆1999年。

萧功秦:《后全能体制与21世纪中国的政治发展》载《战略与管理》, 2002年第6期。

亚诺什·科尔奈:《短缺经济学(下卷)》, 北京: 经济科学出版社1986年版。

邹谠:《二十世纪中国政治》, 香港: 牛津大学出版社1994年版。

朱大可:《转型社会的网络"哄客意志"》, 载《中国新闻周刊》, 2006年7月7日。

知识分子的政治文化、公共意识及其对地方治理的挑战
——基于2007年对K省高校教师问卷调查的分析

王金红*

【摘要】 基于2007年对K省高校教师的问卷调查结果,本文认为,随着社会经济结构的分化日益加剧,目前高校知识分子的平民意识与精英意识并存,自我关怀、群体关怀与公共关怀意识并存;知识分子高调的政治道德理想被世俗化的需求和取向所取代,空泛的议论被务实的主张所取代。但是,知识分子作为社会良心、社会公正、道义担当等角色依然存在。高校知识分子政治文化和公共意识所指向的问题主要集中在地方治理过程、公共政策领域,这对地方治理提出了一系列新的挑战,地方政府必须从改善公共治理入手予以回应。

【关键词】 知识分子 政治文化 公共意识 地方治理

公民文化是现代政治学与政治社会学研究的重要议题之一。自从20世纪50—60年代美国政治学家阿尔蒙德(G. A. Almond)提出政治文化和公民文化的理论概念以来,对公民政治文化的实证研究和比较研究一直是政治学研究的重要领域。在公民政治文化的实证研究方面,西方政治学已经取得了长足的进展。而中国政治学对公民政治文化的研究相对而言显得比较薄弱。自从上个世

---

* 王金红,华南师范大学政治与行政学院教授,中山大学政治学理论专业博士候选人。本研究论文是作者参加中山大学郭正林教授主持的"穗港公共治理比较研究"课题的相关成果。本论文的研究数据由作者采集,文责完全由作者承担。

纪80年代中国学者闵琦的著作《中国政治文化——民主政治难产的社会心理因素》和张明澍的著作《中国"政治人"》出版以来，中国大陆专门针对当代中国公民政治文化的实证研究显得比较缺乏。当然，要对当代中国公民政治文化进行全面系统的实证研究，是一项非常艰难的课题。本文试图以K省高校知识分子阶层作为研究对象，根据2007年的一项问卷调查结果，对知识分子的政治文化与公共意识进行实证研究。本文所关注的主要问题是：高校知识分子的政治文化有何特质？高校知识分子是否具有公共意识？这种政治文化和公共意识对地方治理提出了怎样的挑战？

一、研究背景

人们通常认为，知识分子属于一个社会的精英阶层，是公正道义和社会良心的维护者。尽管中国和西方在"什么是知识分子"、"谁是知识分子"之类的问题上存在不同看法，但是，将那些以传播知识、创造知识、追求真理为职业，同时具有社会关怀和社会批判精神的人称为知识分子，应该是没有意见分歧的。西方从启蒙运动以来，知识分子的社会角色和社会贡献长期受到肯定。而中国从晚清尤其是"五四运动"以来，知识分子的社会角色和社会贡献也基本上受到积极的肯定（史景迁，1998：4—5）。毫无疑问，没有现代意义上的知识分子，就没有现代社会。

从20世纪80年代以来，西方世界对知识分子问题的研究出现了一个新的高潮。在西方关于知识分子的研究中，批评的声音日渐强烈，而这些批评分为两个方面：有人认为，知识分子正在退化，知识不再是他们探索真理的武器，而是买卖的资本，他们失去了使命感，变成了追逐名利的庸人；有人认为，知识分子的天职是保持独立人格，做社会的良心和监督者，而现实中的知识分子为了个人利益，大都投靠政治集团或商业集团，对既定的社会秩序丧失了批判的锋芒。英国牛津大学的保罗·约翰逊（Paul Johnson, 1999：2）认为，现代知识分子大都是极端的个人主义者和自我中心主义者。而美国著名学者波斯纳（Richard Posner, 2002：3）则认为，相当一部分美国的现代知识分子脱离实际，追求政治正确，意识形态化，言行不一以及用学术包装意识形态；越来越多的知识分子超越自己的专业工作范围，关心政治、社会和意识形态热点问题,在各种媒体上发表评论意见。这些人常常非常真诚、自信地说出一些蠢话,作出种种一再落空的预言。这些人就是"公共知识分子"。

那么,在当代中国,知识分子究竟应当怎样处理同政治的关系?应当如何参与政治?显然,保罗·约翰逊眼中作为"极端个人主义者和自我中心主义者"的知识分子和波斯纳所不齿的"公共知识分子"都不是理想的角色。从政治学的角度来看,知识分子属于社会的精英阶层,是公民社会的中坚力量。知识分子的政治文化和公共意识是公民文化的重要组成部分,对整个公民社会具有重要的影响。对政治的冷漠和对公共事务的逃避不仅不符合知识分子的角色,而且不符合现代公民社会的一般要求。而对政治与公共事务的过分热情也许可能会减少知识分子对社会的专业贡献,但是,对于公民社会的发展并无明显的害处。理性的公民文化和公民参与都需要知识分子的贡献。

根据阿尔蒙德和小鲍威尔(G. A. Almond and G. Bingham Powell, Jr., 1987:30)的研究,政治文化是一个民族在特定时期流行的政治态度、信仰和情感,是关于政治体系的心理因素。随后,阿尔蒙德和维巴(G. A. Almond and Sidney Verba, 1972:14)在《公民文化》中将政治文化的涵义进一步解释为一个政治系统中个人对于该系统的态度取向,由认知、情感和评价组成,其特征为:(1)公民有参与政治的愿望;(2)参与政治是一种合理的行为;(3)公民有较强的政治效能感,自信可以成功地影响政治决策;(4)公民有强烈的输入功能取向;(5)公民的政治活动频率较高。

政治文化同政治社会化密切相关。一个国家(民族)政治社会化的过程实质上就是该民族政治文化传承和公民习得的过程,而政治文化传承与习得的主要手段则是公民教育。公民教育的目的包括培养公民意识和公民能力,引导公民生活。无论是在政治文化的传承与创新过程中,还是在公民教育的过程中,知识分子都扮演着十分重要的角色,主要包括:政治观念的倡导者、政治意识形态的辩护者、政治知识的传播者、公民行动的发起者和参与者。知识分子进行政治文化传播和公民教育的途径包括:学校、新闻媒体、公共论坛和公民行动。这些角色和途径是知识分子公共意识的体现。

自从实行改革开放以来,K省的社会经济迅速发展,经济利益结构和社会阶层结构出现多元化的趋势。在急剧的社会转型过程中,K省的政治结构也发生了明显的变化,公民社会迅速成长,公民权利意识增强,参与愿望强烈。在这样一个剧烈的转型阶段，知识分子阶层在自身利益诉求和公共利益表达方面都表现出前所未有的活跃气氛。在《S周末》、《S都市报》和《Y晚报》等报纸中，都有知识分子参政议政的专栏和评论，而"S大讲坛"则成为知识分子影响社会公众的重要思想渠道。不仅K省的知识分子活跃在公共问题领域，而且许多国内其他城市的知识分子也乐意在K省发表言论。

那么，究竟是哪些因素构成了K省知识分子政治文化的特质？这种政治文化特质同地方政治和地方治理具有怎样的关联？本文试图根据2007年的一项专题问卷调查结果，对上述问题进行探讨。

二、调查样本概述

2007年7—8月，我们在K省对10多所高等院校教师（含少量行政人员）进行了"高校知识分子思想政治状况"的问卷调查。共发放问卷2500份，回收有效问卷2375份，回收率为95%。问卷调查采用随机抽样的形式进行。根据数据登录员反映的情况，问卷填答的质量普遍比较高，另外，在问卷登录到第428份时曾进行预处理，处理的结果与2375份的处理结果基本一致，这说明问卷的数据基本上是可靠的，本问卷统计结果具有比较高的信度和效度，可以进行审慎的统计类推。我们对问卷调查进行数据处理所使用的工具是SPSS15.0，数据分析包括频率统计、聚类分析和卡方检验。根据统计结果，调查样本的基本情况如下：

调查样本中，男女性别有效比例分别是60.2%与39.8%，男女性别比接近3∶2。从年龄结构来看，调查对象主要集中在50岁以下，50岁以下的累计百分比（有效）达到88.2%；除此之外，超过半数（67.3%）的调查对象在31—50岁这一年龄段。从政治面貌来看，中共党员占68%，民主党派人士占14.7%，群众占14.9%。① 从学历来看，本科以上学历的累计百分比达到了96.6%，硕士研究生学历的占到42.3%，博士研究生学历的占到16.9%。从

---

① 根据2001年以来K省教育厅在高校作教师思想状况滚动抽样调查的结果，2001年调查样本中共产党员比例为63.73%，2002年为64.97%，2003年为64.33%，2004年为66.67%，2005年为67.7%，2006年为70.9%。

工作类型来看，被调查者中从事理工专业工作的比例最大，为41.1%，其次是人文社科工作，占33.4%，艺术、体育类最少，占10.2%，其他（即大学行政人员和党务干部）占14.7%。将这个结果同政治面貌因素相联系，我们认为，尽管从政治面貌来看，中共党员所占比例很大，但是他们中的绝大多数属于真正的"高校知识分子"，党政干部本身所占比例不大，因此，这不会实质性地影响被调查者填写问卷时的"知识分子心态"或"知识分子意识"。从职称来看，调查对象职称分布基本上呈中间高两边低的状况，接近正态分布，只是稍微有点左偏（偏态系数为 -0.137）。从学术地位来看，调查对象中属于学术带头人的占9.1%，学术骨干占22%，普通教师占66.1%。可见，大部分的调查对象是普通教师。从在K省高校的工作年限来看，调查对象在K省工作6年以下的占41.4%，工作7—9年的占16.8%，工作10年以上的超过40%。这个结果表明K省高校教师既具有较强的更新性，又具有相对稳定性。从有无出国留学经历来看，被调查者中有出国留学经历的只有13.4%，无出国留学经历的占绝大多数，比例为86.6%，这意味着绝大多数高校知识分子是在国内培养出来的。从有无国际学术交流经历来看，被调查者中有国际学术交流经历的只有14.9%，无国际学术交流经历的占绝大多数，比例为85.1%，这个分布结果同出国留学经历基本一致。

三、知识分子政治文化情况的测量

根据阿尔蒙德和维巴在《公民文化》中确定的公民文化研究的基本范式，我们对照问卷调查的统计结果，对现阶段K省高校知识分子政治文化的基本情况进行测量。

（一）政治参与动机和路径选择

公民政治参与的动机一般同个人利益表达或者群体利益要求相关。为此，我们选取三个问题来对高校知识分子政治参与动机和路径选择进行检测。

表1　参与涉及教师切身利益事务的意愿

项目		频数	百分比（%）	有效百分比（%）	累积百分比（%）
有效值	非常愿意	527	22.2	22.5	22.5
	愿意	1585	66.7	67.6	90.1
	无所谓	213	9.0	9.1	99.2
	不太愿意	15	0.6	0.7	99.9
	极不愿意	3	0.1	0.1	100
	合计	2343	98.7	100	——
缺省值		32	1.3	——	——
总计		2375	100	——	——

表1表明，在涉及个人切身利益的事务上，非常愿意和愿意参与的占90.1%，无所谓的占9.1%，不太愿意和极不愿意参与的占0.7%。这表明绝大多数高校知识分子关心个人切身利益，愿意参与，无所谓和不愿意的属于少数。

表2　对人大代表、政协委员表达教师心声和利益的效果的评价

项目		频数	百分比（%）	有效百分比（%）	累积百分比（%）
有效值	很有作用	114	4.8	4.9	4.9
	有作用	568	23.9	24.4	29.2
	有点作用	833	35.1	35.7	65
	没有	517	21.8	22.2	87.1
	说不清	300	12.6	12.9	100
	合计	2332	98.2	100	——
缺省值		43	1.8	——	——
总计		2375	100	——	——

如表2所示，认为人大代表、政协委员在表达教师心声和利益上很有作用和有作用的占29.3%，有点作用的占35.7%，认为没有作用的达到了22.2%，

超过五分之一，表示说不清的占 12.9%。如果将后三项意见累加，总比例为 70.8%。总体而言，高校教师对人大代表、政协委员的利益表达作用评价偏低。这也就是为什么在涉及自己切身利益的问题上大多数高校教师倾向于积极参与的原因。

表3 对工会、教职工代表大会表达心声和利益的评价

项目		频数	百分比（%）	有效百分比（%）	累积百分比（%）
有效值	很有作用	124	5.2	5.3	5.3
	有作用	600	25.3	25.7	31
	有点作用	972	40.9	41.6	72.6
	没有	432	18.2	18.5	91
	说不清	210	8.8	9.0	100
	合计	2338	98.4	100	——
缺省值		37	1.6	——	——
总计		2375	100	——	——

表3表明，认为高校工会、教职工代表大会在表达教师心声和利益上很有作用和有作用的占31%，有点作用的占41.6%，没有作用的占18.5%，说不清的占9%。如果后三项累加，总比例为69.1%。这表明高校教师对工会、教职工代表大会参与实效的认同感比较低，同时也表明高校教师对间接参与的评价偏低。

上述三个方面的测量表明，在涉及自己切身利益的问题上，K省绝大多数高校知识分子有积极的参与愿望和动机，但是，在利益表达和实现的路径选择上，大多数人对正式组织和单位领导缺乏信任，而对非组织渠道更有信心。

（二）政治效能感

政治效能感是公民对自己参加公共事务可能带来效果的自我评价与预期。在本研究中，高校教师对人大代表、政协委员、工会、教职工代表大会作用的评价也可以视为一种政治效能感，从上面的数据分析来看，高校教师对这方面的效能感普遍偏低。此外，我们还专门设计了几个问题对此进行检测。

表4 对教师参与学校重大决策作用的评价

项目		频数	百分比（%）	有效百分比（%）	累积百分比（%）
有效值	很有作用	342	14.4	14.6	14.6
	有作用	795	33.5	34	48.6
	有点作用	602	25.3	25.7	74.3
	没有	502	21.1	21.5	95.8
	说不清	98	4.1	4.2	100
	合计	2339	98.5	100	——
缺省值		36	1.5	——	——
总计		2375	100		

表4表明，在参与学校重大决策问题的评价上，认为很有作用的占14.6%，认为有作用的占34.0%，认为有点作用的达到25.7%，认为没有作用的达到了21.5%。因此，高校教师对参与学校重大问题作用的总体评价可以归纳为有作用或者有点作用，但作用不大。

如果高校知识分子对自己参与学校重大事务决策作用的效能感偏低，那么，应当选择什么方式解决高校的管理体制问题？我们进一步设计了两个有趣的问题来作深度检测：

表5 对高校现行领导干部兼任学术工作的态度

项目		频数	百分比（%）	有效百分比（%）	累积百分比（%）
有效值	非常赞同	151	6.40	6.50	6.50
	比较赞同	1015	42.7	43.5	50
	不太赞同	783	33.0	33.5	83.5
	很不赞同	245	10.3	10.5	94.0
	不知道	141	5.90	6.00	100
	合计	2335	98.3	100	
缺省值		40	1.70	——	——
总计		2375	100		

从表 5 的统计结果来看,调查对象对这一问题的态度呈现尖锐的分歧,持非常赞同的占 6.5%,"比较赞同"的占 43.5%,不太赞同的占 33.5%,很不赞同的占 6.0%。如果把倾向赞同和倾向不赞同的归类,则前者总比例为 49.9%,后者总比例为 50%。

如果高校知识分子在领导干部兼任学术工作问题上的看法意见明显分歧,那么,对于实行专家教授治校、民主治校态度又会怎样?

表 6 对实行专家教授治校、民主治校的态度

项目		频数	百分比(%)	有效百分比(%)	累积百分比(%)
有效值	非常赞同	470	19.8	20.1	20.1
	比较赞同	1133	47.7	48.5	68.6
	不太赞同	511	21.5	21.9	90.5
	很不赞同	83	3.50	3.5	94.0
	不知道	140	5.90	6.00	100
	合计	2337	98.4	100	——
缺省值		38	1.60	——	
总计		2375	100	——	

表 6 表明,调查对象对高校实行专家教授治校、民主治校这一问题普遍持倾向于赞同的态度,总体比例为 68.6%,但应该注意的是,持不太赞同和很不赞同态度的人也超过 25%。这个结果也表明,高校知识分子对专家教授治理大学的效能感也不强烈,怀疑和反对的力量不容忽视。

如果高校知识分子对校园内事务参与的效能感都不是很强,那么,对参与政府层面事务的效能感又会怎样呢?

表7 对知识分子在 K 省改革发展中作用的评价

项目		频数	百分比（%）	有效百分比（%）	累积百分比（%）
有效值	很受重视	115	4.80	4.90	4.90
	较受重视	950	40.1	40.7	45.6
	一般	995	41.9	42.6	88.2
	不太受重视	232	9.80	9.90	98.1
	很不受重视	45	1.90	1.90	100
	合计	2337	98.4	100	——
缺省值		38	1.60		
总计		2375	100		

表7表明，对于知识分子在 K 省改革发展中作用是否受到重视的问题，认为知识分子很受重视的只有4.9%，认为较受重视的达到40.7%。另外，有42.6%的人认为自己受重视的程度一般，认为很不受重视的占1.9%。根据很受重视等于100分，较受重视等于80分，一般等于60分，不太受重视等于40分以及很不受重视等于20分的换算标准，我们得出知识分子在受重视程度的平均分是67.34分（有效样本为2337个）。尽管整体上有将近45%的人认为很受重视和较受重视，但是从总平均得分结果来看，这个结果不能令人乐观。如果将这个结果同对人大代表、政协委员、工会、教职工代表大会作用的评价结果联系起来看，K 省高校知识分子的政治效能感整体上偏低。

（三）政治行为取向

政治行为取向包括获取政治信息的行为取向、表达利益的行为取向两个主要方面。对于获取政治信息的行为，K 省高校知识分子的情况如下：

表8 高校教师获取政治信息的行为取向

途径选择	看电视	看报纸	开会	上网	交谈	短信
百分比	49.69	6.63	0.25	39.17	0.88	0.13

表 8 表明，K 省高校知识分子获取政治信息的主要来源是看电视和上网。看电视的比例接近五成，而上网的比例接近四成。而看报纸、开会等传统形式的比例严重下降，同时，由于 K 省人在亲戚朋友之间交流、同事之间交流时一般不喜欢谈论政治问题，所以，受地缘文化的影响，高校知识分子同市井百姓一样，不喜欢在日常交流中谈论政治。K 省高校知识分子在获取政治信息来源选择方面之所以有接近一半的人选择看电视，可能同 K 省的电视业比较发达，尤其是可以收看香港电视，了解外界的信息同国内有所不同有关，所以，电视成为 K 省高校知识分子获取政治信息、了解国内外大事的主要渠道。

表 9 寻求利益表达和维护的对象

	项目	频数	百分比（%）	有效百分比（%）	累积百分比（%）
有效值	书记	158	6.70	7.10	7.10
	院长、主任	159	6.70	7.20	14.3
	工会	84	3.50	3.80	18.1
	家长家属	754	31.7	33.9	52.0
	同事、同学、朋友	1066	44.9	48.0	100
	合计	2221	93.5	100	
缺省值		154	6.50	——	
总计		2375	100		

表 9 表明，在自己的工作或生活遇到困难时，被调查者选择找同事、同学、朋友的比例最高，为 48.0%，其次是找家人和亲戚，为 33.9%，而选择找书记、院长、主任、工会的比例都很低。2006 年，K 省教育厅对高校教师也作过相似的调查，同样的问题，结果是：愿意找学校领导和学院领导的占 14.5%，找工会的占 1.13%，找同事的占 26.78%，找亲友的占 49.56%。这两个不同调查虽然在具体比例上不同，但是主要倾向几乎完全一致。这表明，K 省高校知识分子在寻求利益表达和帮助的问题上，倾向非正式组织渠道和非正式方式，而对正式组织和方式采取回避态度。在利益表达行为方式上，K 省高校知识分子不仅采取私人性的方式，而且绝大多数是温和、内敛性的，基本上没有极端的倾向。

（四）参加政治活动的频率

K省高校知识分子同其他地方高校知识分子参加政治活动相似的方面包括参加人大代表、政协委员、党代表的选举以及学院领导和系主任选举。由于这些选举不是经常进行，也不是个人选择的事情，因此，我们不考虑参加这类活动的频率。我们选取两个小的方面进行测量：过去一年时间里同系主任、学院领导、校领导和工会主席主动接触、反映意见和建议的频率；参加系或学院组织的政治学习活动的频率。

表10 过去一年同领导人主动接触、反映意见的频率

频率	经常	偶尔	少有	没有
百分比	9.89	26.16	35.92	24.78

表10表明，K省高校知识分子中经常主动同各类领导人接触、反映意见和建议的为少数，一年中有过少许接触的接近六成，而没有接触的将近四分之一。这个结果表明，高校教师对于高校各级领导人还缺乏足够的信赖感，高校同样存在干群关系逐渐疏远的问题。

表11 过去一年参加政治学习活动的情况

	项目	频数	百分比（%）	有效百分比（%）	累积百分比（%）
有效值	每周一次	301	12.7	13.0	13.0
	每月一次	746	31.4	32.1	45.1
	每学期一次	148	6.20	6.40	51.5
	不定期	1010	42.5	43.5	95
	不知道	118	5.00	5.0	100
	合计	2323	97.8	100	
缺省值		50	2.20	——	——
总计		2375	100	——	——

表 11 表明，在 K 省高校，每周举行一次政治学习活动的占 13%，每月举行一次的占 32.1%，每学期举行一次的占 6.4%，不定期举行的占 43.5%。如果将每周举行一次规定为频繁，每月举行一次规定为比较频繁，每学期举行一次和不定期举行一次规定为不频繁，那么，频繁和比较频繁的总计占 45.1%，不频繁的占 48.7%，如果再加上回答"不知道"的 5.1%，那么，举行集体政治学习活动、参加集体政治学习活动的总体状况是，不频繁的占微弱多数。

为什么高校知识分子参加集体政治学习活动不太积极？或者，为什么高校举行集体政治学习活动比较困难？进一步的调查发现，被调查者认为参加集体政治学习活动后收获很大和有些收获的占 55.9%，而认为收获不大和没有收获的占 44.1%，教师对参加集体政治学习活动效果的评价存在较大分歧。还有一个值得注意的问题是，高校教师参加集体政治学习活动的频率是否受到本学院、系领导决定多久举行一次集体政治学习活动的周期的影响？是否存在教师乐意多参加集体政治学习活动而领导不愿意组织的情况？根据我们对高校情况的了解，不存在这样的情况。一般而言，集体政治学习活动周期较长或不定期的单位，往往是多数教师不愿意过于频繁参加集体政治学习活动的单位。

（五）政治态度

为了了解 K 省高校知识分子的政治态度，我们选取了 2007 年比较重要的 9 个政治问题，由被调查者根据个人态度自由选择支持程度，以此来检测高校知识分子的政治态度，具体结果如下：

表 12 对热点政治问题的态度

		非常支持	支持	无所谓	不支持	很不支持	合计
科学发展观与和谐社会理论	个案数	1428	838	67	5	1	2339
	百分比	61.1%	35.8%	2.9%	0.2%	0.0%	100%
用实际行动迎接十七大召开	个案数	1107	1043	181	3	4	2338
	百分比	47.3%	44.6%	7.7%	0.1%	0.2%	100%
推进政治体制改革和民主进程	个案数	1279	979	79	——	——	2237
	百分比	54.7%	41.9%	3.4%			100%

加大预防惩治腐败力度	个案数	1710	607	23	——	——	2340
	百分比	73.1%	25.9%	1.0%	——	——	100%
应当保障公民权利，尊重人权	个案数	1623	689	26			2338
	百分比	69.4%	29.5%	1.0%			100%
舆论监督、信息公开	个案数	1562	740	36	1	1	2340
	百分比	66.8%	31.6%	1.5%	0.0%	0.0%	100%
党外知识分子担任政府正职	个案数	954	947	350	70	17	2338
	百分比	40.8%	40.5%	15%	3.0%	0.7%	100%
用和平方式解决台湾问题	个案数	1234	932	112	38	17	2333
	百分比	52.9%	39.9%	4.8%	1.6%	0.7%	100%
中国应更加积极地发挥大国作用	个案数	1236	943	128	22		2334
	百分比	53%	40.4%	5.5%	0.9%	0.2%	100%

根据赋值换算，对各个问题的政治态度的分值结果如下：

表13 高校知识分子对9大政治问题政治态度的赋值

项目	有效样本数	赋值总和	平均值	标准差
科学发展观与和谐社会理论	2339	214080.00	91.5263	11.30590
用实际行动迎接十七大召开	2338	205200.00	87.7673	12.97352
推进政治体制改革和民主进程	2337	210960.00	90.2696	11.27053
加大预防惩治腐败力度	2340	220940.00	94.4188	9.40081
应当保障公民权利，尊重人权	2338	218980.00	93.6612	9.77408
舆论监督、信息公开	2340	217620.00	93.0000	10.31650
党外知识分子担任政府正职	2338	195300.00	83.5329	16.87653
用和平方式解决台湾问题	2333	206540.00	88.5298	14.52524
中国应更加积极地发挥大国作用	2334	207700.00	88.9889	13.26013

在9个选项中，支持度最高的是"加大预防惩治腐败力度"，总分为220940，平均得分为94.4188，最小的是"党外知识分子担任政府正职"，平均得分为83.5329。标准差最大的也是"党外知识分子担任政府正职"，这说

明调查对象对这一问题的意见分歧较大。其余三个平均得分没有超过90分的选项分别是"用实际行动迎接十七大召开"(87.7693),"用和平方式解决台湾问题"(88.5298)与"中国应更加积极地发挥大国作用"(88.9889),这意味着少数高校知识分子对这些问题持保留态度。对上述问题进行聚类分析,结果如下:

类别数量	1	2	3	4	5	6	7	8
党外知识分子担任政府正职	★	★	★	★	★	★	★	★
	★							
用和平方式解决台湾问题	★	☆	☆	☆	☆	☆	☆	☆
	★	☆						
中国应更加积极地发挥大国作用	★	☆	▲	▲	▲	▲	▲	▲
	★	☆	▲					
用实际行动迎接十七大召开	★	☆	▲	△	△	△	△	△
	★	☆	▲	△				
舆论监督、信息公开	★	☆	▲	△	▼	▼	▼	▼
	★	☆	▲	△	▼			
应当保障公民权利、尊重人权	★	☆	▲	△	▼	▼	▼	▼
	★	☆	▲	△	▼			
加大预防惩治腐败力度	★	☆	▲	△	▼	▼	▼	⊙
	★	☆	▲	△	▼			
推进政治体制改革和民主进程	★	☆	▲	△	▼	■	■	■
	★	☆	▲	△	▼	■		
科学发展观与和谐社会理论	★	☆	▲	△	▼	■	□	□

图 1 聚类分析冰柱图

将上述结果转换为树形图,能更加清楚地展现聚类的具体过程。如下所示:

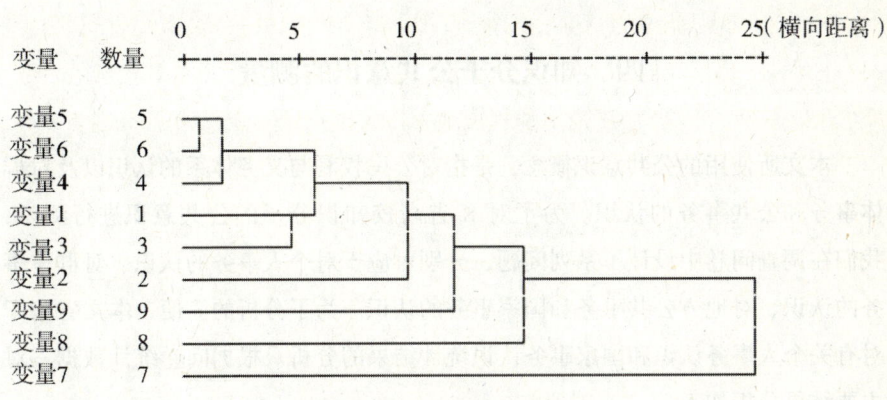

图2　分层级聚类分析树形图

(注：变量5＝应当保障公民权利、尊重人权；变量6＝舆论监督、信息公开；变量4＝加大预防惩治腐败力度；变量1＝科学发展观与和谐社会理论；变量3＝推进政治体制改革和民主进程；变量9＝中国应更加积极地发挥大国作用；变量8＝用和平方式解决台湾问题；变量7＝党外知识分子担任政府正职。)

　　根据以上的冰柱图可知，如果分为两类，"党外知识分子担任政府正职"的支持度为一类，其他八项为另一类。如果分为三类，可以把"用和平方式解决台湾问题"从第二大类中独立出来，成为单独的一类。如果分为六类，"用实际行动迎接十七大召开"的支持度成为单独一类；"用和平方式解决台湾问题"成为单独一类；"中国应更积极地发挥大国作用"成为单独一类；"党外知识分子担任政府正职"成为单独一类；"舆论监督、信息公开"、"应当保障公民权利，尊重人权"与"加大预防惩治腐败力度"这三个为一类；"推进政治体制改革和民主进程"与"科学发展观与和谐社会理论"为一类。

　　除此之外，我们还可以从上图中知道，"舆论监督、信息公开"的支持度与"应当保障公民权利，尊重人权"的冰柱图没有断开，始终归为一类，这说明调查对象对于这两个方面的支持度是非常一致的，是最为牢固的"态度联盟"。

四、知识分子公共意识的测量

本文所使用的公共意识概念，是指对公民权利与义务体系的认识以及对群体事务和公共事务的认识。为了对 K 省高校知识分子的公共意识进行测量，我们在调查问卷中设计了系列问题，分别对应于对个人事务的认识、对群体事务的认识、对地方公共事务和国家事务的认识。为了分析的简便，本文省略了对有关个人事务认识和国家事务认识统计结果的分析。根据问卷统计数据，对主要结果分析如下：

（一）对群体事务的关怀

高校知识分子对群体事务的关怀，除了我们已经测量过的对学校重大决策的关心与参与动机、对学校管理体制的看法等因素以外，还包括对整个高等教育发展、学术建设、学风建设等问题的看法。为此，我们设计了 10 个相关问题来检测高校知识分子的态度，主要问题的统计结果如下：

表 14　对学校大事的关心程度

项目		频数	百分比（%）	有效百分比（%）	累积百分比（%）
有效值	非常关心	760	32.0	32.3	32.3
	比较关心	1214	51.1	51.5	83.8
	一般	319	13.4	13.6	97.4
	不太关心	50	2.1	2.1	99.5
	毫不关心	12	0.5	0.5	100
	合计	2355	99.2	100	——
缺省值		20	0.8		
总计		2375	100		

由表 14 可知，选择不太关心与毫不关心的两者之和所占的比例只有 2.6%，样本中的调查对象，普遍关心学校大事。

表 15 对所在大学教师职业道德和学风的评价

项目		频数	百分比（%）	有效百分比（%）	累积百分比（%）
有效值	很好	180	7.6	7.7	7.7
	较好	1217	51.2	52.0	59.7
	一般	885	36.0	36.5	96.2
	较差	70	2.9	3.0	99.2
	很差	19	0.8	0.8	100
	合计	2341	98.6	100	——
缺省值		34	1.4	——	——
总计		2375	100	——	——

表 15 是调查对象对教师师德和学风的整体评价，大部分的调查对象认为学校的师德和学风较好（接近60%）。如果设定很好等于100分，较好等于80分，一般等于60分，较差等于40分，很差等于20分，那么，调查对象对学校教师师德和学风的整体评价的平均得分是72.5502分。

表 16 对高校管理作风的评价

项目		频数	百分比（%）	有效百分比（%）	累积百分比（%）
有效值	很好	376	15.8	16.1	16.1
	较好	909	38.3	38.9	54.9
	一般	789	33.2	33.7	88.7
	较差	129	5.4	5.5	94.2
	很差	136	5.7	5.8	100
	合计	2339	98.5	100	——
缺省值		36	1.5	——	——
总计		2375	100	——	——

表 16 是高校教师对现在大学官僚习气、衙门作风问题的不同态度，统计结果显示，持非常赞同和比较赞同态度的人数过半，占54.9%，不太赞同的有33.7%，很不赞同的只有5.5%，尽管意见分歧比较明显，但是，这表明目

前高校官僚习气、衙门作风已经成为不容忽视的问题，这是高校治理和地方治理中必须解决的一个重要问题。

表17 对高校知识分子群体事务的认识

项目		非常赞成	赞成	无所谓	不赞成	很不赞成	合计
继续扩大高校办学规模	个案数	382	650	212	864	229	2337
	百分比	16.3%	27.8%	9.1%	37.0%	9.8%	100%
政府部门对大学进行各种评估	个案数	204	724	290	727	389	2334
	百分比	8.7%	31.0%	12.4%	31.1%	16.7%	100%
改革高校人事和分配制度	个案数	683	1321	264	54	10	2332
	百分比	29.3%	56.6%	11.3%	2.3%	0.4%	100%
改革高校职称评定制度	个案数	755	1259	260	47	7	2328
	百分比	32.4%	54.1%	11.2%	2.0%	0.3%	100%
扩大高校办学自主权	个案数	857	1202	204	64	7	2334
	百分比	36.7%	51.5%	8.7%	2.7%	0.3%	100%
加强校务公开、民主监督和管理	个案数	1298	969	71	2	——	2340
	百分比	55.5%	41.4%	3.0%	0.1%		100%
增加省级研究课题立项数量	个案数	1141	989	181	19	4	2334
	百分比	48.9%	42.4%	7.8%	0.8%	0.2%	100%
增加省级研究课题经费额度	个案数	1176	964	176	16	3	2335
	百分比	50.4%	41.3%	7.5%	0.7%	0.1%	100%
加大对科研成果的奖励力度	个案数	1183	971	161	15	5	2335
	百分比	50.7%	41.6%	6.9%	0.6%	0.2%	100%
加大对优秀人才的奖励力度	个案数	1207	973	134	17	8	2339
	百分比	51.6%	41.6%	5.7%	0.7%	0.3%	100%

表17是K省高校知识分子对于高校改革与发展的10大问题之态度的频数表，各个选项的选择人数与频数都列于表格内，其中"合计"一列所列的数目是有效样本数而不是全部样本数，因为调查对象并不是对每一问题都表明自己的态度。由于上表比较复杂，下面采用两种方法简化图表。一是对图表进行

简单的转化，按照非常赞成等于100，赞成等于80，无所谓等于50，不赞成等于40，极不赞成等于20的赋值进行转化并定义为赞成度，各个选项赞成度见表18。

表18 对高校事务不同问题的态度的赋值

项目	有效样本数	赋值总和	平均值	标准差
继续扩大高校办学规模	2337	142060.00	60.7873	26.02152
政府部门对大学进行各种评估	2334	132580.00	56.8038	25.40167
改革高校人事和分配制度	2332	192180.00	82.4099	14.46391
改革高校职称评定制度	2328	193840.00	83.2646	14.38600
扩大高校办学自主权	2334	196800.00	84.3188	14.76298
加大校务公开、民主监督和管理	2340	211660.00	90.4530	11.23270
增加省级研究课题立项数量	2334	204920.00	87.7978	13.60266
增加省级研究课题经费额度	2335	205980.00	88.2141	13.40895
加大对科研成果的奖励力度	2335	206340.00	88.3683	13.35180
加大对优秀人才的奖励力度	2339	207420.00	88.6789	13.34253

如表18所示，在这10个问题中，平均赞成度最高的是"加强校务公开、民主监督和管理"，它的平均赞成度是90.4530。而平均赞成度最低的是"政府部门对大学进行各种评估"，它的平均赞成度只有56.8038，"继续扩大高校规模"的平均赞成度也比较低，只有60.7873。在这10个问题中分歧最大的是"继续扩大高校办学规模"，这一问题的标准差为26.02152。

二是对上述结果作进一步的聚类分析，结果如下：

类别数量	1	2	3	4	5	6	7	8	9
加大对优秀人才的奖励力度	★	★	★	★	★	★	★	★	★
	★	★	★	★	★	★	★		
加大对科研成果的奖励力度	★	★	★	★	★	★	★	★	●
	★	★	★	★	★	★	★		
增加省级研究课题经费额度	★	★	★	★	★	★	★	⊙	⊙
	★	★	★	★	★	★	★	⊙	⊙
增加省级研究课题立项数量	★	★	★	★	★	★	★	⊙	⊙

加强校务公开、民主监督和管理	★	★	★	★	★			
	★	★	★	★	★	■	■■	■
	★	★	★	★				
扩大高校办学自主权	★	★	★	★	▼	▼	▼	▼
	★	★	★					
改革高校职称评定制度	★	★	★	△	△	△	△	△
	★	★	★					
改革高校人事和分配制度	★	★	★	△	△	□	□	□
	★							
政府部门对大学进行各种评估	★	☆	▲	▲	▲	▲	▲	▲
	★	☆						
继续扩大高校办学规模	★	☆	☆	☆	☆	☆	☆	☆

图3 高校改革态度聚类分析冰柱图

将上述结果转换为树形图,能更加清楚地展现聚类的具体过程。如下所示:

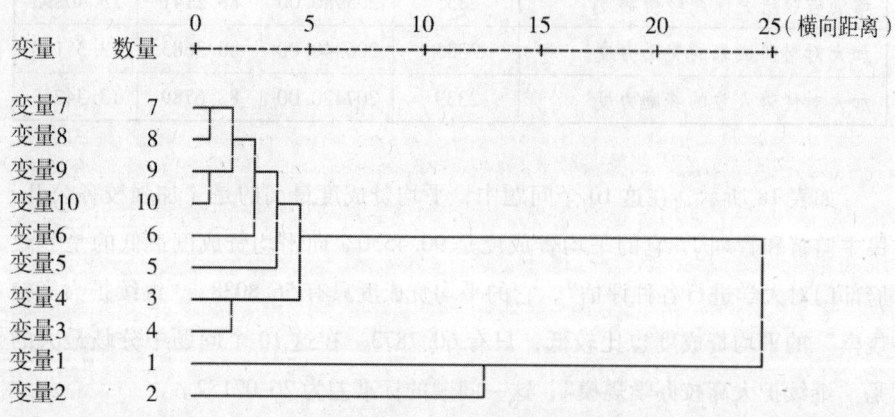

图4 高校改革分层级聚类分析树形图

(注:变量7=增加省级研究课题立项数量;变量8=增加省级研究课题经费额度;变量9=加大对科研成果的奖励力度;变量10=加大对优秀人才的奖励力度;变量6=加强校务公开、民主监督和管理;变量5=扩大高校办学自主权;变量4=改革高校职称评定制度;变量3=改革高校人事和分配制度;变量1=继续扩大高校办学规模;变量2=政府部门对大学进行各种评估。)

根据聚类分析的冰柱图可知，如果分成两类，那么"继续扩大高校办学规模（☆）"与"政府部门对大学进行各种评估（☆）"这两个问题可以归为一类，而其他 8 个问题（★）的态度可以归为另一类。通过观察可知，知识分子对"改革高校人事和分配制度"与"改革高校职称评定制度"的态度是相当一致的，这启发我们为配套改革提供了心理基础。另一方面，知识分子对"增加省级研究课题经费额度"与"增加省级研究课题立项数量"的态度也可以归为一类，因为即使是分为 9 类，这两个选项仍然结成最为牢固的"联盟"，这是所有的聚类联盟中最为牢固的"态度联盟"。

综合上述分析，可以认为，目前 K 省高校知识分子最支持的是加强校务公开、民主监督和管理，其次是加强对科研项目的立项和经费支持、加大对科研成果的奖励力度、加大对优秀人才的奖励力度。而高校知识分子最反对的是政府部门对高校的各种评估以及高校招生规模的不断扩大。解决这些问题，不仅是 K 省高校知识分子迫切的利益需求，也是改善政府同高校知识分子关系的重要举措。

（二）对地方公共事务的关注

高校知识分子对地方公共事务的认识包括对本省或所在城市重大事务的关心，对地方经济、政治、社会、民生等问题的态度和评价。检测结果如下：

表 19 对本省或所在城市大事的关心程度

项目		频数	百分比（%）	有效百分比（%）	累积百分比（%）
有效值	非常关心	541	22.8	23.1	23.1
	比较关心	1349	56.8	57.6	80.7
	一般	383	16.1	16.4	97.1
	不太关心	59	2.5	2.5	99.6
	毫不关心	10	0.4	0.4	100
	合计	2342	98.6	100	——
缺省值		33	1.4	——	——
总计		2375	100	——	——

表19表明，绝大多数高校知识分子关心本省或所在城市大事，超过80%；不太关心和毫不关心的只是少数，总数不到3%。

表20 对本省发展成就的满意度评价

项目		频数	百分比（%）	有效百分比（%）	累积百分比（%）
有效值	经济建议	1858	78.2	82.3	82.3
	政治建议	98	4.1	4.3	86.6
	文化建议	161	6.8	7.1	93.8
	社会建议	141	5.9	6.2	100
	合计	2258	95.1	——	——
缺省值		117	4.9	——	——
总计		2375	100	——	——

表20是对K省或者所在城市经济建设成就、政治建设成就、文化建设成就以及社会建设成就的"民意调查"，从统计数据来看，调查对象的态度是比较一致的，绝大多数的人认为K省在经济建设方面取得的成绩最令人满意，其次是文化建设，再次是社会建设，排在最后的是政治建设。经济建设与其他方面建设泾渭分明的区别说明，K省的社会建设、文化建设尤其是政治建设远远落后于经济建设，出现了不和谐现象。表20的统计结果对地方政府执政理念的转换与施政空间的拓展提出了尖锐的挑战。

表21 对本省存在问题的评价

项目		频数	百分比（%）	有效百分比（%）	累积百分比（%）
有效值	贫富分代	522	22.0	24.2	24.2
	干部腐败	506	21.3	23.5	47.7
	社会风气	268	11.3	12.4	60.1
	社会治安	735	30.9	34.1	94.2
	环境卫生	124	5.2	5.8	100
	合计	2155	90.7	100	——
缺省值		220	9.3	——	——
总计		2375	100	——	——

从表 21 的统计结果来看，选项所列的几个方面并没有十分明显的区别，在这五个方面中，调查对象最不满意的是社会治安（34.1%），贫富分化问题与干部腐败问题之间的差别不大，还不到一个百分点。回应上一题，社会治安之所以会成为最不满意的问题可能与上一题四个方面的建设不协调存在因果关系。

表22 对本省知识分子政策的要求

	项目	频数	百分比（%）	有效百分比（%）	累积百分比（%）
有效值	经济收入	788	33.2	37.5	37.5
	工作条件	458	19.3	21.8	59.3
	参政议政	272	11.5	13.0	72.3
	学术自由	254	10.7	12.1	84.4
	评价机制	323	13.6	15.4	99.8
	其他	5	0.2	0.2	100
	合计	2100	88.4	100	——
缺省值		275	11.6		
总计		2375	100		

表22 是 K 省知识分子最需要加强和改进方面的统计结果，六个方面之间的差距并不是非常明显，排在前两位的是"经济收入"与"工作条件"，可见 K 省的知识分子比较世俗化，更注重实在的经济收入与工作条件。而对参政议政、学术自由、评价机制等三个方面的要求在 12%—15% 之间。比例最小的是学术自由。可能相对于全国，K 省并不缺乏学术自由空气。需要完善评价机制的也只有 15% 左右，这一题的统计结果与要求"完善考核评价机制"（14.8%）的统计结果相近，两个结果可以相互印证，这说明这个统计结果是真实可靠的。

根据上述分析，我们发现，K 省高校知识分子的公共意识普遍较强。具体而言，绝大多数人对地方性重大事务持关心的态度；对 K 省经济建设成就满意度最高，对政治建设、社会建设和文化建设成就的满意度都偏低；对 K 省存在的社会问题最不满意的是社会治安，其次是官员腐败和贫富差距；高校知识分子对地方政府最重要的政策需求是利益供给,特别是增加经济收入、改善工作条件。

五、讨论和结论

(一) K 省高校知识分子政治文化的特质

根据实证分析,我们可以对 K 省高校知识分子这个特殊群体的政治文化特质从以下几个方面进行初步的概括:

在政治参与动机方面,在涉及个人切身利益的事务上,绝大多数高校知识分子关心个人切身利益,愿意参与,无所谓和不愿意的属于少数。高校教师对人大代表、政协委员的利益表达作用评价偏低,同时,对工会、教职工代表大会参与实效的认同感比较低,同时也表明高校教师对间接参与的评价偏低。这也就是为什么在涉及自己切身利益的问题上大多数高校教师倾向积极参与的原因。

在政治效能感方面,高校知识分子不仅对人大代表、政协委员、工会、教职工代表大会作用的评价表现出较低的政治效能感,而且对自己亲自参与学校重大事务决策作用的效能感偏低,对官僚化的高校治理结构支持与反对的立场分歧明显,对专家教授治理大学的效能感也不强烈。对于知识分子在 K 省改革发展中的作用是否受到重视的问题,有相当多的知识分子认为自己受重视程度一般和不受重视。整体上看,K 省高校知识分子对于参与公共事务的效能感比较低。

在政治行为取向方面,K 省高校知识分子获取政治信息的主要来源是看电视和上网,电视和互联网成为 K 省高校知识分子获取政治信息、了解国内外大事的主要渠道。在寻求利益表达和帮助的问题上,大多数人对正式组织和单位领导缺乏信任,而对非组织渠道更有信心,倾向非正式组织渠道和非正式方式。在利益表达的行为方式上,K 省高校知识分子不仅是个人性的,而且绝大多数是温和、内敛性的,基本上没有采取极端方式的倾向。

在参加政治活动的频率方面,高校知识分子除了参加定期举行的安排性政治选举以外,经常主动同各类领导人接触、反映意见和建议的为少数;举行集体政治学习活动、参加集体政治活动的总体状况是，不频繁的占微弱多数，高校教师不愿意参加集体政治学习活动的主要原因是认为参加这样的活动属于形式主义，收获不大，浪费时间。

在政治态度方面，高校知识分子对中共新一代领导人提出的"科学发展观"、"构建和谐社会"等新的施政理念表示高度认同；对进一步推进政治体制改革和民主进程充满期待；对加大预防惩治腐败的力度表示强烈支持，对保障公民权利、尊重人权表示高度认同；对加强舆论监督和信息公开表示强烈要求；对非中共党员知识分子担任政府正职（即完善多党合作）表示积极肯定；对用和平方式解决台湾问题表示高度认同；对中国应更加积极地发挥大国作用表示高度认同。将这些因素集中起来看，表明K省高校知识分子对中共新一代领导人的施政理念、实际政绩、内政外交方针都持很高的认同感与支持态度。①

（二）K省高校知识分子具有公共意识吗？

改革开放以来，随着社会经济结构的变化和利益结构的分化，K省高校知识分子整体上在社会结构和利益结构上属于得到实惠比较多的一个阶层，经济收入水平和物质生活水平基本上属于中产阶级。但是，高校知识分子是否还具有社会精英意识、社会良心意识和公共关怀意识？知识分子传统的社会政治角色有没有发生根本性的改变？通过对问卷结果的分析，我们的基本看法如下：

通过对高校知识分子个人利益满意度和利益诉求的测量，我们发现，K省高校知识分子的精英意识有所淡化，平民意识更加强烈，大多数高校知识分子更加关心自己的收入、住房、家庭生活质量、工作条件等私人领域的实际问题，知识分子世俗化的色彩日渐浓厚。但是，结合个案来看，仍然有少数高校知识分子具有强烈的精英意识，他们活跃于公共问题领域，通过电视、报纸专栏、论坛等形式参政议政、发表意见建议、表达民意、批评政府、引导公众。

通过对高校知识分子关于群体事务态度的测量，我们发现，高校知识分子

---

① 根据对最近五年相关主题跟踪调查的结果来看，高校知识分子的政治态度有一个一致的倾向：对中央的政治方针、政策持肯定、支持态度的占绝大多数，对地方政府政策、行为持批评、不满态度的占相对多数。知识分子对中央政治与地方政治在态度与评价上的不同，也跟普通大众具有相似之处。

对涉及自身利益的群体事务具有强烈的关怀，无论是对于高等教育管理体制改革、高等教育发展、政府评估，还是对科研项目立项与资助、科研奖励、评价机制等方面的态度，高校知识分子都具有鲜明的立场。在自己熟悉的群体事务领域，高校知识分子对政府的诉求和对政府现行做法的不满都表现出其独立性、自主性。

通过测量知识分子对地方事务关注度，我们发现，绝大多数高校知识分子关心本省或所在城市的大事，一般关心和不关心的只是少数。从高校知识分子对本省或者所在城市经济建设、政治建设、文化建设以及社会建设成就的评价来看，除了对经济建设成就一致表示比较高的满意度外，对政治建设、社会建设和文化建设的满意度都偏低，其中对政治建设成就的满意度最低。这反映出高校知识分子不仅关注 K 省的经济建设，而且关注政治建设、社会建设和文化建设，希望四个方面的建设协调发展。从高校知识分子对 K 省存在的社会问题的关注程度来看，他们最关心的是社会治安问题，其次是贫富分化问题和官员腐败问题，这个结果同社会公众的看法基本一致，反映了知识分子同社会大众的公共关怀具有立场和实际主张方面的一致性。

如果把高校知识分子对国家事务的态度测量结合起来看，K 省高校知识分子对中共新一代领导人的施政理念、实际政绩、内政外交方针都具有很高的关注度，同时持很高的认同感与强烈的支持态度。

至此，我们可以形成一个基本的判断：目前，K 省高校知识分子的平民意识与精英意识并存，自我关怀、群体关怀与公共关怀意识并存。随着社会经济结构的分化日益加剧，知识分子的平民意识、利益需求也日益凸显，高调的政治道德理想被世俗化的需求和取向所取代，空泛的议论被务实的主张所取代。但是，知识分子的传统角色并没有消失，社会良心、社会公正、道义担当等优良传统依然存在。英国学者保罗·约翰逊眼里"极端的个人主义者和自我中心主义者"的现代知识分子形象、美国学者波斯纳眼里不务正业的"公共知识分子"形象都不是 K 省高校知识分子的整体形象。

（三）高校知识分子的政治文化和公共意识对地方治理的挑战

根据我们对 K 省高校知识分子政治文化特质的基本把握，可以认为，高校知识分子的政治文化在政治体系认同（即对国家和执政党的认同）方面不存在明显的问题，其所指向的问题主要集中在地方治理过程、公共政策领域。对于地方治理过程和公共政策领域的问题，正好可以纳入公共治理的范畴，从改善地方治理入手予以回应。K省高校知识分子的政治文化对地方治理的挑战包括：

第一，要改变高校知识分子对于参与公共事务效能感偏低的状况，必须进一步改革和完善人大代表、政协委员选举机制，加强人大代表、政协委员同高校知识分子的联系，更好地发挥知识分子出身的人大代表、政协委员在代表高校知识分子利益、表达心声方面的实际作用。改革完善高校工会、职工代表大会选举机制，发挥工会和职工代表大会在高校民主管理、民主决策和民主监督方面的作用。

第二，要处理好地方政府和中央政府的教育行政管理部门同高校的关系，加快高校管理体制改革和人事制度改革，完善高校治理结构，提高高校校务公开、民主管理程度，改变高校日益严重的行政主导趋势和官僚习气、衙门作风，改变高校对政府过分的依赖，减少行政干预，提高高校自主权和自治权。只有提高高校自主权和自治权，才能够减少因为政府对高校过分的行政管制而带来的政府同高校知识分子的意见分歧和利益冲突。

第三，在利益表达和利益实现的途径上，地方政府要增加和疏通知识分子表达利益的渠道，培养知识分子对正式组织和正式渠道的信任感，减少非正式方式对知识分子利益表达和利益实现的实质性影响，真正树立制度、规则的权威性。

第四，在政治活动的方式上，要避免行政安排、行政指令性的政治活动过分向高校渗透，不宜将高等院校变成"省直属机关"，按照"省直属机关"的要求在高校与党政机关同步开展政治学习、政治教育、政治整肃等形式主义的活动。要积极鼓励和支持高校发展自主组织和自愿组织，让高校知识分子根据自己的特点开展适合知识分子兴趣与特长的公共活动。

第五，在政治态度的引导上，要改变知识分子与社会公众对中央和地方在态度、评价上的"远交近攻"格局，地方政府和地方政治领导人应当努力改善在知识分子心中的形象，在地方政治运作和公共政策制定方面尊重知识分子的意见，真正尊重知识、尊重人才，发挥知识分子的智力支持作用，培养知识分子对地方政府的亲近感和信赖感。

从高校知识分子的公共意识来看，地方政府在公共治理方面必须注意以下几个方面的问题：

第一，重视高校知识分子的工作条件、生活待遇的改善。包括增加知识分子收入，改善工作条件，增加科研项目立项与资助，完善评价机制和激励机制。

第二，大力改变K省经济建设同政治建设、社会建设、文化建设发展不均衡、不协调的局面，促进经济、政治、社会和文化的协调发展。同时，要在改善K省社会治安、党风廉政建设、缩小贫富差距方面作出更大努力。

第三，尽管最近七年来的抽样调查显示，K省高校知识分子中中共党员的比例不断增加，但是知识分子"党化"的趋势并没有改变知识分子对独立人格、自由精神的追求。因此，在知识分子政策上，与其通过在政治上"党化"他们来谋求改善知识分子同党和政府的关系，不如以利益保护和更好的公共服务来赢得知识分子的信赖与支持，从政治统战转变为合作互信。

通过对K省高校知识分子的政治文化、公共意识同地方治理问题的研究，我们认为，知识分子作为当代中国公民社会的一个重要组成部分，无论是在政治生活中还是在公共治理中都具有不可忽视的影响和作用，知识分子作为公民社会的中坚力量，在政治生活与公共治理中具有独特的社会资本。罗伯特.D.帕特南［Robert D. Putnam,（1992）2001：215］指出，"关于公民责任和义务之概念，加上对政治平等的承诺，构成了公民共同体的文化凝固剂"。可以说，在当代中国，知识分子的政治文化和公共意识正是这种公民社会的文化凝固剂。知识分子的政治文化和公共意识不仅承载着公民责任和义务，而且包含着对平等、公正等价值的承诺与追求，这种文化凝固剂是社会资本的关键要素，同时也是使民主运转起来和公共治理富有绩效的关键要素。从这个意义上来看，鼓励和发展知识分子的政治文化与公共意识，就是为社会资本积累所作出的努力。

参考文献

G. A. Almond and G. Bingham Powell, Jr. 1978. *Comparative Politics: System, Process and Policy.* Boston: Little, Brown and Company.

G. A. Almond and Sidney Verba. 1972. *The Civic Culture: Political Attitudes and Democra-*

cy in Five Nations. Princeton University Press

Richard Posner. 2001. *Public Intellectuals: A Study of Decline*. Harvard University Press.

Robert D. Putnam. 1992. *Making Democracy Work: Civic Tradition in Modern Italy*. Princeton University Press.

Jonathan D. Spence. 1981. *The Gate of Heavenly Peace: the Chinese and Their Revolution*. Yale University Press.

Paul Johnson. 1988. *Intellectuals*. Weidenfeld and Nicolson Publishers.

阿尔蒙德和小鲍威尔：《比较政治学：体系、过程和政策》，曹沛霖、公婷、陈峰译，上海：上海译文出版社1987年版。

阿尔蒙德和维巴：《公民文化》，徐湘林等译，北京：东方出版社2008年版。

波斯纳：《公共知识分子：衰落之研究》，徐昕译，北京：中国政法大学出版社2002年版。

帕特南：《使民主运转起来》，王列、赖海榕译，南昌：江西人民出版社2001年版。

史景迁：《天安门：知识分子与中国革命》，尹庆军等译，北京：中央编译出版社1998年版。

约翰逊：《知识分子》，杨正润译，南京：江苏人民出版社1999年版。

回归自治？回归社会？
——居委会改革与直选分析

郭圣莉　杨珊珊　沈天养*

【摘要】 本文从居民委员会在城市社区所具有的独特地位出发，分析了近年来以居委会去行政化为核心的改革，包括直接选举的动机、效果，认为从改革的出发点到其效果，居委会都未改变从属于国家行政的特征，未改变其以完成上级任务为主要职能的属性。在尚未进行民主转型的时期，任何强化居委会的改革，其结果反而是强化了原有的单一管理体制，居委会实质上成为新形势下国家统合社会的核心力量。当进行国家层面的民主化改革时，居委会的社会属性就会呈现，行政性就会退去，现在困扰居委会的繁重的行政任务问题也才能真正解决。

【关键词】 居民委员会　居民自治　国家政权建设　地方自治

继"村民自治热"之后，近年来迅速开展的居民委员会直接选举又获得了国内外研究者的关注。对此，学界大体有两种观点。一些学者认为，居委会的选举徒具其表。选举是在国家主控之下进行的，其动力机制与近年来的城市基层行政化进程有关，不足以打破原有的城市社区基本运作机制。而且，城市社区内部缺乏真正的"民主的力量"与对民主的需求。居委会选举，无论是直接选举还是非直接选举，其真正的指向其实是居委会干部"换班子"的问题，而不是民主问题。但另外一些学者认为，这种新的人事安排方式，恰恰可以激发居民的参与热情。他们认为，相对农村村民，城市居民的教育水准较

---

* 郭圣莉，华东理工大学社会与公共管理学院教授。杨珊珊，华东理工大学社会与公共管理学院研究生。沈天养，华东理工大学社会与公共管理学院研究生。

高，自我管理的能力、民主价值的接受程度也更高，民主选举会推进得更为踏实（李凡，2003）。至少，大规模的选举操练有利于提高居民的民主意识，并对未来各种选举产生"示范效果"。目前的居委会选举，固然面临着国家主导（甚至控制）、选民素质不高、选举参与消极等问题，但民主政治的建设是一个逐步发育成熟的过程，可以理解为"在运行选举制度中推进民主"（李凡，2003；林尚立，2005；谢岳，2006）。台湾学者耿曙等人认为，这些争议透露出中国城市基层选举的两重面貌——那就是选举过程一方面受制于国家主导和党政动员，另一方面却采纳了"自由参与"、"秘密投票"和"差额选举"等民主机制。他们根据上海居委会直选的调查发现，直接选举虽不足以挑战国家在基层小区的主导地位，但最关键性的发展却是它提供给了民众"参与"和"意见表达"的渠道。经由动员而来的小区参与行动，提升了小区行政网络成员和一般居民对"基层民主选举"的关注和对小区的认同意识。（耿曙、陈弈伶、陈陆辉，即刊）可见，居委会直选的焦点在于民主。争论双方的结论虽然差异甚大，但关注的核心都是居委会的直选与基层民主，进而是其与国家民主发展之间的关系。这一路径与村民自治的研究是一致的。争论的焦点在于一方认为此举对民主并无实质意义，另一方则持乐观态度。就价值追求来说，双方都希望直选能够推动居委会"向自治组织回归"（顾丽梅、谷风，2006）。也就是说，双方有一个共同的前提——即居委会本来是自治的，或者应该是自治的。问题在于居委会的改革，包括直接选举，是否能够破除来自国家的控制与干预？是否能使其回归自治？似乎是只要居委会回归自治，基层民主就是真实的了。而只要能够逐步破除国家控制，居委会就可以回归自治。然而，问题真的如此简单？居委会究竟是一个什么样的组织？为什么居民对其没有多少热情而国家却热心有余？为什么它履行的主要是行政职能却一直是法律上的自治组织？其直接选举的动力机制是什么？功效何在？其未来的走向如何？

一、去行政化的改革及其效用

自从上世纪 80 年代后期社区逐渐成为热点以来，居委会就成为相应的热点。社区建设是以居委会为核心的建设，社区研究的中心是居委会，而居委会的直选则代表了基层民主。显然，居委会在城市社区中占据着毋庸置疑的核心地位。这一现象一方面说明中国城市社区的内在关联度低，因而社区组织就被等同于社区（桂勇，2005）；另一方面说明居委会具有其他社区组织所不具备的重要性，以至于任何社区行动与理论研究都无法绕开居委会。这有其合理性。首先，居委会是目前社区最为普遍、最为成熟的自治组织；其次，居委会是社区中组织最为完备，运作最为规范的自治组织。从制度变迁的角度，选择这样的组织资源进行制度变革当然是合乎理性的。然而，这一认定却未必普遍有效。比如，对于很多新兴商业小区来说，居委会并不见得具有天然的优势地位。对于许多居民的利益维护而言，物业公司与业主委员会可能是更加切近的选择。① 在这样的小区，如果不是政府的硬性要求，是否会存在这样一个组织都是可存疑的，何论核心地位？然而，随着新兴小区的日渐增长，业主委员会虽然越来越普遍，地位越来越重要，却从未获得与居委会同等的重视。就选举来说，业委会选举较居委会选举更少为政府"指导"、操控，其博弈的对象更多地表现为物业以及其后的房地产相关部门。其建立、组织与运作程序也更具有民间的特征。从民主发展的角度看，这样的组织，这样的选举不是更应当代表着基层民主的发展吗？为什么它的发展不意味着社区建设的新阶段呢？显然，对决策者与研究者来说，居委会的地位是业主委员会和其他社区组织难以替代的。它的任何实质性的改变都具有更大的意义。

居委会的特殊性在于它的双重性，即虽名为自治组织，实为行政末梢。后一点似乎被公认为是其病根所在，使其地位、功能出现错位。由于"上有千条线，下面一针穿"，居委会承担了大量的行政任务，难以开展真正的社区自

---

① 2003 年《羊城晚报》的一篇文章对此普遍现象的报道非常典型。在广州 2008 年的 1443 个居委会换届选举中，该报报道直言，居民没有参与热情。记者观察到"在多个小区，直到居委会挨家'扫楼'通知、抬着票箱'洗楼'，有的社区居民才恍然大悟：原来居委会主任不是政府直接任命的；有的居民干脆放弃投票，投票时选择'哪个名字顺眼就勾哪个'做法的居民也为数不少。文章认为这种'政治冷淡症'源于居委会功能日渐弱化和新型住宅小区划地而分的现状"。文章说，有的居民认为："反正有业委会和物业公司，要居委会干什么？"而且这一现象不限于新型小区，老城区居民亦不热心，就连模范社区逢源街华贵社区"除了贴选举公告，居委会还要逐一上门通知各家各户。由于很多居民对居委会的事情不关心，开会的时间又是上班时间，来开代表会议的不足三分之一，而且来的大都是在家闲着没事的老人"。甚至有的选区需要给选民填写选票付费。据区民政干部说，这一次选举很少见直接选举的原因是"居民绝大多数是忙碌的工薪族，对居委会工作参与热情不高，一人一票的直选较难实现"。参见《广州居委会选举遇冷：居民称有业委会即可》，载《羊城晚报》，2008 年 4 月 14 日。网易新闻：http://news.163.com/08/0414/16/49GKOV9V0001124J.html，2008 年 4 月 14 日。

治事务。对此，解决的方案自然是去行政化。这是居委会直选之所以获得国内外研究者普遍赞扬的原因之一。研究者希望借此实现居委会向"自治的回归"。然而，如果居委会真的去行政化成功，变成一个类似于业主委员会的社区自治组织，那么，居委会是否还能有今天的地位？是否还能得到如此的重视呢？

事实上，地方政府在致力于居委会直选的同时，对于居委会的定位有着复杂的心态。重庆市民政局一位相关领导的讲话对此是一个很好的说明。重庆市今年居委会换届选举中，直选率高达91.1%，重庆市民政局将此视为重庆社区建设的一大成果。与此同时，民政局的一位领导却又在座谈会上对居委会干部代表说，居委会对于来自上级各职能部门的行政事务"不能完全拒绝"。否则，"居委会的经费和社区干部的补贴都会得不到保障，服务社区居民的具体事务又如何办理？"而且，如果完全拒绝的话，"居委会在老百姓心中的地位会下降"。现在"居委会还有一定的权力"，如果完全不做政府的事，"老百姓就会不认你的"。① 作为居委会的"娘家人"，这位民政部门领导者的此番表态是相当诚恳的。民政部门对于居委会的现状了然于心，包括他们繁重的工作、低微的报酬、人员的素质和心理倾向。② 作为主管部门，面对居委会干部集中于任务重、报酬低的怨言，这位领导者实际上是告诉当选的居委会委员必须更好地为上级各行政部门服务，使他们得到好处，这样，民政部门为居委会争取利益时才好说话。同时，这番话也是在提醒他们注意其权力的来源。她说，现在，居委会手中还是有些权力的。那么，这些权力来自于哪儿呢？从事实际工作的人都很清楚它来自于为行政部门服务，即政府的赋权，特别是资源的分配权，如低保。这才是老百姓认可你的原因。这并非以势压人，而是站在居委会角度上说的贴心话。也就是说，不论居委会委员如何产生，其真正的权力来源于国家而不是社区。因为是国家提供着居民所需要的资源，提供了居委会活动

---

① 这是笔者参加西南政法大学与重庆市民政局合作举办的"社区干部选举培训班"上的一次座谈会的谈话内容。座谈会的社区干部的参加者是培训班的优秀学员，他们主要来自重庆市市中区的一些居委会，职务主要是主任兼书记。

② 深入调查一下居委会干部，我们很容易就可以发现，这些现从事居委会工作的人员大多数更希望居委会成为一个更为行政化的单位。虽然知道不太可能，但他们从自身利益的角度，更想要的是职位的公务员化。他们对于目前岗位的自我定位也多少是如此的。关于居委会从业人员的变化及其心理，笔者将另文叙述。

的经费。当然，从纯粹行政管理的角度，这番话也是对事实的认可，承认上级各行政职能部门都需要基层组织将自己的事务在社区中加以落实。"上有千条线，下面一针穿"反映的就是居委会的这一处境（许琛等，2008）。① 这被认为是居委会难以摆脱其行政性，陷入日常繁杂事务中的原因。

  为此，实践中有两种解决方法，一是"费随事转"，即要求行政部门不能将居委会作为下属无偿使用，必须为居委会的服务支付相应的费用。二是建立社区工作站，专门承接各行政部门的事务。类似的还有"议行分离"。尤其是后一种方式被认为是居委会去行政化的制度性变革。首创此举的深圳盐田为此还获得了"政府创新奖"。然而，"费随事转"在实践中并没有取得什么成果，而社区工作站则变成了居委会，只不过换了个名称而已。上海的议行分离也在实行了一段时间后又重新变为议行合一，理由是实践中比较混乱，影响了执行效率。显然，无论是制度性的改革还是直接选举都未改变居委会的现状。比如，繁杂事务长期困扰居委会的现状并未减轻。一般居委会的日常事务从几十项到上百项之多，它们十之八九都来源于各行政单位。这一现象经过改革是否有所改善呢？从事实上看，显然没有。如2005年，在一篇名为"6个人的居委会挂45块牌子"的报道中提及的深圳诗宁里小区，在经过选举之后，居委会改称为社区工作站，有13个社区工作者，仍然挂了17块牌子。但改制后的小区内的居民达到7000多人，而且此后还在不断地增加。（胡谋、赵俊宏，2006）对此，居委会实际工作者的感受最为突出。比如，当前述重庆市民政局领导说到他们一直在为居委会干部争取待遇的改善，但有一些阻力，比如很多部门认为现在的待遇已经比以前改善了很多时，引发了在座居委会成员的愤怒。他们反击说，他们现在的工作量是以前的居委会成员无法比的，而且以前的居委会成员多是退休人员，不像他们是全职，而且要承担家庭重担。类似的

---

① 所谓"上有千条线，下面一针穿"反映的是居委会对行政事务的承接。在此，一位居委会干部的话非常典型，"现在的居委会，就像最基层的政府派出机构。无论是市里、区里还是街道的工作任务，最后都要落到居委会的头上。我们居委会门口虽然只挂着社区党委和居委会两个牌子，其实我们拥有的牌子有一二十个之多，只不过门口没地方挂。像计生协会、计生服务站、人民协调工作室、劳动保障服务站、退管人员管理中心、残疾人协会、特困家庭救助站、社区警务室等，都在我们这里。可是再多的牌子，我们居委会也只有这七八个人干活"。许琛等：《居委会一套人马撑起十几个牌，身份有点"四不像"》，载《广州日报》，2008年3月11日。大洋网新闻：http://news.163.com/08/0311/08/4609TE2I000120GU.html，2008年3月11日。

报怨，笔者在上海也曾经历过，当我在主持"上海居委会党支部书记学习班"上提到待遇的改善时，遭到同样理由的反驳。而这些居委会绝大多数都是经过改革后的，而且大多数都是直选上来的。当问到他们目前的工作时，他们认为任务并没有减少。那么，很多地方施行的"费随事转"呢？"哪有啊？！"他们异口同声地说。同样，学界比较重视的沈阳、江汉模式亦未能真正地剥离居委会身上沉重的行政负担。

显然，从行政事务上看，针对居委会事务繁重的改革，包括直选，都未能真正消除居委会承担繁杂行政事务的现象。问题出在哪里呢？从各改革方案，包括居委会直选来看，都有着意剥离居委会行政功能的举措。然而，为什么达不到改革设计的目的呢？

二、街居行政：国家政权建设的产物

村民自治与居民自治最主要的依据是"国家与社会理论"。这一范式隐含的前提是国家与社会的分离，行政与自治的对立。自治与市民社会、基层民主相联系并抗衡着国家的干预。就此而言，居委会的行政性成为其最主要的问题，因而，直接选举就成为其摆脱行政干预，回归自治的关键举措。然而，回归自治是需要分析的。就居委会的历史而言，其自建立起就不是什么纯粹的自治组织，它并非如许多学者所言，是随着行政的干预而丧失了原有的自治。事实上，它自建立起就是行政性的，延续的是现代以来国家权力向社会渗透的逻辑。

从历史上看，中国共产党在东北老解放区是依照农村建立的市、区、街、闾四级行政管理体制进行管理的。所谓的"闾"相当于农村的行政村，也即后来的居委会。也就是说，居委会当时曾一度是正式的行政组织。但实行未久，中国共产党就改弦易辙，认为城市不同于农村，过多的层级不利于政令的推行，要求撤销区、街、闾，建立市一级政府体制。但由于建国后的管理模式是以"条线式"为主的，行政权能被划分为不同的职能，各职能部门则依赖其组织体系层层推行下去。这使得每一级的管理幅度不可能太大。经过上海等市的摸索后，全国大城市基本都建立了两级政府，但区一级的幅度仍然超出了区级职能部门的管理能力，各项工作仍然难以落实下去。为此，各地不约而同地再次划小管理幅度，建立街道、居委会组织，但将街道设为政府派出机构，居委会则定为群众性自治组织。之所以如此，主要是为了符合中央当时提出的城市管理应减少层级，因为设区已经突破了原有的设想，街道就只好以派出机构的形式来建立，居委会自然只能是自治组织了。可见，街道办事处与居委会都是层层布置、逐级落实的行政管理方式的产物，是这种管理方式中不可或缺的一环。

这一过程与现代乡村治理具有同样的逻辑。按照国家政权建设的理论，这反映了现代国家行政职能向基层社会的全面扩张。国家政权建设是以国家权威为中心的动员体系、权利界定体系和组织体系等现代"建设"。它是近代民族国家形成的一个核心，既反映了早发现代化国家在近代兴起的一个历史过程，也是后发现代化国家在现代化进程中追求的一个目标。基层政权建设是国家政权建设紧密相连的一环和必不可少的组成部分。它力图提高基层权威的效率，使其既能有效治理社会，同时又能完成国家赋予的任务，从而为基层社会提供新的稳定秩序（陈明明，2008）。中国共产党的国家政权建设独具特点，其特征之一便是国家对社会的全面统合。以城市社会来说，城市社会在新中国成立后发生的最大变化是社会的全面国家化，表现在基层社会就是基层组织的单一行政化。中国共产党在新中国政权建设的初期对社会实行了全面的组织人员清理，用从属于国家的单一组织取代了原来多元繁杂的社会组织体系。它在城市基层社会的构建就是街居制。这必然导致城市管理中林林总总的行政事务最终都会压到街道和居委会身上，常常令它们不堪重负。与一些研究者和现在的居委会成员所想象的不同，早期的居委会事务并不少，尤其是新中国成立初期，他们不仅面临着行政事务还有大量的政治性运动，而当时单位制尚未建立，如同现在一样，他们的事务和涉及的人员都是相当繁杂的。因此，当时文献里就有大量"上有千条线，下面一针穿"的报怨，甚至屡有居委会人员累病的案例。也正因如此，居委会的经费才被纳入政府财政，从完全的义务制变成了半行政性的组织。可见，从中国共产党独特的城市管理方式和国家政权构建的角度，居委会的行政性都是必然的、合乎逻辑的。这也是居委会改革与直接选举都难以消除其行政性的根源。改革带来了社会结构的变迁，却并未同时带来国家管理社会模式的根本性改变。民主管理尚未在国家层面实行，国家也仍然以单一行政模式对社会实行全面的统合。在这种情况下，寄希望于直接选举来改变居委会的行政定位显然是不现实的,也未必是合理的。

那么,为什么会对居委会实行去行政化的措施,加强其自治呢?

三、半行政化的基层组织:居委会自治的缘由

既然居委会从来不是一个真正的自治组织,所谓回归自治自然不是回归历史,而只是应然意义上的。其最主要的依据是法律上的——即回归法律对居委会的规定。研究者一再去寻找居委会何以行政化的原因,寻找解决这一问题的方法,却很少有人问一下居委会何以会获得一个自治的法律属性?其实,就前述历史的实际进程来看,居委会的行政性是必然的,自治属性倒并非如此。就城市的建制来说,虽然"闾"的时间很短,但仍然是正式的行政组织。而且在1954年《居委会组织法》出来之前,各地对居委会的定性并不是没有争议,有的地方就是将居委会作为行政组织对待的(郭圣莉,2005)。从管理的角度这是很好理解的,需要分析的倒是为什么一个实际上履行行政职能,从属于行政组织领导的社区组织会获得法律上自治的名份?这是偶然还是必然?

事实上,从居委会创建到现在,将居委会正式行政化的建议不绝于耳,其实际的演变过程也确有越来越行政化的倾向,尤其是"大跃进"和改革后的"二级政府、三级管理"的城市管理体制构建之初,从组织、功能和人员方面来说基本上可以将其视为正式的行政组织(郭圣莉,2004、2006)。然而,有趣的是,面对各种居委会行政化的提议,除了建立之初的"闾"之外,国家从未有将其正式化的打算。究其原因,一是效率,即认为过多的管理层级会影响城市管理的效率;二是为了约束成本,因为一开始居委会完全是义务制的,却做了很多事,以至于当不得不承认居委会的行政职能的现实,为居委会提供最低程度的经费支持时,在地方政府竟然一度执行不下去。很多市、区都认为既然以前不给钱也工作得很好,为什么要增加政府的负担?而有的街道由于本身经费的不足,则将居委会的经费扣留了一部分或全部。现在面对要求改善居委会待遇的呼吁,很多地方的理由仍然如此。然而,这不是全部的原因,也不是最重要的原因。

居委会之所以被构建成为群众性自治组织,从其源初看,与中国共产党的传统有关。中国共产党一向强调要"密切联系群众",其传统方式是发动积极

分子建立"群众自己的组织",从而达到联系群众的目的。这些组织除了行业与妇联、共青团等人民团体之外,最重要的就是基层社会的群众性组织。这些群众性组织必须是扎根在最基层的、可靠的、执行上传下达命令的组织。因此,一种官僚性的正式行政组织就被认为是不适宜的,会脱离群众,而来自于群众、生活在社区中的积极分子具备正式行政人员所不具备的优势。比如,在社会动员时,居委会典型的"走东家、串西家"的工作方式就可以达到行政组织所难以达到的效果。因此,每当居委会报怨任务过重,报酬过低时,政府的举措都是整顿,如发文要求各政府部门自我约束,不能什么事都向居委会一推了之,也会提高居委会的补助,但官方却从未有改变居委会性质的打算。相反,在上级文件中却一再告诫不要将居委会当做行政下属,同时也提醒居委会人员不能"衙门化",不能行使行政权力。

这种做法与其说出自于中国共产党的民主追求,毋宁说是为了政权建设的需要。但不管怎么说,这一做法合乎了基层社会治理的内在特性。从组织管理效率上说,居委会行政化的弊病在于成本高,效率低,而且容易控制过死。从价值层面而言,则有悖于民主的理念,过度的行政化会导致国家权力对社会以及个人权利的侵害。从国家与社会理论上说,在市场经济中,为了抵御国家权力的过多干预,必须建立一个相对独立于国家的公民社会,在这个社会中实行自治,为一种不受政治侵害的个人自由保留空间。就现实可能性而言,将社会全部纳入到国家行政体系中加以管理也是做不到的。改革前,国家对城市社会的全面统属是通过将人划入一个个封闭的单位之中完成的。一个个封闭的单位实际上是上层行政体系职能的基层承载体。但即便如此,当时也必须有街居体系作为补充,以管理不能为单位所容纳的社会成员。而且街居体系中的居委会在法律上一直是自治的,在工作方式上至少也是半社会化的。当改革导致单位解体时,街居体系就成为新的行政管理体系的承载组织。这是社区建设开始时,街居的行政化普遍得到加强的原因。但要依靠单一的行政组织对多元化的社区实行全面、长期的管理,无论在成本上还是理念上都是不现实的(郭圣莉,2007)。事实上,面对一个日益多元分化的社会,有关各方都意识到有必要改革原有的城市管理体制。既然加强居委会行政性的方法走不通,就只能通过选举进行社区赋权,强调居委会的自治面向,调动基层的治理资源,为城市管理体制构造新的基层组织基础。

可见，居委会的自治性是内在于它的社会属性的。这可以解释为什么实际上从属于行政体系，并主要履行行政功能的居委会却在法律上一直是一个自治组织。也就是说，居委会的双重属性有其必然性。它是当代中国国家治理基层社会的一种特殊的制度设计。

四、双重属性的奥妙：国家治理基层社会的基层政权组织

居委会在现实中的主要问题表现为陷于大量上级行政部门交办的事务之中，而无精力从事社区的自治事务。从更深的层面上来说，则是听命于街道、受其资助、听其领导与自治组织身份的矛盾。这种二重性表面上看来主要源自于行政性与自治性的冲突。但是，这只是一个表相。从表面上看来，居委会对国家的重要性表现在它的行政职能上，即成为上级各行政部门落实行政事务的基层组织。但其实它的职能远不止此。否则，社工站的设想或者议行分离的架构就应该可以使其"回归自治"。但事实上，社工站在深圳都未能推行开来。对此，重庆市民政部门说得最清楚。他们经过与先进地区的广泛讨论后认为，社区工作站与社区居委会应当合而为一，而不是分开。理由在于：从政府的角度来说，这会增加政府开支，因为政府不得不同时负担社工站和居委会的开支；其次，社工站的人员不如居委会人员素质高；其三，居委会工作与政府工作很难区分，如文化活动就既是政府事务亦是自治事务；最后，居委会如果完全拒绝政府工作就会失去在老百姓中的地位和活动经费。①

如果对政府来说居委会的功能只是承接行政事务，那么这些理由是很难成立的。首先，既然社工站承担了行政事务，居委会就没有理由再获得政府的资助。其次，居委会作为一个自治组织，它的活动经费以及权威性属于社区自我治理的范畴，政府不需要为此负责操心。比如，我们很少见到政府对业委会投入同样的关心。可见，居委会的作用不仅在于它对行政事务的承担。它还有更为重要的作用，即社区治理。它的功能是行政性的，更是政治性的。它的二重性实际上是一种特殊安排。实质上，它是后发国家在致力于现代国家的建设过

---

① 来自于笔者参加的西南政法大学与重庆市民政局合作的"社区干部培训班"召开的社区干部座谈会的内容。

程中，为了加强对社会的管理控制而在基层社会设立的组织，内含着国家权力与社会自治权威的融合与冲突。

自官僚体系诞生以来，基层社会就存在着如何处理国家权力与社会自治权威的衔接与矛盾问题。从历史上看，传统中国社会一直存在着国家权力体系与基层社会自我管理权威之间的博弈。一方面，国家力图实现对基层社会的直接控制；另一方面，乡绅又极力维护村社的相对自主。它在实践中表现为朝廷"编户齐民"的各种官方组织与基层权威体系的并存。但朝廷试图设立的官员一直未能占据基层社会的中心。在传统中国，这一矛盾主要是通过基层社会的特别安排解决的。一方面，传统社会的行政权力与功能都是有限的。民间社会有相当大的自主管理空间。在中国，一直有"皇权不下县"的说法。另一方面，基层社会有着源远流长的自我权威组织。这种权威通过"家国同构"结构与"官民一致"的儒家文化而融入到国家体制之中，成功地化解了双方的冲突。其中核心的力量是介于国家与乡村社会的中间力量，即士绅阶层。他们是传统儒家文化的承载者，与国家官僚体系之间具有制度性勾连，同时又与基层社会共同体之间存在着高度的利益相关性，是基层社会的"保护性经纪人"，在整个传统社会和秩序中发挥着既连接国家又沟通地方社会的作用。

另一种解决两者冲突的方式是地方自治，这主要是西欧封建社会的模式，其特点是分权的贵族传统。发展尚不成熟的王国统治与地方社会之间有着清晰的权力分界线，按照契约精神各守其位。但这一模式其实是前国家的形态，因为此时的国家尚未形成统一的国家行政权力。随后，这一传统随着现代民族国家的建构过程，逐步与国家行政相结合。欧洲早在12、13世纪就有一些享有不同程度自主权的自治市。"19世纪以前地方自治的特点是：团体自治已经初具规模，但是像自治市、教区这样的自治体尚未取得公法人的资格，并处于国家行政区划与行政组织之外，依据英国习惯法，只被认为是私人团体。进入19世纪后，地方自治制度有了重大的发展。首先，地方自治体正式成为获得公法授权的地方公共团体；其次，居民自治原则得以确立；最后，地方自治体与国家行政组织合二而一，成为国家行政系统不可或缺的组成部分。"（沈延生，1998）因此，很多欧洲国家的社区也有多种指称，其中之一就是地方社区政府——它是建立在分权基础之上的地方自治政府。

近代以来中国的国家政权建设，着力推行的都是国家权力向社会的纵向渗透与控制，表现为国家权力自上而下一直渗透至社会的最基层。宗旨主要是对社会资源的汲取。国家对资源汲取的需要使其着力于行政机构向基层社会的下沉，这破坏了原有的文化权力网络，使保护性经纪人为赢利性经纪人所取代。① 政府旨在强化村庄使其成为一个行政单位以稳定国家税源的努力，最终建立了县以下的行政区划体系（沈延生，1998）。② 沈延生详细描述了此后村级政制在行政化与半官僚化之间长期游离的过程。在沈延生看来，这一困境到村民自治亦没有解决。虽然城市与农村不同，不存在紧密的利益共同体，也不存在国家通过社区对居民进行资源的汲取，但两者的逻辑其实是一致的，都面临着国家如何安排基层社区的权力机构的问题。中国共产党领导的国家政权建设的模式独具特点。它彻底清除了国家之外的社会组织，建立了单一的行政体系。但这一行政体系却止步于社区，其正式结构在农村是乡镇，在城市则是街道，而在最基层保留了一个名义上的自治组织，充当国家在基层社会的代理人。改革虽然带来了社会变迁，但政府并没有打算放弃这种管理模式，而是采取了完备居委会制度的方式。即一方面通过选举加强居委会的合法性，另一方面，通过财政和党的系统保持其国家的控制性。从实践上看，伴随着居委会直接选举的是党的领导的强化，并逐渐形成了一种基于党的领导的"三维交叉社区治理模式"。这一模式有两个显性原则，一是党的领导；二是社区自治。除此之外，还有两个隐性原则，一是街道或上一级行政组织对居委会的法律上

---

① 杜赞奇（Prasenjit Duara）用"权力的文化网络"这一模式来解释晚清乡村社会中的权力结构。文化网络由乡村社会中多种组织体系以及塑造权力运作的各种规范构成，它包括在宗族、市场等方面形成的等级组织或巢状组织类型。这些组织既有以地域为基础的有强制义务的团体，又有自愿组成的联合体。文化网络还包括非正式的人际关系网，如血缘关系、庇护人与被庇护人、传教者与信徒等关系。这些组织既可以是封闭的，也可以是开放的；既可以是单一目的的，也可以是功能复杂的。总之，其包容范围十分广泛。在这种权力结构中，张仲礼所谓的"绅士"起着关键性的作用。绅即缙绅或乡绅，是指在乡的现任或卸任官僚。士即士人，是指未入仕而有功名的读书人，包括进士、举人、监生、贡生、生员等。绅士既是儒家传统文化的载体，又是大土地所有者，往往还是宗族首领，地方上种种公益事项，都离不开他们出面组织。杜赞奇：《文化、权力与国家——1900—1942年的华北农村》，王福明译，南京：江苏人民出版社2003年版。

② 沈延生对此有详细的描述。如唐朝有里正、坊正。清代时乡村的行政组织名称更是五花八门，有乡、里、区、社、城、镇、铺、厢、集、图、都、保、总、村、庄、营、圩、甲、牌、户、寨、堡、团、卡房，有路、疃、屯、约、地方、官村、里屯，还有坊、闸、洲、亭、哨、化、片、坡、方、峒、款、岩、城头等。村级组织的主要责任无非是两个：为官府催办差钱和维持地方治安。这些组织是为应付官府而设的，不是村庄中的领袖，也没有能力领导全村的公益事业。沈延生：《村政的兴衰与重建》，载《战略与管理》，1998年第6期。

的"指导",实质上是对物质和人事权的实际领导;二是居委会在社区中处于核心的法定地位。其制度上的保证在人事上是一肩挑,即主任与书记为一人。具体办法之一是设法让政府推荐的人员选上,另一种则是任命选举出来的主任为书记,如果不是党员则发展为党员。另外的措施是制度上的,即街道的领导,这以党的组织性和财政资源为保障。同时,在社区内部,居委会则由于民主选举和党、行政系统的资源而成为社区组织的当然核心,对"本居民区内的业主代表、业主委员会和物业公司拥有指导监督权"。这同样是很自然的选择,在"自治"、"基层民主"从价值追求一步步落在现实中,而行政机关的直接干预失去合法性的语境下,借助执政党的组织资源和财政资源对社区治理加以引导和调控是中国式社区治理最有效也最便捷的方式。

新的社区治理模式——社会控制模式

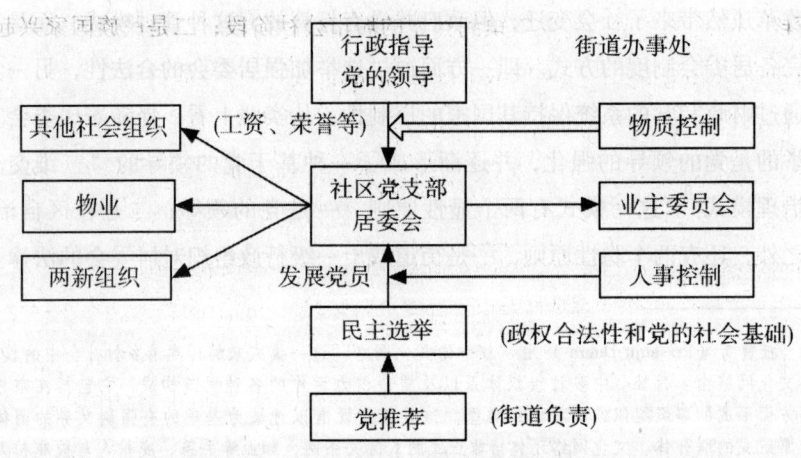

图1 新的社区治理模式图

如此,即使居委会是选举产生的,但仍然保证了居委会的可控性。居委会的半官僚性亦没有得到改变。同时,作为权力中心,居委会成为其他社区组织的统合核心。

五、回归社会：居委会未来的走向

如果暂且抛开价值考虑，从事实出发，应当承认行政与自治都是现代社会管理必需的手段。目的在于以不同的方式为社会提供公共产品。从公共服务的角度，国家的意义在于它提供社会自治体所不能提供的公共物品。市民社会理论的坚持者认为自治民主的方式同时有利于公共领域的形成，一方面自我服务、自我管理，另一方面可以抵制国家权力对社会自由权利的侵害。因此，在现代社会中必须划定社会与国家的界线，划定自治与行政的权限。然而，这种来自于西方社会的理论是对西方现实的抽象，应用于中国尚需加以细考。

西方的现代国家是在市民社会的基础上发展而来的。在此过程中，国家之外一直存在着一个相对独立的社会领域。西方市民社会大体经历了三个漫长的发展阶段，一是从早期的商业城镇到独立的城市公社阶段；二是民族国家兴起以后君主专制时期市民社会的发展；三是通过资产阶级革命的胜利成立资产阶级共和国，市民社会的理念真正地实现自身，成为所谓的"公民社会"，并对国家形成强大的制约性力量（方朝晖，1999）。可见，西方公民社会是与现代国家相对出现的，其特征是地方社会的瓦解。吉登斯认为现代民族国家的特征是国家与社会的高度融合。他认为传统社会向现代社会转型的重要特征是民族国家的出现。他认为传统国家远非人们想象的那种"集权国家"，而是一种国家力量有限、社会控制程度不平衡的国家。它对分布于城市之外的社会群体的地理空间的控制和渗透，基本处于十分松懈的状态之中。现代民族国家与传统国家最重要的区别即在于这种国家权力对日常生活的全面渗透。民族国家权力从以往暴力的明显使用转变为行政权力的普遍作用。行政权力渗透至全社会中，打破了原有的地方性社区界限，形成对人的全面监控。在国家的全民性规范、行政监视、工业管理和意识形态的影响与制约下，社会逐渐演化成为公民社会，而地方性社区也从以往较为独立的区位走向全民社会的行政细胞化。从而也就模糊了国家与社会的界分（吉登斯，1998）。也就是说，西方现代国家的建设过程不仅是国家权力扩张的过程，还是地方社会的瓦解及其与国家的融合过程。表现在组织制度上，就是地方社区的自治体与国家行政体系相结合的过程。"在20世纪中，国家权力的膨胀与地方自治权的下降，与社区在履行自己的功能过程中对社区以外的单位的依赖程度有关……权力从自治体向国家转移的过程,即政治一体化的过程。"(沈延生,1998)

但这一融合是在资产阶级国家民主化过程中完成的。因此,行政也好,自治也好,都被结合进宪政民主框架之内。行政权力尽管无所不至,却受制于选举政治权力中心,地方自治亦在此原则下被组织进整个国家的权力体系之中。因此,地方社区既有吉登斯所说的国家行政细胞化的一面,同时又具有公法人的地位,是地方的权力主体。同时,社会领域组织的充分发达,使民众可以自愿地加入社团。而滕尼斯的社区共同体则消融在现代大众社会之中,在这个意义上,西方学者曾一度认为社区消失了,社区研究也随之衰落。此后再兴起的社区研究之中的社区,其实已不是滕尼斯原来的共同体,而是基于地域关系的社区,分别对应于市、区等。基于地域关系的社区大致可以分为两种,即行政社区和居住社区。如很多国家的具体指称上,社区等同于市、区,市政府亦可以被称为社区政府。至于基于居住意义上的社区,它并不具有行政社区的含义,而更属于社会的范畴,其内部的治理原则是自治的,并不是国家行政细胞,与中国当下居委会层面的社区相距甚远。这样的社区,可以组织成社区委员会等形形色色的社会组织,并通过社团参与到地方自治政府的社会治理过程之中。

如果说,地方自治更具有英美特色,与大陆国家的中央集权的官僚体系有所不同,那么,像法国这种具有典型的官僚科层制特征的国家,社区仍然受到政治与行政的分离的制约。哪怕是中央集权式的自上而下的行政体系也有其明确的职责,不可能行使对所辖领域内的政治权力。而基层社区的社会性定位仍然清楚明确。总而言之,国家与社会的分离,社会领域的相对独立有其特殊的背景。

后发国家的现代国家建设过程与此迥然有别。它不是在相对成熟的社会基础上进行现代国家建设的,相反,它的过程往往是先国家、后社会。笔者将其称为"二个阶段的国家建设"。即先进行国家的统一,在强大的中央权力下全力汲取社会资源,进行现代化的初步建设。在此过程中,社会领域渐次出现、发育、成熟,而后再建立现代民主国家体系。因此,后发国家的现代化初期的突出特征多表现为国家行政权自上而下地渗透至最基层社会,并最终在基层社会设置名为自治,却从属于国家行政体系的半行政化组织。因此,居委会并非独一无二的。比如日本明治维新后，在基层社会设立了"町内会"。"町内会"也是以自治之名行行政之能的半官僚组织。鉴于它在日本军国主义时期的作用，二战后一度被明令取消，但在实践中却仍然存在并逐步地"回归自治"。中国的这一过程在民国时期也主要表现为地方自治中的"保甲制度"，"保甲"亦是半行政化的，只是不那么成功而已。可以说，这类组织是后发国家传统社会向现代社会转型过程的过渡组织，是国家行政权力向下扩张的产物。其使命在于以自治组织的形式充当国家在基层社会的代理人。但是随着市场、社会体系的发展与相对独立，一旦国家宪政民主化过程完成，这些组织也就完成了使命，要么退化成一个无足轻重的行政事务所，像台湾的"里甲"；要么完成自治化的转型，像日本的"町内会"。也就是说，随着国家政治民主制度的建立，这类基层社会的半行政化组织将脱离国家行政细胞的地位，向社会组织转型。取而代之的将是在一定区域内（在城市至少是街道层面的自治体）的具有公法人地位的社区政府。①

　　换句话说，当前定位于最基层的社区组织改革，无论是农村的村委会还是城市的居委会的自治选举等等，都不可能具有实质的意义。这类组织是当代中国国家政权建设的产物，是国家管理控制社会的最基层组织，即使在新形势下出现不同形式的涣散无力，也不可能通过选举改变其真正的定位。一定程度的组织强化倒是可以实现的，但它的强化恰恰强化了原有国家管理社会的体制，而不是相反地实现自下而上的民主建设。幻想这一意义上的自下而上的变革是不现实的。真正意义上的自下而上的民主建设的着眼点应当放在各种社会组织的发育成长之上。相反，居委会越强化，越具有合法性，国家以此限制、统合各种真正意义上的社会组织的能力就越强。这才是国家发展社区，加强居委会建设，进行居委会直选等的真实意图。

　　然而，这样一类组织也有其存在的历史意义。笔者对居委会历史的研究表明，这一制度设计在某种意义上是相当成功的。它协助了国家的社会动员，保证了不同时期国家意志在基层的贯彻执行，维护了基层社会的秩序。即使在现

---

① 自治体是公法人，在法律上享有独立的人格，拥有可自行支配的法人财产，并依法行使各项自治权。这种公法人不可能是在居委会层面上的，至少是街道一级。当这样的自治体建立之后，居委会层面的社区就不再需要现在半官僚化的组织，而为各种社会组织所取代。

在，居委会的这一价值仍然是存在的，而且在一定程度上更为重要。在社会体系与组织尚未充分发育的情况下，将居委会改革成为完全脱离国家的社区组织同样是有风险的，而且对于整个制度的变革不具有实质意义。居委会就其实质是城市行政管理的末梢，也是国家治理社会的最基层单元，这是它的功用所在。它的真正意义的变革有待于国家与社会关系的真正变革，有待于国家治理社会模式的变革。而一旦这一变革完成，现在的居委会也就完成了其历史使命，并将自然地回归社会组织。所以，回归社会，而不是笼统地回归自治，这是居委会未来的走向。这一走向不是通过居委会的直接选举所能达到的，只要国家与社会的关系未发生真正的变化，只要国家治理社会的模式未发生民主政治体制的转型，居委会的变革更多地只可能是示范意义的，而不会是实质性的。

参考文献：

陈明明：《乡村治理：行政化还是自治化？——对乡村基层政权建设的一项政治学理论的思考》，复旦政治学研究与方法网，http://www.politics.fudan.edu.cn/view.php?id=1148。

方朝晖：《对90年代市民社会研究的反思》，载《天津社会科学》，1999年第5期。

耿曙、陈弈伶、陈陆辉：《有限改革的政治意义：中国大陆动员式选举参与对其居民参与意识的影响》，即刊。

顾嘉健：《居委选举故事》，载《新民周刊》，2003年第39—40期。

顾丽梅、谷风：《和谐在党：上海浦东新区潍坊街道创建和谐社区的实证研究》，上海：上海人民出版社2006年版，第244—250页。

桂勇：《城市社区是否可能？关于农村村邻空间与城市邻里空间的比较分析》，载《贵州师范大学学报》（社会科学版），2005年第6期。

郭圣莉：《武汉居民委员会的创建》，载《二十一世纪》，2005年4月。

郭圣莉：《居民委员会的创建与变革：以上海为例的研究》，北京：中国社会出版社2006年版。

郭圣莉：《上海社区建设模式的反思》，载《党史与党建》，2004年第7期。

郭圣莉：《国家羽翼下的社区建设》，载《二十一世纪》，2007年8月。

胡谋、赵俊宏：《居委会之"困"》，载《人民日报》，2006年8月3日。此报道中还提到深圳社田某社区的任务更重，9人的居委会仅有三房一厅的办公室，管理2万多人的社区。工作人员坦言"我们的精力主要用于办理政府交办的任务"，"许多工作要借助物业公司"。类似的报告比比皆是，如前注中反映的亦是改革后的情况。

［英］吉登斯：《民族—国家与暴力》，胡宗泽等译，北京：三联书店1998年版。

李凡：《中国城市社区直接选举改革》，西安：西北大学出版社2003年版，第44页。

李凡：《2005中国基层民主发展报告》，北京：知识产权出版社2006年版，第2—6页。

林尚立：《制度创新与国家成长：中国的探索》，天津：天津人民出版社2005年版，第87—116页。

沈延生：《村政的兴衰与重建》，载《战略与管理》，1998年第6期。

王邦佐：《居委会与社区治理：城市社区居民委员会组织研究》，上海：上海人民出版社2003年版，第51—54页。

谢岳：《当代中国政治沟通》，上海：上海人民出版社2006年版，第75—76页。

民族主义与当代中国

毛泽东与中国

民族主义的三种导向

——从吉登斯民族主义的论述出发

肖 滨[*]

【摘要】 本文从安东尼·吉登斯民族主义的论述出发,凸显民族主义的理念导向问题,并分析了三种不同理念导向下民族主义的不同走向:主权导向下的民族主义既可能具有维护国家主权的正当性,也可能具有扩张本国势力的侵略性;民族建构导向下的民族主义既可以沦为民族同化主义、种族主义,也可以滑向具有分离主义特征的族群民族主义,还可以走向在民族一体与族群多元之间寻求协调的包容型的民族主义;公民权导向的民族主义既可能与自由主义(突出公民的个人自由权)以及民主主义(强调公民的政治民主权)携手,也可能与重视公民美德的共和主义结盟。理性、健康的民族主义在很大程度上取决于对它的理念进行正确引导。

【关键词】 吉登斯 民族主义 主权 民族建构 公民权利

一、民族主义的导向:来自吉登斯的问题

作为当代西方著名社会理论家,安东尼·吉登斯以反思和重建现代性作为其学术研究的主题和理论关怀的焦点,在重新梳理、诠释马克思(资本主义)、涂尔干(工业主义)和韦伯(理性化)的现代性理论的基础上,以独特的理论视角,构建了由资本主义、工业主义、监控和军事暴力四个维度组成的现代性的制度丛结,试图以此重绘现代性的制度图景。吉登斯确信,"通过研

---

[*] 肖滨,中山大学政治与公共事务管理学院教授。

究这些制度丛结,我们才能理解现代性所带来的普遍冲击,也才能理解现代性对社会组织的当前模式和未来潜在模式所具有的深刻内涵。"(安东尼·吉登斯,1998:208—209)在分析、把握这些制度丛结的过程中,吉登斯发现,正是"作为经济秩序的资本主义和作为政治形态的民族—国家两者的不断联合造就了四种可以部分分开来的制度丛结"。(安东尼·吉登斯,1998:208)这意味着四种制度丛结的形成可以归因于两种力量——资本主义和民族—国家。不仅如此,吉登斯甚至在社会的意义上,把资本主义社会和民族—国家视为一体:"资本主义社会之所以成为一个'社会',就是因为它是一个民族国家。"(安东尼·吉登斯,2000:50)因此,他强调,"为了解释现代社会的性质,我们必须抓住民族国家的具体特征,这是一种以特别突出的方式与前现代性国家形成鲜明对照的社会类型。"(安东尼·吉登斯,2000:11)这样,不仅民族—国家成为吉登斯反思和重建现代性理论体系的关键性的重要内容,而且民族主义也在其理论中占有不可或缺的一席之地。因为,分析民族—国家不能不涉及民族主义。

不过,民族主义实在是一个过于庞杂的话题。因此,吉登斯申明,他无意于分析20世纪民族主义的所有形式,而力图集中讨论欧洲民族—国家的民族主义。在此语境中,他试图首先刻画民族主义的象征内涵。在他看来,民族主义肯定不完全是意识形态,"民族主义可以定义为,对于某些符号的共同归属感,这些符号可以使一个特定人群的成员认同他们共同属于一个相同的社群。"(安东尼·吉登斯,1995:150)"民族主义可以界定为一系列象征和信仰,它使人们感知自己是单一政治团体的一部分。"(安东尼·吉登斯,2003:534)按照这种定义,民族主义是由共同的语言、共享的神话等要素所构成的符号象征体系,其中"语言在这方面极为重要,因为它必定是一个共同体的产物,比任何特定时代中的个体要更早存在,而且携带着的主要维度使文化体系独一无二。"(安东尼·吉登斯,1998:261)如果按照安东尼·史密斯的分析,民族主义这一术语主要指称三个对象——以一定的民族情感为前提的民族的语言和象征、民族的社会和政治运动以及民族的意识形态(安东尼·史密斯,2006:7),那么,吉登斯在此刻画的正是作为符号象征体系的民族主义。

根据吉登斯的分析,民族主义作为符号象征体系,在现代社会具有深刻的心理根源和重要的心理功能。一方面,民族主义的符号象征体系为每一个个体提供了心灵归属之地、情感寄托和认同的对象。在吉登斯的视野里，现代性的负面结果之一就是个体安身立命的意义世界被摧毁，人的本体安全体系变得更加脆弱，在这种意义迷失、精神无根的社会条件下，人们被迫借助民族主义的符号象征体系重建其本体安全机制，使个体重新获得本体的安全："在传统已经很大程度被日常生活例行化所代替，'意义'已经落到了私人和公众的边缘的条件下，语言的共同体和民族共同体的归属感等因素倾向于结合在一起以维系本体安全。"（Anthony Giddens，1981：194；郭忠华，2006：166）换言之，"民族象征所提供的公有性（特别是通用的语言，可能是共同经验的最有效载体），就为本体的安全提供了一种支撑手段，尤其当感到来自国家之外的威胁时。"（安东尼·吉登斯，1998：263）另一方面，在传统的认同对象（比如地方社区和亲属群体）已经瓦解的条件下，民族主义作为符号象征体系"不仅提供了群体认同的基础，而且还显示出这种认同是一种与众不同、弥足珍贵的成就。"（安东尼·吉登斯，1998：259）民族主义借助民族的符号象征体系不仅为民族确立了集体认同，而且展现了特定民族共同体的文化自主性，使民族与民族之间区分开来。在此意义上，民族主义确实是对主权的文化感受。

不过，在吉登斯看来，揭示民族主义的心理学维度确实重要，但是，这无法令人满意，因为心理学理论所设定的认同需要的起源和特性还是过于空洞，它很少谈到为什么民族主义必定与国家有关（安东尼·吉登斯，1998：259）。因此，必须分析民族主义的政治特性，"也就是它与民族—国家的关系"（安东尼·吉登斯，1998：260）。而要把握民族主义与民族—国家的关系，那就必须考虑到民族—国家内部主权与公民权的相互关联性，因为"一旦主权观被有效地转化为政府的原则，那么它就能开始同'公民权'（citizenship）关联起来。"（安东尼·吉登斯，1998：117）正是由于民族—国家内部存在主权与公民权的共生结构，民族主义与主权、公民权趋向于成为相互关联的现象（安东尼·吉登斯，1998：257）。针对这种相互关联现象，吉登斯提出了一个关于民族主义之理念导向的命题："在民族主义、主权和公民权之间可能存在着一系列的联系和张力，它们的发展方向取决于理念导引的路径。"（安东尼·吉登斯，1998：262）这一命题蕴含的意义在于，民族主义的不同导向可能极大地影响、甚至决定其发展的方向。

由此出发，吉登斯提出了民族主义的两种导向——主权导向和公民权导向,并试图揭示两种导向之间的紧张性。一方面,由于主权导向的单向推进,民族主义极有可能抑制公民权的成长:"如果民族主义基本上导向主权——尤其是在国家遭受大量侵凌争夺的环境中,或者在国家强烈地整军备战之时——民族主义情绪可能发生一个排外的转折,即强调这个'民族'的超乎对手的优越性。于是,公民身份权利就可能发育孱弱或者大受限制,而公民权利和政治权利则更有可能大受蔑视。"(安东尼·吉登斯,1998:262)另一方面,公民权的扩展反过来可以制约主权对民族主义的影响,从而为民族主义的发展开辟新的空间:"如果公民身份权利更实质地扎了根或者实现了,它们就会在一个相反的方向上影响主权和民族主义的关系,刺激民族主义情感向更加多元化的方向发展。"(安东尼·吉登斯,1998:262)在此,吉登斯实际上是在暗示,民族主义的发展方向很大程度上取决于究竟是把它导向主权,还是使之导向公民权。因为两种不同导向之间具有极大的紧张性,它们可以使民族主义呈现出不同的性质和面貌。吉登斯断言,如果单纯导向主权,民族主义将引发为祸甚烈的民族侵略性;相反,如果导向公民权,民族主义则引发启蒙的民主理想(安东尼·吉登斯,1998:262)。换言之,通常所说的民族主义的两面性——侵略性和启蒙性——与这两种导向密切相关。

深入分析和评论吉登斯关于民族主义的论述不是本文的主要任务。但是,从这些论述中,我们可以引出以下几个问题来讨论:

1. 民族主义的导向是否只有两种——国家主权导向和公民权导向?民族主义如果还有其他导向,那是什么?这一导向对民族主义的制约和影响如何?

2. 基本上导向主权的民族主义富有侵略性,是否意味着主权导向的民族主义不具有某种正当性?

3. 公民权导向的民族主义所具有的启蒙性,其内在格局如何?

二、国家主权导向:正当性与侵略性

国家主权成为民族主义的理念导向根源于民族—国家的内在特质和生存环境——民族—国家构成的国际体系及其现实状态。

民族—国家是主权国家,主权是民族—国家的核心特征。然而,民族—国家作为主权国家不是孤立存在的,民族—国家构成了一个主权国家体系。"一个国家如果不是在一个主权国家体系之中,如果它的主权不被他国承认,它也就成不了主权国家。"(安东尼·吉登斯,1998:331)正是在由民族—国家组成的国际体系中,国家之间通过相互划分国界、彼此承认主权才成为主权国家:"民族—国家存在于由其他民族—国家所组成的联合体之中"(安东尼·吉登斯,1998:147)。然而,不幸的是,一方面,正如吉登斯所言,由民族—国家所构成的国际体系事实上处于一种无政府状态。因为在这个国际体系中,没有作为最高权威的统一的世界政府,来确保各个国家都别无选择地遵循国际准则和履行国际义务,国际准则仅仅是国家之间的一种约定,而不是由某个最高权威所强加的。另一方面,正如现实主义的国际政治理论家所观察的那样,这个处于无政府状态的由民族—国家所构成的"世界本质上是一个利益对抗和利益冲突的世界"(汉斯·摩根索,2006:27)。民族—国家之间的利益对抗和利益冲突使世界经常处于霍布斯所谓的"战争状态"。在这样的国际环境下,每一个民族自身的生死存亡具有绝对优先性的地位。因此,一个民族如果要在世界民族之林里不被灭亡,生存下来,并占有自己的一席之地,就必须确立和维护自己的国家主权。因此,在民族—国家的国际体系中,民族主义的首要问题其实是民族自身的生死存亡问题,换言之,也就是国家的主权问题。既然民族—国家自身的生存说到底是一个国家主权问题,那么,国家主权不可避免地构成民族主义话语系统中的关键词,成为民族主义当然的理念导向。从这一角度来看,正是民族—国家体系所造成的民族生存处境构成了民族主义坚实的土壤。在此意义上,所谓"民族主义是一种关于政治合法性的理论"首先可以理解为,在民族—国家构成的国际体系中,民族主义是民族政治生存之合法性的理论。

然而,主权不是虚无缥缈的东西,而是具体实在之物。基于民族生存的国家主权导向使民族主义首先关注国家的领土主权,因为领土是民族生存的根基所在。"现代民族国家的首要特征是领土要求。在民族国家的语境里,民族主义指的是国家要求某一土地的权利,在此国家疆域内对此土地实行主权的权力,进而民族主义表现为一个民族国家的政治上的主权要求。"(徐迅,1998:43)这意味着维护领土主权是主权导向的民族主义的具体内容之一。

在国家领土主权的导向下,民族主义势必把关注的焦点集中于国家(state)的建立:"国族主义所追求的价值,就是赋予国家高度的自主与优先地位，籍以集中意志与力量，达成政治共同体——也就是民族国家——的生存、稳定、自保与发展。"（钱永祥，2001：375）因为，在人类历史上，正是这种新型的现代国家组织的建立使民族—国家成为吉登斯所说的"现代时期最为杰出的权力集装器"，"拥有了高效率的手段，从而使它能够集中和协调大众的能量和价值观，并转化为国家实力和军事力量"（托布约尔·克努成，2004：4）。借助国家实力、尤其是军事暴力才能有效地维护国家主权、领土完整和国家利益，因为军事暴力是一个国家用来保卫自身安全、维护主权最有力的武器。因此，在领土权、国家机器与军事力量之间存在着紧密的相关性。正是透过这种相关性，吉登斯发现，在主权逻辑的推动下，国家主权与军事暴力不仅处于高度关联的共生结构之中，而且二者之间形成了一种相互促进、彼此"推拉"的关系："在探寻军事权力和国家主权之间的重叠时，我们又发现了在前面曾注意到的相反倾向之间的彼此'推一拉'。"（安东尼·吉登斯，2000：65）吉登斯（1998：26）认为：忽视这种相关性是一些社会理论学者的一个盲点。因此，他曾批评涂尔干，说他不仅没有看到这种相关性，而且几乎完全同这些关注点割裂开来。

在国家主权和军事暴力的彼此推拉之中，由于军事暴力具有鲜明的两面性——防卫的正当性和攻击的侵略性，基于主权导向的民族主义也就不可避免地展示出它的两面性：一方面，当军事暴力被一个国家用来保卫自身安全、维护其领土主权和国家利益时，尤其当一个弱小的民族使用军事暴力来反抗外来民族侵略时，主权导向的民族主义所发出的声音无疑有其合理性、正当性；另一方面，当一个国家无视民族—国家之间主权独立和平等的国际法准则，把军事暴力作为侵略其他国家的攻击性的手段时，为之张目的主权导向的民族主义当然就具有扩张性、侵略性，成为所谓侵略性的民族主义。历史上，这种侵略性的民族主义与军国主义的紧密关联可以清楚地印证其扩张性、攻击性。

就上述吉登斯的论述来看，他显然对侵略性的民族主义抱有高度的警惕，并对此给予了一定的批判，但他似乎忽视了防御性的民族主义的正当性或者说对其肯定不够。更进一步说，他把主权导向的民族主义之侵略性与公民权导向的民族主义之启蒙性对举，这种民族主义的二分法实在有些简单化。如果一定要对民族主义采取二分法，主权导向的民族主义本身就可以区分为二。因为上述分析表明，在民族—国家体系下，基于国家主权和军事暴力之间的共生关系，国家主权导向下的民族主义本身就是一把双刃剑，具有两面性：既有为维护本国国家主权、国家利益而诉求的合理性、正当性，又有为扩张本国势力、侵犯他国主权而张目的扩张性、侵略性。

三、民族建构导向：在一体与多元之间

民族—国家不仅以主权为核心特质，而且以精确划定边界的领土和非均质性的人口为构成要素。如果说国家主权导向使民族主义关注于国家领土的完整、国家主权的维护、国家机器的建立及其有效运作，以确保民族共同体的生存、安全和利益，那么，民族—国家疆域的确定性和疆域内人口的非均质性所要求的民族整合、民族建构，则使民族主义陷入了民族一体与族群多元能否兼容的困境。正是这种一体与多元的困境使民族建构导向的民族主义呈现出复杂的面貌，具有极不相同的走向。

在民族—国家的语境中，所谓民族建构"意指引导一国内部走向一体化，并使其居民结为同一民族成员的过程"（戴维·米勒、韦农·波格丹诺，2002：527）。这是国家对具有不同历史、文化的人口进行整合，以确立民族认同、增强民族凝聚力、维系民族统一的一体化过程。对于民族—国家来说，通过民族建构实现民族的一体化具有极为重要的意义。首先，民族—国家的存在、运作需要建构一体化的民族。因为在民族—国家的国际体系中，每一个民族—国家常常面临外部入侵和内部分裂的双重威胁。因此，凝聚疆域内的人口，使之团结为一体的民族，避免其一盘散沙的局面，构成了国家推进民族建构的巨大动力。其次，国家也不能只靠暴力和行政权力来进行统治，一体化的民族作为历史、文化共同体可以为国家机器的运转提供历史和文化的正当性。故此，"从国家建立之初，国家就寻求控制政治认同的定义；因为国家的合法性一直受到亚国家和跨国家忠诚造成的侵蚀力量的威胁，国家的生存和成功都有赖于创造和维护民族认同的合法性。"（Y. 拉彼德等，2003：211—212）再次，一体化的民族可以降低国家统治的成本，提高其统治的有效性："从国家的立场来看，如果社会中的公民享有共同的民族语言、文化和身份，要治理社会就较容易。如果在公民之间有一种确定的文化共同性，那么，国家所有的重要功能——沟通、协商、计划、投资、管制、执法——都会发挥得更好。"（威

尔·金里卡，2004：588）最后，国家需要获得来自共同体成员在对民族共同体认同的基础之上所提供的支持、忠诚和奉献，因为民族认同"这样一种抽象的一体化形式又表现为随时准备为了祖国而打击敌人、牺牲自己的精神和勇气。"（尤尔根·哈贝马斯，2002：151）

然而，民族建构不可能凭空进行，它必然依赖于一定的族群基础。用安东尼·史密斯的话说，族群的过去会限制民族建构的挥洒空间。换言之，民族也并非纯粹国家建构的产物，它本身也是各个族群在长期的历史过程中相互融合、彼此渗透、持续互动的结果。因此，民族建构必然面临民族与族群的关系问题。民族建构导向的民族主义涉及的正是民族—国家内部民族与族群的关系。粗略地说，这种关系涉及四个层面。一是民族与族群的区别。民族不是族群："'族群'（ethnic group）和'民族'（nation），这两个词汇在中文里仅有一字之差，但在政治上的差别是非常本质的。"（马戎，2004：110）这种政治上的差别具体体现在，"民族"是指隶属于统一的国家行政机构、居于拥有明确边界的领土上的集体（安东尼·吉登斯，1998：141），而"族群"（ethnic group）则是具有自己的历史和一定文化传统的群体。换句话说，民族是与固定领土相联系的、建立了国家政权的政治实体，它具有鲜明的政治性；而族群却是凸显非政治性因素（如语言、宗教和习俗等）的群体，它更多地具有文化性。因此，"'民族'与'族群'……两者的主要差异在于是否具有政治属性这一点上，这也是我们理解'民族'实质的关键。"（李红杰，2002：47）二是民族与族群的联系。民族虽然与族群具有根本性的区别，但民族总是由一定的族群所组成，族群是民族的组成部分。三是民族内部的族群结构。组成民族的族群可能是单元的，也可能是多元的。在现代民族的族群构成中，完全由单一族群所组成的民族只有极少数的例证，相反，现代民族绝大多数是多元族群成分的混合体。四是民族和族群在一定条件下的相互转化。一个国家内部的族群关系是多元和动态的，并不是单一形态和固定不变的。在"族群"（作为具有自己的历史和文化传统的群体）与"民族"（作为与固定领土相联系的政治实体）之间并没有一道不可逾越的鸿沟，在一定的内部和外部条件下，两者之间是可以相互演变的（马戎，2004：47）。

上述分析表明，在民族建构过程中，一体化的、作为整体的民族与多样化的、作为组成部分的族群之间不仅在静态的结构上形成了一体化和多元化的张力，而且在动态的过程中具有相互转化的可能性。正是这种结构的紧张性和过程的变动性使得民族主义在民族建构导向上出现分化，在逻辑上大致有三种走向：

一是民族同化主义。哈贝马斯发现，欧洲民族—国家的建立大多是建立在少数族群被同化、压迫和边缘化的基础上的，总是充满着血腥的清洗仪式。"在19世纪后期和20世纪的欧洲，民族国家的建立过程就是残酷的流亡和驱逐过程，就是强迫迁徙和剥夺权利的过程，就是肉体消灭的过程，直至种族灭绝。"（尤尔根·哈贝马斯，2002：164）与这种民族建构相呼应的民族主义即是民族同化主义：在价值理念上，它否定少数族群存在的正当性，拒绝在民族内部包容多元的族群，企图通过消除族群的多样性，达到民族的同质性；在操作策略上，主张借助国家的力量，采取强制性、同质化的方式来实现民族的一体化。在一定意义上，民族同化主义与种族民族主义有着紧密的亲缘关系，因为"在这里，民族是以种族为基础的理想单位。"（阿克顿，2001：125）阿克顿曾经痛斥民族同化主义和种族民族主义，斥之为民族主义理论的历史倒退："一个无力满足不同民族需要的国家是在自毁其誉；一个竭力统一、同化或驱逐不同民族的国家是在自我戕害；一个不包含不同民族的国家缺乏自治的主要基础。因此，这种民族主义理论是历史的倒退。"（阿克顿，2001：134）正是在此意义上，有论者发现，民族主义或国族主义与种族主义虽然有分歧或者区别，但二者之间的关系"既非后者歪曲前者（因为国族主义并没有'纯粹'的本质），也非二者表面相似，而是二者在历史上互相构连。……国族主义与种族主义在历史上的相辅相成、互相依存的循环。"（许宝强等，2004：138、143）

二是具有分离主义特征的族群民族主义①（马丁·N. 麦格，2007：508）。如上所述，民族往往由多元的族群所构成。不同的族群在历史、文化、语言上富有差异性、多元性，在历史上形成了各自的族群认同。而民族建构的着眼点

---

① 如果按照族群社会学家马丁关于族群民族主义两种类型的分类，此处所说的族群民族主义只是其中之一。另外一种族群民族主义则主张支配族群或者多数人所属族群对于其他族群的优越性，同时将竞争的族群描画成某种潜在的危险，竭力通过进一步打压、剥削、甚至灭绝竞争族群以确立自身权力。鉴于前者在现代社会中更为常见，本文称之为族群民族主义；而后者与前述强制同化的民族主义相似，为表示区别，本文不把它划入族群民族主义的范畴。

则是形成民族认同。这样,在民族—国家内部就会产生两种基本的认同:族群认同和民族认同。前者偏重于"种族上的亲族认同(民族—文化)",后者偏重于"与国家相联系的政治认同(民族—国家)"(马戎,2004:73)。然而,在一定的政治条件和政治气候下,族群认同有可能演变为"民族认同",换言之,"就是从强调文化层面的群体意识转变为强调建立新的政治实体的群体意识。这就是通常所说的'民族主义'。"(马戎,2004:107)用盖尔纳的话说,族群问题这时就会以民族主义的形式进入政治领域。这种民族主义就是族群民族主义(ethno nationalism),其进入政治领域的要害在于:"少数族群宣称其族群认同,并且挑战多数群体的支配地位。各个族群也许认为他们受到了文化和政治的压迫,并且谋求更大权力或者从其竞争族群所支配的民族—国家中独立出来。"(马丁·N. 麦格,2007:509)因此,族群民族主义不仅反映了拒绝被同化到民族—国家之中的一些族群自身的要求,而且具有民族分离主义的特征。正是分离主义(独立建国)使族群民族主义给现代社会带来了极其严峻的后果:它导致不同族群之间无休无止的纷争、冲突,甚至战争,使统一的民族—国家处于撕裂状态,甚至迫使其解体。南斯拉夫血腥的族群冲突及其解体的事实提供了族群民族主义引发灾难性后果的典型例证。"实际上,在 21 世纪伊始,族群民族主义似乎已经成为最普遍存在、难于对付,且最具破坏性的力量。"(马丁·N. 麦格,2007:508)因为今天的族群冲突并不局限于世界上的某些地区,它已是一个全球性现象。族群民族主义的散布是族群冲突仍将持续下去的社会条件之一。族群民族主义的出现有着极为复杂的原因。其中一个原因与上述民族同化主义、种族主义有关,换言之,在某种意义上,族群民族主义是对民族同化主义、种族主义某种程度的回应,"也就是说,必须把少数群体的民族主义当做是对多数群体的民族建构的回应,而前者只不过是要使用与后者一样的民族建构手段。"(威尔·金里卡,2004:631)

三是寻求民族一体、族群多元的包容型的民族主义。一方面,包容型的民族主义与族群民族主义判然有别,它坚决拒斥分离主义,极力寻求多元族群之间的整合或融合,以实现民族一体、确立民族认同。另一方面,包容型的民族主义也不同于民族同化主义,更与种族主义根本对立,它不仅承认、正视民族内部族群文化的差异性、多元性,而且它本身就倾向于民族—国家内部族群的"多姿多彩而不是千人一面,倾向于和谐而不是统一"(阿克顿,2001:126—

127)。因此，包容型的民族主义力图在民族一体、族群多元之间保持某种程度的平衡。具体说，包容型的民族主义有两大着力点。一是在民族—国家的国家结构层面，包容型的民族主义主张采纳某种形式的联邦制，以实现民族共治与族群自治的统一①（威尔·金里卡，2005：96、119）。其理由既有理论的也有实践的：就理论而言，联邦制在价值理念上兼容统一与多元，是共治与自治的统一，因此，"联邦制允许不同民族性格、不同宗教、不同文明阶段的各民族相互和谐共处。"（阿克顿，2001：380）从实践来看，联邦制通常是多族群国家包容多元族群、化解族群冲突的几乎唯一选择，其实际运作已取得了很大成功②（威尔·金里卡，2002：119）。二是民族—国家的文化结构层面，包容型的民族主义要求建立以民族认同为基石、包容族群认同的复合认同，寻求民族认同与族群认同的统一。一方面是民族文化的一体化，即建构民族的共同文化，确立民族认同。"这一点是必不可少的，有了它，民族观念也就付诸了实践；而借助于民族观念，国家成员超越了对于村落和家庭、地域和王朝的天生的忠诚，建立起了一种新型的集体认同。"（尤尔根·哈贝马斯，2002：76）正是这种民族的集体文化认同构成了民族—国家统一的文化心理基石，因为，"如果没有民族—国家层面上的共同文化与观念，在族群层面的不同文化就难免会彼此冲突，无法和谐相处。"（马戎，2004：614）另一方面是族群文化的多元化。这意味着一体的民族文化包容多元的族群文化，接受不同的族群认同，并使之与民族共同文化整合为一体，形成一种把民族认同与族群认同统一起来的复合认同或者认同的综合体。

上述分析表明，在民族—国家的语境中，民族建构过程中一体与多元的悖论决定了民族建构导向下民族主义走向的复杂性：民族主义既可以沦为旨在建构具有排斥性的、种族同质之民族认同的民族同化主义、种族主义，还可以滑

---

① 按照威尔·金里卡的分析，并非任何形式的联邦制度都有助于解决民族—国家内部多元族群的问题，许多联邦制度的建立与解决此问题毫无关系。他区分了两种形式的联邦制——领土联邦制和多民族联邦制。他认为，领土联邦制并不保证包容族裔文化群体，只有设计良好、运作富有弹性的多民族联邦制才有这种可能性。

② 当然，威尔·金里卡的告诫值得注意：联邦制绝非解决族群冲突的万能药，一方面，它无法提供一套神奇的公式来解决族群差异，它至多只能提供一个用以协商解决这些差异的框架；另一方面，即使它富有弹性、运作良好，它依然要面临分离主义运动。不过，"一个设计良好的联邦体系会有很好的理由令少数民族放弃分离，甚至永远放弃。"

向力图把族群意识、族群认同升格,转化为民族认同、具有分离主义特征的族群民族主义,然而,民族主义也可以走向在民族一体与族群多元之间寻求平衡的包容型的民族主义。因此,在民族建构的过程中,如何既维护民族认同的同一性、一体性,同时又包容民族内部族群的差异性、多元性,这确实是对理性民族主义的一个巨大的考验。是否能经得起这种考验,是判别民族主义究竟是导向建设民族还是破坏民族的试金石。就吉登斯上述民族主义的论述来看,他显然对民族建构导向上的民族主义关注较少。这似乎构成了他审视民族主义的一个盲点,在一定程度上遮蔽了他的理论视野。

四、公民权导向:民族主义的两种进路

以公民权作为民族主义的导向具有极为深厚的历史根基和坚实的逻辑理据。

从历史上看,在公民权与欧洲民族—国家的形成之间存在着一种紧密的联系:"《威斯特伐利亚条约》的订立和民族—国家世界体制的确立,则使城市公民权进而发展成为强有力的民族—国家得以形成的一个基础。"(恩靳·伊辛等,2007:8)一方面,随着国家主权在民族—国家内部渗透范围的扩展,个体的公民权利意识开始逐渐觉醒。"国家主权的膨胀意味着属民在某种意义上——从模糊到越来越明确——知道他们在政治共同体中的成员身份,知道这种成员身份所赋予的权利和义务。"(安东尼·吉登斯,1998:254—255)另一方面,伴随着欧洲国家主权转移的民主化,即主权从君主私人手里转移到国民及其国民代表机构(议会)手里,主权在民的理念得以确立,昔日的臣民转变成为公民,开始享有公民权(尤尔根·哈贝马斯,2002:132)。

就理论逻辑而言,"为了形成有效的治理技术,国家和公民权以必然的逻辑紧密地结合到了一起。"(恩靳·伊辛等,2007:8)一方面,建立国家、整合民族只是民族—国家成长的一个方面,"不可能是唯一的政治要务;社会的组成是否能够以公民身份为原则,社会成员相互对待的方式能否符合自由、平等、正义的普遍标准,都是重要、棘手的难题。"(钱永祥,2001:376)换言之,公民身份所涉及的公民个体之间的权利义务关系以及公民与国家的关系,是民族—国家必须面对、处理的问题。另一方面,民族—国家本身也需要借助

公民权为自己确立统治的合法性。因为，从根本上说，公民权问题关系到民族—国家政权统治的合法性、正当性问题。随着近代人们对上帝的信仰崩溃之后，政治统治的宗教基础已被逐渐瓦解。民族—国家作为一种世俗化的国家，在一个价值多元的世界，"必须为自己找到新的合法化源泉"。而上述逐渐盛行的公民权不仅"创造了一种新的法律团结基础，同时也为国家找到了世俗化的合法化源泉"（尤尔根·哈贝马斯，2002：132）。

正是基于历史与逻辑的双重缘由，"国家得以将公民权作为民族主义的一个方面加以动员"（恩靳·伊辛等，2007：8）。这意味着民族主义以公民权为导向，旨在关注民族—国家内部公民与国家的关系。在此意义上，"民族主义的核心问题是国家权力问题，即政府和社会以及个人之间的关系问题……是国家权力的合法性问题。"（徐迅，1998：13—14）因此，在很大程度上，民族主义以公民权为导向，旨在为民族—国家内部公共权力的运作提供合法性、正当性。

从公民权出发，民族主义把民族视为由公民组成的国民共同体。在这个国民共同体中，个体成员只有成为国民共同体中的成员才能获得国民相应的身份、资格，才能被赋予公民的权利和义务，亦即成为公民："公民被理解为这样一个人，他享有该国族的公共文化而对其他公民行使某些权利，履行某些义务。这些权利和义务是正式宪法或者一般法律规定的，或者两者都有规定的。"（安东尼·史密斯，2002：63）在这个国民共同体里，每一个社会成员都是公民，理论上所有公民在法律上是一律平等的。因此，公民的成员资格既是一种法律地位，也是一种社会身份；公民享有某些为宪法或法律所规定的权利，同时也必须履行某些为宪法或法律所规定的义务。

然而，西方政治理论对公民权或公民资格的诠释有各种不同的进路，其中主要有两大传统：自由主义和共和主义。以非常简约的语言来说，前者彰显公民的权利，后者强调公民的责任。（德里克·希特，2006：5）这样，公民权导向的民族主义既可能与自由主义（突出公民的个人自由权）以及民主主义（强调公民的政治民主权）携手，也可能与重视公民美德的共和主义结盟。这意味着基于公民权导向的民族主义具有以下两种基本走向。

其一，以公民的权利为导向，民族主义对民族—国家的定位将受到自由主义和民主主义的约束、限制。

既然以公民的权利为导向，民族主义就不能拒绝自由主义公民权，因为它包括人身自由、言论自由、思想自由和信仰自由等属于公民个人的不可剥夺的自由权利。"'自由主义公民权'意指对于公民权的一种独特的构想和制度化，其关注的首要价值是个人自由的最大化。"（恩靳·伊辛等，2007：178）实现个人自由最大化的制度保障是法治与宪政。因此，以公民的自由权利为导向，民族主义就不能不关注两个基本点：在公民权利的关怀上，把公民的自由权利置于优先地位，视之为民族—国家立国最为重要的基础；在民族—国家政体的选择上，适应公民自由权利的保护，把以权利法案、分权制衡、立宪限权、违宪审查为核心内容的法治、宪政作为民族—国家的制度安排。如此接纳自由主义的价值关怀和制度安排的民族主义就成为一种维护公民自由、追求法治宪政的精神资源。相反，如果排斥自由主义的公民权理念，拒绝自由主义对公民自由的价值关怀和法治宪政的制度安排，民族主义极有可能与极权主义勾结，与此相应，民族—国家就会蜕变为压制、扼杀个人自由的极权主义国家。20世纪法西斯主义国家的出现清楚地证实了这一点。

既然以公民的权利为导向，民族主义就不能无视民主主义的公民权。在民主主义的视野下，民族—国家的公民是政治上的主人，是民主的公民，享有参与政治生活的权利，比如选举权和被选举权等。与此相应，包括议会制、选举制、政党政治在内的民主制度被视为落实公民民主权利的政体选择，民族—国家被设定为公民的民主权利得到有效保障、公民获得广泛政治参与机会的民主国家。由此出发，民族主义就与民主主义紧密勾连、不可分离。相反，如果排斥民主主义，拒绝公民民主权利的价值关怀和民主的制度安排，民族主义极有可能与专制主义勾结，与此相应，民族—国家就会蜕变为压制、扼杀民主价值的专制主义国家。

其二，以公民的责任为导向，民族主义的爱国主义将受到共和主义的洗礼、规范。

既然以公民权为导向，民族主义就不能只关注自由主义和民主主义的公民权，同时也必须正视共和主义公民权。"从共和主义的立场看，公民权既有一个法律的维度，也有一个道德的维度。……'真正的'或'正确的'公民权要求对于公共利益的责任承诺和对于公共事务的积极参与。也就是说，它要求公民美德。"（恩靳·伊辛等，2007：202）正是从这种公民权理念出发，共和主义把热爱祖国、热爱共和国视为公民美德之一，形成了独特的共和主义的爱国主义（republican patriotism）。共和主义的爱国主义将促使民族主义的爱国主义在以下三个方面发生调整、变化或者转型。

一是在爱国的对象上，共和主义促使民族主义把单纯对民族的热爱、认同转向共和国。通常民族主义把热爱祖国归结为对民族的热爱、对民族的认同，而民族被视为一种自然的产物，民族的认同则被看成是人们"对于以某些价值为基础的历史社群的一种共同的认同。"（应奇等，2006：393）共和主义与之不同，它把祖国（patria）视为一种道德和政治的制度，设定为共和国（republica），而共和国是一个"促进公共利益、共同财富和共同事业的国家。或者用更加现代的语言来说，共和国就是一个必须遵循其公民的共同利益，尤其是通常被理所当然地认为是他们共同的、公认之利益的国家"。（菲利普·佩迪特，2006：378）接受共和主义对祖国的如此定位，民族主义爱国的指针将不再仅仅指向民族，而是指向立足于特定民族的共和国。换言之，对祖国、民族的热爱已被提升为对共和国的热爱。这意味着在共和主义的引导、约束之下，民族主义可以把共和国作为公民热爱和效忠祖国的前提：共和国既是爱国的对象，也是爱国的真正理由。

二是在爱国的方式上，共和主义促使民族主义把公民对共和国的热爱引向参与公共事务、实现公民自治。通常民族主义会借助弘扬历史传统、彰显民族文化等方式来激发公民的爱国情感，其爱国方式蕴含较多的历史文化意涵。共和主义则把公民参与、公民自治作为公民认同、热爱共和国的恰当方式，其爱国方式具有更多的公民政治色彩。对共和主义而言，热爱共和国与参与公共事务的连接点在于：共和国之所以是公共的，"就是因为它使得人们作为一个共同体或政治共同体的成员而卷入进来——是因为人们出于共同的关怀而参与进来。"（恩靳·伊辛等，2007：199）这意味着公民认同、热爱共和国需要落实、体现为公民对共和国的公共事务的关怀、参与。离开了公民参与、公民自治，不仅共和国将会丧失其共和的品质，而且公民对共和国的热爱之情也缺乏具体的实现途径。因此，接受共和主义的爱国方式将使民族主义的爱国主义纳入现代公民政治的轨道。

三是在爱国的态度上，共和主义促使民族主义从盲目冲动的爱国主义转向理性、负责的爱国主义。民族主义把爱国情感视为"一种得到文化熏陶和文化同化之保护的自然情感"（应奇等，2006：168）。这种爱国情感虽然自然而质朴，但非理性色彩浓厚，往往具有极大的盲目性、冲动性。共和主义的爱国主义以公民参与、公民自治为公民爱国的具体方式，而无论公民参与，还是公民自治，公民不仅需要遵守法律、服从规则、理性论辩，而且更需要公民对待公共事务像对待私人事务一样承担起责任（应奇等，2006：359）。因此，共和主义的爱国主义体现出一种理性、负责的精神，比如，在民族—国家内部的族群关系上，它不会肆意挑动族群冲突，而是维护民族一体，尊重族群差异，推动族群和谐，因而"能使民族—国家团结起来，而不是使它分裂"（雅诺斯基，2000：92）。

总之，经过共和主义的洗礼，民族主义可以把民族—国家定位为祖国与共和国的统一体，使公民爱国的对象（祖国/民族）、爱国的理由（共和国）和爱国的方式（公民参与、公民自治、责任担当）得以完整地统一，从而避免民族主义的爱国主义陷入极端、非理性的泥潭。

上述分析表明，由于公民权本身的多元性、复杂性，不同公民权导向下的民族主义呈现出不同的特征，具有各自独立的色彩。因此，如果像吉登斯那样，仅仅用"启蒙性"来概括公民权导向下民族主义的特性，似乎显得有些过于简单化。也许，揭示不同公民权对民族主义的复杂影响和多重制约，才能提供一幅公民权导向下民族主义之真实面目更为全面、准确的画面。

参考文献

Anthony Giddens. 1981. *A Contemporary Critique of Historical Materialism*. London：the Macmillan Press Ltd.

［英］阿克顿：《自由与权力——阿克顿勋爵论说文集》，侯健等译，北京：商务印书馆2001年版。

［英］安东尼·吉登斯：《民族—国家与暴力》，胡宗泽等译，北京：三联书店1998年版。

［英］安东尼·吉登斯：《现代性的后果》，田禾译，南京：译林出版社2000年版。

［英］安东尼·吉登斯：《批判社会学导论》，廖仁义译，台北：唐山出版社1995年版。

［英］安东尼·吉登斯：《社会学（第四版）》，赵旭东等译，北京：北京大学出版

社 2003 年版。

［英］安东尼·史密斯：《民族主义：理论，意识形态，历史》，叶江译，上海：上海世纪出版集团 2006 年版。

［英］安东尼·史密斯：《全球化时代的民族与民族主义》，龚维斌等译，北京：中央编译出版社 2002 年版。

［澳］菲利普·佩迪特：《共和主义——一种关于自由与政府的理论》，刘训练译，南京：江苏人民出版社 2006 年版。

［英］恩靳·伊辛等主编：《公民权研究手册》，王小章译，杭州：浙江人民出版社 2007 年版。

郭忠华：《解放政治的反思与未来》，北京：中央编译出版社 2006 年版。

［美］汉斯·摩根索：《国家间政治—权力斗争与和平》，徐昕等译，北京：北京大学出版社 2006 年版。

李红杰：《论民族概念的政治属性》，载《民族研究》，2002 年第 4 期。

马戎：《民族社会学——社会学的族群关系研究》，北京：北京大学出版社 2004 年版。

［美］马丁·N. 麦格：《族群社会学（第 6 版）》，祖力亚提·司马义译，北京：华夏出版社 2007 年版。

［英］米勒等主编：《布莱克维尔政治学百科全书（修订版）》，邓正来等译，北京：中国政法大学出版社 2002 年版。

钱永祥：《纵欲与虚无之上——现代情境里的政治伦理》，台北：联经出版事业公司 2001 年版。

［挪威］托布约尔·克努成：《国际关系理论史导论》，余万里等译，天津：天津人民出版社 2004 年版。

［加］威尔·金里卡：《当代政治哲学》，刘莘译，上海：上海三联书店 2004 年版，第 588 页。

［加］威尔·金里卡：《少数的权利：民族主义多元文化和公民》，邓红风译，上海世纪出版集团 2005 年版。

徐迅：《民族主义》，北京：中国社会科学出版社 1998 年版。

许宝强等选编：《解殖与民族主义》，北京：中央编译出版社 2004 年版。

应奇等编：《公民共和主义》，北京：东方出版社 2006 年版。

［美］雅诺斯基：《公民与文明社会》，柯雄译，沈阳：辽宁教育出版社 2000 年版。

［德］尤尔根·哈贝马斯：《包容他者》，曹卫东译，上海：上海人民出版社 2002 年版。

［德］尤尔根·哈贝马斯：《后民族结构》，曹卫东译，上海：上海人民出版社 2002 年版。

［美］Y. 拉彼德等编：《文化与认同：国际关系回归理论》，金烨译，杭州：浙江人民出版社 2003 年版。

德里克·希特：《公民身份》，张慧芝等译，台北：韦伯文化国际出版有限公司 2006 年版。

学生与中国共产党：民族主义和共产主义的融合
——以"一二·九"运动为转折点

张健文[*]

吕炜、李乐、张源 译[**]

本文意在探讨中国民族主义和共产主义在20世纪30年代的融合。通过这次融合，中国共产党最终在中国民众中获得了道义上的合法性。而在此之前，中国共产党通常被看做是苏维埃俄国在中国的代理人。爆发于1935年的"一二·九"运动是这次融合的一个关键节点。在这次运动中，学生们热切地拥抱了中国共产党的领导。从此，中国共产党在中国的权力一直稳步增长，直至其在1949年夺取中国大陆的领导权。据笔者陋见，对于这样一个关键的历史节点，中英文文献中都仍然缺乏从政治学视角出发的重大研究。[①] 在本文中，我尝试给民族主义和共产主义在中国的联姻作一个政治社会学和制度主义的解释。

自清末以来，学生一直是中国民族主义的道德象征，因此，能够控制学生的政党亦能高举民族主义的旗帜。这在半殖民地国家是巨大的政治资产。同时，学生也需要政党的领导，因为单纯作为学生在政治上的效能是非常有限的。这种相互需要开启了政党和学生合作的机会之窗。事实上，类似的情况在许多发展中国家都是同样存在的。

---

[*] 作者简介：张健，北京大学政府管理学院讲师。本研究受到教育部重点研究基地重大项目（项目批准号2006JDXM018）的赞助。

[**] 译者简介：吕炜、李乐、张源，中山大学政务学院政治学系06级本科生。

[①] 在中国，这次学生运动已被神化为中国共产党成功事迹的一部分；在海外，已经有出色的历史研究（如Israel, 1966; Israel and Klein, 1976），而民族主义和共产主义融合的政治意义则尚未被探讨。

然而，要实现这种合作并不是一件容易的事情。学生往往天性富于反叛精神，因此，任何政党都难以有效地控制他们。此外，还有来自于其他政党对于控制学生的竞争。最重要的是，虽然学生们的激进往往是他们道德优势和政治效能的来源，但在政客的眼中这种激进却往往是难以满足和不切实际的。所以，学生有时候可能成为时刻准备为了现实的政治利益而牺牲他们所谓的原则的政党的负担。

总之，为了主导和把握学生，竞争中的各政党需要高超的组织技巧和足够的激进空间。本文将会展示，在20世纪30年代，这是共产党所有而国民党没有的两件东西。然而，共产党的成功并不是那么自然而然的。以上所描述的基本政治架构只是增加了共产党主导学生的可能性。这种主导的实现还取决于许多具体的细节和近乎偶然的因素，这些在任何模型中都是不可预知的。一方面，中国共产党是作为共产国际在中国的支部，莫斯科的政策在很长一段时间里就是中国共产党的政策。本文将说明，20世纪30年代中期德国法西斯和日本军国主义的兴起导致共产国际政策的改变，使得中国共产党抓住机会赢得了对学生这一对于正统的马克思主义而言并不是"革命阶级"的政治人群的主导。另一方面，正如文中将要说明的那样，作为"一二·九"运动的发生地，北平当时种种有利于学生运动的政治环境的出现，并不是绝对必然的。历史不能以一种决定论的方式被解释，而政治科学研究则是要找出政治现象间的因果关系。本文试图在这两者之间保持一种平衡。

本文的第一部分将考察1895年中国民族主义作为一种学生运动的起源，从而解释学生对政党的政治价值。第二部分，将分析政党如何控制学生以掌握中国民族主义运动的机会之窗。这部分的核心是对学生的社会学分析。第三部分，将比较现代中国的主要政党——国民党和共产党——的学生政策的发展和变化。在这里，笔者尝试展示在20世纪30年代中国特殊的社会政治环境下执政党与挑战者之间的差异。第四部分是对"一二·九"运动的案例研究，笔者认为这是共产党在学生中获得胜利的决胜点。最后一部分，笔者讨论了学生和中国共产党联合的蕴义，我认为，这个联合使得民族主义作为中国民主化的一个来源变得不可能。

一、1895 年与中国民族主义的出场

1895 年是中国近代史上一个非常特殊的年份。一年前,当时可能是亚洲最强的舰队北洋舰队在黄海被日本击败。1895 年,李鸿章在日本签署了耻辱的《马关条约》。《马关条约》的签订在北京引发了一场激烈的学生抗议,其组织者康有为是 3 年后清王朝规模最大的西化改革(百日维新)的总设计师。1895 年空前的民族危机再次将学生推到政治的中心。①

然而,这个时候的学生不得不面对一个不同的世界。学生的任务已不再是国内的,而是国际的。这在中国的历史上还是第一次。腐败的官僚体系这一在他们的前辈中恒久的学生运动主题,已经不再是此时学生们关注的重点(栗国成,1974:1—5)。事实上,《马关条约》签订前的 25 年间,清廷拥有了诸如曾国藩、左宗棠、李鸿章等由传统文化培育起来的最有能力的大臣。然而,恰恰是这一事实使 1895 年的失败显得更加无望。

有两个因素使 1895 年的危机不同于 1840 年以来的其他历次危机。像康有为这样的学生最关心的是中国作为一个伟大的文明的失败:日本曾被认为是中国的学生,但是当它转向西方寻求知识时,从前的学生可以并且已经击败了他先前的老师。西方文明似乎不仅完全不同于而且也明显优越于中国文明。并且,对于西方的影响力,既不能像对待蒙古人那样把它驱赶出去,也不能像对待满族人那样进行同化。另一方面,与文明的危机相并行的是,《马关条约》割让了辽东和台湾等人口稠密的地区,这预示着国家生存的危机。② 如果文明的危机是一个根深蒂固的危机,那么,生存危机则更直接地为中国人民所感

---

① 中国学生开始扮演政治角色至少可以追溯到西汉末年,当时太学的学生成功地迫使汉哀帝赦免了因蔑视无能的丞相而获死刑的司隶校尉鲍宣,见《汉书·鲍宣传》。转引自栗国成,1974:2,这本书的第一章很好地简要介绍了中国古代学生运动的历史。

② 根据《马关条约》,中国应当割让台湾和辽东半岛给日本。从那时起,除了很短的时间间隔(1945 至 1949 年),台湾已经累计断绝了与中国内地的关系超过 100 年。1895 年是台湾从中国疏远出去的开始。这一疏远所造成的问题至今仍然为所有亚太地区的人们所感受着。因辽东半岛的割让而引起的担忧一点都不少,因为当时辽东之于清朝皇室就像汉诺威之于英国皇室家族,并且半岛非常靠近清帝国的首都北京。签署了《马关条约》后,俄国对割让辽东半岛给日本感到不满,将其视为对其在中国东北垄断地位的一个威胁,并最终设法迫使日本放弃了辽东。

知,并经久而深刻地刺痛他们。

在1895年以前,中国/西方,我们/他们,受害者/侵略者之间的对立从来没有如此尖锐,如此生死攸关。这就是为什么康有为和他的合作者们在1898年"百日维新"中的口号是"强国"和"保种"。① 在维新运动流产之后,康有为的学生和最重要的合作者梁启超,在流亡日本期间形成了第一个中国民族主义的理论(葛志毅,1999:129—130)。民族主义的激情当然并不仅限于知识分子和失意的政治家中间。1900年的义和团运动,一个强烈反西方的大规模的民族主义运动,震惊了整个世界。这表明了在普通百姓中广泛蔓延的民族主义激情(即使颇为原始)。

回顾历史,我们有理由认为,现代中国的民族主义在1895年对《马关条约》的抗议运动中首次出场(Israel, 1966:184 - 185),而学生是它最初的主角。

二、作为学生运动的民族主义:政党的机会

1895年之后,中国一直处于不断的民族危机之中。这刺激了学生的民族主义运动。与此同时,由于科举制的废除以及其他一些原因,学生的社会经济特征也产生了变化,使得学生在政治上既积极又无能。这种自相矛盾使得新出现的大众政党有了利用学生民族主义情感的机会。

(一) 不间歇的民族危机

前文已经论述,自从1895年以来,生存和文明的双重危机在中国人民,特别是学生中,已激起了强烈的民族主义情绪。此处想强调的是,直到1945年之前,中国从来没有缺乏过这种危机。中国民族主义过去一直是(也许现在仍然是)"永不退潮的潮流"(A Tide that never ebbs)(Townsend, 1992:101)。

虽然在第一次世界大战期间西方列强的重点是在欧洲的争斗,列强俱乐部的新成员日本却获得了一个极好的机会发展其在中国的垄断。中国人发现此暴

---

① 早在1895年,康有为已经认为中国和列强之间的冲突在本质上是种族(race)之间的竞争。在他为强学会所作的发言中,康有为就宣称,西方人是非常重视种族的,并且视其他种族为敌人;而变法的任务之一就是防止中国种族的灭绝或沦为其他种族的奴隶。参见 Teng and Fairbank, 1954:152 - 153。

发户甚至比旧的列强还要贪婪。1915年,日本向中国政府提出了著名的《二十一条》,其目的是独吞整个中国。然后,在巴黎和会上,日本坚持要求在中国山东的特权,这直接引起了"五四"运动的爆发。当日本在1931年第一次占领中国东北,在1937年挑起全面中日战争时,中国与日本之间的冲突达到了高潮,因此,自20世纪初以来,中国民族灾难的主要根源由西方列强转为了日本。

(二)"新学生"新在哪里?[①]

正如我们已经看到的,在1895年到1945年的50年之间,学生有充分的理由愤慨和激动。作为最敏感的社会群体,这一时期学生仍然是中国民族主义运动的先锋。事实上,许多其他的发展中国家情况也是如此(Hungtinton, 1968)。然而,作为一个社会群体,学生自身也经历了重大的转变,这个转变是由1905年科举制的废除而触发的。

最直接的变化是教育的内容。在科举制度下,主要的教育内容是儒家经典。而1905年以来,课程开始逐渐西化。数学、化学和物理在大多数学校成为普遍教授的课程。这样一个从经典到实用知识的调整,改变了学生的"世界视野"。它的意义再怎么夸大也不为过(Israel, 1966: 185)。

但是,对于本文的主旨而言,最重要的是:科举不单单是一个教育系统,而且是中华帝国的一个社会制度安排(何怀宏,1998)。因此,科举制的废除引起了学生社会经济特征的变化。

举例来说,当康有为于1895年组织1300多人在北京公车上书之时,他们都是来自全国各地参加科举考试的举子。如果他们成功地通过考试,他们不仅将获得最高的进士头衔,还将获得一官半职(即使有时要等上一段时间)。如果他们失败,他们可以再等待3年后的另一场考试。这意味着帝国政府的大门总是向他们敞开的。在他们的家乡,这些学生被视为当地的士绅阶层,享受相当的经济特权和政治威望。

1905年废除科举后,新体系中的学生们必须接受3—5年的学校教育才能毕业,并且,即使在学校学习出色也并不能保证他们进入官僚体系。此外,由

[①] 1905年后,人们将那些在西式学堂接受教育的学生称为"新学生",以区别于那些在以儒学经典为核心教育内容的传统学堂中受教育的学生。参见吕芳上,1994:36—37。

于现代教育的快速扩张与中国经济的发展不成比例（吕芳上，1994：4—6；王奇生，2000），对于新毕业生来说，就业也是非常艰难的。他们中的绝大多数已不再是立基于农村地区的相对富裕的士绅，而是要成为城市的薪资阶层。

这一系列变化对学生民族主义运动的影响是多重的。首先，由于学生没有固定收入，他们在学校期间不能在经济上支持自己，因此，在20世纪初的许多学生运动中，一个最令他们头痛的问题就是钱的问题。学生运动中，诸如示威游行，散布传单和小册子，以及建立学生协会等基本运动手段都需要钱。缺乏稳定的财政来源使学生难以长时间地维持他们的运动。

其次，学生在社会运动中除了声音之外一无所有。因此，如果没有诸如商人、工人或农民等其他社会阶级的支持，学生运动本身非常不可能导致政治的实质性改变。因为在中国的威权主义政权中，声音本身并没有多大影响和意义。学生不能对政府造成可信而切实的威胁，而后者对社会运动的成功是至关重要的。（吕芳上，1994：13—15）

最后，更糟糕的是，学生和其他社会阶层之间的联盟往往是短暂的，在反西方或反日运动中尤其如此。就其天性而言，学生往往是在原则上非常绝对、在行动上非常激进的，但商人显然不能忍受与外国同行很长一段时间断绝贸易，工人无法忍受在没有其他收入的情况下停止为外商投资的工厂工作。这种利益冲突，往往使学生指责商人"不爱国"，而商人则抱怨学生的"激进"。（吕芳上，1994：44—49）

总之，民族危机的深化刺激了学生中的民族主义情绪；与此同时，在现代化教育体系中的学生比其在科举制中的先辈们的力量远为弱小；学生参与政治的强烈而持久的热情，与其现实中的无能之间存在很大的落差。这使得大众政党参与学生运动既对学生而言是必要的，又对政党来说是可能的。

（三）政党与学生：一种双赢游戏

在我们探讨政党与学生的关系之前，我们不禁要问：为什么大众政党参与学生运动是有利可图的？换言之，政党参与学生运动的动机是什么？

答案就在于学生的道德优势和其在政治市场的价值。在传统的中国，当教育和识字是一件罕见的事情的时侯，所谓的"读书人"长期以来就被视为理所当然的社会领导者。在1905年教育改革后，学生与其他社会利益群体的分离,一方面损害了他们成为一个独立社会力量的能力(如我以前所论证的),另一方面又使学生赢得了社会良心的美誉。① 如果有任何政治力量可以获得学生的支持,他们将在与其他力量竞争时拥有更多的获胜几率。这是学生对于政党的首要价值。

除了道义上的收益,参与学生运动可能促使有才能的青年人参加政党,成为政党机器的"新鲜血液"。我们将在本文的后半部分看到,对于一个雄心勃勃的想要获得国家权力的政党而言,这绝不比学生的道德价值缺少吸引力。

对于学生来说,群众性政党(特别是那些按照列宁主义原则组织起来的政党)可以为他们提供组织技术、领导、公关策略和财政支持。所有这些都是充斥着无力、无助感的学生们最需要的东西。总之,政党和学生都发现双方的同盟是有利可图的。

在中国,国民党和共产党之间是统治者与挑战者的关系。国民党是中国第一个在相当程度上利用和动员了学生的政党。但在1927年夺取了国家权力后,国民党最终远离了学生。我们当然可以找到国民党改变学生政策的政治哲学原因。然而,正如约翰·伊斯雷尔(John Israel, 1966: 186 – 194)所认为的,作为一个执政党,国民党必须同时兼顾可能是互相冲突的政策目标,这大大伤害了它与学生结盟的能力;另一方面,作为对中央政府的挑战力量,中国共产党可以"攻击政府最脆弱的地方",而不必过分顾虑他们言论的结果。作为挑战者的优势,加上中国共产党"赢得受过教育的少数人的高超技术",帮助中国共产党赢得了学生的支持。

1. 国民党:从动员到遣散

在学生与国民党(包括它的前身同盟会)之间有过两个政治蜜月。第一次是从1905年至1911年。1894年,当孙中山开始他的反满革命事业时,他的主要支持者是各类矢志"反清复明"的会党组织。当时就有人认为,这些团体成分复杂,成员对革命的认识水平参差不齐,因而它们对革命的贡献是非常有限的。(栗国成,1974: 7)

---

① 可以肯定的是,在学生运动极为频繁的20世纪20年代的中国,许多人的确抱怨学生无能以及他们对日常生活的干扰。(吕芳上,1994: 429—430)但总的来说,虽然有人质疑学生的方法,但少有人怀疑他们的诚意,尤其是当学生运动指向一个民族主义议题的时候。

1898年百日维新运动失败及1900年的义和团运动后,清王朝的合法性危机使得一些激进的知识分子转向孙中山的共和主义,在日本的中国留学生团体尤为如此。1905年在东京设立同盟会,是孙中山转而将学生作为其共和革命的主要依赖力量的信号。目前所知的在1905至1907年间加入同盟会的379人中,354人是在海外或国内的学生(张惠芝,1997)。青年学生的参加使得孙中山备受鼓舞,并将辛亥革命的胜利归功于他们(栗国成,1974:6—8)。然而,孙中山高估了学生。虽然学生们是勇敢的(有时甚至是过于大胆的)革命家,但他们在1911年10月10日武昌起义之前就已经消耗了太多的力量。①武昌起义的决定性力量是新军中倾向共和的军官。事实上,在辛亥革命中,学生的象征性作用大于其实质性作用。当孙中山不得不反击袁世凯以确保一个真正的宪政共和国时,他在1914年后也开始转而依靠地方军阀。因此,国民党领导的学生运动在1912年至1924年间进入了低潮时期。

迟至1924年,当孙中山借鉴列宁主义的方式改组国民党时,学生与国民党的第二次蜜月才又开始。不过早在1919年"五四"运动时,孙中山已再次承认了学生运动在民族革命中的重要性。这一时期孙中山的主要助手之一邹鲁甚至说,国民党的改组部分地是由孙中山希望将学生运动合并到国民党所领导的革命中来这一愿望所触发的(栗国成,1974:13—15)。1924年1月,在国民党第一次全国代表大会期间,国民党成立了一个青年部,并任命邹鲁为部长。此外,国民党的新党章提出:"任何人自愿接受本党的纲领,并履行本党的决议",就都有资格加入国民党。这将国民党的大门向全部中国人打开,并导致了国民党党员数量爆发性地增加。虽然就学生是否应该加入政党这个问题一直有争论(吕芳上,1994:157—187),但学生却正是这次国民党党员激增的主要来源,在一些省份高达70%的党员是学生(吕芳上,1994:273)。

总的来说,加入国民党这一在20世纪20年代中期就已经控制了中国两广地区的政党,是满足学生提高其政治效能的愿望的最好办法。②尤其是那些中

---

① 学生遭受的最大损失是武昌起义6个月前的广州,当时数百名学生死于武装起义。关于辛亥革命之前学生政治影响的衰弱,见Rankin,1971:6,转引自Esherick,1976:153。
② 一份读者来信很好地体现了当时学生们的情绪。在1924年12月5日出版的《学生杂志》中,一位读者嘲笑了传统形式的学生运动,认为如游行、递send愿书和发传单等都无助于消灭军阀,他认为最好的办法是加入国民党,直接参与国民革命。参见吕芳上,1994:255。

学或小学毕业生，与大学毕业生相比，他们在就业市场上处在一个非常不利的地位。而加入国民党则在政治满足之外，还常常意味着找到了一份工作。值得一提的是，这些中小学毕业生组成了黄埔军校的主体，而后者是国民党军事力量的主要基地（王奇生，2000）。

在此期间，国民党不仅成功地吸引了学生入党，而且也确保了自己在传统的学生运动（如反日或反西方示威游行）中的领导地位。学生对国民党国民革命的认可大大增强了国民革命的吸引力与合法性。一些学者甚至认为，对于国民革命最后的成功，民意支持从北洋军阀政府到南方国民政府的转移，甚至比第一次北伐战争更重要（罗志田，2000）。

具有讽刺意味的是，国民党的成功却意味着国民党领导的学生运动的结束。就在国民党于1927年占领南京并建立了全国性政府后，便出现了一些关于制止学生运动和将学生赶回教室的言论。这种言论的产生有多种原因①，但是，同盟会最资深的成员之一、声望极高的前北京大学校长蔡元培在1928年提出的一个观点，最能代表国民革命成功以后整个社会心理的一般变化。蔡元培的观点很直截了当：在北伐成功之前，学生运动有利于调动民众支持国民党的革命，而这是以牺牲学生的教育为代价才实现的。现在既然国民党已经控制了国家的权力，国家就应帮助学生重回课堂，这对于学生与国家都是有长远好处的（吕芳上，1994：407—409）。

很显然，蔡元培所持的实际上是一种威权主义的观点。他认为，政治，至少是国民党已经控制了政府以后的政治，是政治家的事情；学生（事实上是除国民党官员以外的任何人）都不能再涉足其中。② 事实上，当时在华的著名记者尼姆·威尔斯（Nym Wales）将20世纪30年代国民党的政策讽刺为"殖民的次法西斯主义"（Wales，1959：3）。此外，正如我在这部分开始所说的那样，从国家权力的挑战者到国家统治者的变化也改变了国民党的利益，并推动

---

① 例如，国民党一直强烈关注1925年后中国共产党在学生中日渐扩大的影响力（吕芳上，1994：285—286，396—400），我们将很快谈到这一点。

② 正如Arif Dirlik（1975）所认为的，在1927年后成为官方意识形态的孙中山的政治哲学中，在对待民众运动方面有其"内在的矛盾"。基本上，国民党需要民众运动以帮助它在民族革命中获得权力，但国民党的社会理想是"训练"人民在未来以一种民主的方式生活。这意味着，在赢得了政府权力之后国民党不能再忍受太多的民众运动。

国民党改变了对学生运动的政策。

由于学生已经在国民革命的进程中深深地被政党控制,他们现在不再能抵制国民党政策变化所带来的消极后果了。1929年3月,国民党第三次全国代表大会指出,"青年运动"在今后应主要关注"校园内的自治"。同年10月,国民政府下令,全国学生联合会必须取消其第十一届全国代表大会。这一命令被遵守了(栗国成,1974:25)。1930年1月,国民党颁布了有关学生会的新条例,将学生会降级为一个自治组织,只有校内的职能。这意味着自1919年"五四"运动起一度风起云涌的学生运动的死亡。这些学生,以他们在持续的民族危机之时拯救和服务于国家的迫切愿望,帮助自己的镇压者获得了成功。这是现代中国学生运动的悲剧。

总结以上对国民党学生政策非常简短的讨论,我们看到,作为一个革命党的同盟会是如何满足了学生们期望变得激进与有效的愿望。这在国民党20世纪20年代末不得不与合法的北京政府交战时同样如此。当国民党于1927年夺取国家权力时,这种政治空间消失了。国民党不得不谨慎地处理与日本和西方列强的关系,因为任何激进的措施都将给他们自己的政府带来外交的甚至军事的危机。问题是,在学生眼里,中国与外国侵略者之间的不平等关系仍然没有得到纠正。国民党与学生之间真诚合作的政治先决条件已经不存在了。这为共产党打开了机会之窗。本文其余部分将显示在最初的一些失败之后,中国共产党如何最终把握住了机会。

2. 中国共产党在学生中的兴衰

在很大的程度上,中国共产党是一个学生运动——五四运动的产物。而且,其早年大多数成员都是学生。根据一位资深的中共党员李一氓回忆,直到北伐时期,整个中国共产党仍然非常学生化。中国共产党成员之间互相称呼"大学同学",他们称呼共产主义青年团成员为"中学同学"。在中国共产党文件中的致辞形式不是"同志们!"而是"各级同学们!"当共青团将某些文件转交中国共产党时,他们称之为"转高校教材第XX号"(王奇生,2000)。这样的学生出身意味着中国共产党有在学生中扩大其组织的自然倾向。

另一方面,中国共产党是作为共产国际的一个分支机构在中国成立的。共产国际的一般政策对中国共产党有极其大的影响,这种影响在20世纪20年代中国共产党政治上仍不成熟时尤为明显。在这段时间,共产国际的政策是,在任何可能的地方建立起对苏友好的统一战线以打破苏联的国际孤立状态。在中国，由于当时的北京政府完全处于依靠西方列强或日本的财政和军事支持的北洋军阀的控制下，因而，苏联在中国的潜在合作者只能是处于中国南方的孙中山和他的国民党。① 根据定义，统一战线应该涵盖除了"最反动"的大地主、大买办外的所有社会阶层。因此，尽管在共产党的正统思想中，学生是不具有革命性的阶层，而是小资产阶级，但共产国际也鼓励中国共产党在学生当中开展工作和发展组织。

自然亲和与共产国际的鼓励为中国共产党在学生中扩大其影响力创造了十分良好的条件。但是，在国民党青年部首任部长、坚定的反共人士邹鲁于1925年的内部斗争中失意离任之前，中国共产党的学生工作进展甚微（栗国成，1974：17；吕芳上，1994：280）。1925年到1927年是中国共产党学生运动的一个全盛时期，并且，列宁主义的组织技术首次显示了其强大的力量。不过，尽管国民党在1924年到1927年间力量遭受到严重削弱，但国民党在这一时期依然颇受欢迎。当国民党军队在北伐战场上取得节节胜利时，中国共产党想建立起对学生的稳固组织控制是非常困难的。

与此同时，原先高举"反帝"大旗的国民党开始意识到，和西方列强合作与和原盟友苏联合作相比，前者能够获得更大的利益。因此，1928年后，国民党和苏联的关系开始急剧恶化，并在1929年的中东路事件后彻底破裂。于是，在北洋军阀政府被推翻后，苏联又不得不面对另一个敌对的中国中央政府，而中国共产党也随之开始反思过去几年的学生政策。

---

① 实际上，苏联在中国的对外政策比本文篇幅和主旨所允许陈述的要复杂得多。简要地说，苏联在中国的策略是走钢丝式的。苏联总是尝试同时与北京政府及其挑战者保持接触。在20世纪20年代初，当苏联支持孙中山和他的国民党时，苏联也利用这层关系和北京中央政府打交道以谋取尽可能多的利益。（Elleman，1995；也请参阅：赵胜土，2001和姚洪亮，1996）在1931—1945年的抗日战争期间同样如此（王立新，1996）。

三、"一二·九"运动：失窃的民族主义

（一）共产国际和中国共产党的政策调整

经济大萧条使苏联的国际环境恶化。德国和日本似乎已经对第一个社会主义政权形成了一个恶毒的包围圈。1935年7月到8月在莫斯科召开的共产国际第七次会议，通过了一项新的国际政策，号召世界各国共产党在本国组织"反法西斯统一战线"以保卫"世界无产阶级的祖国"。

在中国，这个政策意味着共产党要与已经打了8年内战的国民党进行和解，并在中国组织一个反日统一战线，以便在日本发动对苏联的进攻之前最大地消耗其力量。这正是著名的《八一宣言》的内容。随后，在1935年12月底召开的瓦窑堡政治局会议上，林育英解释了共产国际政策的战略性调整（徐锋，1995）。毫无意外的，中国共产党接受了共产国际的决定和《八一宣言》。1935年12月25日通过的瓦窑堡决议指出，现在日本帝国主义已经成为中华民族的头号敌人，中国共产党准备与一切反日、反蒋的力量进行合作。[①]

（二）手腕高超的共产党人和沸腾的民族主义

对于一个严格的列宁主义政党来说，1934年到1936年的历史无疑是不平常的。因为不仅共产国际和中国共产党失去了联系，中共中央也和中共地方组织失去了联系，而这种情况在国统区尤为严重。这些和他们的领导人失去联系的热诚的中共党员，不得不根据自己对于形势的独立判断开展独立的工作。而这也成为"一二·九"运动成功的一个因素。

1934年8月，中国北方的中国共产党组织遭受到了国民党的沉重打击。在大部分中共党员被国民党逮捕后，剩下的极少数共产党人也和自己的上级

---

① 当时，中国共产党仍然认为蒋介石是全心全意倒向日本以谋求和平的，但当时中国共产党的确放弃了对国民党其他派别的敌对政策。数月之后，当更多要人，如王明、康生、陈云及任弼时从莫斯科赶回延安时，中国共产党才最终接受蒋介石作为抗日的国家领导人。

失去了联系。1935年初，北平的几个中共党员和中共河北省委重新取得联系，并组织了中共北平市工作委员会（简称工委）[彭涛，1987（1960）：313]。大多数幸存下来的党员都是大学生。例如彭涛、黄敬和宋黎，这三个在"一二·九"运动中得到锻炼的党员分别是辅仁、北大和东北大学的学生。① 这就意味着当这些人再次活跃起来的时候，学生运动就成为自然而然的选择。

另一方面，北平政治气氛和力量的转变也十分有利于学生运动。日本在1931年占领东北后，又将其眼光投向了相邻的华北。1935年7月，国民政府被迫和日本签订了《何梅协定》，根据该协定，国民党控制的军队要撤离平津地区，并且当地的国民党组织要解散。在这些被撤离的军队之中，就有镇压中国共产党活动十分有效的宪兵第三团。很多中共党员承认，这支宪兵的调走，大大地缓解了中国共产党在北平的生存压力[郭明秋，1982（1980）：60]。

作为妥协方案的内容之一，宋哲元将军的部队代替了国民党的部队驻防平津。宋哲元是一个半独立的军阀，他经受住了国民党吞并其部队的多次企图，因而不被国民党信任。宋很高兴看到国民党嫡系军队被驱逐出华北，这给了他更大的发展空间（清华大学中共党史教研组，1980：18—19）。同任何军阀一样，宋不喜欢共产党人和"闹事"的学生，但是他也不像国民党那样有那么大的兴趣去镇压共产党人和学生。而且，他的部队缺乏同共产党斗争的经验。

对于北平的学生来说，《何梅协定》使他们非常震惊。他们现在担忧的是国民党军队的撤退仅仅是日本占领整个中国北方的第一步。当日本人在与北平接壤的几个县建立起伪自治政府的时候，他们的忧虑加深了。作为此前五百多年中华帝国的故都，北平在中国人的心目中享有特殊的地位：对于他们中的许多人来说，如果北平失守了，那就意味着中华民族灭亡的开端。因此，毫不奇怪的是，日本对北平的威胁在学生中引发了非常强烈的民族主义情绪，他们既

---

① 当我们想起此前数年中国共产党对学生的政治歧视时，在1935年还能有这么多学生党员存留下来似乎十分令人惊讶。但事实上，这些人在他们成为学生之前就已经是很老练的革命者了，至少本文列举的三个人是这样的。此外，学生的身份有利于逃避国民党的逮捕，因为中国共产党的左倾政策将国民党的注意力吸引到了工厂而不是学校。这就能很好地解释学生党员的高幸存率。

反日又对国民党处理危机的措施不满。

糟糕的是,日本政府和国民政府之间的外交往来是完全保密的。没有人知道下一步将发生什么。这种强烈的不确定性只能恶化局势并且使其更具有潜在的爆发性(金冲及,1995)。甚至当时的国民党官员也一致同意秘密外交是"一二·九"运动的一个原因,并且提倡透明一些的外交[周利生,1987(1936):399,412]。

因此,进入1935年夏天之后,北平已经具备了一个学生民族主义运动所需要的一切条件:空前的民族危机,焦虑的学生,一个准备好以一种更有效的方式动员学生的政党和一支战斗力缩水的驻防军。

随着宪兵第三团的撤退,彭涛、黄敬和一些共青团的成员如姚克广和郭明秋①,设法组织了一个水灾赈济会。1935年夏,华北地区发生了严重的水灾,而国民政府在帮助灾民方面做得非常差。很多遭受洪水灾害的农民来到北平,希望能从富裕的城市居民中得到一些帮助。对于共产党人来说,这是建立一个合法群众组织的好机会。水灾赈济会吸引了所有主要大学和一些中学的学生。这些学生中的大部分被共产党人称为"积极分子",暗示着他们比其他学生相对较多地赞成中国共产党。根据姚克广的回忆,他们的协会成功地获得了2000元的捐助金,这在当时是相当大的一笔钱。到了深秋,当北平需要帮助的水灾受害者少些的时候,还有500元的剩余资金。这些救灾剩余款后来成了12月份游行示威的主要资金来源[姚依林,1987(1979):323]。

水灾赈济会毕竟是一个季节性的组织。彭涛想要的是一个持久性的机构,能够用来促进共产党人在学生中的工作。在彭涛②的发动和姚克广、郭明秋的拥护下,1935年11月18日,北平学生联合会(以下简称:北平学联或学联)在水灾赈济会的基础上成立了。北平学生联合会以学校作为它的直接成员。学

---

① 姚克广更为人所知的名字是姚依林,在20世纪80—90年代,他官至中共中央政治局常委和国务院副总理。郭明秋后来成为林枫的妻子,一般认为林枫在"一二·九"运动爆发后被任命为中共北平党委的书记。不过,对于林枫这一任命的时间乃至是否发生过,最近出现了不同的回忆,见谷景生,2001。

② 从1935年初开始,彭涛就重新建立了与中共河北省委的联系。所以,他在"一二·九"运动筹备工作中扮演了前台领导的角色。而黄敬作为学生中最有经验的共产党员[姚依林,1987(1979):325],只是在"一二·九"之后才重新建立了与中国共产党的"组织关系"。不过从那之后,黄敬在运动中也扮演了重要的角色。

生们在他们各自的学校选出本校派驻学联的代表。在北平学生联合会里，每所学校都可以有一个以上的代表，但每所学校都只有一票的投票权。在国民党中央政府制定的法律下，这样的学生协会是非法的。所以，北平学生联合会的主要工作集中在燕京大学和清华大学开展。这两所学校都有很强的美国背景，都坐落在北平的西北郊区，因而，来自政府的影响就比在城区要小些。与曾经是学生运动温床的北京大学此时浓重的限制性气氛相比（刘导生，1988），燕大和清华是学生们做一些"非法"事情的一个很好的环境（栗国成，1974：153）。北平学联的总部设在汇文女子中学，它位于北平闹市区，该校的领导都同情中国共产党。郭明秋也是这所学校的学生，她被选举为北平学联的主席。此时，郭已经加入了中国共产党。而且，北平学联中的中共党员组织了他们自己的党团（党的核心）。彭涛任党团的书记。虽然北平学联不是共产党的一个组织，但学联内部的共产党员们可以通过党团来统筹工作，并使他们的想法主导北平学联的决策。① 实际上，从一开始，北平学联就处于共产党的主导之下。②

自从北平学联建立以来，一个反日和支持国内民族和解的学生运动就已经在酝酿之中了。北平的一些学生共产党员已经了解了外文版的《八一宣言》和共产国际七大的一些文件。③ 如我们所看到的，《八一宣言》不仅肯定了学生在统一战线中的作用，而且批评了极左路线。这就使得彭涛和他在学联的同

---

① 那时，许多人害怕或不喜欢中国共产党设在一般性社会组织中的党团。当然，中共党员并不这样认为。不过，当30年代中国共产党试图与国内上层阶级建立联盟的时候，党团成为一个大麻烦。参见刘少奇重要的文章 [1987a (1936)：82]。

② 主要是由于中国共产党出色的秘密工作，许多研究者低估了中国共产党在"一二·九"运动中的影响。本文不同意他们的观点。例如，伊斯雷尔和克莱因认为，在"一二·九"运动的第一次游行中，当时人们只知道两个人（彭涛和黄敬）是中共党员（Israel and Klein, 1976：84）。事实上，如本文所言，在第一次游行前，学生中大约有十几名中共党员，他们很好地组织在北平临时市委之下。姚克广和郭明秋作为最重要的新学生领袖，至迟在1935年11月，也就是运动爆发之前，就已经加入中国共产党。其他低估中国共产党作用的研究参见 Wales, 1959：2 和栗国成，1974：168。

③ 这大概是整个"一二·九"运动最令人惊奇的事情。姚依林说，在建于1906年的著名的北京饭店有一个法国人开的书店。书店出售外文版的共产国际出版物。在这个书店，学生共产党员发现和阅读了《八一宣言》[1987 (1979)：323—324]。

伴们采用一种不那么激进的方式吸引更多的同学参加这个运动。①

1935年12月初，国民政府在日本的胁迫下对华北地方政府进行改革，一些日本的长期合作者将获得高级职位。这激起了学生们的深切担忧：国民政府会不断屈服，而日本很快就会吞并华北。有谣言说，新的所谓自治政府将在12月9日成立。这是共产党人鼓动学生走上街头的一个很好的机会。

游行的决定是在12月8日深夜作出的。然而，直到那时北平学联的领导者们还不确定第二天会有多少学生参加示威游行。当时还不是共产党员的学联领导人之一、燕京大学的张兆麟曾担心是否会有800名学生走上街头，在他看来，800人是一个成功的游行示威的临界值。彭涛则更乐观些，但甚至他也承认如果参加人数太少，示威将变成请愿［郭明秋，1982（1980）：62］。

然而，学生们高涨的民族主义热情远高于共产党人的预测。虽然示威的决定是于12月8日深夜在燕京和清华大学宣布的，将近2000名学生一大清早就在寒风中聚集在这两所相邻的大学里。位于市区的东北大学、师范大学和很多其他大中院校也连夜动员了相当多的学生。1935年12月9日的示威游行是中国近代史上最英勇和最成功的群众行动之一。学生们和军警作了勇敢的搏斗，并且获得了市民们的广泛支持。虽然中国报纸被政府禁止报道这次事件，然而北平的西方记者作了详细和动人的报道，其中最有名的两个人是埃德加·斯诺（Edgar Snow）和他当时的妻子尼姆·威尔斯。他们两人当时都在燕京大学新闻系工作，是燕京和清华大学学生积极分子的亲密朋友。② 此次行动的影响如

---

① 事实上，中共北平工委的书记王学明，似乎是一个正统的共产主义者，他不同意彭涛在学生中的工作，特别是举行游行示威的想法。彭涛和他在北京工委的主要支持者谷景生、周小舟等，与王学明展开了激烈的派系斗争。彭、谷、周后来在1935年11月获得了河北省委的支持，后者决定撤销中共北平工委，代之以中共北平临时委员会（简称临委），以谷景生为书记，彭涛为组织部长。关于彭涛和王学明之间的冲突，参见郭明秋，1982（1980）：61；姚依林，1987（1979）：323—324，以及中共中央党校党史研究班，1986：14。谷景生（2001）的回忆则是最为详尽的。但是，谷的回忆中关于自己担任中共北平临委的说法，没有得到本注解引用的其他当事人的回忆侧证（而谷的回忆则完全没有提到为多数官方党史所提及的林枫在12月9日之后出任北平市委书记的事。其中原委尚待查证）。可能的原因是，谷景生在1957年的"反右"运动中即丧失了政治地位，因此，在那之后的诸种回忆都有意无意忽视了他。无论如何，王学明、谷景生或者林枫等北平各个党委的书记在整个运动中都是处于幕后活动的角色，而前台则是彭涛、黄敬、姚依林、郭明秋等具有大学生和共产党员双重身份的人。

② 外国记者，特别是斯诺和威尔斯夫妇，在"一二·九"运动中的作用是被人广为承认的。参见栗国成，1974：158—159。

此之大，在学生中激起的热情如此之高，以至于一周以后，一个规模更大、组织更好的示威游行再次在北京发生，部分地只是为了满足那些没有参加"一二·九"示威游行的学生们的参与要求。

北平学生的两次示威游行震惊了整个国家。① 学生领袖们准备好的标语如"停止内战，一致对外"在一夜之间流行于全国各地。显然，这是非常有利于中国共产党的。

（三）加深控制

国民党和它此前的敌人北洋军阀一样，处于一个非常尴尬的位置。12月的示威游行后，它收到了来自学生和其他社会团体的强烈民族主义的压力。然而，鉴于中国和日本之间存在的实力差距，作为中国的执政党，国民党不能任意地作出反应。国民党最好的选择是和学生合作②，但是它现在面临着精明的对手。

12月9日的第一次示威的几天后，在12月16日的第二次示威前，一位著名的共产党人林枫作为新的中共北平市委书记到达了北平。③ 这至少部分地解释了第二次示威活动在组织上的大大改善。另外一方面，在林枫抵达北平的前后，黄敬重新建立了他与中国共产党的"组织关系"。这也加强了中国共产党在北平的力量。

与此同时，延安的中共中央于12月下旬指派刘少奇担任中共中央华北办事处的书记。刘少奇在1936年3月末4月初到达了平津地区。在他抵达后不久，在中共中央内部报纸上刊登的一篇著名文章里，刘少奇实际上肯定了中共学生党员的一般做法，但要求在学生中进行更富策略和更加积极的组织扩张〔刘少奇，1981（1936）〕。这对学生工作是一个极大的推进，而且导致了学生

---

① 参见中共中央党校党史研究班，1986：42—67。
② 关于国民党在"一二·九"运动以后试图收编学生的努力，参见中大荣，1990。根据中大荣的说法，国民党的努力并不成功。
③ 如前所述，关于这一点不是没有争议的。

中共产党组织的爆炸式的扩展。①

12月16日的第二次示威游行后，国民党中央政府要求学生派送一些代表去南京"聆训"。显然，这是国民党收编学生的一部分。此时，国民党似乎仍然希望它能够把学生纳入自己的战略。这在北平学联内部引起激烈的讨论。在讨论国民政府提议的会议上，民意调查显示大部分学生同意选举代表去南京。这当然不符合中国共产党的利益，因为它想垄断学生运动的控制权。建立在学联内部的秘密党团在此时显示出了它的关键作用。郭明秋利用她的主席特权宣布暂时休会。在休会间隙，学联里的党团成员们成功地进行了游说。复会之后的民意调查结果倒过来了：北平学联决定不派代表去南京；相反的，他们决定组织和派遣宣传队到北平和天津周边的农村地区进行宣传鼓动［郭明秋，1982（1980）：66—67］。该决定表明，"先进"的学生转向用共产主义理论来直接指导他们的行动：深入农村的行为与中国共产党关于学生应该与工人和农民联合的基本理论是一致的。这反映了共产党员在学生中宣传的成功。共产党在吸引和控制学生方面击败了国民党。

虽然学生宣传队充满了激情，但他们从农民那里仅得到非常有限的反应。在日本人真正与他们面对面之前，农民们显然更关心他们日常的苦难。最后，宣传队在宋哲元部队的压力下被迫返回北平和天津。但是这两周的短暂旅行毫无疑问地在学生之中构建起了一些团队精神。在他们返回北京后，一个新的群众组织在宣传队的基础上建立了，这就是中华民族解放先锋队（李昌，1987：352—355）。

和作为各校学生会的联盟组织的北平学联相比，中华民族解放先锋队（简称民先队）更加接近于普通的学生：单独的学生不能成为北平学联的成员，但是他（她）可以成为民先队的成员。理论上讲，民先队可能涵盖来自各行各业的青年，而北平学联只是一个单纯的学生组织。此外，出于合法性的需要，北平学联必须包括一些"保守"的成员，如教会学校的学生会。而民

---

① 在刘少奇抵达华北后的一年内，中共党员的数量超过了5000人（与1935年初这个地区只有10多个共产党员相比较）。在北平的学生中，到1936年底有大约400个中共党员。参见中共中央党校党史研究班，1986：116，168。一些学生在加入共产主义青年团一个月后就加入了中国共产党（于刚，1990：157）。考虑到仅仅一两年前，学生加入中国共产党时所受到的歧视待遇（Israel，1966：192），中国共产党态度转变的速度是极为惊人的。

先队则由那些最激进的学生创立,并只对志愿加入者开放。这就能确保中国共产党对它的完全控制。集合上述所有优点于一身,民先队成了中国共产党在随后的几个月内进一步动员全国范围内学生的最有用的形式(李昌,1987)。

从 1936 年的春季学期开始,中国共产党开始在大学和中学建立和扩展它的组织。中国共产党员的人数在学生中迅速增长。在所有主要的学校里都有中国共产党的分支机构。到了 1936 年秋,在中共中央的指导下,一个学生工作委员会在中共北平市委下建立了。除了负责学校分支机构,学生工作委员会还对北平学联和民先队内部的党团工作负责。到这个时候,在几乎所有学生会和各级民先队里,党团都已经建立了。中国共产党成功地在学生中建立了一个控制网络。学生共产党员的纪律非常严格。一般来说,每个学生党员只知道一个或两个其他的党员(通常是他们的入党介绍人或者是被他们介绍入党的人)。这些措施增强了中国共产党组织作为一个整体的安全性。[①]

总之,我们可以把中国共产党在学生中的成功,归之于日本侵略刺激下的火热形势和该党高超的组织技巧两方面。

四、共产党—学生联盟的重要性

民族和民族主义现在被大多数学者看做是一种本质上的现代性现象。从起源上说,工业化的发展需要一个统一的国内市场和文化同质的劳动力。这两样东西在历史上是由民族—国家所提供的。民族—国家拥有足够的力量来统一此前被封建主统治分割的市场,有能力来促进大众化的、匀质的教育(Gellner,1983)。另一方面,印刷技术的发展在那些能够阅读并且确实阅读了同样的报纸、小册子和书籍的人们之间创造了共同的话题和智识空间。这有助于在人们之间形成一个民族的"想象的共同体"(Anderson,1991)。而作为一种广泛的社会运动,民族主义则主要是一种政治原则,它寻求政治与文化实体间的和谐一致(Gellner,1983:1)。

这些理论很好地解释了在最早的发达国家里民族主义的起源,如英国、法

---

① 关于中共学生组织的秘密工作,可参见陈翰伯,1982:122;黄秋耘,1982(1980):209,以及李雪峰,1987(1982):345。

国和美国。但是它们对于中国这样的后发展国家却缺乏解释力。诚然,中国民族主义的发展也追随着中国工业化、大众传媒和教育的发展。但关键的一点是,所有这些现代化的努力都是对先进国家的挑战和威胁的反应,而不是本土的、原发性的努力(彭明,2001)。本文要强调,这一特点比其他任何因素更加决定了后发展国家民族主义的性质。① 原因很简单,当民族主义作为外国威胁的结果而出现时,它趋向于更暴烈的、以国家为中心的方式来实现自身。这一点在诸如德国、俄罗斯、日本和中国这些大国中尤其如此。

正如我们在本文的第一部分所看到的,现代中国民族主义可以说源自1895年,是作为对日本威胁的一个反应而出现的。在随后的岁月里,不断的民族危机使得民族主义热情成为永不消退的潮流。如此炽热的民族主义情绪是强烈排外的,它赞成用最有效的疗法来拯救民族灾难,而无暇仔细考虑这种疗法的政治蕴义。而中国共产党设法使得马克思主义看起来像最有效的疗法。

共产主义从数十种宣称能拯救中国的"主义"中脱颖而出,成为在中国占主导地位的意识形态,其原因是复杂的。本文试图证明对学生民族主义运动的主导至少是共产主义和共产党胜出的关键一步。

一方面,中国的民族主义一开始就以学生运动的面目登场。在中国人民心目中,学生享有受之无愧的道德优势。另一方面,在民族主义事业中学生又是最急切和最无能的力量。这些为中国共产党提供了主导学生运动的有利性和可能性。正如上一节所表明的,共产党也确实设法通过它的组织技术来主导学生运动。同时我们必须承认,国民党的组织弱点以及它与学生之间的不良沟通,为共产主义思想在学生中的扩散准备了温床。

以上是这篇文章的基本发现,由此出发,本文将简单地讨论共产主义和民族主义在中国融合的重要性。

笔者认为至少有三个因素值得在这里提到。第一,民族主义旗手的改变和随之而来的与国民党在争夺民族主义合法性的竞争中共产党的胜出。一般而言,学生被中国人民视为最纯洁和最真诚的民族主义者。"一二·九"运动

---

① 格林菲尔德认为,"当民族主义在18世纪开始传播的时候,新的民族身份的出现不再是原始创造的结果,相反,现存的观念具有重要性……民族身份的发展因此本质上是一个国际的过程,除了在最早的几个国家,它的根源外在于形成中的那个民族。"(Greenfield,1992:14)

后,正是这些学生认为中国共产党及其意识形态是中国民族主义的目标和希望。实际上,我们可以说正是这些学生,帮助中国共产党成为 1935 年以后中国民族主义的"核心集团"(Kernel Group)。①

在 20 世纪 20 年代,国民党曾经拥有学生的支持,并且因而能够在它与北洋军阀的战争中利用大众的民族主义情绪。但是在北伐胜利后,国民党转向镇压学生运动,并且丧失了它作为民族主义核心的地位。在"一二·九"运动后,民族主义的合法性转移到了共产主义身上。②

这对于共产党战胜国民党至关重要。用毛泽东的话来说,"一二·九"运动是"伟大的抗日战争的一个准备"[毛泽东,1987(1939):127]。对于刘少奇这位卷入"一二·九"运动的中共最高领导者来说,它是"中国反动时代和革命时代的'分水岭',此后中国的反动力量开始逐渐消退,而新的革命运动开始逐渐聚集能量"[刘少奇,1987b(1944):133]。即便今天,共产党政府仍然将它作为中国共产党领导学生运动的一个标志,给予很高的评价。(胡锦涛,1995)

然而,不管它对于共产党在中国的胜利多么有用,"一二·九"运动对当时中国可能不是那么有帮助。一位参加了 12 月 16 日第二次示威活动的奥地利学生后来评价说,学生运动推动日本更早地发动了他们与中国的战争,因而也摧毁了国民政府去打一场更有准备的战争的机会(栗国成,1974:185—186)。虽然蒋介石"攘外必先安内"的战略被中国共产党所驳斥,但它在逻辑上是很充分的。③

第二,学生和共产党人之间的联合,导致了中国民族主义在国内政治和国际关系之间的分歧。在国内,如弗兹杰拉德(Fitzgerald)所说,"在争取国家

---

① Kernel Group 的民族主义的概念是从 Jack Snyder 教授那里借用的。在他的书中,这个概念被用来指,某一国家的民族领袖,他们经常为了攫取自身的权力而故意鼓动和利用大众的民族主义情绪。(Synder,2000:50 - 51)。

② 共产主义话语的民族主义矛盾在于,根据前者,中华民族的最终和最好的命运在于民族的消失。这样的乌托邦最终注定要失败。但是,乌托邦对于中国民族主义而言并不陌生,远在康有为和梁启超时代,就已经有了大同世界的乌托邦理想。

③ 在中国大陆,有一些关于在抗日战争爆发前蒋介石的战略的较为客观和中立的研究和评论。比如,薛钰,1995;肖桦,1995;李云峰和叶扬兵,1996;黄道炫,2000;杨天石,2001,所有这些研究都对蒋介石的战略作出了至少部分正面的评价。

权力中，中华民族已经得以建立并重建，民族本身最终被国家界定为一种胜利的回报。"(Fitzgerald, 1995: 76) 在中国共产主义者那里，当民族的目标等同于共产主义的实现时，阶级话语必会取代民族话语。民族的范围（谁属于这个民族，谁不属于）开始与革命的阶级相一致。大地主、大资本家和大官僚被排除在"中国人民"之外。更糟糕的是，民族主义在共产主义的背景下从国内政治生活中消失。

然而，在国际上，中国民族主义和共产主义的融合并不否定民族主义在中国外交政策中的作用，而只是在某些时候塑造了中国人对于国家利益的看法。中国与其共产主义导师苏联之间的政治决裂，受到了国家利益冲突的强烈影响。中国民族主义和共产主义对中国对外政策的影响是一个棘手而复杂的问题，但本文只是强调，民族主义的感情和民族利益的思考从来没有在共产主义中国消失。

第三，民族主义和共产主义的联姻最令人遗憾的影响，大概是随着共产主义战胜了国民党的三民主义，中国失去了使民族主义在中国政治民主化过程中发挥建设性作用的机会。不管国民党（或蒋介石）在1949年前的大陆或1949年后的台湾的表现如何，民主是孙中山政治哲学的一个内在因素。在孙的三民主义中，民权主义，或者民主，是中国革命的一个目的。任何不民主的措施都只是权宜之计，是为了防备民族危亡或弥补本民族政治上的不成熟。换言之，在孙中山那里，这些不民主的措施是实现民主的手段。由此才有了所谓"军政"、"训政"、"宪政"的三部曲。国民政府在结构上是一个相当民主的架构，而且它的统治党，即国民党的意识形态里有一个"还政于民"的承诺。实际上，在台湾的中国国民党于1996年和随后的2000年举行了民主选举。虽然国民党这样做有很多的原因，我们不能否认该党的政治哲学在这个民主化的转型中扮演了一个非常重要的角色。

中国共产党的政治哲学则存在差异。中国共产党相信人类社会的最终阶段是共产主义社会，而且共产党是实现共产主义的整个漫长过程中的"领导力量"，所谓现代民主被视为不完整的，中国的民主将自具特色。（本文发表时有删节。）

参考文献

Anderson, Benedict. 1991. *Imagined Communities: Reflections on the Origin and Spread Nationalism*, 2nd ed. London and New York: Verso.

Elleman, Bruce A. 1995. "Soviet Diplomacy and The First United Front in China," *Modern China*, Vol. 21, Issue 4: 450 – 480.

Esherick, Joseph W. 1976. "1911: A Review" *Modern China*, Vol. 2, Issue 2: 141 – 184.

——. 1995. "Ten Theses on the Chinese Revolution," *Modern China*, Vol. 21, Issue 1: 45 – 76.

Fitzgerald, John. 1995. "The Nationless State: The Search for A Nation in Modern Chinese Nationalism." *Australian Journal of Chinese Affairs*, Issue 33: 75 – 104.

Gellner, Ernest. 1983. *Nations and Nationalism*. Ithaca: Cornell University Press.

Greenfeld, Liah. 1992. *Nationalism: Five Roads to Modernity*. Cambridge, MA: Harvard University Press.

Huntington, Samuel. 1968. *Political Order in Changing Societies*. New Haven: Yale University Press.

Israel, John. 1966. *Student Nationalism in China*, 1927 – 1937. Stanford: Stanford University Press.

Israel, John and Donald W. Klein. 1976. *Rebels and Bureaucrats-China's December 9ers*. Berkeley and Los Angles: University of California Press.

Rankin, Mary B. 1971. *Early Chinese Revolutionaries: Radical Intellectuals in Shanghai and Chekiang*, 1902 – 1911. Cambridge, MA: Harvard University Press.

Snyder, Jack. 2000. *From Voting to Violence: Democratisation and Nationalist Conflict*. New York: Norton.

Teng, Ssu-yu and John K. Fairbank. 1954. *China's Response to the West*. Cambridge, MA: Harvard University Press.

Townsend, James. 1992. "Chinese Nationalism." *Australian Journal of Chinese Affairs*, Issue 27: 97 – 130.

Wales, Nym. 1959. *Notes on The Chinese Student Movement*, 1935 – 1936. Unpublished Manuscript, Starr East Asian Library, Columbia University.

陈翰伯:《巨浪,巨浪,不断地增长!》,《一二·九运动回忆录》第一卷,北京:人民出版社1982年版。

葛志毅:《梁启超的民族主义研究与近代化的学术文化思潮》,载《学习与探索》,1999年第2期。

谷景生:《回忆"一二·九"运动与北平地下党》,载《党的文献》,2001年第2期。

郭明秋:《回忆一二·九运动的党的领导》,《一二·九运动回忆录》第一卷,北京:人民出版社1982年版。

何怀宏:《选举社会及其终结》,北京:三联书店1998年版。

胡锦涛:《为实现党的跨世纪宏伟目标艰苦奋斗,建功成才》,载《人民日报》,1995年12月9日。

黄道炫:《蒋介石"攘外必先安内"方针研究》,载《抗日战争研究》,2000年第2期。

黄秋耘:《一二·九运动和中华民族解放先锋队》,《一二·九运动回忆录》第一卷,北京:人民出版社1982年版。

金冲及:《华北事变和抗日救亡高潮的兴起》,载《历史研究》,1995年第4期。

李昌:《回忆民先队》,中共北京市委党史资料征集委员会编:《一二·九运动》,北京:中共党史资料出版社1987年版。

栗国成:《中国抗日战争前的学生运动,1931—1936》,硕士论文,台北:中国文化学院1979年。

李新社:《我党知识分子工作的历史回顾》,载《党史研究与教学》,1996年第1期。

李雪峰:《中共北京党组织及其活动情况:1936.1—1937.1》,中共北京市委党史资料征集委员会编:《一二·九运动》,北京:中共党史资料出版社1987年版。

李云峰,叶扬兵:《蒋介石"安内攘外"理论的两个层次及其关系》,载《史学月刊》,1996年第3期。

刘导生:《一二·九前后北大党团活动的片段》,孙思白编:《北京大学一二·九运动回忆录》,北京:北京大学出版社1988年版。

刘少奇:《肃清关门主义与盲动主义》,《刘少奇选集》,北京:人民出版社1981年版,

刘少奇:《关于共产党的一封信》,中共北京市委党史资料征集委员会编:《一

二·九运动》，北京：中共党史资料出版社1987年版。

刘少奇：《和广大的工农兵相结合》，中共北京市委党史资料征集委员会编：《一二·九运动》，北京：中共党史资料出版社1987年版。

吕芳上：《从学生运动到运动学生》，台北：中央研究院近代史研究所1999年版。

罗志田：《南北新旧与北伐成功的再诠释》，载《开放时代》，2000年第9期。

彭明：《中国共产党与21世纪的中国》，载《史学月刊》，2001年第3期。

彭涛：《关于一二·九运动的回忆》，中共北京市委党史资料征集委员会编：《一二·九运动》，北京：中共党史资料出版社1987年版。

清华大学中共党史教研组：《一二·九运动史》，北京：北京出版社1980年版。

王立新：《试论1931—1945年苏联对华政策中的两重性》，载《江苏社会科学》，1996年第1期。

王奇生：《论国民党改组后的社会构成与基层组织》，载《近代史研究》，2000年第2期。

王玉祥：《陈独秀对中东路事件之认识与中共党内托派问题》，载《徐州师范学院学报》，1995年第3期。

肖桦：《1927—1937年蒋介石抗日思想的形成及其特点》，载《民国档案》，1995年第2期。

徐锋：《试论季米特洛夫对中国抗日民族统一战线形成的影响》，载《上海教育学院学报》，1995年第3期。

薛钰：《蒋介石"攘外必先安内"政策研究综述》，载《民国档案》，1995年第2期。

杨天石：《卢沟桥事变前的蒋介石对日谋略》，载《近代史研究》，2001年第2期。

姚洪亮：《"东方站略"的历史溯源》，载《首都师范大学学报》，1996年第5期。

姚依林：《一二·九运动回忆》，中共北京市委党史资料征集委员会编：《一二·九运动》，北京：中共党史资料出版社1987年版。

于刚：《回忆"一二·九"时期的北师大》，鸿鸣编：《学潮忆旧》，香港：中原出版社1990年版。

张惠芝：《试探早期的中国学生运动》，载《河北师院学报（社会科学版）》，1997年第1期。

赵胜土：《顾维钧与中苏建交谈判》，金光耀编：《顾维钧和中国外交》，上海：上海古籍出版社2001年版。

中大荣：《记北平新学联》，鸿鸣编：《学潮忆旧》，香港：中原出版社1990年版。

中共中央党校党史研究班：《一二·九运动史要》，北京：中共中央党校出版社1986年版。

周利生：《关于北平学生"12·9""12·16"反日示威运动的调查报告》，中共北京市委党史资料征集委员会编：《一二·九运动》，北京：中共党史资料出版社1987年版。

面对剧烈社会变迁的当代中国社会理论

（论纲）

苏国勋*

【摘要】 本文概括地介绍了近年来中国社会理论界面对剧烈的社会经济变迁所提出的一些概念、命题和理论，并从一般方法论层面提出，面对全球化的挑战，社会理论研究必须树立文化自觉意识，既要根除"我族中心主义"，又要反对"民族虚无主义"，并论述了中国传统文化中的"和而不同"思想对开展社会理论研究的重要指导意义。

【关键词】 社会理论　方法论　文化自觉

一

中国社会学的恢复和发展几乎是同改革开放政策的推行同步进行的。近30年来，由于改革开放，中国的社会经济面貌发生了急剧的变化，剧烈的社会变迁要求社会理论在借鉴吸收社会学经验研究成果的基础上，提炼并概括出能反映中国社会实践自身特点的概念、命题和理论；这是一个很高的要求，需要社会学界经过较长期的努力才有可能达到，但客观形势已把这一任务历史地提到了中国社会学界的面前。作为社会意识的一种形式，社会理论集中体现了社会的精神气质和发展趋向，为此，它与社会实践保持着一种紧密的依赖关系，通常社会理论的形成要滞后于社会实践，但社会理论一旦形成又会对实践

---

* 苏国勋，中国社会科学院社会学研究所研究员，教授。

的发展起到重要的引导和触媒作用。

二

中国丰富生动的社会实践经验,为丰富和拓展当代社会理论提供了非常新鲜而又十分重要的内容。以转型社会理论为例,它是由社会转型为核心概念、连同其他一些相应的辅助概念和命题组成的理论;它是对改革开放后的中国社会所发生的剧烈社会变迁的理论思考和概括,也是对传统的发展社会学的丰富,又是对现代化理论、依附理论、世界体系理论和传统的比较政治经济学的补充和完善,对于研究后共产主义文明从计划经济体制向市场经济体制的社会变迁,具有重要意义(参见孙立平,2005)。

转型社会理论是对西方社会理论范式的超越。西方社会理论在人类历史发展、社会变迁上的一个总体预设就是传统与现代的二分法,据此西方社会理论,如斯宾塞所说的军事社会与工业社会、滕尼斯的共同体与社会、马克思的传统社会与现代社会、韦伯的传统社会与理性社会、涂尔干的机械团结社会与有机团结社会、梅因的身份社会与契约社会,以及 R. 贝克的神圣社会与世俗社会等各种其他的不同提法,本质上无不把二者视为水火绝对不相容的区隔、分立对决、排中关系;把传统视为一成不变的、僵死凝固的、全盘否定的事物,其中没有任何值得现代社会可资借鉴的内容。源于中国经验的转型社会理论,深受中国传统文化的"致中和"思想影响,在社会变迁观上并不完全与西方机械论的线性进步史观类同,而是认为,现代是传统的延续,传统与现代之间并非横亘着一条无法超越的鸿沟;传统并非一成不变,它既是过去完成时的,又是现在进行时的;其中既包含着过去事物,也包含着现在事物;当下、现代正在创造、造就着传统。因而,传统与现代、计划体制与市场体制、国家调控与市场机制之间并非是一种不共戴天的、零和博弈(zero-sum game)关系,而是一种嵌入(embedded)关系,是社会发生过程中相互包容,"你中有我,我中有你"的相互蕴涵关系。这就避免了在社会认识上西方哲学自笛卡儿以来的那种僵硬、机械的主客二元分立对决、非此即彼式的泛逻辑主义的独断;在社会学的经验层面,它可以为从传统社会向现代社会的过渡导入一种"软着路"途径,避免西方社会理论主张的"与传统实行最彻底决裂"的"硬着路"方式所带来的社会过度动荡,从而将转型期剧烈社会变迁(radical social change)的代价减少到最低程度。

转型社会理论克服了西方社会理论中的一些认识误区。启蒙运动以降,西方学术界唯理主义盛行,导致在社会认识中将理性绝对化,由此引起自然哲学式的一元论(naturalistic monism)、规则学知识(nomological knowledge)以及机械论史观的线性进步观念流行,表现在现代化理论中就是后发展国家必须亦步亦趋地以先发展国家道路为模式〔罗兹曼(G. Rozman)主编的《中国的现代化》以及随后出版的《日本和俄国的现代化》可视为其标本作〕;与此相反,转型社会理论则强调中国社会转型有其独特的历史文化背景和现实条件,不能削足适履地用中国事实去被动地诠释西方理论。譬如,近年来,对于中国经济发展应遵循"北京共识"还是"华盛顿共识",是"和而不同"地还是全盘西化地看待全球化的争论,学者都提出了与西方发达国家不同的解决办法,并在实践中收到了很好的效果。另外,社会—政治哲学结合社会学原理,以社会—个人主义反对将个人利益置于集体利益之上的极端个人主义观点,以一种作为非西方的"预付人权理论"(theory of credit human rights)来质疑西方的"天赋人权理论"(theory of natural rights)的正当性和普遍性,突破了西方人权理论范式的局限,反映出当代中国社会理论界不断增长着的文化自觉意识(cultural awareness)。

三

"预付人权"理论首先质疑西方"天赋人权"理论的普遍性,认为:(1)"天赋人权"(natural rights)理论是以个人绝对价值为其基本预设和最终诉求,它源于欧洲宗教改革后的新教(protestantism),肯定了在上帝面前的人人平等地位,这样就把平等的信念落实为平等的权利,亦即把"个人"这一存在论单位与"个人权利"这一伦理价值结合起来成为现代性的基本结构。其实这只是西方基督教新教文化的一种偏好,在世界其他文化里,甚至包括同属基督教文化的罗马天主教、东正教或希腊文化里,关于人的理解都没有如此突出的个体优先和绝对地位,而是主张更为重视群体或共同体(教会、家庭、部族、城邦、国家)意义的社会—个人主义(social individualism)。(2)所谓"天赋人权"亦即"自然权利"（natural rights），其理据源于自然法（natural law）的"自然正当性"（natural right），但这种自然正当性、正确性只是形式的，而非实质的；自然权利说却把这种"形式的自然正当性"（formal natural right）变成一种"实质的自然权利"（substantive natural rights），实际上是一种偷换概念。因为，按照列奥·斯特劳斯（Leo Strauss）的说法，自然正当性是"诸善为本"（virtues-based）的，而自然权利是"权利为本"（rights-based）的，二者是不可通约的（incommensurable）。显然，既然权利优先于诸善，就会导致价值虚无主义，也就不存在任何价值理由去规定哪些宣称能或不能被视为权利。关于自然法解释中到底是"诸善优先"还是"权利优先"之间的争论，已经在当代人权实践领域中造成了价值混乱和社会失范的严重后果。

"天赋人权"观念，是当代社会主流价值之所在，也是西方社会理论的根基，它如同其他一切法律、社会准则及其制度一样，源出于道德的自然律概念，即自然法概念。所谓自然法，是斯多葛学派从支配整个世界（自然）的法则中推导出的概念，它将这一世界法则运用于人类社会，从而奠定了伦理的和法律的准则。斯多葛学派的法律和社会哲学与其伦理学一样，浸淫于古希腊理性哲学传统，是随着古代城邦和世界帝国的世界主义视野的解体而产生的。自然法作为一种一般理性法则和伦理学取代了各种成文法和习俗，被赋予神圣理性的个人取代民族和国家的利益，不分国家、地域，没有私有财产和阶级差别，不分种族或肤色的人类概念取代了单一的政治忠诚的观念。现代自然法观念下的人类社会理想，是自由的、服从理性法则的、不受本能欲望支配的人群组合的共同体，体现出神圣的自然法对一切人的统治。它类似于基督教和斯多葛学派的社会理想，这是一种现实世界根本无法实现的理想状况，明显表现出与社会的"自然"性质的对立，亦即理想自然法与社会自然法的冲突。卢梭，尤其是康德对此论述得十分明确：它是以应然尺度对社会的评价，而不是对社会衍生出的实际进程的解释。故此，自然法事实上只是一种理想的立法，而不是存在于自然或历史之中的社会学意义上的法律。

作为天赋人权理论的批评者，预付人权理论认为，人权理论只能以公正原则去定义，人权就是每个人能够被公正对待的权利。预付人权理论认为，每个人生来就获得人类预付借贷给他的与任何他人相同的权利，人权虽然不劳而得，但却不能不劳而享，否则损害公正。一个人获得了预付人权就意味着承诺了做人的责任，并且将以完成做人的责任来偿还所借贷给他的权利。如果拒绝了预付人权所要求的部分或全部义务，就被视为反公正的危险因素，这就不仅具有了理论的普遍有效性，而且具有允许因地制宜的实践弹性（参见赵汀阳，2006）。

我们这里谈论预付人权理论，只是肯定它在质疑西方人权理论的正当性和普遍性上的理论勇气，肯定它在挑战"天赋人权"这一主流社会价值的妥当性上所作的理论探索。这一探索在理论上目前可能尚不完备，但它代表了当代中国学人在一般社会理论方面的思考，而不是了无新意的人云亦云。这里所说的不完备至少是指：（1）以"公正"来定义人权，也就把充满价值判断歧义的、言人人殊的、本身即是不确定的概念作为预付人权理论的逻辑起点，这无疑会增加理论论证的难度和结果的不清晰性，也是犯了概念界定的大忌。（2）批评西方极端个人主义时应区分社会研究中的"方法论的个人主义"（methodologically individualism）也称社会唯名论，与认识论上的社会唯实论也称社会整体论的区别，它与作为一种社会实践中的态度或政治立场的个人主义是有殊多区别的。

四

与人权理论有关的还有"民族认同"问题。所谓"民族认同"，是指个人对其所属民族国家成员身份的认定，以及由此引起的归属感、忠诚心和奉献精神。民族认同是民族文化通过自我想象和集体记忆而实现的一项重要功能。同样，一个民族的集体记忆是以这个民族或其主导族群的生活经验和历史经历为基础的，即使是同一历史事件，在不同民族的集体记忆中其具体内容也少有相同：因为这一"事件"之所以是"真实的"，之所以成为"历史"，恰恰由于它是经过民族的视角、观点、立场、价值的筛选、诠释和建构的，对于相应民族的现在和未来而言具有"意义"，因而成为"历史"。正是在这个意义上，可以说一切历史都是"古为今用"，一切历史都是现代史（克罗齐语）。所谓"前事不忘，后事之师"，"鉴往知今"，说的也是这个道理。这种由自我想象进而成为集体记忆的历史意义，使一个民族成员把本民族内的人群关系和族群关系想象、诠释、比喻、建构成家庭关系、亲缘关系（中文里的"国家"、

"民族"集中体现了这一含义,与之相关的"父母之邦"、"祖国"则进一步引申为血缘关系),从而形成个人的自我认同和民族认同的理据,成为维系民族国家统一的有力武器。在这个意义上,民族国家既是"想象的共同体",又是实在的共同体,是两者有机的统一。全球主义则把社会理论在传统与现代这一基本预设下的二分法极大地扩展开来,将传统与现代之间区隔为一种水火不相容的排他关系,力求在文化领域用现代性完全、彻底地取代传统性,片面地宣称民族国家只是一种"想象的共同体",企图用文化的建构性代替真实的历史过程以消除民族国家在人们心目中的崇高地位,必然对正处于从前现代向现代迈进的发展中国家的民族认同、进而对其民族国家主权带来巨大冲击。

从国际关系上看,"民族认同"是指在民族—国家意义上的"国家"认同。在现代社会,这意味着民族成员对国家(政权)的忠诚、献身以及他们之间的团结,这种团结是与他们对民族共同体的政治、经济、文化事务的参与和干预相联系的。换言之,现代的民族认同是建立在公民身份的基础之上。基于公民身份之上的民族认同又可解析为作为政治共同体的民族国家认同、作为经济共同体的民族国家认同,以及作为文化共同体的民族国家认同。概括说来,全球化作为一种整体的普遍主义诉求与民族国家作为一种局部共同体的特殊主义诉求之间的张力,表现在政治共同体层面就是"人权"对"主权"之间的矛盾,在经济共同体层面就是"自由贸易"对"贸易保护主义"之间的矛盾,在文化共同体层面就是"世界主义"对"我族中心主义"之间的矛盾。从政治层面上说,民族国家对内昭示人权与对外宣示主权之间的抵牾使民族认同受到了极大挑战。自从 1648 年"威斯特伐利亚条约"规定了民族国家在其领土边界内行使主权应受到国际的尊重和保护以来,就使民族认同紧密地与公民身份即公民资格或国籍(citizenship)、公民权联系在一起,并使"主权"成为一个具有强限制性的特殊主义概念。首先,它规定了公民对其所属民族国家的特殊主义政治忠诚,这是民族国家主权观念的逻辑延伸。其次,它限制了人们社会流动的范围,并使公民权或公民资格这个本来属于市民—政治的概念具有了社会—经济的含义,从而使发达国家对发展中国家的移民限制成为可能;在民族国家内,"户籍"制度也使发达地区对欠发达地区的人员、劳工流入限制成为可能。与此相反,"人权"则是一个开放性的普遍主义概念,它对公民身份或公民资格的理解是基于"自然权利"即"天赋人权"观念,主张人生而自由且平等,并假定这一权利是与生俱来的、天赋的、自然的,因而是不可让渡和剥夺的。现代民族国家正是在这种普遍人权的观念下把对传统神权和君权的效忠转变到民族国家上来,从而使"主权在民"的观念深入人心并成为现代民主政治的根基。换言之,现代民族国家的合法性源于普遍人权观念。全球主义则试图把这种普遍人权的观念扩展到国际政治上,使之成为超民族国家的范畴,亦即把公民身份视为一种人的普遍权利(citizenship-as-rights)而不受民族国家疆界的限制。这是一种基于自然法(natural law)将形式上的自然正当(formally natural right)视为实质上的自然权利(substantively natural rights)的思想。但是,按照西方政治哲学对自然法的解释,"自然正当"是以善为本的,而"自然权利"是权利为本的,二者是矛盾的。由此可见,全球主义的人权观理论上并非无懈可击,实践上它作为当代国际政治较量的一种武器,也是一柄双刃剑,在抨击对手的同时稍不留意也伤及了自身。但是,作为一种意识形态,它确实会对广大发展中国家基于前现代理由形成的民族认同,进而对其民族国家主权形成颠覆性的冲击。

五

普遍主义人权与特殊主义主权之间的对立确实是当代国际政治上的一大悖论,它引起了哈贝马斯所说的发达国家中移民与原住民的富裕沙文主义之间的争论(哈贝马斯,2003:673),也就是康德意义上的世界公民身份与国家公民身份的对立,理论上则表现为形式性权利(formal rights)与实质性共善或公益(substantive common good)之间的矛盾。首先,人权作为一种规范性概念,当它被理解为"普遍的"时,只能是形式的,而非实质的。这是因为,所谓权利,是指依法行使的权力和应享受的利益。如果承认人们对权力和利益的选择是见仁见智的,是主观的,那么普遍性权力和利益就应该是对所有个体权力或利益的一种整体性抽象。可是,不同个体的利益和权力是极为个别化的,有时甚至只有他自己才能体会和表达清楚,因而抽象出一个大家都能认可的同质性利益或权力本来就是一件相当困难的事情。不过,现代政治中的国家或国际组织的一项重要职能就是提供代表公共利益的公共物品,以维系民族国家和国际秩序的稳定和有序运行。问题的关键在于,强调公共利益的合法性必须基于不同个体利益诉求的主体性，这就要求在实践中坚持程序民主的原则，以期使不同个体的利益诉求都能得到充分的表达和尊重，进而达到实质正义即共善的目的。这里涉及规范的事实性与其有效性的张力问题，哈贝马斯用"商谈性政治"以及一套具有约束力的民主程序及其运作过程加以解决。但他也承认，这套民主程序的几项主要标准迄今为止包括美国在内的任何政治秩序都从来没有充分实现过（哈贝马斯，2003：391）。既然如此，在国家关系上就应当倡导民主协商的作法，不允许凭借自己拥有的所谓"实质正义"而排斥"程序民主"的原则，越俎代庖地替别人或迫使别人作出决定。因为"实质正义"属于目标合理即目的理性，每个人都会为自己设定的目标提出自认为是合理的理由，因而这是一种主观（即价值）的、实质的合理性；而"程序民主"属于一种相对于既定目的的手段合理即工具理性，其合理性可以从客观上加以考量和评估，因而是一种客观的、形式的合理性。反对用"实质正义"取代"程序民主"原则，就是说，在国际关系上，不允许有一种超国家的国家以超国家的权力去行使强制力量。

按照自由主义原则的预设，普遍人权意味着世界上人人都具有享受自由和平等的资格，而且这一权利是不可剥夺和让渡的。因而，当一个民族国家内出现严重违反人权的情况时，别国出兵进行"人道主义干涉"就具有了合法性。这就意味着国际政治的规范性基础已从传统的国际法转到新的理论基础——国际政治范围内权利的法律化——上来，或者说至少已经显露出端倪（奈施塔特，2004）。这里可以看到，理想的立法因社会的自然法而完全失效，或者被迫作出最困难的因应妥协。然而，从社会现象上人们也会发现，那种普遍人权的实现往往要以妨碍别人主权或损害他人的实质权利为代价，所以，当前的民族国家之间的人员自由迁徙和流动就要受到别国"主权"的严格限制。譬如，即使同属一个民族的东德人在民族国家统一后尚且因窘迫的经济状况遭到西部同胞的"白眼"和歧视，遑论东欧和亚洲一些外来移民大量涌入还会抢掉本国劳工的饭碗。在全球化日益深入发展的今天，随着全球化的影响处处可见和不断扩大的同时，人们仍会看到，阻隔人们社会流动和自由交往的国家边界赫然在目，公民身份和/或国籍仍然是限制国际间自由流动（移民）以及决定不同国家之间大多数人经济状况的最重要因素之一。这里可以看出，理想的立法有时会提升、规整、复制和调和社会的自然法运动。德国著名的宗教社会学家恩斯特·特洛尔奇（Eunst Troel tsch）曾告诫："社会学研究从一开始便必须从根本上将社会学意义上的自然法与不同意识形态所支持的各种理想型法律区别开来"。换言之，不同意识形态可以理想法来形塑人们的思想观念并进而对群体结构及其相互关系施加影响（参见特洛尔奇，1998：44）。这提示我们，从理想自然法与社会自然法对立和冲突的视角检视当代国际政治问题，可以提供许多全然不同的解释。

再以武装干涉为例，对干涉方来说，武装干涉要冒牺牲本方人员生命的风险，有什么理由可以判断别国人员的生命价值要高于或优先于本国人员的生命价值？二者生命的价值在普遍人权意义上是平等的吗？此外，对被干涉方来说，大量无辜平民要经受双重劫难，除了本国独裁者严重践踏人权的暴政外，还有外来干涉者为推翻本国独裁者所带来的战争灾难。特别是近年来的武装干涉（如阿富汗、伊拉克战争），干涉方为减少本方人员伤亡而尽力避免双方武装人员的正面接触，多采用远程重型轰炸方式，更加重了大量无辜平民的伤亡程度，使"人道主义干涉"变成真正的"人道主义灾难"。对于这些饱受战火之灾的无辜平民来说，他们又去向谁讨要生存权、正义和公道？他们的人权是实在的吗？再譬如，科索沃占人口多数的阿族人以民族自决和人权理由要求独立，遭到了前南斯拉夫领导人以维护民族国家主权利益为理由的残酷镇压。可以想象，一旦科索沃独立，如果其首府普罗什蒂纳一带原来占人口并不在少数的塞族人基于同样的人权理由也要求独立时，是否也会遭到阿族占人口多数的未来科索沃当局的武力反对？如此循环往复，冤怨相报，动辄武力相向，试问世界何时能有宁日？

近年来，在国际政治实践中，由于将民族自决与国家统一、领土完整对立起来，将人权与主权对峙而引发类似的社会舆论对立以及由此引起的社会失范和武力冲突所在多有，其中引起的理论和实践问题值得人们认真思考。发达国家历史上曾对殖民地和半殖民地国家的人民造成过奴役和伤害，而这些发达国家的人民对维护主权和领土完整的敏感程度缺乏感同身受的切身体会，表现在社会理论中，往往把一些如"主权"、"民族主义"等带有明显时空特征的历史范畴有意不加区分地、超历史地应用于不同民族地域，造成明显的时空错位而为自己过去的殖民主义行径徇情辩解。譬如使用康德的世界国家、世界政府、世界公民等概念，来批评发展中国家的民族认同是一种狭隘的、非理性的民族主义情绪，完全无视康德本人的正义观念是建立在已被宪政秩序制度化了的自由的道德律的绝对化之上的，把他本人都承认是作为绝对命令的应然标准用来评价发展中国家的实然现实，委实缺乏理论和逻辑上的说服力，很难使人不作为某种预设立场辩护的联想。这里需要的恰恰是其反面——"将心比心"式的"同情的理解"，而不是在旧伤口上泼洒盐水从而引出新的隔膜和对立。

当然，问题还有另外一面。同样，也不能在排斥人权的状况下片面地强调主权，使权力的行使失却了"为人"的目的，异化成"反人"的工具，为专制独裁推行暴政张目。从中国传统文化的"和合"思想来看，人权同主权是一对相反相成的概念。套用西学术语来说，它们之间是一种互补的"嵌入"（embedded）关系：和则互利双赢，分则两败俱伤；任何情况下都不能以一方的理据排斥或取代另一方的存在，否则就会"过犹不及"。发展中国家由于长期遭受帝国主义和殖民主义的侵略和压迫，以及由历史原因和现实条件造成的自己在全球竞争中的弱势地位，往往在国际关系上固守传统的民族国家主权观念作为抗争发达国家强势的武器，这是十分自然的，也是很容易理解的。这里值得注意的是，一方面应该看到，人权作为一种普世价值是人类社会发展的潮流和趋势，是人类文明的重大进步，并已为越来越多的人所接受。因此，在国际政治的理论上就应以发展的眼光重新审视"主权"与"人权"的关系，同时在实践上要作出必要的调整：既要从现实政治上着眼坚持民族认同，又要从全球化长远发展角度以开放的心态重新审视和建构民族认同，以使坚持主权诉求适应变化了的国际环境，更好地为维护民族国家的利益服务。首先，从方法论上要跳出那种将"人权"与"主权"二者僵硬对立起来，视双方为一种善恶对峙、非此即彼、零和博弈、排他性关系的西方文化窠臼。其次，在对"主权"概念的理解上，其性质并非是前现代文化那样表征某种"总体性"（totality）的概念，而是可分析的、可解析的，其内容并非是一成不变的事物，它也要随着形势、环境、条件的变化而变化。譬如，作为一种主体的权力，主权的核心或本质部分是不可让渡的、不可谈判的，而其边缘或非本质部分是否可与其核心、本质部分作相对区分，使其边缘部分区别于核心部分而成为可以谈判的、可以让渡的？这样就为发展中国家面对新的国际形势作出因应、妥协，更好地维护国家根本利益保留了弹性空间。另一方面，也应看到，人权作为一个规范性概念，当它被理解为"普遍的"时，只能是从属于特定民族国家或具有特定国籍的具体的人的权利,而不可能是抽象的"世界人"或"全球人"的权利。因此,在当前民族国家仍然起作用的条件下,讲人权必须与讲民族国家主权结合起来,否则人权就将成为空谈而很难落在实处。或者可以从反面提出问题:如果每一个国家的每个人都能享受到相同的人权,那么民族国家岂不已变成全球国家,世界岂不已经"大同"了吗?显然,这在当前是不现实的,也是根本做不到的。可见,从民族国家的逻辑上说,人权不可能是无限制的;如果作为一种公民权的人权是无差别的这一断言可以成立,那么民族国家也就失去了存在的理据。在当前条件下,尤应警惕个别超级大国在人权问题上玩弄双重标准:一方面,在国际关系上将人权政治化,以"人权"排斥、压制"主权",使"人权"成为一种打压发展中国家的意识形态工具;另一方面,出于民族利己主义的目的,以自己的国家主权排斥别人的国家主权,在国际政治上推行"我族中心主义"和"霸权主义",为其称霸世界的目的服务。

六

中国传统文化中的"和而不同"思想,是全球化时代社会理论处理不同文化(包括民族—国家)之间冲突和共生的一般方法论指导原则。从社会学视角立论,文化是一个价值体系,它是由理念价值、规范价值、实用价值(即所谓道德理想、典章制度、器物行为)三个层面共同构成的统一整体。它是一个民族—国家自我证成的根本特征。从这个意义上说,坚持文化自主性,就是要做到文化自觉,这是一个民族—国家自尊、自重、自信的体现。在当前全球化背景下,文化自觉既是中华民族与世界上其他民族之间的共处之道,也是中国社会内部多民族、多文化之间的共生之道。对于中华民族来说,要做到文化自觉,既不妄自菲薄,也不妄自骄矜;既反对"民族虚无主义"(cultural nihilism),也拒斥"我族中心主义"(ethnocentrism),就要秉承"和而不同"的立场处理好不同文化、不同民族—国家之间的相互关系。在这个问题上,1993年费孝通先生在与日本学者的学术交流中,以恢宏的气度、豁达的胸怀、简练的语言高度概括了他对人类社会及其文化未来发展的途径和光明前景的看法:"各美其美,美人之美,美美与共,天下大同"。这十六个字精辟地阐明了文化自觉的要义,也是我们今天谈论当代中国学术、社会理论应树立文化自主性的基本前提（参见苏国勋，2006）。

文化是一个动态的、开放的、不断变化着的系统，文化变迁就是选择、吸纳、同化不同系统的文化成分，将其变成自己的构成性要素。因此，任何一种文化都在不同程度上经历着发生、发展、衰退、再生的过程。从文化变迁角度看，全球化就是一种从民族文化向世界文化以及从世界文化向民族文化之间双向、不断循环往复的运动过程，其中存在着普遍性的特殊化和特殊性的普遍化的双向动因。罗伯森（R. Robenson）用全球在地化（glocalize, glocalization）这一术语来说明全球化是一个相对自主的双向过程；贝克（U. Beck）把这一对立面相互转化的辩证法之学理根据归结为思维的悖论—自反性（reflexivity）；吉登斯（A. Giddens）则把它视为现代性的后果（consequences of modernity），认为全球化时代社会科学的一个重要特点就是，它的概念、理论、话语不断地循环往复于自己的研究对象之中，并"自反性地"重新建构、改变着研究对象，也就是赋予对象与自己原来概念、话语、理论的意义完全相反的性质。譬如，全球化这一概念、话语本意是表征世界社会发展的全球整合、统一、同一的趋势，现在不仅指涉这一意义，而且还被赋予与之相反的意义，亦即与世界整合现象相伴随的，还有凸显特殊性的"寻根"热、争取弱势群体合法权益的"差别的政治"、"承认的政治"、"多元文化主义"的崛起，以及民族分离主义、国家分裂势力、宗教极端势力、原教旨主义的盛行。因此，在全球化时代，任何一种文化的发展壮大都离不开与其他文化的交流、沟通和传播，离不开吸收其他文化的长处作为自己的构成要素，以改革和更新本民族文化传统中那些阻碍社会生产力发展和一切不符合时代要求的价值观念。譬如，中国传统文化中的某些流派提倡：藏锋见拙，守愚保身；经验直观的思维模式，正言反说的隐喻表达；神秘性的思辨象征，反智式的抱残守缺；贵和合而不事竞争，重长久而不思进取，等等。显然，这一切都难以适应全球化的激烈市场竞争，也使国际文化交流难以畅通。这就要求我们要有全球视野，认清世界发展的主流趋势，积极开展国际文化交流，以不断创新的精神从世界各民族的优秀文化中汲取营养。为此，就要在文化交往中平等待人，根除妄自骄矜的恶习，反对"我族中心主义"（ethnocentrism）。

与此同时，我们主张社会理论研究中应有文化自主性，反对社会认识上的妄自菲薄、民族虚无主义（cultural nihilism）。诚如韦伯（2004）所言，西方文化的精神旨在理性地支配世界，中国文化的精髓趋向于理性地适应世界。中华文化与世界文化之间以及西方文化与世界文化之间，都有一个局部对整体、特殊性对普遍性、地方性对全球性的问题；而中西方文化又都是世界文化的构成性成分，二者之中都含有整体、普遍性、全球性的内容，因而中西方文化之间是一种平等关系，而非隶属关系。不仅如此，世界上不同民族的文化之间的相互关系亦应作如是观。文化自觉要求我们对中华文化所具有的世界文化身份以及作为一种民族文化身份与其他民族文化之间的关系有一清醒定位。应该承认，基于漫长历史发展的结果，中西方文化沉淀为两种不同的样态，二者既呈分立态势，又是一种互补关系，共同构成当代世界文化的两个主要类型。概括说来，西方文化基于主客二分立场发展出一种侧重经验分析—逻辑推理的理路，目标在于获取主体对客体的控制和支配；中华文化则立基于物我两忘互为主体性（inter-subjectivity）之上，倾向历史综合—直观隐喻的路向（相对于自然的而言，历史的亦即社会的、文化的），以保持人对外部环境的调适、适应为标的。这样说来并不意味着西方文化一无是处，相反，西方自启蒙运动以降在科学技术、人文理念、社会政制等方面取得的许多成就已成为人类文明主流的重要组成部分，值得我们认真学习借鉴，否则就会堕入我族中心主义的陷阱。问题在于，我们过去对待自己的传统文化采取了一种虚无主义的态度，妄自菲薄，丧失了文化自觉。

七

下面通过经验事实来分析论证。大凡学习过一点宗教社会学知识的人都知道，他们的宗教知识是从进化论角度习得的，因为任何一本与宗教有关的教科书都告诉人们宗教信仰是从前万物有灵到万物有灵论（自然神论、泛神论），再到多神论，进而到一神论而发展进化的。在这种习而不察的概念所组成的知识框架影响下，人们自然会得出一神论信仰似乎要比多神论和自然神论信仰高级、精致、甚至理性的结论，殊不知这种貌似客观—中立的宗教知识、概念里浸透着浓厚的西方中心论的价值观念。从福柯（M. Foucault）的知识/权力（knowledge/power）说中人们可以看到，这种宗教社会学知识作为一种权力，对人们精神领域有宰制作用，用这种概念框架去研究中国宗教或民俗信仰，必然会得出中国人在宗教信仰领域中的无知、愚昧、迷信传统、非理性、实用主义、心态功利，进一步推论出西方文明优于东方文明的结论。其实，这个结论早已为19世纪以来的人类学研究所证伪，这种以己之长比人之短的做法也成为西方的比较文化研究或跨文化研究最为人所诟病之处，十足表现出西方中心主义（occidentalism）所固有的机械论历史观的线性思维定式的偏狭、不宽容、为我论，在文化上搞以我划线、排斥异己，其根源恰恰存在于西方的宗教原教旨主义之中。反观中国人的宗教观念或民俗信仰，倘以西方宗教为基准，那么中国人的宗教信仰确有包括祖先崇拜的多神信仰、"临时抱佛脚，有事才拜神"的功利心态等方面的问题或弊病。但如果变换个角度思考，从中国文化所习惯的和合思维方式和行为方式上去认识，这可能反倒是中国人或中国文化的某种长处，正是这种在信仰上的宽容、豁达，你可以说它拜神不够认真、不够虔诚，诚如孔子所说："祭如在；祭神如神在"，但你不能说它武断、绝对，这表现了中国文化在信仰上的宽容、包容异己、海纳百川的胸襟，体现了中国传统文化中的"毋意，毋必，毋固，毋我"（孔子语），中和变通的哲学思想。惟其如此，才使中华民族几千年的历史上避免了欧洲发生的残暴的十字军东征和伊斯兰圣战式的宗教屠戮。

按照哈贝马斯的说法，信奉西方宗教的欧洲人，其强烈的民族主义情绪集中表现在欧洲历史上长期以来的排犹主义盛行（哈贝马斯，2000）。具有讽刺意味的是，潘光旦先生的研究证明，犹太人自公元70年被罗马人打败、都城耶路撒冷被攻陷亡国后，惨遭屠戮，不得不背井离乡，颠沛流离，辗转于世界各地近2000年，凭借着一神论的宗教信仰和民族语言文化的支撑，他们迄今仍保留着犹太民族的独立地位和身份，但其中流落在中国的一支却在开封融入了中华民族（潘光旦，1983）。当然，开封的犹太人融入中华民族的史实，有着复杂的主观和客观因素的交互作用，造成这一既定事实的固然是犹太人扮演了主要角色，但谁人又能说与其周围的民族及其文化、社会制度、宗教信仰没有关系？为什么犹太人没有融入东欧的波兰、俄罗斯，西欧的法、德，也没有融入与之毗邻的亚洲如印度、中东各国？历史上，这些国家都曾有过犹太人出没。这一切难道都是偶然的吗？（联想到上世纪初，俄国十月革命后大批白俄贵族和犹太人被驱逐出境，聚居于中国哈尔滨，以至于当今以色列总理奥尔默特的父亲死后一直葬在哈市；二战期间德国纳粹残酷屠杀犹太人，即使当时的美国也不是不加区别地收留所有犹太人，倒是中国接纳了所有来华的犹太人，以至于当时的上海虹口成为犹太人的聚居区。）近年来中东僵局——巴勒斯坦与得到美国支持的以色列的冲突几近演变成两个民族之间冤冤相报、轮回式仇杀的惨烈战争，由此不难看出，一神论的救赎宗教（无论美国人信仰的基督新教，以色列人的犹太教抑或阿拉伯民族、巴勒斯坦人崇信的伊斯兰教）在终极关切上的排他性，以及在行为取向上对"异教徒"向来不宽容、不妥协，集中体现了一神论宗教原教旨主义（或称基要派）的偏狭，必然减弱或背离他们口头上宣称的"宗教信仰自由"和多元文化主义的精神。在全球化时代，中华民族的这种平等待人、取人之长、兼容并蓄、有容乃大的气度和精神必将进一步得到发扬光大，因为这种精神本身从和合观点上看，就是"全球性"的题中应有之义或根本精义，必然是构成全球文化的一个不可或缺的组成部分。最具讽刺意味的是，在世界其他地方的犹太人和伊斯兰教徒，或相互视为路人，彼此老死不相往来，或为争夺领土生存空间兵戎相见，打得不可开交。而身在中国的两教信众却早已融为一家，譬如在开封，两教均称回回教；与此相适应，两教信徒的称谓之间也仅以帽子的颜色来加以分别，犹太人自称蓝帽回回或青帽回回，而伊斯兰教徒则自称为白帽回回（参见潘光旦，1983）。

由此看来，在社会理论研究中，决不能以西方的是非标准作为评估中国一切事务的判准，而要经过缜密思考、分析，不唯书本，不唯洋人，坚持文化自主性，做到"从实求知"（费孝通语）。

回顾近年来有关社会科学中国化的讨论，由于涉及社会科学知识的普遍性/特殊性、全球性/地方性的相互关系问题，出现了因两造对立、各执一端而酿成的一般/个别、同一/差异的理论上的两难局面。通常的情况下是援引辩证法的对立统一规律来加以解说，从理论和方法论上来说这是顺理成章的，毫无疑义的。但对于以解决社会实际问题为旨趣的经验科学——譬如社会学——来说，对立统一规律虽然具有理论和方法论的指导意义，但还缺少具体方法层面上的操作意义。关键在于，如何理解这两方面的统一以及这种统一建立在什么基础之上？是分立抑或是中和？不消说，西方文化主张事物的差异、对立是通过矛盾的运动、斗争达到统一或同一的，也就是从分立讲统一和同一；而从中国学术的"理一分殊"概念看，文化世界体现着从一元整体到多元分殊的现象，就文化的全体来说"理"是一、是本体，然而就文化的分殊面来说，

"理"又是分殊的、是客观的认识对象，要通过个别的特殊的认知和分离来确定。因此，要把握由"理一"显示出的"分殊"现象形态又不能失却其主体性和整全性（参见成中英，2001）。这提示我们：文化世界是一个有机整体，它同时具有特殊性（分殊）与一般性（理一）的面向，对其特殊性的认知能够统合于一般性之中，因而"分殊"的"理"，只是一元的"理"的个别表现。简言之，西方文化把统一的基础放在分上，而中国文化则更多地侧重在中和上，这是两种不同解决问题的路向。中西方文化上的这种差异性和互补性也凸显在中西方医学关系上。众所周知，中医的经络学说视人体为一系统整体（网络），通过"望闻问切，四诊合参"的路径达到辨证施治的目的。而西医是建立在生物学、生理学、解剖学和临床治疗学等基础学科之上，把人身整体分解为局部组织进行治疗的。二者依据各不相同的理论和方法对疾病进行治疗，疗效也各不相同。通常认为，西医对急性病症、局部病变疗效要优于中医，而中医和中草药则对许多须经疗养方能治愈的慢性疾病具有疗效，同时又可免除西医西药所衍生的许多副作用。近年来，世界卫生组织也在大力倡导将传统医学与现代医学结合起来，以达到疗效上的互补，为改善人类的健康状况而服务。

上述这种从类型学上谈论文化的作法，可能带有粗糙、失之笼统、大而化之的弊病，故有被人讥评为"大而无当"之虞。其实，任何理论、论述都是一种思维的抽象，一种概括，因而都需借助概念工具，只不过有些概念指涉的是对象的集合性（如属、种差等）特征，有些则只关乎个体性特征，它们之间只是视角（perspective）上的差别，并无品质优劣的不同。何况任何概念，从现代认识论上看，都只是一种建构，仅仅表示着一种主体的立场和取向而已，并不意味着如本质主义（essentialism）所主张的那样概念与指涉之间一定名实相符，因此不必求全责备。费孝通先生形象地使用中国传统文化以和为美的"和美"思想去表征人类文化的美好前景以及达至这一前景的路径，突出表现了中国传统社会思想高屋建瓴、洗练传神的文化底蕴："各美其美，美人之美"，就是提倡在不同民族和文化之间既要看到自己的长处，也要欣赏别人的长处；相互学习，取长补短；将心比心，推己及人，以健康和豁达的心胸平等地待己待人，共同携手面对新世纪全球化的巨大挑战。"美美与共，天下大同"，这是从"和"的进路来展望世界文化的发展前景，世界上各民族的优秀文化"和美"地融为一体之日，亦即人类理想社会到来之时。从"共存的生态秩序"到"共荣的心态秩序"，一以贯之的是老一辈学人对中华文化的深刻自觉。这种文化自觉、文化自主精神，正是培育作为社会良知的知识分子那种有容乃大、涵盖天地的气度和胸襟的价值根源，也构成了中华民族多元一体格局的认同基础。

参考文献：

费孝通：《百年北大与文化自觉》，参见 www.54youth.com.cn。
费孝通：《中国的城乡发展道路》，载《中国乡镇企业》，2001年第8期。
费孝通：《论文化与文化自觉》，群言出版社2005年版。
孙立平：《社会转型：发展社会学的新议题》，载《社会学研究》，2005年第1期。
赵汀阳：《"预付人权"：一种非西方的普遍人权理论》，载《中国社会科学》，2006年第4期。
成中英：《合内外之道：儒家哲学论》，北京：北京社会科学出版社2001年版。
潘光旦：《中国境内犹太人的若干历史问题——开封的犹太人》，北京：北京大学出版社1983年版。
苏国勋：《社会学与文化自觉》，载《社会学研究》，2006年第4期。
J. 哈贝马斯：《关于主权和公民资格的过去和未来》，曹卫东译，载《国外社会学》，2000年第6期。
哈贝马斯：《在事实与规范之间：关于法律和民主政治的商谈理论》，童世骏译，三联书店出版社2003年版。
L. 罗伯森：《全球化：社会理论与全球文化》，梁光严译，上海：上海人民出版社2000年版。
U. 贝克等：《自反性现代化》，赵文书译，北京：商务印书馆2001年版。
A. 吉登斯：《现代性的后果》，田禾译，南京：译林出版社2000年版。
M. 韦伯：《中国的宗教：儒教与道教》，康乐、简惠美译，广西师范大学出版社2004年版。
特洛尔奇：《基督教理论与现代》，刘小枫编，朱雁冰等译，汉语基督教文化研究所1998年版。

书 评

序言

■ 政策争议的欲望战场

——《为原罪和疾病卖广告：烟酒营销的政治，1950—1990》[*] 读后

黎汉基[**]

一

大多数商品和服务的营销，都在不含偏见的中立环境中进行。在这种情况下，作为供应者的卖方，面对着不完整的信息数据、瞬息万变的经济环境、捉摸不定的消费者喜好、同行之间你死我活的割喉竞争，可能备受压力甚至蒙受损失。但基本上，社会大众对待卖方及某所卖的商品，并非预存先天的厌恶或敌意；赢抑或赔，一切交由市场供求决定。然而，也有一些商品或服务，却被认定是天理不容，不宜允许它的制造、发售和宣传，亦即应该绝对剥夺它们进入自由市场公平竞争的正常权利。

无可化解的敌视和憎恨，不是来自消费者，更不是来自供应者。相反的，买方和卖方对这种商品或服务可能相当满意，乐于继续维持供求关系。敌意来自社会的其中一部分人。他们的人数也许很多，也许影响力很大，其道德诉求也许很有说服力，足以让他们的观点自称为代表公共利益的诉求。可是，在买卖双方看来，这些人自称代表公意或真理的所作所为，可能都是"越俎代庖"般的以为比别人更有发言资格。这种带着优越感来俯视一切的恩赐态度，经常令人厌恶、恶心和愤怒。争取正常营销与反对继续营销之间，两者立场泾渭分

---

[*] 此书尚无中译本，征引皆按英文原版：Pamela E. Pennock, *Advertising Sin and Sickness: The Politics of Alcohol and Tobacco Marketing*, 1950–1990, DeKalb, Ill.: Northern Illinois University Press, 2007.

[**] 黎汉基，中山大学政治与公共事务管理学院副教授。

明，各自以为理所当然，反映在公共议程上就是各执己见的政策论辩及寸土必争的政治角力。

烟和酒，就是现代社会中两种备受争议的商品。在不少国家中，它们的营销都要面对声称代表公共利益的人和团体的反对。仅靠一般营销学教科书所谓"促进交易"的标准做法，是无法化解困难的，因为控烟或控酒的倡议者都试图通过加强政府管制来限制或禁绝它们的营销。换言之，即使烟酒产品具有有创意的内容和包装设计，选定了完美的市场，厘定的价格可望持续获利，也不足以保证生存无碍；相反的，抓取注意力的促销策略（attention-grabbing promotion strategy）愈成功，愈是激起反对人士的痛心疾首和战斗欲望，因为在他们心目中，烟和酒对人体是有害的（若在宗教人士来看，这更是损害道德和灵性的毒物），卖烟和卖酒等于售卖死亡（selling death），促销烟酒就是呼吁人们送死，似乎没有比这个更不道德的行为。

必须注意的是，烟和酒都是由来已久的商品，是无数人自愿消费的行为选择，在某程度上说，它们的存在已成为人类历史文化的一个重要部分。因此，支持限制烟酒的销售，势必需要重估一些以为没有问题的行为尺度和文化价值。比如说，当一项商品可能伤害人类的健康和道德时，自由言论的原则是否依然无可侵犯？控管烟酒营销真是应该做、必须做的事情吗？为什么？政府管制企业行为、公共卫生和个人选择的理据，究竟是什么呢？现在世界上大多数国家对待烟草都是采用限制营销而非全面禁绝的策略，这种做法是否毫无争议？政府能不能容许一项产品合法地制造和售卖，却又禁止它卖广告促销呢？广告是不是其经营已得到法例容许的企业的应得权利？政府是不是具备干涉一间私人公司卖广告的权力，并且能够干涉到其广告的宣传内容？科学和宗教的权威，是不是可以压倒商业自由的言论权利？凭什么认定它们必须符合正义和幸福的要求？

怀揣这些问题，佩诺克（Pamela E. Pennock）的新著《为原罪和疾病卖广告：烟酒营销的政治，1950—1990》大可一读。佩诺克是美国社会史训练出身的新锐学者，专门研究20世纪禁酒运动和战后消费者维权运动，2002年在俄亥俄州立大学取得历史学博士学位，现于密西根大学迪尔伯恩分校社会科学系担任副教授。跟时下很多学者和作家不同的是，她没有预设控售烟酒的"必然正确"，也没有特意维护烟酒产业的意图，反而一切都以尊重过去的事实为大原则，因此，书中陈述的内容也比较能够呈现烟酒营销背后复杂的价值冲突。

二

此书共分三个部分，每个部分内有三章，讨论20世纪50—90年代有关禁止烟酒广告的三大论战，尤其聚焦于美国国会委员会何以召开听证会进行政策辩论。正是根据这些听证会存盘的文献纪录，加上大量烟酒行业、广告行业和其他各界的出版刊物，作者有条不紊地重新勾勒了烟与酒这两种销量极佳的商品，如何被注意、被唾弃和被维护的来龙去脉。

第一轮论战发生在1947—1958年间。当时卫理公会和浸信会等保守派，要求废除所有媒体（特别是电视）中的酒精广告，认为酒精广告以几乎难以想象的诱惑方式引导人们喝酒。基本上，这场控酒运动是新教改革派带着无比的宗教道德热情而进行的，他们在国会上的盟友大多是态度保守的政客。酒厂及其支持者根据美国宪法提出反对意见，辩称卖广告的目的不是为了增加酒徒的人数，而是要培养成人酒客的品牌忠诚。结果，后者大获全胜，美国政府仍没有对酒精广告予以禁止。

第二轮论战没有以上控酒运动的宗教气氛，完全借用科技权威的领导而发动起来。1964年初，卫生部长特里（Luther Terry）公布吸烟危害健康的调查报告，激发公众恐慌，也给控烟运动灌注了政治能量，要求政府采取行动，把警告字样印在香烟包装纸及广告上。1969年，他们再次到国会要求把所有香烟广告从广播媒体中清除出去。烟草行业的响应同样是根据美国宪法予以驳斥，一方面强调产业的经济利润对国家甚有贡献，另一方面辩称卖广告的目的不是勾引小孩子，而是吸引成年烟民转换品牌，属于正常营销的合理做法。结果，控烟运动得到部分的胜利，警告标签的政策提案得到立法，并且全面废除了收音机和电视机的香烟广告。

第三轮论战是1985年公共利益群体、科学家和政府官员再到国会，要求严格限制酒品广告，包括印制警告字样，禁止在广播媒体中出现各种酒类饮品的广告，说是为了保护国民健康和儿童的价值观。这次控酒运动高举公共卫生的诉求，涉及消费者权益和环境主义等当代因素，不再重提以往的宗教道德色彩。制酒行业坚持过去的理据，而控酒运动赢得一项小胜，即于1988年立法通过酒精包装盒上印制警告标签。

佩诺克分析以上这些论战的目的，是期望借此发掘有关文化价值和政策过程的信息，并且观察"美国公共生活世俗化"的过程，亦即美国社会价值规范如何从以新教伦理自律为主的道德化氛围，过渡到科学权威为上的世俗化氛围。现在有些囿于价值中立教条的学者，进行政策分析时只讲效率和成本的计算，刻意忽略政策议题背后的价值预设。然而，忽略了烟酒营销管制争议的价值冲突和文化意义，就不可能解释它在美国何以会成为经久不衰的政策议题。这在今天听来也许觉得不可思议，减少人民喝酒吸烟这种并无实时危险的议题，在战后美国社会的重要性，有时甚至不下于核弹恐怖和共产主义的威胁。佩诺克的研究清楚地告诉我们，政策过程只是冰山一角的呈露，在此之下隐藏着不同价值的紧张和冲突。她明确指出，在美国，限制烟酒营销的运动其底蕴正是对消费主义的批判，因为烟酒广告展露了美国现代消费文化最丑陋的一面：思想操纵、挥金如土、享乐主义、腐蚀无知少年。因此，反对烟酒营销，就是挑战美国消费社会的基本价值。它针对的不只是吸烟和喝酒这些生活的坏习惯，而且还反抗无孔不入的商业行为。另一方面，美国人仍固执他们所相信的自由和个体性的理想，而这些理想却具体地表现在消费文化和大众媒体上。正是美国人这两种价值的紧张和冲击，导致烟酒营销的争议一直悬而未决——佩诺克以"欲望战场"(battleground of desire)一词来概括争议的性质（第5页），实是相当生动而有启发性的形容。

此外，佩诺克对公共政策议程的处理手法，也相当值得借鉴。现在有些政策研究者在援引各种分析工具时，普遍存在标签绝对化和箩筐主义的做法。所谓标签绝对化，就是在进入论述之前，预设某某政治行动者属于某种属性，就把这个标签贴到底。至于箩筐主义，则是绝对化地延伸或形象化。无论是被定性为某一标签的人还是派别，都有各自的箩筐。于是，保守派的箩筐里只准装保守的东西，自由派的箩筐只准装自由的东西，至少在分析过程中很少考虑与这个标签相矛盾的现象。这种做法的好处是简单、容易操作，但假如研究者考据资料的功夫不够深，描绘的图像不够细致和复杂，便很可能把原来生动的政治现实简单化为刻板的形象。佩诺克的书中毫无这些问题，她特别提醒读者，流行的认知标签（例如保守派、自由派之类）并不十分适用于烟酒政治运作的解释,因为即使是自由派,为了要求政府保障消费者和青年人,也得经常与保守派要求道德干涉的步调一致;他们虽讲求民权解放,却也倾向于与标榜自由市场的保守派结成不牢固的联盟,规制商业言论的使用(第8页)。在佩诺克笔下,所谓支持禁制与反对禁制之间,从来不是简单的两大阵营而已。她更强调政治行动者内部的微妙差别和变化,例如在讨论20世纪50年代禁制酒精广告之争时,她不只刻画酒业之间有烈酒、啤酒、葡萄酒等业内竞争和各怀鬼胎(第44—57页),而且还描述禁酒人士之间是如何地发生意见分歧,例如教会人士便排斥由学者和专业卫生人士所推动的"反酗酒运动",因为他们觉得这场运动可能给有节制地喝酒提供理据(第26—29页)。即使是同一个人,佩诺克也抗拒太快地贴标签和归入某一箩筐的做法,例如在分析20世纪60年代控烟运动的发起时,她就细致地描述负责主事的联邦商业委员会主管迪克逊(Paul Rand Dixon)由态度暧昧,忽然变成对抗烟草公司的急先锋(第111—115页)。细心阅读此书的读者,必可感受到她对各种貌似平常的细节的执著和坚持。正是这种执著和坚持,才使书中内容情节异常丰富,读来倍感生动。

三

当然,此书也有若干令人感觉不足之处。首先是选材方面。佩诺克为了凸显公共生活世俗化的主题,只挑选酒和烟这两项不为社会接受的商品为研究题材。但问题是,为什么只挑这两项?当然,她把这两者一并进行观察和分析,确实比单看其一更易让读者通过对比而得到灵感。而且,她也聪明地预设防线,声称只对畅销的法定产品感兴趣(第9页)。禁忌商品不只烟酒而已,赌博、军火、色情物品不也是不为社会公论所接受,却又不愁销路么?[1] 即使以入口的食品而论,还有咖啡、高糖分食物不也是危害人类的吗?还有,如果把视野加以扩大,注意到一些非法药物(例如大麻)的问题,会更加有趣和有用,因为在美国自禁酒运动以来,不少卫道士在大麻辩论中所使用的公共话

---

[1] 最近就有营销学研究作品探讨烟、酒、赌博、军火、色情物品五项商品的营销特色,内容相当有趣,参阅 D. Kirk Davidson, *Selling Sin: The Marketing of Socially Unacceptable Products*, Westport, Conn.: Praeger, 2003。

语,其实跟要求禁制烟酒的主调毫无二致。① 为何有些商品的争议不断受制于社会舆论,有些却不为所动？可以想象,如果此书把这些禁忌商品的讨论与烟酒争议对照说明,相信必能得出更多有意义的见解。

其次,书中虽有提及 20 世纪初禁酒运动的失败,但对它所造成的影响,交代得不够充实。佩诺克已注意到美国备受争议的问题已由制造和销售的领域,转移到营销的领域,但是,只谈营销管制绝非争取禁烟禁酒的人士的初衷,只是因为禁酒运动失败,让他们不得不自缚手脚,避免要求太高反而得不到舆情认同。由于此书的宗旨之一是要探索政策争议背后的文化问题,所以她其实应该说明禁酒令的荒唐和伪善,甚至用些笔墨来描述罗斯福总统为了要美国人保存生活的希望,而解除了禁酒令的重大意义。在当时大萧条的经济环境下,一杯小酒在握,加上艾灵顿爵士、摇摆音乐、街头免费的即兴表演,这些简单不过的感官享受,却让沮丧至谷底的忧郁美国人快乐起来,至少不再想着跳楼自杀。不知佩诺克是否为了避免予人拥护烟酒的印象,因而对此避而不谈,以致读者难以掌握禁酒运动的失败是如何导致禁烟禁酒运动难以彻底的内在逻辑。

最后,佩诺克在书中刻意突出美国人由宗教到科学的心理权威的过渡,其实也有言过其实之处。无疑,在烟酒管制中的论战词汇中,道德元素开始让位于科学证据,但佩诺克似乎过分强调美国人对科学的信任和爱护(第92页)。美国人在爱科学之余,也有反科学情绪,不要说上世纪50—80年代了,即使近年来还有调查发现仅一成半美国人相信进化论,反科学情绪正扩展全国。② 因此,与其说美国人喜爱科学,不如说他们的喜爱是由于科学的存在而得以满足自己的欲望。

撇开这些,佩诺克这本书仍是值得花时间细读的,不只为了学术兴趣,也为了生活视野的扩展。毕竟,烟酒与现代生活密切相关,尽管你可能和我一样,不抽烟也少喝酒。

---

① 这一点最近就有人在网上的文章中指出,参阅 Erik Loomis,"Book Review, Pamela E. Pennock, Advertising Sin and Sickness: The Politics of Alcohol and Tobacco Marketing, 1950–1990", http://alterdestiny.blogspot.com/2008/05/book-review-pamela-e-pennock.html。

② 《布什政府带动反科学情绪,进化论受严重冲击》,2005年10月31日,http://ido.thethirdmedia.com。

把脉中国政治发展 30 年：
第四届中国政治发展南北对话会

中国政治改革 30 年的总体把握

李　凡　姜新立　丛日云　朱学勤

编者按：2008 年 12 月 18—19 日，由中山大学政治与公共事务管理学院主办的"第四届中国政治发展南北对话会"在广州召开，与会者就"中国政治改革 30 年的总体把握"、"当代中国政治发展的问题诊断"、"地方治理与草根民主"、"港澳台地方政治发展的分析"以及"中国政治发展的展望"等主题展开讨论，共同回顾中国政治发展 30 年的历史进程，展望中国政治发展的前景。这里收录的各论题系根据会议录音内容整理而成，部分内容有删节。

李凡（世界与中国研究所）：30 年中国民主发展的轨迹

今年都在纪念改革开放 30 年，实际上，中国改革开放这 30 年也伴随着一个中国民主的发展。而民主的发展，从某种程度上讲，还出现在改革开放之前：从 1976 年的"四五"运动开始就已经在要求民主了。这 30 多年来中国民主的发展一直未间断。我们最近作了一个研究，对中国民主发展 30 年的整个过程作了一个梳理，认为在这 30 年间中国民主发展大概先后出现了三种不同的形态。

第一个形态，众所周知，无须赘述，就是 20 世纪 80 年代以知识分子为主体的形态。因为改革开放以后，政治局面的转换首先使得知识分子起来进行反思。所以，知识分子就成了当时最激进、也是走在最前面的一股政治力量，想要首先推动中国民主的发展。但是从现在来看，在当时社会和政府都没有准备好。在社会方面，农民工人在旁边看，政府官员也弄不清要干什么。大概也有一些人提民主措施提得比较猛，例如当时的政改办提出的办法是要把党组织放到街道去，我估计这个办法一定会引起相当多党员的不满。所以，很自然，80年代以知识分子为主体的民主发展最后不了了之。现在我们再谈中国的民主发展，基本上已经看不到知识分子了，或者说知识分子已经不是主要的力量。

从90年代开始，中国出现了第二种民主发展的形态，就是政府的动员式民主。实际上动员式民主植根于80年代末，当时政改办的改革办法里就包含在村委会进行选举，90年代后，中央再次把这个方案拿出来；同时，也有一些主张进行民主改革的中央领导人对此进行了推动。所以，这时就把以政府动员的方式推动的民主交给了老百姓，特别是从农村的基层开始，让老百姓进行选举，使得这样一种民主形态逐渐贯彻下来。其特征可以归纳为：这实际上是一种自上而下的民主，但想采取自下而上的方式进行。当时彭真也有话：农民管好一个村以后，慢慢地就可以管好一个乡、一个县，再到管理全国。思路虽然如此，但是从它的权力授予方式而言，实际上还是自上而下的。这种民主的发展在90年代末达到了高潮，当时出现的很多事可以看做是这种高潮的指标。一个就是1998年村委会组织法正式通过，这是一个高潮的象征。在这个过程当中，出现了一些乡镇长的选举，包括直选与非直选的改革。这种现象表明，在当时的高潮当中，很多人期望一鼓作气，把村委会的选举直接推到乡镇一级，所以在全国范围内出现了一些试点；同时，在90年代末，这种选举开始进入城市，就是居委会的选举制度改革。这样，就在当时开始形成了一个高潮。但是与此同时，这种选举改革内部的矛盾又开始发生作用。这就是政府固然可以推动民主，但当民主的革命真正革到自己头上来的时候，大家就都不愿意再往下推进民主了。之所以走不下去的一个重要原因是利益问题，乡镇政府、县级政府与农民之间存在各种各样的利益纠葛。这样的利益格局使得他们不赞成这种民主往下走。因此，对于包括农民的税费问题、土地问题等等的公共事务，如果乡镇政府真正允许农民去当家做主，乡镇政府就得不到其中的税收、各种各样的费的收入以及土地的买卖权、经营权等。在这种情况下，乡镇政府在选举过程中开始进行操纵；而同时，中央也在顾虑这种民主的继续推行会不会引起一些其他的变化，特别是与党的关系方面的冲突，故而作出了一些规定，以党内规定的办法规定村一级党支部书记要领导村委会。这就使得这种选举没有办法进一步往前走。基本上看，从21世纪初开始，出现了包括山东栖霞市的57个村委会主任都被撤职或受到其他处分的事件。许多类似事件的发生表明村委会的选举已经走不下去了。三四年前，我们在这儿开会的时候，当时的民政部已经把新的村委会组织法修改好了，增加了三十几条关于选举的条文，试图规范选举，但是这个修改意见送到中央之后，到现在都没有下文，何年通过，难以知晓。据此，我们推断中央也没有决心把在农村进行的这种动员式民主继续推行下去。

但是与此同时，动员式民主发展出现了另外一个转折。我将之称为地方政府创新式民主，就是全国各地的地方政府试图在政府一级，也就是乡镇一级或者县一级，进行一些政治创新，想让一些民主往前走下去。目前做得最好的，看来还是温岭地区的民主恳谈。目前为止，民主恳谈已经搞了十年。但是其他各个地方进行的地方政府推动的民主政治创新，基本上呈现一种个别的、孤立的态势。它们可以存在一年、两年，然后领导人一换，就全部被取消了。所以目前看来，地方政府的创新式民主也走不下去了，同时这种举措也缺乏法律基础。地方政府并无制定此类法律的权力，中央政府也并未作出授权。中央政府只是在看地方政府在做些什么，然后派人去作调研，对举措的好坏不作评价。虽然媒体说话、学者评论，但是中央政府面对这些改革都未表态。于是，地方政府的创新式民主就出现了一个能否持续发展的问题。目前来看，地方政府的创新式民主也是基本处于停滞状态，将来可能再借机得以启动。

在中国民主发展的过程当中出现了第三种民主的模式，就是以社会为主体、以维权和参与两个方式为主要特征的民主方式。我称之为维权式民主，也可以叫参与式民主。这个民主的发展形态推动的主体变成了社会。社会发展起来的原因有很多：在动员式民主的过程中，中央不断强调会给百姓民主，而且还有一些法律也信誓旦旦地保证基层群众对基层民主的参与权，所以很多地方的老百姓就要求开始搞民主；地方政府与基层群众争夺利益，使得很多地方群众在经济建设的过程中利益受到了损失，所以他们要起来维护自己的权利；还有一种是主动参与的，就是针对比如环境问题、扶贫问题等，出现了一些知识分子以及社会群体，他们要求参与到政策的制定过程当中，所以目前逐渐与政策制定过程建立了一些关系。这样的话，在维权式民主和参与式民主的发展过程中，基本上是以中下层群体为主，包括城市和农村，也略微包含了一些中产阶级，主要就是一些业主。在社会主动参与的过程当中，例如一些环保类的活动有一些中产阶级的参与。但是总体来看，在这个民主的发展过程中基本上没有中产阶级。中产阶级在维权和参与的活动中不是主力；主力是社会的中下阶层，他们在推动维权式民主的发展。这种民主过程也包括了很多方面，例如从2003年到2006年以及2007年的基层人大代表的选举，基层民众对之踊跃参与。2003年，全国的独立候选人只有不到一百个人，而到了2006、2007年，独立候选人已经成千上万。民主浪潮热度可见一斑。

总体来说，前两种民主形态基本没有了。知识分子为主体的民主在现在已然看不到了，动员式民主处于一种停滞状态，而地方政府的创新式民主现在看来也是无所进益，且基本上处于一种彼此孤立的状态，难以发展。但是维权式民主却是风起云涌，在全国各地纷纷涌起，包括网络上群众的呼声，各种各样的农民协会、工人协会在全国各地的纷纷成立（虽然政府不承认）等。这就对未来的发展提出一个问题：目前中国民主的总体发展趋势，是否回到了亨廷顿所讲的基本命题，即参与的要求高而制度化层次低？政府限制了制度化参与渠道的发展，民众难以参与村委会和人大代表的选举，民众的声音主要依靠网络，兼靠媒体来表达，这些是非常有限的，不能进入政府的运作层面。亨廷顿对此的结论是，这样一个典型发展中国家的政治一定是不稳定的，冲突是无法避免的。如何避免这种冲突，我个人的意见是，依然采用民主的办法来解决，扩大制度化参与的渠道。最好的办法就是尽快实现乡镇长和县长的直接选举，减轻基层政治中的矛盾。因为根据现在的观察，所有进行乡镇长直接选举的地方的政治矛盾都比较少。政府官员的授权方式变了之后，官员就对老百姓的态度发生一百八十度的转变，开始愿意为老百姓做点事儿。因此，如果体制不发生一种基本的变革，根据我个人的判断，这种发生在未来的冲突将不可避免。

姜新立（台湾佛光大学政治学系）：后社会主义中国的改革与发展

我把中国大陆的转型称为后社会主义转型，它与苏联和东欧不同。导致这种转型的因素有很多种，但大致上可归纳为全球化与第三波（的推动）。从国际政治学上来讲，按照华勒斯坦所讲的政治型世界体制的扩张的逻辑，在社会主义世界体系外面还有一个更大的抉择，即社会主义世界经济；如果这个时候你不打开这个锁链，跟社会主义世界体系接轨，命运就和苏联与东欧（相同）。邓小平对此具有远见，毅然决然地把这么大艘船作一个大的掉头，避免了牵一发而动全身的崩溃。在转型的机制和形态上，我非常赞同李教授刚刚所讲的，转型的特征是从以前的 Top-down（自上而下）变成为现在越来越明显的 Bottom-up（自下而上）。当时邓小平所提的解放思想，按马克思的生产方式理论是（要变革）上层建筑的顶尖部分，所以（体现的是）Top-down。接下来经济改革很快开始，Top-down 的方式慢慢转变为 Botton-up 的方式。

我发现这中间出现一些问题，就是目前中国大陆正走在社会发展的十字路口上，我对其发展前景十分关注。从我最近接受到的信息来看，中国大陆——尤其从十七大的报告来看——要把这 30 年的道路继续走下去。按照目前发展的客观态势，社会矛盾在不断出现，社会发展要求处理这些矛盾，如果不处理，社会矛盾会越积越大。社会矛盾与政治矛盾，或者是经济矛盾与政治矛盾之间的冲突必须解决。在今天的经济发展的成果之上，中央开动全国的媒体宣传和庆祝改革开放的 30 周年。而大陆的经济状况确实也是突飞猛进、日新月异。从市场经济的活跃性，尤其是消费文化的活跃程度来看，中国大陆的社会发展比台湾地区还要前进一些。从这点来看，中国大陆的经济现在确实是市场经济。市场经济和民主制度，按照西方的理论来看，是一对孪生兄弟，一体两用。只要有这个标志，迟早必须面对民主转型的问题。

中国大陆的转型还有很多困难。台湾地区的民主转型用了 50 年，有两个阶段——由威权主义进入民主主义。大陆的这个进程加起来不少于 50 年，所以，不着急，慢慢来。全世界的政治发展有它移动的阶段、步伐和模式，中国大陆的模式是其中的模式之一，但是大逻辑一样。到了 2050 年的时候，我想这里的发展情况就不是今天这样子了。大陆政治的未来发展有其乐观的一面，也有悲观的一面——难度颇大。难度来自于上层，政治权力的牵扯过多，其交接转移是非常难的。西方曾以多种方式来解决这个问题，其最终选取的方式在这里实行的可能性似乎不大，因为打乱一个超大政治实体的方式似乎对大陆而言不太适合。自治不能流于空谈，当自下而上，由村镇至县，由县至省，慢慢来。这之中就出现郭教授所提的，即目前经济发展之后，中产阶级、市民社会、利益集团皆会出现，再加上目前大陆推行的层递往上的选举，如是，大陆之政治可能会有所前进。

丛日云（中国政法大学政治与公共管理学院）：从运动政治走向法治政治

我们现在回顾改革开放的30年，但是光总结这30年是不够的，我们应该总结的是60年。不联系60年的大背景而单看这30年是片面的，许多问题说不清楚。

今年同时也是"大跃进"的50周年，去年是"反右"运动的50周年，前年是"文革"的40周年。这三个重要的纪念年份全部都被淡化了，现在的年轻人对此知之甚少。但是，改革开放的30周年却会受到轰轰烈烈的纪念，这本身也表现出改革开放的特点：在没有对过去进行彻底清算的条件下进行改革。对我们来说，我们不光要看这30年的变化，还要看这30年对前30年有哪些继承，这30年变化的方向怎样受到了前30年变化的影响。因为我们前30年没有得到过彻底的清算，这种继承就是非常自然的。国外有人把这个时代称做"后极权"时代，前面姜教授称之为"后社会主义"。这个"后"本身就说明了这种延续性。我的发言针对的问题就是，如何在改革开放中通过法治建设戒除以往运动政治的恶习。

现在让我们来回顾一下前30年。对于题目中"运动政治"的确切内涵，我尚未形成成熟的想法，这里也只是形成一些零乱的认识。

这里说的"运动政治"与社会学中的"社会运动"概念不同。社会运动包括大规模的革命和变革，也包括在常态社会中发生的针对单一主题、发自社会与民间的运动。这种运动一般有单一的明确目标，运动的目的就是要把这个目标最终体制化、合法化。但是，我们所讲的运动政治是特殊政治体制带来的治国方式，是以运动来治国，没有体制化的要求，或者说把运动本身体制化了。对运动政治的研究可以借鉴社会学研究中对社会运动的研究成果，比如从涂尔干到韦伯对社会运动的研究，也可以借鉴如勒庞、塔尔德、西格尔等对群众心理的分析，以及对集体行动逻辑的分析等成果。这些分析在对运动政治的研究中依然有效。

但是，我这里的运动政治特指前30年的制度模式，它在某种程度与形式上延续到今天。通常的运动都是一种政治手段，是在社会变革时期发生的。在平常的条件下，运动只起到辅助性的作用，是现有体制的补充，大多来自下层，是非常态的。但是毛泽东则把运动变为一种官方的，变成一种政治的常态，变成一种治国方式。我所谈的运动政治不仅局限于政治运动，作为一种治国方式，运动政治是一种全方位的运动。

秦晖教授对经济方面的分析也给我考虑这个问题以一定的启发。他认为，在1978年前，中国不是计划经济。苏联实行的是计划经济，中国则是命令经济，农民战争式的运动经济和长官意志的命令经济。有人批评秦晖，认为所谓运动经济和命令经济无非是以政治干扰经济，如果没有政治干扰，经济还是会回到正常的计划经济中去。我觉得这种批评是不成立的，当时不仅仅是政治干扰经济，而是经济建设本身采取运动的方式，计划本身形同虚设。用运动方式搞经济，"大跃进"最为典型。兴修水利、学大寨，甚至每年的春耕秋收夏锄，都是要通过运动来进行的。我们今天的人都熟悉，像搞治安也是运动式的。整治、严打、各种名堂的专项治理，都是以运动方式来处理治安等问题。我们看看大街上的标语，就知道这阵子公安局的人在干什么了。我路过一个大学，大门上挂着横幅："坚决打击入室盗窃活动"，我们就知道，这阵子他们主要干这个。对军事训练、搞学术研究、文艺活动、搞卫生等，无不用运动的方式。没有运动就没有事干，所有的事都通过运动来干。

这些在社会各个领域中进行的运动依托国家权力，成为统治者常规的治国方式，所以我把这种以运动治国的政治称做运动政治。对运动政治特点的归纳比较困难，我大略归纳如下：

作为一种制度模式，运动政治把人治发挥到极端，它是最大限度的领导者的主观意志和最低限度的法治相结合，甚至对法治予以轻视和蔑视。

许多人都强调过极权主义政府奇特的"无形状态"（shapelessness）。马沙利克指出，所谓布尔什维克制度从来就只是完全缺乏制度。阿伦特谈到过极权主义国家的"无结构状态"（structurelessness），她指出，"任何形式的法律结构和政府结构对于运动来说只会是一种障碍。"正如极权主义统治者自己一再重申的那样，他们的政权不是任何一种传统意义上的政府，而是一种运动。所以要不断实现新的目标、不断清除新的障碍、不断消灭新的敌人，当然也包括不断制造新的敌人，不断解决在别处不存在的问题，就像一台机器，通过不断运动保持生命。运动的停止即意味着它的死亡。

作为一种社会心理或政治文化，运动政治是一种非理性的政治。它完全是领导者、统治者的情绪用事、一时任性、突发奇想。领导者以他充分而诗意的想象把整个国家带动起来。统治者对国家的控制不仅是政治控制,还包括精神与心理层面的控制,甚至产生像心灵感应一般的效应,使整个国家失去理性,整个民族与领导中枢同步起伏。

运动在结构上表现出来的特征首先是阵发性出现和波浪式发展。运动有发起,有高潮,有消退,一波接着一波潮涌式地出现。能源的中心在上面,层层推动,而形成运动习惯时,下面会形成本能的呼应,闻风而动。对于能量源泉的统治者来说,要有一种为了达到目标而不惜一切代价的意志和决心,所以,这种运动必定会走极端,必定非理性,不然就不足以激起足够的能量、形成巨大的势能以推动运动的开展。即使运动有偏差,有时甚至相当荒唐,但是为了保护群众的积极性,可以让偏差继续存在,掩盖荒唐甚至将其合理化。有牺牲就只好让他牺牲,有代价也只能忍痛割舍,因为足够的势能是推动运动的前提。于是矫枉过正成为运动必然的题中之义,甚至"矫枉必然过正"成为一个理直气壮的理由。

运动政治表现在每个人的行为上,就成为一种运动式的行为模式。由于运动成为一种行为习惯,从上到下,贯穿各个阶层,从领导者到民众,从运动者到被运动者都形成一种行为模式。来了运动,大家都以十二分的亢奋作出本能性的条件反射,参与到运动中来。如果运动中某个人受到了冤枉,他只好自认倒霉,因为运动在他内心中已经合法化了,他对运动形成了内在的认同。

对于运动的方式,大家都熟悉了,但需要进行归纳和提炼。像抓典型、树样板、总结经验、下指示、层层开会传达、宣传造势、红海洋、派工作队或督察队巡察等,其中值得分析之处还很多。运动的特点还包括:运动从来不会失败,每个运动都是胜利的;运动经常也不结束,只是因为下一个运动开始了,大家就把上一个运动遗忘了,很少直接宣布运动结束了。因为运动这么伟大,它不应该结束。

运动政治是在什么样的条件下形成的,以致能持续如此长的时间?

首要的因素就是克里斯玛型的统治者,他是运动的能源中心,而且热衷于搞运动。第二个因素就是革命的后遗症。当然革命始于运动。革命之后,运动的车轮一直没有停下来,把革命时期的政治形态变成了日常政治生活的常态。军人的思维方式变成了政治家的行为方式,甚至是语言、话语都是军人式的,比如战役、战线、打好这一仗、打翻身仗、要确定目标找到突破口、组织突出队等等。革命党虽然变成了执政党，但却仍保留了一些革命党的执政方式。运动政治的第三个因素，可以说，它是党治国家的伴生物。中国的现代化是政党主导的现代化，相比之下，英美是社会主导的现代化，德日是国家主导的现代化，而政党主导的现代化的发展必然是运动性质的。在党治国家的体制下，官僚组织高度政治化、党掌握国家机器、控制意识形态等等，这些特点成为运动的致动因素。第四个因素是乌托邦道路的非自然性特征。因为政治发展的道路是非自然的，政治无法自然自发地成长，因而必须通过人为强制的运动方式制造势能来推动其发展。通俗地说，它是拧着劲儿来的，这样的做法背离了人们的常识，背离了人类理性，背离了社会自然成长的趋势，只能借助于运动这种非理性方式，所谓霸王硬上弓。

最后，我想要谈的是运动政治在后30年的变与不变，即运动政治中的哪些部分发生了变化，哪些部分还延续了下来。首先，我们需要分析哪些条件变了。

第一，克里斯玛型的领导者不见了。因此，运动政治的能源中心不存在了。我们经历了由伟人政治到强人政治，再到常人政治的历程，现在进入常人政治时代。相应的，普通民众也成长起来，有了更多的独立性和理性。由领导人呼风唤雨，将整个国家和民族抛入一种癫狂状态的时代过去了。

第二，法治虽然没有实现，但在理论上已被普遍接受，它对运动政治形成一定的制约。现在的情况是一半法治一半人治。因此，运动政治就被限定在一定的范围之内。

第三，党的组织和执政方式变了。运动政治的组织机制是以克里斯玛型的领导者为首，以各级党组织为骨骼和躯干，以广大党员和不可计数的追随党的积极分子为触须，依靠这些触须，运动才能发展起来。中国呈现一种反向发展的态势，处于由党主导转向由国家主导的过渡。有人认为这体现的是国家的党化，实际上30年中的变化是党的国家化。

第四，意识形态失去影响力，政治热情消退。以往的运动常出现下面比上面狂热，有时甚至下面失控的情况。但现在不再有那种气氛。

但是，也有许多东西没变，这里没有时间系统地分析，但我们可能更需要关注没变的东西。比如刚刚所讲的，产生运动政治的体制没有根本变化，运动作为一种习惯也延续下来了。运动更多地由政治领域转向了其他的领域（社会、经济、科技、教育领域等）。

我们应该思考运动政治给我们未来的法治建设带来的难题。运动政治是法治政治的对立面，法治政治是运动政治的克星。政治改革的大方向，就是要克服运动政治的恶习，走向常规的法治政治。关于这个题目需要考虑的东西很多，我这里谈的只是一些零星的不成熟的想法，希望诸位多加指教。

朱学勤（上海大学历史系）：反思 30 年

这个 30 年我想了 3 年，上次我带来的观点是 30 年来中国实际上发生了两场改革，而两场改革之间是有严重断裂的。主流意识形态和另外一些人虽然在价值判断上针锋相对，但在事实判断上他们共享一个前提，即 30 年来的中国是同一场改革贯穿始终的，这是一个神话。在反思 30 年的时候，不能够回避 30 年中最重大的事件对中国政治发展造成的断裂、扭曲。一晃又是两年，我还是继续想这个 30 年，我今天想提出一个尝试性的观点：旧一轮的改革已经结束，新一轮的改革尚待开始。

首先，我们来看人类历史上社会的常规发展和改革的关系，改革实际上是一个嵌入性的事件。改革要么失败：失败之后，改革两端的社会惯性对嵌入性事件产生挤出效应，把嵌入的改革挤出去，然后收回填平暂时的裂痕，继续往前走。改革要么成功：此时嵌入就变为转折，社会发展转入另外一个方向。无论成与败，改革都是一个短暂的嵌入性事件。所以（当）我们考察古今中外的改革（的时候），（发现它们）短则数月，长则数年；从来没有过延续 30 年的改革，更不会在 30 年以后还会出现一场延续它的、（总计）长达 60 年的改革。如果这样讲下去，则中国的改革真要创下世界历史上的改革记录了。我觉得，延续一场长达 30 年乃至 60 年的改革是难以想象的，这很可能是一个神话。

另外，从邓小平本人在改革初期（提出的）判断改革成败的两个标准来看，我们可以考虑这场改革是不是已经结束了。80 年代初的时候，邓小平提出改革就是（要实现）两个目标：一是经济体制改革，二是政治体制改革。二者之间的关系，首先要看经济体制改革的社会后果，他当时说过："如果我们的改革导致贫富两极分化，那改革就失败了。"事实上，大家现在看到的（中国的）贫富两极分化（的程度）是比较严重的。从社会效果判断改革是否已经结束，还可以从政治体制改革的夭折来看待。邓小平当时提出过：我们经济体制改革的成败关键要看政治体制改革。所以，从邓小平本人当初设定的标准来看，（我们）都应正视旧一轮的改革是否已经结束这个现实。

还有一个为我们衡量改革（是否结束）的重要坐标是，政府公开的财政占 GDP 的比例。1978 年，政府财政占 GDP 的 32%。然后，按照改革的总的方向，邓小平提出减政放权，中央财政占 GDP 的数值从 32% 逐年下降，（多年的统计数据）走出了 V 字型的左边，到了 1989 年与 1992 年之间（所占比例）为 12%。之后胡鞍钢与王绍光上了一个"折子"，提出中央财政汲取能力的下降危及国家政治安全。（这个建议）很快就被中央采纳。从此之后，（统计数据）走出一个 V 字型的右边，到了 2007 年，统计数字是 37%。这个数字很能够说明政治与社会的关系已经回落到了当年改革开放的起点后面去了。

这个问题还可以再从改革开放初期来讲。1992 年南方讲话之后，邓小平摒除了党内保守派对他的阻力，获得了经济上的巨大成功。我们仍乐于承认，邓小平的经济改革的思想在 1992 年之后获得了它在 80 年代没有取得的巨大成功，可以说，今日之中国经济走上了市场经济道路。而中国政治，我在这里尝试提出，基本还是保持既有体制，奉行原有政治精英的组织路线。

我们（在这里）不作价值判断，而仅仅描述一个历史纵深的制度变迁在今日中国的影子。如果说改革已经结束了，（我们）马上会受到一个质问，就是如何看待这几年的经济增长，如何看待这几年的社会变迁，甚至于一些重大的所谓变革措施——如加入 WTO、制订颁布《物权法》，乃至于进一步说，也许中国会在明年或后年正式加入联合国的人权公约，这些都有可能发生。那么如何来看待社会政治的进步呢？其实我们不妨想一想，当一场嵌入性的改革结束后，社会本身会有经济增长和常规治理；在经济增长、常规治理中，出现一些局部的、零散的进步，不足以改变 80 年代的改革已经结束这个基本事实。我第一次提出这个观点的时候，遭遇到一些主流经济学家的阻抗。他们认为中国改革还是处在摸着石头过河的阶段，石子还没摸完。我的回答是，按邓小平所讲的摸着石头过河的阶段已经结束了，河已经过完。他们问什么是岸，我说过河过程当中摸到的两块最大的石头累积起来就是岸；这两块巨大的石头构建了改革结束后十几年的社会形态、政治架构，以及二者之间的关系，即"过河结束，河石为岸"。两块石头即经济上的市场主义和国家与政府结构上的列宁主义。列宁主义的基本架构（在政治中）被保留下来；所发生的变化是列宁主义与市场经济间（原有的）相互排斥，在邓小平主导的1991年后的新过程当中，变为了或暂时或可持续相当长时间的配合。改革结束后中国现在形成的形态，即 from Marx-Leninism to Market-Leninism（从马克思列宁主义到市场列宁主义）。我觉得应该承认旧一轮的改革已经结束这个基本现实。我想讲的是，类似十七大这种现象，已经在我们这代人自己所经历的青年时期发生过了。这种现象就是一个时代已经结束了，但是这个时代的话语仍延续许多年，继续笼罩在这个社会当中。最好的例子就是"文革"。"文革"的真正破产实际上是以1970年"九·一三"事件为标志。毛泽东自己都清楚，这件事情出来以后，"文革好世界"出现了一个天大的窟窿。"文革"在政治上已经结束，但"文革"的话语一直延续到1981年《建国以来若干重大历史问题的决议》，至此才彻底清除"文革"话语的合法性。这个时代结束以后，时代遗留下来的话语可以拖延10年之久。今天我们可能经历第二次（类似的情况），一个时代结束了，这个时代的话语继续拖延10年乃至而20年。

我想，作为学术探讨，可以尝试着来证实一个时代已经基本结束的现实。这种做法的好处是：我们可以定下心来，正视一个新出现的社会形态；无论是社会学、经济学、政治学，我觉得，（在破除话语迷雾的情况下进行研究）比在主体已经结束、主客体已经分离的话语系中（进行研究）要真切得多。所以，承认旧一轮的改革已经结束的最大好处是能帮助我们选择更清晰更正确的（看法）来更真切地认识我们所处的这个时代。另外的一个好处就是，这样做可以避免我们在世界同行乃至后代历史学家面前留下巨大的笑话——"你们居然延续一场拖延30年的改革，还不知道去结束它的话语神话。"

当代中国政治发展的问题诊断

萧功秦　郭巍青　张鸣　岳经纶

萧功秦（上海师范大学历史系）：从 20 世纪历史看中国公民社会重建的意义

要理解当下中国的问题，还要回到历史上去。从历史上看，中国从清末新政开始，通过慈禧的新政，再到辛亥革命所建立的民主政治，再到袁世凯的强人政治与此后的北洋军阀时期，可以称之为中国现代化的三次政治选择，最终它们都失败了，失败的结果是中国陷入了一种碎片化的状态，南方北方都陷入了四分五裂。这种碎片化的状态有两种发展可能，一种就是联省自治模式，另一种发展模式是形成一种足以整合社会的极其强势的国家，只有当这种政权对社会具有一种极强的渗透能力，并由此形成国家对社会的强势动员能力时，这种国家才比较有可能实现民族的统一，结束巨大的落后国家的碎片化状态。

实际上，中国的历史选择走的是第二条道路。国共两种政治势力成为完成这一使命的竞争对手。先是 20 世纪 20 年代，国民党通过国共合作，在苏联的支持下，完成北伐，最后形成了国民党统治国家的一种政治力量。其次，共产党以红色根据地为基础，建立起自己的红色政权，成为国民党的竞争者。这两种力量在三四十年代平行地发展。后来，国民党衰败下去，共产党崛起并强大起来，最后统一中国。

中国共产党在红色革命根据地时期就形成了一种体制，这种体制具有极强的组织能力和信仰能力，这种组织能力和信仰能力所形成的凝聚力，足以使得这种体制能够渗透社会、控制社会、整合社会、动员社会，并且利用社会来形成一种强大的战争机器，打败了国民党，最后夺取了政权。相比之下，国民党体制的组织凝聚力、政治动员能力很差，国民党的一些军官在国民党失败后总结，他们失败的根本原因就是共产党能够动员社会的力量进行总体战，而国民党只能以税收来支持他们的战争，当税收体制崩坏后，最后不得不失败。

新中国成立以后，中国是沿着革命时代形成的国家控制社会这条道路进一步发展的，实际上也是一种路径依赖。之后，通过三大改造运动，走向斯大林模式的全能主义计划体制。从政治学上分类，就是列宁主义的政党国家的全能主义模式。

从历史上国家与社会的关系来看，包括国民党以前的所有现代化模式，都有一个共同特点，那就是国家以外存在一个自组织的社会空间，存在一个从自然当中发展出来的自主性的社会。但是到了全能主义时代，国家把原先自主的社会变成自己的基层单位。这种全能国家吞没社会的体制一旦形成，其后果比较严重，如"文革"造成的大灾难，就和全能主义体制下权力不受社会制衡而失控有关，所以之后才会出现一个改革。

那么这种改革的结果怎样呢？邓小平的改革从经济起步，在经济领域当中，不管是自觉还是不自觉，出现了一个自主性空间，然后在1989年政治风波以后，当政者意识到民间的社会有可能挑战国家，中国经济改革后产生的自主社会空间由于政治稳定的需要而受到了抑制。这个自主性的社会主要还是体现在经济领域方面，文化领域、社会领域的社会自主性只是部分地存在，中国的体制是极强国家—极弱社会体制。

那么现在，这个极强国家—极弱社会体制经过30年的改革出现了什么新的情况呢？出现了社会领域利益主体越来越分化，利益主体意识越来越强的情况。这次出现的"瓮安事件"和"重庆事件"说明了什么问题？"瓮安事件"说明当社会个体缺乏制度化渠道向国家表达自己利益诉求的情况下，只能以乌合之众的原子化的个人，与政府发生无序的碰撞与冲突。这是一种非制度化的社会与国家之间的对抗，出现了社会冲突，这种冲突实际上对政府是一个很大的警告，该怎么办？社会已经在30年中生长出现了，你不可能退回到社会改革以前的状态去。这实际上是一个问题。

我觉得，"重庆事件"非常重要的标志性意义在于，政府意识到在没有有组织的谈判对象的情况下，政府不得不面对无数的无组织的个体，连谈判对象都找不到，如何解决矛盾？如果采取过去的铁腕式的镇压，也不能取得长期效果,而且镇压的手段会有很大的成本,成本很高,它的合法性会急剧地下降。何况这样做是治标不治本的,因为类似的问题将是始终存在的,更何况,社会上已经出现了非理性的东西,你去镇压的话,它会更非理性,如此怨怨相报,恶性循环,永无止境。这些后果很难预料。重庆政府领导人之所以采取比较温和的措施来解决官民冲突,也是解决矛盾过程中形成的不得已的结果。政府官员也意识到,只有通过官民谈判来解决问题。于是在这种情况下,实际上就出现了一个两难问题,我们按照原来的治理模式来解决现在的社会冲突,那么,当原有的治理模式中完全缺乏自主的社会组织,政治参与渠道非常狭窄,而导致现在社会冲突的这种无序化的时候,如果仍然沿用这一治理模式,就不能解决问题。正因为如此,我们必须进行体制改革,这一改革就是社会领域的体制改革,让社会自主化的程度进一步增强,现在的中国已经到了这个阶段。

现在,我觉得不少当政者已经有了一种焦虑感,我和一些政府官员交谈的时候,他们都有这个体验,觉得原来的办法已经行不通了,但是对于新办法,例如让社会组织化,让自主性的组织合法化,他们又担心会产生连锁反应。事实上也出现了连锁反应。因此,官员正处在两难状态中。我认为,应该真正地意识到社会已经发生了很大的变化,人们的心态也发生了变化,现在老百姓的诉求和80年代后期的诉求有非常大的区别。区别何在?主要是两点:第一,现在的政治参与、利益诉求是有非常明确、具体、实际的利益诉求的。例如,的士司机的诉求就是十分具体的,只要把份子钱降下来,把黑车消灭,这个问题就结束了。而且其利益诉求也是相当有限的,不会无限地向其他领域与方向延伸。第二,其利益又是多元的,这一次社会上起来的人,就是针对份子钱,等这个事情过去了,他们就下去了,他们做这个事情的时候,与此诉求无关的社会上其他人并不参与。等到下一批上来的时候,又是另外一批人了,他们可能关注的是关于房地产征地的问题。地产的问题过了,再下一次提出诉求的,又是另一社会阶层的人。这就不像80年代的时候,那时是一个同质性的整体,提出的是泛道德主义的抽象的民主诉求,一种板块性政治主张,所以当时政府确实觉得是没有退路。现在政府面对的是不同的社会阶层的具体的利益诉求,彼此都不是没有退路,双方通过不断地博弈,总能够找到一个可以通融的解决办法。我要不断地强调这一点,强调现在的社会诉求与抗争和80年代的社会诉求与抗争有着本质的不同。之所以强调这一点,就是社会已经出现了变化,社会自主性已经发展起来了，自主的社会需要政治参与，因此，政治参与渠道的建立是非常必要的。

我们这种体制是历史上从来没过，古今中外从来没有过。正因为如此，解决问题的根本途径不是让国家压抑社会的成长，而是让社会的自主组织真正合理地产生。因此，我认为目前中国应该做的事情，包括我们当今应该做的事情，就是要开放公民社会的发育，让公民社会的自主性成长起来。在这种过程的初期，可能会出现一些连锁的反应，出现一些冲突，出现一些官民双方的不适应，这种连锁反应应该说是我们社会发育过程中的正常现象，是分娩的阵痛，是长期以来我们缺乏公民社会所造成的滞后反应，也是发育贫民社会的代价。这一过程中，小的社会冲突会不断发生，就像是不断的余震一样，只有不断地把这种余震释放出来，我们这个社会才能躲过破坏性的大地震。

中国社会正面临什么困难呢？在原先的体制下，社会与政府之间发生矛盾时，它的冲突模式只可能是"低频率高强度的爆炸"模式。而现在公民社会发育的目的，就是通过公民社会组织的建立，来使得"低频率高强度的爆炸"向着"高频率低强度的爆炸"的合理社会冲突模式转型，而"高频率低强度的爆炸"是一个正常社会的必然趋势。从这个意义上来说，我认为必须让公民社会发育起来。

我认为，现在老百姓的经济主义，实际上是一种非政治性的工联主义。什么叫工联主义？工联主义，是就经济问题谈经济，它是非政治性的，利益诉求是具体的、有限的，只有这样的工联主义式的利益诉求，才能避免底层由于没有参与渠道而走向政治上的激进主义。当老百姓觉得没出路了，那么那些激进的道德主义者就会和他们结合起来，和底层联合起来，那时就不是一般的某些人的利益诉求，而是以抽象的民主、自由作为基础的政治诉求，那并不是积极的进步，而是社会动荡的根源。

从这个意义上来说，我认为中国经济的发展已经到了和30年以前、20年以前不同的时代，社会已经出现了多元化的情况，我觉得现在已经开始进入一个新的改革阶段。

如果说以往的30年，是一个发展市场经济的30年，是解决中国的富裕问题的30年。那么从今以后的30年，就是一个公民社会重建的30年，是从一个弱社会向一个强社会的发展过程。今后这30年特别重要，只有在公民社会建立并成熟以后，才能真正为实现民主提供坚实的社会基础。正是在这个意义上，中国要走的渐进的民主之路，就只有按照先经济，再自由，最后是民主的三步骤。

因此，从100年的历史来看，我们现在已经开始进入一个重建公民社会的时期。而民主的建设呢？我认为应该在公民社会建设得相当充分以后才能够执行。当然，民主建设还能够继续向前推进，但那种建设并非直接进行，主要通过社区民主实现。社区的老百姓、民众通过自己参与的一个社会组织来学习民主。学会民主以后才能解决问题。

公民社会的建设对官员的治理非常有帮助。每年有那么多大学生，公民社会一旦出现的话，就业问题就可以大大缓解。我到台湾去过，台湾那些大学生毕业以后，文科生的就业出路比大陆这边要好得多。他们那么多书局、那么多的出版社、那么多的民间组织需要文科生，而我们大陆的大学生到最后是五六十人中只有一个幸运儿考上公务员，我看了都感到很辛酸。

我认为中国现在是有机会的，通过发展社会组织来实现向民主的软着陆，现在是能真正地做到这一点的。如果不这样做，矛盾积累到一定阶段，就会陷入一种我20年以前就提出的急诊室效应。所谓急诊室效应，就是当一个急诊病人送到医院里的时候会有两派医生，一派医生认为这个人的病太重了，所以要动大手术，不动手术就要死掉了。另一派认为因为他的病太重了，所以不能动手术，应使用保守疗法。这两个命题看似矛盾，是悖论，但却都是合理的。一个社会一旦陷入悖论，就是大困境，所以从这个意义上说，中国要避免"一放就乱，一乱就收，一收就死"或"不改革等死，改革早死"的困境。要避免这个恶性循环，只有一个办法，那就是在现在政府还具有丰富的合法性资源或治理权威的情况下，要不失时机地重建公民社会，发育公民社会，让公民社会自然地发展起来，承担组织社会的功能，要鼓励非政治的工联主义，鼓励经济主义，让经济主义不和激进的道德主义结合。这样，中国能够稳步地在20年或30年以后再搞民主。我觉得这可能是中国民主发展的渐进之路。

郭巍青（中山大学政治与公共事务管理学院）：NGO与政治发展

我认为，中国需要公民社会的建设。我自己的题目是NGO与政治发展。我的研究其实并不跟政治发展或者政治民主相关，因为这个问题在中国来说是大家都避免谈或者忌讳谈的,特别是中国对非政府组织 NGO 的研究当中,确实很明显地存在着避开谈其政治方面这样一个特点。但是因为我参加这个会,就是谈政治发展的,所以我就在题目上安上了"政治发展"。我也从这个角度进行了一些思考,觉得确实应该正面地去面对这个问题。如果去看国际上关于 NGO 的研究文献,从 90 年代以来,研究的一个非常重要的方面就是 NGO 对政治发展以及政治民主化的重要作用。这成为国际研究的一个非常突出的特点。但是在中国,研究避而不谈 NGO 与政治的关系,反而构成了中国本身的一个特点。这个特点本身其实也反映了中国自身政治发展中的特色的一些方面。我就想从这些方面简单地谈一下自己的观点。因为很多东西还没有成型的经验调查的数据,所以这里更多的是谈一些自己的观察和一些观感,或者说有这样一些关怀。这里我主要谈三个方面的问题.

第一,在过去 10 年当中中国的社会,包括在政治领域当中 NGO 的出现以及 NGO 的大量成长,这是一个必须关注的现象,它成为我们社会当中一个新的、非常重要的因素,或者说是一个新的变量。2008 年两次大的灾难事故,一个是年初南方雪灾,再一个就是四川的汶川地震。两次大的事件,我们从正面的新闻报道去看,反映的是政府在如何作危机应对。但是只要转一个方面,从网络上看,特别是到现场去看,就会看到在实际的生活层面当中存在着大量卷入这个行动当中的 NGO。在南方雪灾当中,已经表现出这样一个特征,但是还不算特别明显。也许刚好是一个巧合吧,这一次灾难成为下一个灾难的前奏或者序曲,在四川的汶川大地震中就表现得特别明显。除了政府在运作之外,真正使这次救灾行动跟以往如 1976 年唐山大地震的救援不一样的,就在于大量的民间参与和民间参与中大量的非政府组织 NGO 的参与。所以我想从感性直观的角度来看,NGO 的数量有非常大的增长,灾难是突然发生的,但组织却不是突然出现的。前期 NGO 已经有过相当一段时间的发展和积累,这是一条。再一条是这些组织毫无疑问还处在比较零散、比较弱小的现状。那么,这些组织可能发展起来吗?可能会成为一个重要的力量吗?我自己是用一个很简单的逻辑来比较的,就是按照中国过去 30 年民营企业发展的逻辑,我相信情况可能是一样的。回头看经济领域当中、市场领域当中的民营企业,它们最初是从非常不正规、非常草根的乡镇企业的小打小闹那样一个阶段发展起来的,然后发展成规模非常大的组织,成为一个上市的组织,这是我们都看得见的一个路径。我个人完全按逻辑来讲，我相信在中国的社会进步过程当中，会有大量的社会组织、社会活动家和社会企业从非常草根、非常弱小的阶段起步，然后发展成一个大型的组织。按照经济企业发展的状况，我们也知道有这样的现象，就是出现了大型国企对很多领域的垄断，也出现了大型国企跟民营企业之间既互相依存又互相对峙的状况。我相信将来在 NGO 的领域当中，恐怕情况也是如此。将会出现大型的由政府来组织这一类机构，就是所谓的 GONGO，就是政府组织的 NGO 垄断公益、慈善、社会服务等领域（政府组织的非政府组织）。他们将会是这个样子，因为现在已经有很明显的趋势。但同时会存在许多真正的、非常愿意自称非政府组织的这一类组织。另外，跟现在很多所谓的民营企业一样，但事实上它们已经不是民营企业，就是说它的资本的构成已经有很大的外资成分。比方说"三鹿奶粉事件"闹出来的蒙牛，牛根生他们的机构实际上原来是在开曼群岛注册的，45%的股权是其在新西兰的公司所拥有的。因此，这种所谓的民营企业是不是民营企业、是不是中国品牌都已经变成一个不能够决然区分的东西。我由此也相信，我们的这些 NGO 组织将会越来越国内国际不分，或者说是混杂的一个状况。当然，这完全是简单地根据一个逻辑推得的，希望是如此。但是，跟经济领域不一样的地方在于，政府和党的意识形态在过去 30 年是以发展经济为中心的，但在社会问题上确实非常强调社会稳定。所以，这是 NGO 组织发展跟民营企业发展所面对的意识形态化的不一样之处。但是还有一个不一样的地方可能是对 NGO 有利的，这就是整个中国现在跟 30 年前不一样，整个国家更处在一个全球化的背景下。而全球化的背景可能给中国社会带来许多新的变量，新的不同考虑。这是我讲的第一点，就是 NGO 组织的数量可能有一个发展的趋势。

第二，我想从国际的层面来看一看 NGO 组织对政治或者政治发展可能带来的一些影响。我想脱离一个民族国家的范畴，从全球的角度来看。毫无疑问，非政府组织和所谓的社团革命从上世纪 80 年代以来的发展已经极大地改变了传统的国际政治的内容。举一个简单的例子，我们现在天天说的加入 WTO，WTO 就并不是一个政府，当然它能不能算严格意义上的非政府组织也是有争议的，它是跨国政府间的一个组织。我自己是作政策研究的，其实在政策科学当中有一个词能够非常好地概括这类组织的特征，叫做 policy regime，regime 翻译过来就叫做政权，这两个词直接翻译成中文就是政策政权，WTO

也好，WHO 也好，WB 也好，这些机构基本上是在一个特定的领域中，在全球范围内制定政策、制定规则，它已经是一个全球性的决策机构。但是围绕着这个 WTO，同时有大量仿 WTO 的组织，这些仿 WTO 的组织倒真正是国际层面上草根的、民间的社会运动的这一类组织。这种对国际的贸易、经济、金融问题作决策的机构不是国家，不是政府，与它对抗形成张力的另外一边的大量的组织，构成现在的全球治理层面上一种全新的政治生态。这样的一个东西，它使得我们对政治的概念和一些想法与整个空间的设想会不一样，这些东西也会对国内有影响。为什么呢？因为这样一个政治运作的形态实际上对传统概念上的民族国家形成了极大的压力，上下两个方面都形成了极大的压力。很多国际的规约、国际的宪章、国际的组织、国际的规定等变成了国家必须要予以执行的。那么在这个意义上，实际上甚至可以这样来理解，一个民族国家的政权变成了国际准则的一个执行机构，变成了在全球问题治理中全球公共政策下的一个政策执行单位。当然以中国的情况来看，或者说以整个国家的情况来看，不能说绝对是这个样子的，但是在某些特性上已经很鲜明地反映出这样的情况。国际社会要监督你，看你对人权的标准执行得怎么样，你对环境保护的各种标准、你承诺执行得怎么样，对新世纪千年宣言的各项指标执行得怎么样。不能说完全没有压力，是有压力的。另外，就是国际全球治理的模式会要求在这个问题上从决策到执行的过程当中有更多的底层的社会力量参与。事实上，这会极大地鼓舞国内 NGO 的运作和它的理念。所以，我说存在一个全球化的背景有利还是不利先不说，反正这是客观存在的、我认为非常重要的、我们必须考虑在内的一个现象，一个事实。

第三，在这样一个背景下，中国本身的 NGO 的发展可能有一些政治涵义。关于中国现在的一些情况，我认为是存在一个碎片化的威权，或者是政权，长期的常态化处于危机应对的一个状态当中。这时候产生一个空间，空间下面会有大量的 NGO 组织存在。

最后还是可以归结到这个问题上，即在这样一个背景下，我们已经可以看到两个层面，一方面，在政策倡导、价值倡导方面已经开始出现一些组织；另一方面，在社会服务方面，也大量地出现一些组织。那么，这些组织出现以后，在我们现在的政权格局下，对于中国的民主化和政治发展是好还是不好？我也没有特定的看法，只是提出来，希望得到更多的讨论。

张鸣（中国人民大学政治学系）：官僚性利益集团对中国政治发展的影响

我想将今天的局面与清末的时候作比较，通过比较看能不能看出一些今天的问题出来。清末的时候，清末新政也存在很多问题。比如说中央与地方的矛盾，满汉矛盾，新旧矛盾，官民矛盾，绅民矛盾，还有像我们今天说的官企和民企，它基本上都存在。现在，中央地方矛盾不明显，没有到当年那个程度，远远达不到。清末的时候，中央地方矛盾是相当激烈的，而且是地方推着中央走，如果中央不走，地方就有可能颠覆它，而颠覆起来太轻松了，只要中央倒行逆施，就可能被颠覆。此外，晚清的满汉问题就是世袭问题，就是满族是否是世袭统治、是否是用世袭制来把持权力的问题。在中国历史上，从秦汉以后，世袭制就成为一种非常短命的制度，它只在动乱时期，比如说魏晋南北朝，才可以实行。因为动乱时期统治者对于忠诚的要求要大过效率，所以动乱时期它可以实行，一旦动乱过了，进入大一统，这个问题就成为中国政府非常敏感的神经。谁要是动了这根神经谁就会有麻烦。比如说清末新政为什么会中道而废，就因为西太后死后，满汉问题突出了。西太后之后，少年权贵当家，摄政王载沣，年仅25岁，少不经事，一心想到收权，把汉人的权力收到满人手里，把地方权力收回中央，这是个最大的错误。为什么1911年5月份孙中山在广州搞广州起义失败了，10月份一帮乌合之众在武昌一哄而起，却成功了？这个问题就在于中央政策方面没搞好，地方势力他不干，他不支持了。立宪派和地方乡绅不支持，所以这个政权就垮下来了。还有一个是新旧问题，当年的新旧问题很突出，新政这个改革产生出来的新的机构和新的人群，成为埋葬这个王朝的一个力量。但是今天，这一现象不明显，为什么不明显？现在的中国政坛，已经没有了改革和保守派的分野。同时，现在实行的政策从广义上来说是两宋时期的政策。现在的知识界在专业化的招牌下躲进了象牙塔或者钱堆。这造成今天的知识分子与民众严重脱节，不像清末，民众跟着绅士走，现在民众鄙夷专家。但是，另外一个问题也出来了，就是官民矛盾非常激烈。在清末新政时期，后来有人统计说1910年全国民变1万起上下，但现在我们把类似这种事件叫群体性事件，从2005年起以每年2万的数字增加。2007年据说达到了9万起（以前规模在5个人以上叫群体事件，现在是8个人）。新政时期，老百姓的不满没有那么厉害，相对来说，精英的不满更厉害。他们搞立宪，就是要分享权利，地方谘议局也好，中央资政院也好，都是要分享权力，他们分享权力的欲望非常强烈，你不让我分享，我就不和你玩。但是我们现在的老百姓要比精英更不满意，这个问题随着经济的发展越来越突出。比如说同样是政府部门，中央和地方就不一样，它们的目标是不一样的。

  最近出现的"瓮安事件"是一个标志性的事件，就是说不管这个事赖不赖政府，都归到这里面去，而且不光这一个地方的人们这样认为，全国的网民也这样认为。现在更大的问题是什么呢？比方说宋代能够实行对知识分子的收买政策，这对稳定是有好处的。宋朝，无论是南宋还是北宋，民变也很多，对百姓征收的赋税相对唐代来说要高上七八倍，但是为什么没有产生内乱？就是因为把知识分子收买了，皇帝说我有叛民而无叛士，有叛民无叛士，叛民就成不了气候，只能靠草根精英的努力。但草根精英的格局和知识水平都达不到那个程度，所以不可能构成对抗朝廷的威胁。无论是方腊、宋江，还是杨幺，还有小规模的运动也很多，根本起不了作用。但是现在的情况跟宋代不一样，民众的整体知识水平在提高，网络的存在使知识传播结构发生了巨大的变化。就是说草根精英发生了变化，除了纯草根外，农民领袖、工人领袖出来了，这是一方面；另一方面，原来体制内的精英边缘人士，比如说媒体从业者、律师，他们进去了，而且水平已经有了相当大的提高，如果草根精英和体制内边缘人物现在有结合的趋向，那么结合起来的能量是相当大的。现在的问题在于我们没有宋代那个形势，宋代从五代十国以后，士大夫有社会重建的努力，我们现在的一些规则都是宋代的，在那时确立的。他们形成了统治社会的中间阶层士大夫阶层，这个阶层既不是世袭的，也不是门阀，却有相当的传承性。但是现在，知识阶层这种稳定剂的作用没有了。因此，中国的确存在着革命或者动乱的危险，但是我也不是特别悲观。我们知道既得利益者是不想变的，但总得有人来推，谁来推？我们看到草根精英在推，还有一些维权活动也是一种推动，破坏分子、不明真相的群众（占一大块），当然也有不怀好意的草根精英在推。体制内的基本是善意的，但是这个愿望很难。我还看到另外一种力量，我觉得这个力量可能比正面的推动力量更大，就是所谓的极左派，而且随着时间的流逝，他们会更加厉害。我在网上就感觉到，来自左的方面的威胁实际上更大，他们的言论更有散播性，别以为老百姓都不喜欢运动，老百姓感到政府对他们进行强烈的剥夺和强烈的压迫的时候，他们首先感兴趣的就是这种旧式的运动式话语,很快就会有人散播。在这期间,也别说就没有精英,就没有能人,有时候我们自由派比较乐观,觉得人家傻、弱智,其实未必。关键是这个时势怎么样。"法轮功"一开始就是骗钱的,但后来威胁很大。由于有了更大的威胁,就像鲁迅说的那样,你要不开窗户,有人要掀房顶了,不管是以什么方式掀。我认为,改革中国局面的可能并非是自由派和知识分子,也并非是那些满怀改革理想的人。

岳经纶(中山大学政治与公共事务管理学院):《劳动合同法》与劳动关系

我最近正在思考一个问题,是关于《劳动合同法》方面的。据我观察,政治学界对《劳动合同法》的关注似乎不太多,主要是法学家和经济学家们支配了有关的讨论。但是,《劳动合同法》的立法过程,和它实施之后带来的一些冲突也是我们中国政治发展,起码是立法建设和公共政策领域一件非常重要的事情。《劳动合同法》的立法过程相对公开,各方力量的参与或博弈也比较明显,不仅有工会、企业家、政府,也涉及跨国公司、国际组织、外国政府,如美国国会和一些产业工会、外国的工会。我想,可以围绕《劳动合同法》的立法过程开一个专门的研讨会,讨论一下各种政治力量、各种团体在立法过程中是怎样相互讨价还价的。

这里我想讲的是,我们大家都认为今天的中国就是所谓的"强资本弱劳工"的劳动关系格局。那么,在这样的格局之下,怎么会弄出一个令商界特别反感的法律来呢?或者说,为什么商界在立法过程当中没有能够充分表达他们的意见,以至于只能在法律实施之后才开始大声反对?比如说,九龙纸业的老板张茵就是在法律实施之后开始反对的。法律实施之后,我也参加了一些研讨会,其中有一个普遍观点,认为《劳动合同法》的制定恶化了中国的劳动关系。为什么说这个法恶化了劳动关系呢?因为《劳动合同法》实施之后,劳动争议案件像井喷一样爆发,原来没那么多人要求维护权利,《劳动合同法》实施之后,很多人就变得比较积极,甚至比较激烈。这是事实。问题是,为什么要在这个时候通过《劳动合同法》呢?这是有现实考虑的。经济学家的看法似乎简单了些,他们认为,政府的目的是要用《劳动合同法》来搞固定就业。我们中国立法资源不多,立法日程也比较紧,在这种情况下制定

《劳动合同法》绝对是有原因的。这个原因最直接的就是，劳动关系的恶化威胁到了政治稳定，这是最大的原因。面临着劳动关系的恶化、社会政治的不稳定，有没有什么有效的手段去和谐劳动关系？我们知道，劳动者要维护劳动关系的稳定，无非就是两个途径，一个是国家立法，一个是劳工团结。在中国现在的形势下，通过劳工团结去维护劳工利益不是一个很现实的选择。尽管我们有非常强大的工会组织，但是它在维护工人利益方面是非常软弱无力的。有人总结《劳动合同法》的立法过程，认为《劳动合同法》的许多规定，其实都是反映了全国总工会的意见。这么说，我们的工会不是很有力量吗？我们的总工会当然是有力量的，但是，它的力量不是因为它是广大工人的代表。相对于企业家来说，相对于资本的组织程度来说，我们的工会有非常正规也非常正式的组织结构，这是它的优势。起码我们到现在还没有看到类似的资本的组织。所以，总工会可以借助于国家机器的力量在劳动立法当中起到一定的作用，而且也能够配合国家的政治意图。这个意图就是以国家立法方式来抑制劳动关系的恶化，让工人觉得国家和政府是代表自己的利益的。当然，工会的真正力量应该来自工人的团结，来自广大的工会会员。如果一个工会没有很多会员的积极参与和支持，那它就是没有力量的。现在的做法是，通过劳动立法让工人们知道国家还在代表着工人，而不是鼓励工人的团结。由于国家通过立法干预劳动关系，工人们就会觉得工会有没有不是大问题，因而不太关心工人的团结问题。可以说，过多的国家立法是不利于工人团结的。

另外，我想讲的是《劳动合同法》到底想解决什么问题。立法者宣称，《劳动合同法》可以起到和谐劳动关系的作用，是和谐社会建设的一部分。而反对者则认为，《劳动合同法》破坏了社会和谐。实际上，《劳动合同法》要解决的主要是劳动合同短期化问题。劳动合同短期化问题实际上是一个就业安全，或者说就业稳定性的问题。在 90 年代中期《劳动法》实施之后，劳动合同制度成为我们国家最基本的劳动就业制度。在这种情况下，由于劳工缺乏力量，再加上在实施劳动合同制度时存在一个很大的误区，劳动合同制度的实施给劳工利益带来了很大的不利影响。从本质上讲，劳动合同是劳资双方之间的一种契约，但是，我们在实施劳动合同制时，却把劳动合同制的要点放在时间性上，而不是契约性上。这可能是由于我们把劳动合同制作为固定就业制的替代品这个情结造成的。因此，我们讲用劳动合同制取代固定就业制时，就是以短期合同代替终身就业，突出的是劳动合同制的时间性，而忘记了劳动合同首先是一个协定、一个契约，它是由劳资双方通过协商谈判、讨价还价而达成的这样一个重要内容。这样一来，不论是官员、老百姓，还是企业主，一讲起劳动合同，第一反应就是合同的年限，一年、两年，还是三年、四年，总之，就是短期的，而忘记了劳动合同首先是一个契约。从劳动合同是劳资双方通过谈判而形成的契约这个角度看，无论是劳工个人及劳工的组织，还是企业方面，实际上当时都没有对劳动合同制度的实施作好准备。比如，以个人来讲，工人是没有能力独立与企业谈判合同的，要想有能力与企业谈判，工人需要有组织，通常就是参加工会。但是，工会在中国的法律下并不是强制的，国有企业通常有工会，但并不是说所有的企业都有工会。而且，事实上，我们的企业工会是企业治理结构的一部分，而不是严格意义上的劳工利益的集体代表。在这样一种情况下实施劳动合同制，企业自然就趋向于把劳动合同短期化，也就是把工人的就业安全降到最低。就业安全度低，损害工人利益，当然会引起劳工的不满，导致劳资纠纷，甚至影响社会和谐。所以，政府想通过《劳动合同法》的制定抑制劳动合同短期化的趋势，加强工人的就业安全。应该说，立法的意图应该是好的。问题是，在经济全球化时代，在劳动就业关系趋向弹性化的时代，劳工的就业安全应该如何得到保障。立法者的想法似乎过于简单了一点，以为通过制定《劳动合同法》，通过法律来强化无固定期限劳动合同，就可以保障工人的就业安全，却忘记了强化无固定期限劳动合同实际上增加了雇主的劳动成本，影响了企业对劳动用工的自主权。而更重要的是，实施短期劳动合同的企业多是利润空间有限的出口加工企业。如果雇主基于成本的考虑，没法承担因长期合同带来的劳动成本的增加，就会对法律表现出一种强烈的抵制和反对。实际上，真正要解决就业安全保障问题，我觉得，这不光是企业或雇主的责任，政府应该有更多的承担。而我们是否可以认为政府在这方面没有承担起应有的责任？现代的劳动关系是劳资政三方的关系，不是简单的劳资双方关系。而且，现代劳动关系中的变化特征就是劳动合同的灵活性。大家知道，在一个灵活的劳动力市场中，政府和工会要关心的是如何给工人多一点的保障和安全。国际劳工领域中现在有一个新词，就叫 flexisecurity，意思是"灵活安全"，也就是说，既有灵活性，又有安全性。按照这个趋势来看，《劳动合同法》现在的做法与国际劳工立法潮流有点背道而驰。难怪有雇主认为，我们的《劳动合同法》是要退回到固定就业上去。其实，要在日趋灵活化的劳动力市场保障劳工的就业安全，不一定就是要把短期劳动合同变为长期劳动合同，或无固定期限劳动合同。应该说，我们有很多措施可以采用。从大的制度来讲，当然是要构建一个比较完善的失业保险制度和社会保障制度。在这个制度下，雇主可以依法解雇工人，而失业保险制度则可以为被解雇者提供一定的支持。另外，从法律技术角度来讲，要强化就业安全，可以学一下其他国家和地区的劳动立法，包括香港劳动立法，真正区分什么叫解雇，什么叫裁员。这是两个不同的概念，可是，我们的劳动立法中一直没有加以区分。还有，要建立起一个防止不合理解雇的机制。长期劳动合同，或者无固定期限劳动合同不一定是一个好的选择。以中国现在企业的寿命来讲，大部分企业的生存时间都比较短。就算企业给工人一个长期合同，如果企业都不存在了，对工人也没有多大帮助。

最后，我还想讲一个问题，它与中国的政治发展有密切关系，这就是在《劳动合同法》实施之后，出现的"张茵事件"。张茵是大老板，又是全国政协委员。她公开叫板《劳动合同法》，甚至要求废除这一法律。对于张茵的言论，有人认为，作为政协委员，张茵要有社会关怀，不要只代表自己的利益。也有些人认为，政协本身就是不同利益的代表，政协委员完全有权利为自己所代表的群体说话。应该说，这个看法是正确的。问题是，商界可以大声反对《劳动合同法》，要求废除它，那么，劳工的利益应该如何得到反映呢？现在我们的执政党强调"三个代表"，企业家可以入党，可以进入建制。应该说，资本家在我们建制里面声音是不断壮大的。那么，相应的，劳工应该有什么样的回应呢？我们知道，中国特色的市场经济，从劳动关系角度来讲，就是资本可以按照市场经济的逻辑运作，而劳工并不能按照市场经济下那种工会组织和活动逻辑来维护自己的权利。在这种情况下，我们怎样确保在建制里有一股和代表企业家的声音一样的声音来代表劳工的利益呢？在西方的市场经济中，通常都有两大政党，一个代表工商界，一个代表劳工。那么，在共产党一党执政的条件下，如何做到既要有代表劳工的政治力量，又要有代表资本的政治力量，而且这两种力量需要一定的平衡，以免失衡？我认为，这是我们中国政治发展面临的大课题。

地方治理与草根民主

黄卫平　何高潮　胡传胜

黄卫平（深圳大学当代中国研究中心）：2008年深圳"政改方案"解读

2008年5月，深圳市曾一度因两份涉及政治体制改革的文件草案而将自己推上了我国新一轮改革开放的风口浪尖，某种程度上反映了我国最高决策层对进一步深化改革的特定致思趋向。《中共深圳市委、深圳市人民政府关于建设社会主义示范市的若干意见（征求意见稿）》与《深圳市近期改革纲要（征求意见稿）》中所透露的有关政治体制改革的不少信息，仍然很值得所有关注中国政治发展的学者去作深入分析和解读（这两份文件，前者是总体指导思想，后者是具体执行细则和具体的改革时间表、路线图）。

需要先说明的是，深圳市的上述两个文件草案并非专门针对有关政治体制改革问题，其内容涉及深圳未来在经济、政治、社会、文化、生态等广泛领域内的改革思路，但与我国大量的此类官方文献相比较，与广东省及深圳市在这两个文件前后所发的相关文献相比较，其具有如下几个方面的显著特点，因此，我想可以称之为：2008年深圳"政改草案"。

首先，在深圳的"政改草案"中，前所未有地设想将政治体制改革的主题置于其他各项改革之首。在《若干意见（草案）》中，改革需要"实施'重点突破'"的首先是"民主法治建设"。

其次，在深圳的"政改草案"中，前所未有地准备推出政治体制综合改革的实验。在《若干意见（草案）》中，在"大力推进民主法治建设"的主题下，罗列了"创新人大工作体制和机制"（包括设立预算委员会，将市政府专业审计局并入人大预算委员会,统一审计并监督政府预算和重大投资项目;设立人大代表工作站,健全人大代表述职考核制度;试行"一府两院"领导成员向人大及其常委会述职制度;探索试行区级人大代表直接竞选制度等);"进一步推动政协民主协商的制度化"(包括把政治协商作为决策的必经程序固定下来),"发展党内民主和基层民主"(包括全面实施区级党代表大会常任制,扩大基层党组织负责人直选范围,完善基层党组织公推直选制度,以及全面推行居委会直选制度),"努力建设中国特色社会主义法治模范城市"(包括制定出台《深圳市舆论监督条例》;深化司法体制改革,总结深圳市公安系统职业化改革的经验,推进法院、检察院、司法局、国家安全局系统的职业化改革;全面建立人民陪审员制度和人民监督员制度;保证审判机关、检察机关依法独立公正地行使审判权、检察权),"推进干部人事制度改革"[包括不断扩大民主范围,增加群众公认的权重;扩大在干部提名环节的民主,进一步规范干部选拔任用初始提名权;探索实行全委会(扩大)投票推荐重要干部,差额确定候选人,对候选人进行笔试、面试、测评和考察,再实行常委会、全委会差额票决]。在《改革纲要(草案)》中,除了上述内容外,更是具体提出"在党内选举中引进竞争机制,逐步扩大基层党组织领导班子直选范围,完善市、区两级党委差额选举制度,并适当扩大差额数量,允许参选人(包括自荐和党员联名推选人员)在一定范围内开展竞选活动";"在区政府换届中试行区长差额选举,扩大副区长选举的差额数量,候选人在一定范围内进行公开演讲、答辩,由同级人大差额选举出区长、副区长,为以后条件成熟时进行市长差额选举积累经验";"在区级人大换届或代表补选中,开展部分区人大代表的直接竞选";"设立专项资金,支持设立人大代表工作站,及时反映基层群众的诉求,畅通民意反映渠道,推动人大代表进社区活动,更好地发挥人大代表的作用";"扩大公民的政治参与,完善民主选举规程,切实保障人大代表的选举权";"力争在全国率先实行市区党政领导干部财产申报制度"等。

再次,在深圳的"政改草案"中,前所未有地试图推出一份地方政治体制改革的"路线图"和"时间表"。深圳的"政改草案"一反常态,打破惯例地在重大、敏感的改革尚未实际推出前,就高调地在政府网上征求意见,引发争议,实属罕见。后来,我们很快就看到在 2008 年 6 月 6 日正式通过并公布的《中共深圳市委、深圳市人民政府关于建设社会主义示范市的若干意见》

的文件中,有关"创新人大工作体制和机制"的论述,都被改为"充分发挥"人大的作用,有关"探索试行区级人大代表直接竞选制度"的设想,也被改为"完善区级人大代表直接选举制度"。而《近期改革纲要(征求意见稿)》更是没有了下文。但我们从2008年12月12日《中共广东省委广东省人民政府关于经济特区和沿海开放城市继续深化改革开放率先实现科学发展的决定》中也可看出若干端倪,那就是不再强调政治体制改革和民主法治建设是经济特区改革的首要任务,取而代之的是"以深化行政体制改革为突破口",将行政体制改革置于各项改革之首,"进一步发展社会主义民主法治"则被放在经济领域改革、社会领域改革、扩大开放与合作等之后。这绝不是无关紧要的文字游戏,而是对改革重点的判断与选择的重要改变。像这样重大的改革动议,高调出台,低调收场,在我国改革进程中,大概唯有政治体制改革的举措才可能如此这般。

这样,我们就可以理解,为何深圳市会在2008年5月起草两份可以并称为"政改草案"的文件,这显然是来源于改革决策层对未来发展的深谋远虑,深圳只是奉命行事。但深入观察、跟踪调研这两份草案后来的命运,却又给我们的政治学者提供了解读当代中国政治的重要题材。

其一,表明我国最高决策层不仅在改革发展的进程中从未放弃过政治体制改革的战略思考,而且正在开始逐步将政治改革置于进一步解放思想、深化改革的更为重要的战略地位;不仅已经将以民主法治建设为主要标志的政治体制改革,视为不断巩固和扩大中国共产党执政的政治合法性基础和落实科学发展观的内在要求,而且将民主法治看成是社会主义现代化不可或缺的重要组成部分;不仅把民主法治作为文明协调社会利益矛盾的体制机制,而且将其前所未有地提到创造中国特色社会主义的制度优势和国际竞争力的高度。

其二,表明我国最高决策层在政治体制改革问题上,特别是改什么、如何改、何时改、改到什么程度等具体问题上,远没有形成共识。这当然不仅是由于我国的政治体制改革涉及复杂的利益关系,而且更关乎领导改革的现行国家权力结构体制的自我革命和意识形态领域更深刻的思想解放。因此,深圳的"政改草案"仅在网上征求意见时就引发了舆论哗然,而此时还远没有进入定稿和实验阶段。虽然海内外的媒体评论基本是积极的,但深圳市委市政府却一度面临来自高层的政治压力,迅速婉拒了各种媒体的采访,并很快将《若干意见（草案）》中有关"创新人大工作体制和机制"以及"竞选"的文字统统删除。政治改革的主题也迅速在深圳的官方话语体系中淡出。而此次深圳"政改草案"的始作俑者、广东省委书记汪洋后来也表示，"在战略上按照改革、发展、稳定的思路来谋划工作，在战术上按照稳定、发展、改革的次序来推动工作"；认为还是要坚持广东在改革中"只干不说、多做少说、干了再说"的传统，体现了重大、敏感领域的改革必须有战略与策略的考虑，以便尽可能降低改革的成本与阻力的反思。

其三，表明 2008 年深圳"政改草案"是我国最高决策层对政治体制改革的一次特定的"火力侦察"。对于我国政治体制改革的最高决策层而言，可以通过深圳"政改草案"的出台和争议过程，更准确地评判各项政治改革具体举措的动力、阻力和现实力量对比，从而对如何推进我国政治体制改革作出可行性分析；对于直接推出"政改草案"的深圳市委市政府来说，可以在仓促接受来自省委的有关探索政治体制改革的任务之际，凭借这份尚未定稿、似乎要干但还未真干的"政改草案"，探测一下其他上级部门和机关的反应，以便相机行事，避免政治风险。

其四，表明 2007 年底中共十七大召开后，在我国经济发展态势良好，国家重大人事调整基本就绪，举国上下正在激情迎接北京奥运会之际，进一步推动政治体制改革曾一度摆上了我国改革最高决策层的议事日程，中共中央政治局委员、广东省委书记汪洋同志的讲话强烈地透露了这一信息。但由于深圳"政改草案"引发了很大的争议，以及 2008 年 5 月的汶川特大地震的救灾工作和 8 月份北京奥运会的安保工作成为党和国家各项工作的重中之重，加上接踵而来的全球金融危机，使保增长、保就业、保稳定等保障经济发展的工作成为各级政府的中心任务，我国试验政治体制改革的较佳时机转瞬即逝。今后，政治体制改革将如何演进，还有待各种政治力量的博弈和经济社会发展的推动。

何高潮（中山大学政治与公共事务管理学院）：构建和谐社会的制度选择——农村治理中的社会分裂与民主选举

这里我向大家介绍一项我们作的广东村级调查，涉及 300 多个行政村、800 多个自然村。首先看看样本分布情况：珠三角、粤西、粤东、粤北（分布比较满意）。345 个行政村，平均户数 700 户，平均人数 3000 人。教育程度：

文盲 11%、小学 30%、初中 35%、高中 15.3%。1980 年以来中专以上学历的人数占 37.3%（因为 20 年的时间，将近一个代际人口，出去的人要多于在本村的人，非常强大的社会变迁率也和经济发展有关系，越富有的地区出去的人越多）。人均收入为 4000 多元（最穷和最富之间的差距非常大，当然还有其他指标，这里只能简单介绍），同村人口中，最穷的人均收入是 3000 多元，最富的人均收入是 7500 多元。收入结构：农业平均值 49%、工业平均值 24.6%、商业平均值 28.1%（与经济发展状况有关，珠三角地区是三三制，比较贫困地区的农业所占比重较大）。这反映了在全球化的过程中，广东省农村的经济发展方面，这三者是共同发展的。可以从外出打工的比例中看出来，男性中没有出去过的占 42%，出去 6 个月以下的占 49.1%，出去 6 个月以上的占 35%。从整体上看来，基本上广东外出打工的比较多，因为比较富裕的集中在珠三角这一块。

然后，看看村级选举是不是带有竞争性，从两次选举（2008 年和 2005 年选举）来看，2008 年选举为 81.4%，2005 年选举为 79.4%，只是略有改善，竞争性选举的关键在于候选人的数量是否大于 1，其中有些指标非常重要，如候选人的提名方式，以及选举的民主成分有多大，是上级提名，还是海选，从两次选举比较来看，上级提名的比重基本上是一样的，大约为 10%，基层组织提名的大约是 28%，也没有什么变化，海选的比重由 77% 变为 79%（不同于 2005 年的问卷调查，2008 年的调查采取的是信息收集的方式，找了 200 多个在广东读大学的农村孩子，先确定样本分布，然后让这些学生回家把信息收集好，再经由我们进行筛选）。

再看选举结果的确定，在上级确定还是海选上，2008 年基本上是海选确定，这一点自 1998 年以来一直是在不断扩大的。几次投票决定的指标上，80% 的选举都是 1 次就结束了，当然也有超出 1 次的投票，这就需要我们关注了。这些选举会产生分歧，也反映了民主选举在处理一些重大社会分歧上的缺陷。2 次才有结果的是 44.4%，3 次才有结果的是 3.4%，2008 年的选举中，1 次不能产生结果的比例要比 2005 年的多。比例上虽然不多，但是绝对数字是很大的。

在竞选行为上，争执不下的占 5.6%，启动罢选机制的两次选举都差不多，是 1.7%。花钱买票的比例与上次选举也差不多，占 13%。但是，可以看到越富裕的地区，这个现象越严重，将近占20%。

这些数据反应了两个问题：金钱卷入选举的问题；原本就存在社会矛盾的村子，选举只是为其提供了又一次上演矛盾的机会。

胡传胜（江苏省社科院）：现代政治发展之解释

我要讲的题目是"中国现代政治发展中的妄想成分"。对于我这个素来温和的人，提出这个命题有点不大合适。我大致想说三层意思。

第一层，妄想既是一个存在于日常语言中的道德词项，又是心理学的专门词汇。这两者在中文语境下是相通的。在日常用语中，说一个人或者一个群体"妄想"做成某件事情或达到某种目的，这几乎不是一种对他的行动或动机的客观叙述［在这种情况下，我们只需说他迫切、急切地，甚至急不可耐地（这已经具有贬义了）做某事］，而是对他的行为或动机的强烈攻击、反对、贬低。当我们说某种行为是妄想时，我们说他想做其能力达不到的事情，或者某件事情远远超出他的能力之外；更典型地，我们说他没有资格，或者不配做这件事情，他做这件事情或怀有这种想法是不合理的和不合法的，因此具有病态的，也就是疯狂的特征；因此，这种行为或动机既带有某种可笑的、荒谬的成分，也带有引起别人蔑视、愤怒或反感的成分。在汉语中，"痴心妄想"、"白日做梦"这两个成语，与妄想这个词意义最接近。因此，在日常用语中，这几乎不是一个描述的词，而是一个评价，或者是一个典型地表示蔑视、反感的词。正因为这样，无论怎么分析、辩解，当我们把150年的政治发展与"妄想"这个词相关联的时候，都有太大逆不道的感觉，本身就带有"疯狂"的成分。

妄想作为病理心理学概念，在弗洛伊德学说中占有重要地位。在心理学中，这是个体的一种病症。一种什么病症呢？因为挫折，人失去对自己的状态的客观感知，因此，妄想是挫折产生的感觉失常。挫折是什么呢？是无法做成一件事情，或者是目标和现实间的巨大鸿沟或距离感，这也是很重要的。在正常情况下，挫折或者失败会使人或者降低自己的要求，认为原来的目标是不切实际的，或者本身就是某种"情结"的产物，总之，意味着对行为与目标关系的调整。而妄想，表示这种调整的失败。挫折或调整失败会产生两个极端反应，一是自暴自弃，承认自己的无能、渺小。另外一个便是自欺欺人，即逃离到幻想状态：目标没有实现，不是调低自己的目标，而是调高自己的目标；这是一种精神的飞跃，达到了更高的状态。妄想的症状是对自己的境遇的极度夸张，这种夸大对于外人或中立者来说是愚蠢和可怕的，而患者自己却根本意识不到这是不切实际的。妄想有夸大妄想和迫害妄想两种。精神分析学认为，所有以人类宗师自居的人，都有一点夸大妄想的成分，在基督教历史中，特别以摩西和耶稣为典型。在精神分析学中，妄想的关键成分是挫折后的逃避。此外，妄想也是一种对快感的寻求。这一点也是重要的。我们没有在现实中解决问题，于是逃到幻想之中，在那里，我们所有的愿望都得到实现。因此，这里有一种被称做心理补偿的东西。

第二层，从鸦片战争失败一直到目前，甚至在再往后看不到头的历史单元内，整个现代政治甚至社会、文化的发展，都受夸大妄想的支配。说得缓和一些，在这种发展中，有一种妄想的成分，一种集体无意识的作用。只有处于这种哪怕是逃避的、幻想的状态，人们才感觉到满足。当然，不同的学者有不同的概念。有的说是理想主义或浪漫主义，有的说是政治狂热。另外，我们也应该承认，至少目前现实主义的成分承认现实，与现实和解，认为我们可能不仅在物质的力量上不如别人，甚至在精神上（我们没有学术话语的自由竞争），特别是在政治制度上，都落后于与我们同行的另一个世界或文明。

关于现代政治发展中的妄想成分，可以举出许多例证。比如，孙中山认为建立共和政治便可以解决中国的三大问题，从而很快超过西方、领先世界的观念，与梁启超—梁漱溟的西方文明破产需要中国文化拯救的观念。革命共和主义者（激进的自由派）、君主立宪论者和文化救国论者（所谓文化保守主义），都把赶上、超过西方，重新引领世界，作为目标。

在这样一种集体无意识的支配下，是否会有个人自由的空间？我们是否应该换一个角度来思考？这可能需要一种症候的阅读。我的意思是，这样一种体现着挫折与补偿，体现着自悲与超越，体现着文化快感的境界，无疑已经不再是共同体及其精英的努力目标，但是可以成为我们考察、研究的对象，应该发展出一种集体或民族的精神病学。

港澳台地方政治发展的分析

蔡子强　邝锦钧　张赞贤

蔡子强（香港中文大学政治与行政学系）：从立法会选举结果看香港政党政治

我们现在来看看香港9月立法会的选举及其结果，再看看香港的政党和政治发展。我们的选举跟台湾的选举很不一样，台湾的"民进党"，在过去20多次的选举当中，得票率从20世纪80年代的三成，到2000年陈水扁当选时的四成，到2004年陈水扁连任时的超过五成，我们能够看到一种结构性上升。

香港的情况却不一样，香港的政党可分为三种：一种是民主派（反对派），类似于台湾的"民进党"；第二种则是立场保守一点，倾向政府的，跟北京关系比较好一些的爱国政党；第三种则是中间派。我做了一些自1997年香港回归以来十年四届立法会选举情况的统计，民主派的份额稳定为六成，跟中央关系比较好的党占三成，中间为一成。2003年，当时的政府不受欢迎，有50万市民上街反对当时政府的一些政策，但民主派仍占六成，很稳定。在香港有一个比较重要的说法，就是民主、中间和一些香港人所说的所谓"亲中"分别占的比例为六成、一成、三成。这跟台湾"民进党"结构性上升的情况很不一样。

因此，香港现在的情况很稳定，在立法会层面的选举都是六对三之比，没有什么分别。最新的发展就是不同的民主派和所谓"亲中"派都觉得选举长期以来得票都差不多，最重要的不是企图抢占更大的得票份额，因为功效不大，而是在这个份额的得票数上，如何能拿到更多的议席。

1997年以前，香港的"民主党"是最大的政党，它是跨阶层的政党，占有六成的议席，英文里面叫 Catch-all-party。1997 年以后，发生了两个方面的变化：第一，1997 年以前，90 年代香港的选举受 1989 年的影响很大，一些政党都拿此次事件来为选举炒作，而且功效显著。1997 年以后，这个议题就慢慢淡了。第二，1997 年、1998 年亚洲金融风暴之后，经济转差，阶段矛盾日渐尖锐，很难再有一个跨阶层的政党了。另外，重要的变化是选举制度的改变，1997 年以前实行单一选区简单多数制，每一个选区只有一个人选举胜出，在一个选区中一定要拿到 50% 以上的选票才可以当选，现在实行比例代表制。在政治学上有一个很重要的概念，认为在单一选区制中容易形成两党制，比如英国的保守党和工党、美国的民主党和共和党。我们在 1997 年以前的情况与此类似。但是 1997 年后实行比例代表制，有人认为中央不希望香港出现一个很大的政党，不希望出现一个像"民进党"一样的主要反对党，为了避免这种情况，他们在香港实行比例代表制。实行比例代表制下的香港，要在一个选区内拿到很多的议席是很难的，一个选区若能拿到 10% 的选票就可以取得一个议席。很多政党就开始认为，他们的政纲不一定很受主流民意欢迎，但只要有 10% 的支持，就可以拿到一个议席，因此，不同政党提出了各种南辕北辙的政纲。在过去三个月引起讨论的就是立法会代表黄郁民向行政长官曾荫权扔香蕉的事情，这代表一种激进政治的抬头。虽然他只获得了 10% 的选票，但是他可以在立法会代表民众的心声。如果在单一选区单票制下，黄郁民是没有机会获胜的。在比例代表制下，现实中社会下层阶级、中层阶级都可以在立法会上有代表，向政府表达各自的意见。现在的香港立法会有了一些变化，立法会是四分五裂的，分成很多块。

但是，现在一个很大的问题就是中央和特区政府怎样去跟如此多的政党交往，跟很多政党讨论政策问题是很难的一件事情。很多政党只需要拿 10% 的选票，不需要顾全大局，不用跟你讲道理，不愿意跟特区政府进行讨论。没有出现一个很大的政党是中央政府所希望的，但后遗症是，曾荫权和他的政府很难跟四分五裂的立法会打交道，而且苦于激进政治抬头。

邝锦钧（澳门大学）：从 2009 年澳门双选举看澳门的政治发展

我现在介绍澳门双选举，是从以前的澳门选举情况来看在 2009 年立法会以及特首的换届选举中将会面临什么样的问题。

大家对澳门的印象是，它的博彩业很发达，带动了其他产业的发展。澳门和香港一样都是中国的特别行政区，都有行政长官。但不同的地方是澳门比较小，人口较少。其议会的产生则类似于香港。

大家对于澳门特首的选举都有一定的了解，因为时间问题，我就简单讲一下。澳门有一个选举委员会，我们称之为选委，负责选举特首。行政长官候选人至少需要50个选委的提名，才可以成为候选人。特首任期为五年一任，可以连任一次。特首候选人通过竞选上来，即使只有一名候选人也要经过投票，由选举委员会委员选出，并需要获得超过选委会全体委员（2004年时数目为300人）一半人数的选票才可以成功当选。可以说，澳门特区行政长官是实至名归。

何厚铧在1999年12月到2004年6月这5年里面，可以说享受了5年的蜜月期。开放赌权除了促进经济的高速发展之外，也令澳门的内需急遽增加，因而引致通货膨胀恶化和人力资源紧张，带动工资激增，社会对政府的怨气渐高，其后更发生多次反政府示威，令何厚铧的管治正式面临考验。

较其他地方来说，澳门更重视人际关系，这在只有小众才能够参与的特首选举中更为明显。要成为特首候选人，家族背景很重要。回归的头两年人们对经济期望是很高的。2002年开始，政府决定开放赌权，把原本的一个赌牌增至三个，除打破原来的垄断之外，亦令人民对将来的经济发展有了很大的期望。

现在来说，澳门赌牌的税收占澳门财政收入的80%以上，其重要性可见一斑。澳门的经济很大部分依赖于这一点，即越来越依靠于赌场的收益。当然，其他的如旅游业等也是经济发展的一部分。对澳门来说，现在赌场里的客源很大部分来自大陆和香港，其次的游客来自美国、英国、日本。2004年以后，赌场开放，澳门的GDP增长了28%，2005年的增长超过30%，这是很厉害的。当然，到了2008年，由于几次灾难和经济下滑，令2009年的GDP下降了一些。虽然2004年起经济急速增长，但很多人没有享受到成果。2006年开始，每逢到了重大的日子，就有市民上街示威。对澳门来说，很少有上街示威这种情况。对澳门政府来说，上街示威是一个很重要的政治活动。澳门人是不喜欢谈政治的，更别说上街示威了。反贪污等诉求对政府来说是一个很大的打击，中央政府也很关注澳门政府的管治。

今年，澳门受到经济倒退、金融海啸等影响，令市民对政府的不满增加。2006年第一次上街示威时有5000人，这是一个很大的警号，然后是第二次示威。去年10月份，政府想通过交通法规范交通情况，并提高交通罚款，遭到市民强烈反对，于是市民就上街示威游行。去年12月，更首次有公务员出来示威，这对澳门政府是一个很大的打击。澳门政府希望通过现金分享来安抚人们，避免人们上街示威。明年的立法会选举以及特首选举是政府关注的，政府希望人们能够安心呆在家里看电视，不要去上街示威游行，让政府很好地向中央交代。我们发现，特首委任立法会议员的情况，在香港是没有的。特首委任近四分之一的立法会议员，加上绝大部分都是亲政府议员，可以说每一届选举都能够确保政府的政策顺利通过。

立法会是没有权力去反对政府的，它可以讨论政府的政策，但是不可以反对以及把政策剔除出去。这使澳门的立法会跟香港不一样，他们没有筹码拿出来和政府谈，因为他们没有财政拨款否决权。现在出现了关于明年的特首选举候选人的讨论。8个可能的候选人都是公务员。为什么呢？除非你是公务员，在电视机面前接受访问，增加曝光机会，这样市民才能认识你。因而，所谓的民意提高就是他的曝光率高一点。

张赞贤（香港大学政治与行政学系）：中央人民政府与香港特别行政区之间的关系

我自己是研究中央与香港的关系和粤港合作的。我今天讲三个方面，一个是在现今基本法的框架之下回顾香港跟中央政府在过去十年中关系的演变。另外一个是政治层面的互动，特别是中央跟香港特区政府的互动。第三个是比较具体的政策方面的互动。然后，我会作一下总结。

首先，我觉得要理解中央政府跟香港特区的关系，要从多方面的角度看。一是看香港内部发展的情况，另外一个是中央政府怎样看待香港特区的发展，再有就是看香港特区里参与政治的人士还有一般市民对这个关系的看法。由于时间所限，我今天不一定能把这三个方面都阐述详细。

第一点，是讲"一国两制"在基本法框架下的发展。关心香港政治的人都会发现，基本法规定的这个政治模式在过去十年的推行过程中出现了很多大问题，这个模式基本上维持了原来殖民地时代的管治模式。但是在1997年以后，大家都知道，无论是经济还是政治层面的改变都很大，所以原来的所谓以行政主导的模式出现了很大的困难。比如说，政府在立法会里一票都没有，这是很难想象的一件事。另外，特首不能有政党背景，他很难建构自己的政治团队。2002年，香港的政体有了很大的改变，就是说我们搞了一个高官问责制，让特首组织他的团队，一个管治的团队，但无论怎样讲，体制上都有一定的问题。另外一点就是香港的立法会跟西方的议会也不一样，权力不是特别大。但是总的来说，还是有很多力量来制衡香港的行政机关。无论怎样做，法案最终还是要经由立法会通过。还有更重要的是，它可以成为一个永远的反对派，可以发动市民来批评政府，这对政府的威信有很大打击。另外，作为行政长官的特首是由一小部分社会精英选出来的，所以民意基础和代表性有很大的局限。但是在香港这样一个高度发展的多元化社会，基本法设计的这个政治体系在1997年以后受到很大的冲击。这就是现行框架的一些问题。因此，从这个方面来讲，特别是头五年董先生当特首的时候，比如说大家批评特区政府，中央有可能感到不是很舒服。因为批评董先生就好像挑战中央的"一国两制"这个行政主导的模式，而董先生是中央很信任的一个政治人物，这是第一点。

　　第二点，就是在过去10年里落实"一国两制"的特殊性。当然，在对基本法的理解和解释方面有很多冲突，主要是有些不明确的地方。具体的案件很复杂，很难在这里讲清楚。最重要的是1997年居留权的事件，基本法说得不是很清楚。最后，香港特区政府邀请人大释法来解决这个问题。这是第一次释法。我所理解的是，中国人大系其实也没有出现人大常委会利用解释法律的权力来推翻地方法规的情况。人大常委会透过其他渠道，比如说地方人大出了一些问题或地方法规与中央的法律有冲突的话，地方人大自己去修改，人大常委不用通过解释法律的方法来做。因此，这件事对中国的宪政发展有重要的意义。人大常委会通过解释基本法来把一些不确定的地方说清楚。结果，1999年和2005年特区政府都要求人大释法。当然，中央在2007年自己也主动解释过基本法。究竟解释基本法应该通过怎样的程序去做，是不是在香港终审法院作出终审判决以前人大一定要先解释法律？所以有些宪法学者就说，当然是基本法赋予中央政府这个权力，但是能不能在程序上有一些比较符合法治的规定，包括明确的程序如人大常委会说明在什么时候启动这个机制来解释基本法？当然，在这些案例之中有一些也是有争议的，最明显的就是香港特首任期的问题。基本法说是五年，原来的特区政府也说是五年，但董建华先生下台以后，中央通过释法说新任特首余下的任期应该是董建华原来五年任期余下的时间，但是基本法没有说得很清楚。因此，关于未来基本法的解释权，我看可能还有一些不清楚的地方需要改善。总体来讲，中央的政策很明确，就是香港的高度自治是中央授权的。

第三点，我相信过去10年还有未来的一段时间都存在着香港与中央相互信任的问题。最重要的是基本法第二十三条的立法。其实无论怎样讲，无论我们同意不同意，基本法指出，香港都要作出这个立法。但是香港很多人士觉得没有必要。因此，香港究竟要不要去为二十三条立法，这个问题以后才能明确。但是澳门现在正在做这个事情，我们要看看会发生怎样的情况。总的来讲，在宪法层面上还有一些问题，中国是一个单一制国家，但实际上香港实行的是普通法的体系，这样一个互动也好，冲击也好，会使香港与中央的关系如何发展下去呢？

现在我讲讲中央跟香港特区政治方面的一些情况。香港的学者也好，外面的学者也好，对这个问题有不同看法。有些学者说香港政治现在是"大陆化"，香港跟大陆的政治体制越来越近，也有不少学者认为双方的经济体制已经紧扣在一起。当然，也有一些学者认为双方在政治上互动很多，但是香港政府还有自己的一些特色，还有相当多互动的空间。那么究竟未来发展会怎么样呢，现在很难说。另外，因为中央以它信任的港人来治港，而不是中央委派一些非港人来治港，所以对于香港政治高度自治的情况有一些不同的看法。我认为，在过去10年的发展中，中央影响香港的力度越来越大，特别是2003年以后。香港总体的政治生态在1997年以后有很大的变化，有一些我们预计会发生的却没有发生，我们没有预计会发生的事情却发生了。大家对中央的信任程度也越来越高，信任度最少有50%到60%以上，这是很高的。另外，我们对中央领导人的评价也是很高的。很多香港人对温家宝总理的评价都不错，当然也有不同意见，这很难说。但是香港人对特区政府的满意程度经历了很多转变，更重要的是，香港政府的威信受到很大打击。所以说媒体也好，其他一些社会舆论也好，1997年以后变得都很不一样，大家都批评政府，骂政府。所以特区政府在管治方面面临很大挑战。这是一个方面。

另一方面，中央对香港内部政治的发展也有很大影响。在政府层面，中央主要是通过任命特首和主要官员来影响香港政治的发展,其他方面很难有所作为。不少评论员认为,中央觉得2003年以前因其放手不管,结果导致很多人反对二十三条立法,此后它便通过很多"无形之手"来影响香港,包括影响香港的选举。此外,从政治经济学的角度说,香港和内地的经济利益跟政治利益关系很密切。1997年以前就是这样,但是现在和将来,商界人士在政治上跟随中央,就可能得到商机,而且这个统战的网络越来越大,不少与中央政府靠近的精英也能进入到特区政府的管治班子里。另外就是经济危机时中央通过经济政策支持香港,包括支持前特首董先生,特别是2003年和2004年。现在也不排除中央在经济方面为香港提供一些优惠,当然主要不是对曾荫权先生个人的支持,但这些优惠对于提高他的民望有一些帮助。

展望未来,我觉得有几方面的情况是政府未来要关注的重点,包括香港人对身份认同的问题。当然,大家会觉得香港人对于中国人身份方面的认同可能加强了,但是香港还有不同的本土意识,究竟香港人会怎样,我觉得还是应该关心。另外,中央决定2017年可以直选特首,所以将来政治发展会怎么样,能不能真正直选特首,如何从现在的政治一步一步走向真正的选举,有很多方案可以谈。还有一点是政策方面的发展。总体的背景是香港的社会经济如何面对日益激烈的竞争,这是很重要的。2008年和1998年很不一样,香港与内地每天的人流货流进出很多,经济政策上有很多新发展,有些是香港政府主动要求的。在主动要求发展方面,很明显的例子就是2005年和2006年的"十一五"计划,香港政府主动要求中央把香港定位为金融、航运和商务服务中心。据我理解,香港政府很担心香港在中国经济飞速发展下被边缘化。另外一方面,香港跟广东有很多合作项目需要中央协调,最重要的是港珠澳大桥等。两地融合出现不少新的问题,最明显的是环境问题、食品安全问题、公共卫生问题,"非典"就是最明显的例子。老实说,当时广东没有通知我们,如果我们早点知道情况,就不会措手不及,也不会把"非典"传到全世界。区域贸易环境也有很大改变,其中最重要的是两岸的三通、金融海啸、中国经济未来发展的情况。因此,回顾中国经济改革开放30年,是一个新的发展起点。30年前香港在广东沿海地区发挥很大作用,30年后港商要求特区政府包括中央政府出手解决他们在珠三角的问题,包括出口的问题、劳动法的问题、产业转型的问题。我相信,未来在政策方面会出现更多的协调。香港政府跟中央政府也好，跟广东也好，交流越来越多，我相信这是个互动的结果。因此，不存在一个简单地理解这个关系的角度。但是从政治的角度看，香港的管治还存在一些问题，包括原来基本法框架下政治体制的局限和内在矛盾。无论政治体制怎么改，我相信到 2017 年，香港总要面对这一系列的管治问题，以及中央与特区关系的问题。

■ 中国政治发展的展望

马　骏　林尚立　肖　滨　薄智跃

马骏（中山大学政治与公共事务管理学院）：从威权到民主——改革的下一步

现在胡锦涛总书记都说了我们面临着前所未有的挑战，我想他这个判断应该是对的。我们自己也是这个判断，尤其是今年全球经济危机蔓延后，加上今年出现了很多社会矛盾的激化，都说明这个判断是对的。这也说明了中央高层是清醒的。那为什么说现在面临着前所未有的挑战呢？我认为，要想回答这个问题首先要回答另一个问题，即考察过去30年国家重建过程背后的推动力主要是什么。如果我们了解这个问题，就可以了解前30年改革和整个国家重构的重点在哪里。只有了解国家建设取得了哪些成功以及忽略了哪些问题，我们才能理解现在转型所面临的挑战。今年上半年我在香港待了半年，查阅了相关的研究文献，我发现中国的转型研究几乎已经吸引了所有学科加入，文献十分丰富。我感觉整个研究状况就像盲人摸象，而且这个象不断在变，就很难摸，它不是一个静止的象而是一个变动的象。你可以看得出经济学、政治学、社会学甚至人类学、地理学都在研究。

我发现目前围绕国家建设的研究至少有三派观点。其一，有的研究者认为中国肯定会崩溃。从90年代中期开始就有一系列这样的研究。这些研究可以说是判断错误，因为中国到底还是没有崩溃，但同时它们的证据却也还是真实的。其二，另一些文献认为中国的适应性很强而且非常成功，比如杨大力2004年的《重塑中国利维坦》（*Remaking the Chinese Leviathan*），书中的整个结论非常正面，但很多人看完后觉得他只讲了转型故事的一面。其三，是比较折中的观点。2008年出了一本讲21世纪的中国国家和社会的书,把中国的转型与苏东作了比较之后,主张要用一种更中和的角度看待中国30年的转型。在这种观点看来,中国整体的适应性很强,就像王绍光所讲的制度变迁取决于学习,取决于个人学习、组织学习。中国实际上有很强的学习能力,它可以转型,可以适应,它是适应性国家。我的观点倾向于第三种:中国是适应性的,但它仍然面临很多问题。

我所理解的30年转型的框架受两个人影响,一个是波兰尼(Polanyi)1944年写作了 Great Transformation 一书,另外一个是米格代尔(Migdal),他写了 State in Society 一书。原来很多政治学研究要么是国家中心主义的,要么是社会中心的,我觉得不能把它们二者完全分开。实际上米格代尔受波兰尼思想的影响,即波兰尼对自由主义经济进行批评时讲到的有关制度切入问题。受这二人思想的影响,我自己发展了一个框架来理解中国30年的转型,即中国30年转型中存在一个双向运动。波兰尼认为,无论哪个国家,只要发展市场经济肯定就会面临双向运动。所谓"双向运动",其中之一是指市场扩张的运动,它要把一切都变成商品。他认为,自由主义的错误就在于:本来经济制度只是社会制度的一部分,但是他们把它抽出来并高居整个社会之上。就像美国进步时代对达尔文主义的重新反思一样,我们实际上不能按照这样一套方式来组织人类社会,这样组织出来的人类社会不是人类社会。这样的社会说穿了就是每个人都可以自由去竞争,竞争中成功了自己享受,失败了自己忍受,不要寄希望于任何人帮你,也不要寄希望于任何政治力量来改变自己的处境,这就是社会达尔文主义,只是在进步时代对自由主义进行了修正和调试而已。如果按照市场化原则来组织社会,会带来很大的社会代价,比如圈地运动,我们的房屋拆迁就和圈地运动很像,按照市场的逻辑是绝对正确的,一堆破房子在这里没什么价值,我可以把资源从低效率的转向高效率的。但是,它带来的社会代价很大。所以说,市场化带来了很大的社会代价和环境代价。这时候就激发出另外一个反向运动,就是社会的自我保护运动。从社会自我保护运动开始,就出现了争议和冲突。这时候国家开始在这个冲突上重构,在这里不仅国家会影响社会,社会也会反过来影响国家,这是一个互相的过程、动态的过程。

用双向运动的框架来看,中国前30年是在单向运动里进行国家重构,尤其是1993年开始实行市场经济以后,按照市场化进行单向运动,最典型的是

1998年的改革。这就是为什么从这个单向运动上看，杨大力认为整个国家重构是非常成功的。但我发现中国也激发出中国版本的社会自我保护运动，比如，市场化导致收入差距开始拉大，社会不平等上升，城市贫困开始出现，城市内部和农村内部的差距都开始拉大，城市和农村之间的差距拉得更大，就像一个喇叭形的口，越开越大，基尼系数也一直在上升；同时还伴随着许多环境问题和对市场的管制问题，矿难、食品药品的问题都有。这些就激发出中国版本的社会运动，就是社会自我保护。信访在大规模上升而且形势开始变化，有组织的上访形势越来越激烈，这些都可以理解为中国版本的社会运动。在环境领域，中国活跃着2000多个没有注册的环境NGO，他们都在致力于环境保护，另外还有维权组织等。所以到后期，国家开始调整政策。正因为如此，我觉得中国还是有适应性的，它的学习能力还是很强的，到2003年很典型地向左转了，就是开始对完全的自由市场进行修正。到这个阶段以后面临的问题是什么呢？我觉得前面在单向运动里重构国家相对容易，尽管野蛮，现在在双向运动里重构国家难度非常大，因为利益是冲突的。一个工人和农民发生冲突的国家代表谁？另外一个社会自我保护运动就是想遏制市场扩张的力量，这两者是有冲突的。在冲突的时候面临很多挑战，这个挑战就很大了，的确是前所未有。我觉得我们不要忘掉历史，只要看看美国进步时代的历史，还有英国、欧洲的历史，就能发现我们碰到的这些事情历史上都有过。那么现在这个挑战是什么呢，我觉得就是从威权到民主，最近经济学家也在讨论这个问题。我的想法是，就像"神七""神八"往前上时要用火箭才能推上去，推到轨道上时要把火箭扔掉才能进入轨道一样，但是，不是所有的国家走完了第一步都能够走到第二步，这可能就是挑战。

在这些挑战里，我个人认为有三个问题需要认真对待。第一，必须重新组织国家、社会和市场的关系。在这里我坚决反对所谓有限政府的提法，我觉得不要去听那些议论，我们要用自己的脑袋去想，我们要看历史。美国历史给我很大启发，有本书说一个由大公司小政府组成的民主社会不可能有真正的民主，这实际上是有道理的。为什么？18世纪和19世纪的市场经济和现在的市场经济是完全不一样的，18世纪的市场经济是以农业和小手工业为主的市场经济，这时候的市场经济不可能把财富累积到如此强大以至于挑战国家，而现代市场经济是可以的。就像现在很多人读《货币战争》一样，尽管它的很多东西不能用实证来检验,但你不可能说完全没有。就像进步时代的美国一样,有一本书叫《财富挑战国家》。当然,中国现在还没到这个点,但只要搞现代市场经济,金融的力量是无比大的。在这种情况下提小政府,我觉得是不对的。有本书叫《强社会与弱国家》(Strong Societies and Weak States),感觉拉美的失败就是因为受制于民粹主义,被迫作出很多慷慨的承诺,庞大的债务和赤字导致国家破产。我们刚刚译了一本书叫《财政自由和代议制》,从书中可以看出当出现财政危机就会出现政治动荡。所以,我强调三者力量要中和,不能再说国家的力量要很弱很弱。

第二,利益的代表问题。尤其在利益冲突的情况下,必须有一个公开的公正程序把相互冲突的利益诉求变成至少大多数人都可以接受的政策,这个社会才能稳定。否则,就会继续动荡。大家马上就会想到选举,但有了选举还不行。我最近在研究预算史和财政史,受克利夫兰(Cleveland)的影响,前些时间开会时我讲到一个观点叫无选举之问责(accountablity without election)。比较政治有几个困惑,就是拉美、非洲还有中东一些国家建立选举制度之后,政治家照样不负责任。为什么呢?这就是我要讲的第三个问题。

第三,负责的问题。选举只能解决谁来使用权力,而要官员负责,必须要他的行动负责,而要行动负责必须有预算,要加一个控制。在这里我认为预算制度是很关键的,当然也包括其他的一系列制度。我不主张说国家要弱,在现代市场经济的情况下国家不可能弱,更何况现代社会资讯发达,利益分化。但是国家强了,首先要让它民主,然后要让它负责。这三点就是我认为我们国家下一步将要面临的挑战。

林尚立(复旦大学国际关系与公共事务学院):中国下一步改革的政治基础

中国的改革所引发的是整个社会转型的问题,整个国家的转型问题。这种转型和中国历史上的一些变化不太一样。这个转型是根本性的,转型以后形成了一个新的结构。因此,这个新的结构不是一下子就清楚的,转型所建成的新的结构,其逻辑前提跟中国历史上的一些不太一样。这个逻辑前提用通俗的话来讲是市民社会,再通俗一点来讲就是个人主义、个人存在。因此,从一般意义上来讲中国的改革还没结束,如果停下来的话,从特殊意义上来讲也就是改革告一个段落。所以,我不完全反对朱老师的意见,即改革已经结束。这对我们思考一个问题是相当有意义的,就是反思过去这30年。但另一方面,我们必须看到,改革在中国新的结构的形成过程中持续存在。接下来第二个问题出现了,中国要构建一个新的结构有赖于改革,中国下一步改革的动力从何而来?这个判断来自于我对前30年的一个看法。我认为中国前30年的发展有赖于一个强动力结构。那么,未来中国发展面临一个动力衰减的问题。动力结构衰减让我们必须考虑未来中国发展的动力从何而来,这是我提这个题目的一个很重要的出发点。我们首先考虑前30年改革的动力从何而来。我认为动力来自于一个很重要的机制,就是整体性的权力解构,把权力解构掉。通过整个权力解构,释放出整个社会发展的动力。这是中国前30年改革的一个重要逻辑。那么权力解构的内在逻辑是什么呢?通过政治改革,形成分权,创造经济发展的内在动力,所以分权就成了中国前30年改革的一个重要推动力量。前30年改革的这种结构又可以分为两个历史时期,一是1992年之前,一是1992年之后。1992年之前基本的战略是政治改革创造分权,形成经济改革。但事实证明,这里拥有的空间是相当有限的,以至于到80年代末,邓小平就提出一个判断,中国不搞政治体制改革,经济体制改革将难以成功,因为它内在的动力由于政治的问题而没办法释放出来。因此,他才会在那个时候去赌政治体制改革,那时的政治体制改革是赌博性的,这一点去研究《邓小平文选》第三卷就能发现。1989年之后,实际上邓小平并没有放手,他依然要改。既然政治的分权这条路有限,没办法走到底,那么他走另外一条路,经济的分权。所以第二次的权力解构就完全回到经济里去了。在这里就提出一个问题来,邓小平将政治改革作为经济改革的前提,但在实践中为什么不能够使之成为经济改革的决定力量?我个人认为有两个原因。第一,政治改革所解构的权力在当时的中国来说一定是有限的,不可能是无限的。原因在于它是非法治化的条件,它没有制度。这种权力解构过度的话会直接冲击到政权,同时会冲击整个政治体系,他赌不来。第二,当时中国经济改革面临两大基本问题,一是确立现代政治体系,一是形成现代化发展。这两个问题固然与政治有关,但最为关键的是产权问题,最根本意义上是产权问题,如果所有权问题能解决,这两个问题市场体系也能解决,这个社会也能获益。而所有权问题的解决跟政治体制改革无关,跟决策的政策选择有关,他一声令下不就解决了吗?所以我个人认为,当时政治体制改革之所以释放出的权力空间有限,与这两个要素有关。因此,90年代以后第二次权力解构就围绕着经济权力解构而展开,形成了快速的发展。这是我讲的第一个问题。

第二个问题,到现在经济体制已经经历了30年的改革,它开始形成一个新的东西,形成新的经济与社会权力关系,形成新的利益结构和利益诉求,形成新的意识形态。30年的改革从理论上看为下一步的政治改革提供了现实基础,并提出了迫切要求,因为新的政治经济体制已经形成新的结构,因此从理论逻辑上来讲,今天中国发展的结构决定了中国下一步如果要获得新的改革发展的动力,就只有一条路可走,即真正把政治体制改革提上议事日程。由于经济领域的权力已经释放出来了,因此从大逻辑上来看,政治体制改革将成为中国下一步改革的动力之源。但是,我认为这还不是唯一的源泉。我们未来期待政治体制改革,但不能把宝压在政治体制改革上面,原因有两个:第一,目前的政治体制改革还有巨大的回旋空间,因为它提出了一个替代品——社会改革和社会体制建设,这是一个很重要的替代品。第二,现有的政权已经具备初步适应和驾驭市场的能力,市场产生的新生力量尚未成熟,尚未成为动力之源。这个回旋空间有,驾驭空间有,而对手尚未成熟。在这样的条件下,我认为政治体制改革是中国下一步改革的动力源泉之一,但还不构成关键性决定性的源泉。什么时候能成为决定性的源泉呢?我个人认为只有在社会体制改革比较成功之后,市场力量与社会体系、社会力量与社会体系相对成熟之后,中国的政治改革才会面临彻底性变革。从这个意义上来讲,我个人认为还要有20年到30年。中国再经过二三十年,不仅创造了市场力量和市场体系,还创造了社会力量和社会体系之后,政治才会直接地作为最终的唯一壁垒,这是我的第二个观点。

最后,在目前的条件下,政治体制改革还是中国未来改革的动力源泉之一,那么改革从哪里入手呢?我认为前30年的改革是改革体制性权力,从而引导整个政治生活的变化,下一步的改革是围绕官员性的权力。这里面有差别,要改革官员的权力,就是要让官员的权力转型。前面30年体制性的权力转移,实现了一个领导阶层的转换,就是新的干部、新的群体掌握权力。这一批人已经成为中国权力的主体,已经成为中国权力改革的重要障碍了。但下一步要将这一批人的权力作为直接改革的对象,把它打掉。这个打掉当然有体制的空间,举个很简单的例子,干部制度和公务员制度在中国社会完全是有问题的。英国议会改革一定伴随着文官制度改革,所以从这一角度一定会形成新的改革逻辑出来,这是我个人考虑的方向。因此,我个人认为下一步如果要进行政治体制改革,固然在民主方面还有很多问题,但这一块可以作为一个逻辑起点来考虑。因为从今天民怨的问题、制度的问题、官员腐败的问题等等都可以看到,一个新的权贵群体正在形成。这一块不打破,民主暂且不谈,中国未来的发展一定是个大问题。我们今天看到的许多群体性事件都跟这个有关。这是我的个人看法。

肖滨(中山大学政治与公共事务管理学院):中国下一步政治改革的动力

上午学勤提出的一个观点比较有意思:改革已经结束,变法尚待开始。问题是变法的动力是什么?我觉得动力主要来自两方面。一是国内的,国内的主要可以分为两块,一块涉及经济增长,另外一块涉及两极社会。从经济增长来看,30年中国经济有很大进步,有长足的增长。可是为什么能够增长?经济学有很多解释,但从政治学的眼光来看,我觉得30年的增长有一个非常重要的原因是原来绑得很紧的体制有了松动,换句话说,就是松绑。松绑当然意味着分权,但是我觉得可以把它细化。从广东的经验来看,体制松绑可以体现为五个方面。第一个跟产权改革有关系;第二个跟放权改革有关系,中央给广东放权,广东就获得了制定灵活措施、特殊政策的自主权等;第三个是还权改革,就是政府向企业、向农民归还了自主权;第四个是限权改革,如行政审批制度改革;第五个是分权改革,如把政府权力慢慢分给社会,使得中介组织慢慢兴起。所以我说是五权改革。通过五权改革之后,以前的高度集中的计划经济体制、捆绑式的经济体制得以松动,民营经济和私营经济就慢慢有了发展空间,这样中国的生产能力就提升了,由此解决了短缺经济的问题。在这30年里,我们的产品生产能力非常强大,什么产品都生产出来了。但生产完了之后往哪里销售呢?当然很大一部分是出口,因此,这30年外向型经济比较典型。所以说,中国经济增长有三驾马车:一个是出口,一个是投资,一个是消费。出口占的比例非常巨大。但是30年走到今天,我们清楚地发现出口这辆马车肯定有问题了。因为美国金融危机的局面表明,如果中国还想寄希望于像过去

30年一样靠出口拉动经济的增长是不可能的，所以一定要发展内需。这是中国经济进一步增长的巨大动力。但内需就意味着老百姓要花钱。我们要花钱有两点，第一是要有钱，第二有钱要敢花。底层的穷人没有钱，花不起；中产阶层有点钱，但不敢花。为什么不敢花？中国的社会保障体系没有建立起来，医疗、住房、退休、养老等保障机制都没有建立起来，有钱怎么敢花？包括在座的我们都算中产阶层吧，但是我们也不敢大肆花钱。为什么？小孩要读书，尤其像我们，我们不是高级干部，不是离休干部，将来看病是个大问题，所以我们不敢花钱。因此，如果说中国下一步经济增长的动力要启动内需的话，启动内需意味着我们的政府体制必须转型，必须从一个经济增长型政府向一个提供公共服务、提供社会保障这样一个政府转型。这对于我们政府的变革是一个大的挑战。也就是说，经济要进一步增长就必须由内需来推动，而内需要发展就必须在社会保障体系上下功夫，这对政府的财政支出、职能转变等将构成一种推动。这个动力机制其实是一个连环的逻辑链。因此，我们一定要注意从经济增长到政府转型的逻辑链。

第二点是30年改革开放后贫富分化的两极社会已经形成。中国大概从90年代中后期出现这个问题。一系列研究表明，两极社会不仅在成型而且在固定化：一极是特权阶层、十分富裕的阶层，另一极是底层弱势群体。在两极社会条件下，社会冲突就非常紧张和剧烈，底层民众的抗争、维权活动等都成为变革的推力。所以，来自国内的变法动力有两路，一路是经济增长的动力，一路是来自两极社会的紧张、冲突。此外，还有来自国外的动力。中国已经卷入全球化过程中，来自于全球化、来自于外部的压力会构成变法的外部推力。在这里我们就不展开来说了。那么，在国内国际两路动力的夹击之下会有什么样的情况呢？我认为，如果说下一步有一个冲突的焦点的话，那将围绕着公民的社会福利权展开，这一块会形成一个非常紧张的焦点。从公民的角度看，他要求国家给予其基本的社会福利保障，否则，他就会去抗争。这样，国家就面临着底层民众抗争、反抗的压力。另一方面，国家又面临着来自经济增长需要的动力。因此，社会福利权利的满足和对民主的呼吁交织在一起会成为下一步政治改革的焦点。从这个角度上来讲，中国的改革实际上可能有三波：第一波通过经济体制改革把计划经济转型为市场经济，实现经济自由；第二波通过社会建设构建社会福利保障制度，落实公民的社会权利；第三波才可能集中在公民政治性权利的实现上。由此来看，从现在到下一个阶段，公民社会福利权利问题将会成为中国政治改革、政治斗争的焦点。因此，我认为围绕公民社会福利权的改革呼之欲出。当然，执政党和国家能不能及时地回应，包括相应的调整和变革，这取决于各种力量的博弈。我举个例子，医疗体制改革绝对会牵涉到一大帮利益集团的利益，比如说，既得利益集团占了公费医疗中的一大批资源，你要改这一块，当然会冲击他们的利益。没有来自民间、社会的巨大压力，没有民主的参与，仅仅靠中央是很难推进的。我就说这么多。

薄智跃（新加坡国立大学东亚研究所）：中国政治发展之展望
略。

稿　约

一、《中大政治学评论》是由中山大学政治科学系组织编辑的学术辑刊（年刊），现已出版第四辑。《中大政治学评论》以展示国内外政治学研究的前沿成果为目标，以启迪思想、繁荣学术、促进交流为己任。《评论》开设"学术专论"、"前沿迻译"、"学术书评"、"学人对话"等栏目，力图将自己打造成反映政治学界学术动态的综合性学术平台。《评论》编委会由一批在国内外有影响力的学者组成，以期用专业化的眼光、国际化的视野保证《评论》的学术品味和质量。

二、本刊实行匿名审稿制和三审定稿制，取舍稿件重在学术水平。

三、来稿以 10000 字左右为宜。论述重大学术问题的论文可不受此限。

三、本刊发表的所有文章均为作者的研究成果，不代表编者的观点。译稿请附原作者或有关出版社的委托书。稿件凡涉及国内外版权问题，均遵照《中华人民共和国版权法》及有关国际法规执行。

三、本刊编委会尊重作者观点，但有权进行技术处理。凡不愿修改者，请事先声明。

四、稿件请寄中山大学政治科学系，且勿一稿多投。稿件寄出三个月后未收到刊用通知者，可另行处理。来稿一经采用，即赠当期刊物 2 册。

五、投稿格式参照本刊已出刊物，并于后文附上作者简介，要求注明作者真实姓名、性别、年龄、职称职务、工作单位、详细通迅地址、联系电话和电子信箱。

六、来稿请寄：广州市新港西路 135 号中山大学政治与公共事务管理学院（邮编：510275），收件人：郭忠华、黄冬娅，或电子信箱：lpsgzh@yahoo.com.cn，gzhdya@gmail.com。

中山大学政治科学系

图书在版编目(CIP)数据

中大政治学评论. 第 4 辑/肖滨主编.
—北京:中央编译出版社,2010.1
(中山大学政治学丛书)
ISBN 978 – 7 – 5117 – 0192 – 3

Ⅰ.①中…
Ⅱ.①肖…
Ⅲ.①政治学 – 研究 – 文集
Ⅳ.①D0 – 53
中国版本图书馆 CIP 数据核字(2010)第 023593 号

中大政治学评论. 第 4 辑

出 版 人	和 龑
策划编辑	贾宇琰
责任编辑	李小燕
责任印制	尹 珺
出版发行	中央编译出版社
地　　址	北京西单西斜街 36 号(100032)
电　　话	(010)66509360(总编室)　(010)66509350(编辑室)
	(010)66161011(团购部)　(010)66130345(网络销售)
	(010)66509364(发行部)　(010)66509618(读者服务部)
网　　址	www.cctpbook.com
经　　销	全国新华书店
印　　刷	北京瑞哲印刷厂
开　　本	787 毫米×960 毫米　1/16
字　　数	350 千字
印　　张	21.5
版　　次	2010 年 1 月第 1 版第 1 次印刷
定　　价	49.80 元

本社常年法律顾问:北京大成律师事务所首席顾问律师　鲁哈达
凡有印装质量问题,本社负责调换。电话:(010)66509618